Ulrich von Wilamowitz-Moellendorff

Die griechische Tragödie

Verlag
der
Wissenschaften

Ulrich von Wilamowitz-Moellendorff

Die griechische Tragödie

ISBN/EAN: 9783957008725

Auflage: 1

Erscheinungsjahr: 2016

Erscheinungsort: Norderstedt, Deutschland

Hergestellt in Europa, USA, Kanada, Australien, Japan
Verlag der Wissenschaften in Hansebooks GmbH, Norderstedt

EINLEITUNG

IN DIE

GRIECHISCHE TRAGÖDIE

VON

ULRICH VON WILAMOWITZ-MOELLENDORFF

––––––––

UNVERÄNDERTER ABDRUCK AUS DER ERSTEN AUFLAGE

VON EURIPIDES HERAKLES I KAPITEL I—IV

––––––––

BERLIN

WEIDMANNSCHE BUCHHANDLUNG

1907

τὰ ἱρὰ ἐόντα πρήγματα ἱροῖσιν ἀνθρώποισι δείκνυται, βεβήλοισι δ᾿ οὐ θέμις, πρὶν ἢ τελεσθέωσιν ὀργίοισιν ἐπιστήμης.

Demokritos.

ALMAE-MATRI

PORTAE

V-   S-   L-   M-

ΟΥΠΑΥΣΟΜΑΙΤΑΣΧΑΡΙΤΑΣ

ΜΟΥΣΑΙΣΣΥΓΚΑΤΑΜΕΙΓΝΥΣΑΔΙΣΤΑΝΣΥΖΥΓΙΑΝ

9 ıx 1567   ,   21 v 1689

VORWORT.

Als ich vor 22 jahren das kleine katheder des betsaales bestieg, um abschied von der Pforte zu nehmen, überreichte ich ihr nach alter guter sitte eine valedictionsarbeit, die das motto trug, das ich heute wiederhole. es war und ist ein gelübde für's leben: den Musen und auch der alten schule werde ich die treue halten. die abhandlung selbst gieng die griechische tragödie an und war natürlich ein geschreibsel, ganz so grün wie ihr verfasser. der würde tief unglücklich geworden sein, hätte er geahnt, wie bald er so urteilen würde; aber im stillen herzen gelobte er sich doch, wenn er ein mann würde, der Pforte ein buch zu widmen, das denselben gegenstand wissenschaftlich behandelte. dies gelöbnis würde er nie ausgesprochen haben, wenn er es nicht zugleich erfüllte. er tut es heut, indem er das drama, aus dem er damals das motto nahm, erläutert, und ein buch veröffentlicht, das vor allem so grünen aber von den Musen begeisterten jünglingen, wie er damals einer war, das verständnis der tragödie erschließen soll.

Denn geplant und begonnen habe ich dieses buch zunächst nicht um neue forschungen vorzutragen, sondern um das verständnis der tragödie, das doch gemeinbesitz der wissenschaft ist, zu vermitteln. nun ist freilich etwas ganz anderes herausgekommen, das jenen zweck vielleicht nicht mehr so gut erfüllt, jedenfalls ein anorganisches gebilde, dem ich zur entschuldigung seine entstehungsgeschichte mit auf den weg geben muß.

Meine wissenschaftliche arbeit ist von der tragödie ausgegangen, und mich interessirte zu anfang das meiste nur entsprechend dem, wie ich es für dieses gebiet nutzbar machen konnte. das war freilich nicht wenig, denn mein lehrmeister war Welcker, in dessen werke ich mich mit leidenschaft vertiefte. damit ist gesagt, daß mich die herrschende tragiker-kritik nur mit widerwillen erfüllen konnte. und doch gehört ein jeg-licher seiner zeit an, und mein erstes buch war stark in den irrtümern der nämlichen methode befangen, gegen die es laut protestirte. ich hatte es zum äußeren zwecke der habilitation in unverzeihlicher eilfertigkeit hingeworfen, und wollte es schleunigst durch etwas reiferes ergänzen. aber ich war noch unreif. zwar widerstand ich der versuchung, die an mich herantrat, meine collationen zu einer Euripidesausgabe zu ver-wenden, auch der, ein buch über das drama zu schreiben. aber ich wähnte doch in kurzer frist eine erklärende ausgabe des Herakles und dann anderer dramen fertig stellen zu können, weil ich den text fleißig durchgearbeitet hatte, und bot deshalb der Weidmann'schen buchhand-lung 1877 diese ausgabe für die Haupt-Sauppe'sche sammlung an. darin war der gedanke ganz richtig, daß es nützlicher ist, das was man ver-steht vorzulegen als was man nicht versteht und deshalb ändert, daß es zunächst gilt zu erklären; aber ich würde meine sache noch nicht ordent-lich gemacht haben, weil ich zu wenig wußte. zum glücke zwang mich das lehramt zum lernen, und als ich 1879 den Herakles ernsthaft wieder angriff, wußte ich wenigstens das drama eingerückt an seinen richtigen platz sowol in der entwickelung der sage wie in der gesammtentwickelung der hellenischen geschichte und cultur zu betrachten. und auch sprache und verskunst hatte ich begonnen geschichtlich zu erfassen. mir selbst war nicht klar, wie gewaltig die veränderung war; aber ich sehe es jetzt, wenn ich die excurse zu Euripides Medea mit den Analecta Euripidea vergleiche. wie ich damals zum Herakles stand, zeigt der text und die übersetzung, welche 1879 als manuscript gedruckt in vieler händen ist. der größte teil des commentars und der einleitung war auch ausgearbeitet oder skizzirt, als äußere verhältnisse mich 1882 zwangen abzubrechen. damals hielt ich mich noch im rahmen der schulausgabe, und vielleicht hätte ich ihn damals inne halten können. weihnachten 1886 habe ich mich denn wieder daran gesetzt, entschlossen um keinen preis abzulassen, bis ich die arbeit von der seele hätte. das habe ich denn freilich erzwungen. aber das buch ist gänzlich ungefüge geworden. zwar den vorteil wollte ich nicht aufgeben, den strom der erklärung von der wasserpest der kritischen debatten und der polemik rein zu halten: vergeblich wird der leser moderne eigennamen suchen, die jetzt mode ist womöglich durch gesperrten druck kenntlich gemacht wie fettaugen auf der wissenschaftlichen suppe schwimmen su lassen. aber die berechtigte forderung, gleichmäfsig zu erklären und streng bei dem gegebenen zu bleiben, ist doch verletzt, und es ist wieder ein commentar, der einen index nötig hat. vollends aber die einleitung ist zu einem bande ausgewachsen, und ich habe mich schliefslich dazu verstehen müssen, sie durch einen sondertitel als einleitung in das attische drama zu verselbständigen. unmittelbar diesem zwecke dient nur die hälfte, cap. 2—4; auch 5 und 6 fallen nicht ganz heraus, denn wer auf das verhältnis der tragödie zur sage so viel wert legt, dafs er es sogar in ihre definition einbezieht, wird ein beispiel unter allen Umständen vorführen wollen, und das kann Heraklessage und Heraklestragödie so gut wie eine andere sein. aber ein γένος Εὐριπίδου ist ganz unberechtigt, wenn die beiden anderen tragiker fehlen, und die wieder können in die einleitung zum Herakles nimmermehr hinein. es ist nicht anders, das buch wie es ist ist keine einheit und hat objectiv keine berechtigung. dies urteil verdiene ich, fälle ich selbst zuerst, aber ich konnte nicht anders: was ich gemalt hab' hab' ich gemalt, und die subjective berechtigung lasse ich mir nicht nehmen. ist denn die wissenschaftliche production eine andere als die dichterische, wo wir doch wissen, dafs der dichter unter dem zwange des geistes schafft, der über ihn kommt? auch unser tun ist ποιεῖν, und auch wir können die poesie nicht commandiren. nur was wir verfehlen, ist unser, und etwa die handwerksarbeit, die jeder kann, wenn er den schweifs daran setzt: was uns gelingt, das danken wir der Muse, und soll ihr, nicht uns, danken, wer sich dadurch gefördert fühlt. mir hat sie versagt zu schaffen, was einen reinen eindruck macht; ich bin philologe genug, den mangel einzusehen, aber ich bin nicht poet genug, ihn zu überwinden.

Ich hatte jahre lang meinen zorn damit beschwichtigt, in dieser vorrede einmal gegen die behandlung aufzustehen, die sich die wortführer

der s. g. öffentlichen meinung in den recensiranstalten und jahresbe-
richten meinen arbeiten gegenüber herausnehmen, immer dreister, weil
sie ungestraft bleiben. nun bin ich auch darüber hinaus, und lasse sie
ruhig gewähren, sich selbst zum gerichte. jeden ehrlichen jungen, der
der wissenschaft noch so verworren zu dienen beginnt, betrachte ich
mit freuden als meines gleichen: aber die sphäre, in der das licht von
Nicolaus Wecklein leuchtet, liegt hinter mir, in wesenlosem scheine.

*   *   *

Die zweite auflage des Herakles hat die kapitel I—IV der ersten
fortgelassen, weil ich eingesehen hatte, daſs ich sie zu einem besonderen
buche ausgestalten müſste. die aussicht auf die vollendung dieses buches
liegt aber heute ferner als vor zehn jahren. so habe ich vielen dringenden mahnungen befreundeter fachgenossen und vor allem meines ver-
ehrten herrn verlegers nachgegeben und lasse jene kapitel unverändert
wieder erscheinen, so unerfreulich mir auch die erneuerung vieler irrtümer ist. vergesse der leser aber nie, daſs er ein buch des jahres 1889
lieſst, das durch den damaligen stand der wissenschaft und überhaupt
der litteratur und des geistigen lebens ebenso bedingt werden muſste
wie durch lebensalter, einsichten und absichten des verfassers.

Westend, 1. November 1906.

U. v. W.-M.

INHALT.

———

1.

DAS LEBEN DES EURIPIDES.

Wenn diese ausgabe eines euripideischen dramas als erstes capitel der prolegomena eine biographische skizze bringt, so geschieht das im anschlufs an die weise der antiken philologie. wir lesen in den erhaltenen handschriften der dichter, wenigstens so weit sie auf gelehrte ausgaben des altertums zurückgehen, einen lebensabrifs, der meistens γένος heifst, weil er mit der herkunft anhebt, auch wol weil den verfassern βίος zu anspruchsvoll klang. denn es lag ihnen fern, von dem wesen und wirken des dichters eine schilderung zu geben, geschweige dafs sie etwas hätten leisten wollen, was wir biographie nennen: dazu hat sich niemand im altertum erhoben. sie wollten dem leser nur kurz die nachrichten über die äufsern lebensumstände des mannes angeben, dessen werke folgten. durch deren lecture mochte dann jeder sich den rahmen selbst füllen; zur richtigen beurteilung erhielt er in dem γένος einige orientirende beobachtungen und kunsturteile. diese weise, schon in alexandrinischer zeit geübt, ist praktisch und wird deshalb von den modernen häufig und so auch hier befolgt. eine wirkliche biographie, eine entwickelungsgeschichte des individuums innerhalb der kreise, in die es gestellt war, eine biographie wie Justi's Winckelmann, können wir von keinem Hellenen schreiben, weil dazu das material für uns fehlt: im altertum würde es z. b. von Aristoteles und Epikuros möglich gewesen sein, weil deren correspondenz veröffentlicht war; von einem manne des fünften jahrhunderts würde es auch damals niemand haben leisten können. M. Cicero ist überhaupt der älteste sterbliche, von dem eine solche biographie geschrieben werden kann: das beste zeugnis für die eminente persönliche bedeutung des mannes. aber eine biographie in grofsen zügen, eine mehr erörternde als erzählende darlegung von eines einzelnen menschen wirken, zunächst in seinem kreise, dann aber weiter für sein volk, für die folgezeit, für uns und die ewigkeit, eine biographie wie Goethe's Winckelmann, die liefse

sich sehr wol auch von Euripides schreiben, und zwar ist er der zweite
Hellene, von dem das möglich ist. der erste ist Pindaros. doch liegt das
nur an der zufälligen erhaltung zahlreicher und datirbarer werke. von
Aischylos und Sophokles ist es lediglich deshalb nicht möglich. so hohe
ziele werden hier nicht verfolgt: auch dies ist nur ein γένος Εὐριπίδου.
Ein solches wird zunächst deshalb nötig, weil der moderne forscher
die ehrenpflicht hat, das gedächtnis der grofsen personen des altertums
von dem schmutze törichter und böswilliger erfindungen zu reinigen,
welche die antike philologie zusammenlas und weitergab, weil es ihr
zumeist an jeder historischen einsicht gebrach. für Euripides sind wir
jedoch, obwohl des schmutzes mehr als genug ist, wesentlich günstiger
gestellt. denn kein geringerer als der letzte Athener, Philochoros, hat
mit hilfe des damals noch zugänglichen urkundenmaterials und der noch
lebendigen mündlichen tradition ein leben des Euripides geschrieben,
worin eine anzahl der schon damals verbreiteten erfindungen abgetan
wurden. es genügt also oft auf Philochoros zurückzugreifen, während
andererseits angaben, die einen schlicht urkundlichen charakter tragen,
als philochoreisch und als wahr gelten dürfen. denn die historische
kritik hat wie die diplomatische weder conservativ noch destructiv zu
sein: sie hat vielmehr zu ermitteln, was wirklich überliefert ist, und dem
ist sie verpflichtet zu glauben, bis es widerlegt ist, andererseits aber un-
beglaubigter überlieferung den glauben zu versagen, so lange sie nicht
bewiesen ist[1]).

Todes- und geburtsjahr. Aristophanes hat seine Frösche unter dem archon Kallias im gamelion
aufgeführt (januar 405). damals waren Euripides und Sophokles eben
gestorben; Sophokles später, wie ausdrücklich gesagt wird. man braucht
sich aber nur die ganze fabel des stückes, das auf ein duell zwischen
Aischylos und Euripides angelegt ist, zu überlegen und vollends die dürftige und gezwungene weise, wie Sophokles in den Hades eingeführt,
für den gang der komödie aber bei seite gestellt wird, zu erwägen, um

---

1) Das in den handschriften des dichters enthaltene γένος Εὐριπίδου findet man
vor den ausgaben von Kirchhoff und Nauck; die überlieferung der handschriften
vollständiger in der ausgabe der scholien von E. Schwartz, wo auch der auszug abgedruckt ist, welchen Gellius (XV 20) entweder selbst aus dem γένος, wie es damals
in den handschriften stand, genommen hat, oder von Varro überkommen, der es
dann ebenso gemacht haben mufs. wenigstens eine notiz ist auf diesem umwege
zu Gellius gelangt (XVII 4, 3). Nauck hat in seiner praefatio die sonstigen zerstreut
überlieferten notizen so gut wie vollständig gesammelt; worauf hiermit verwiesen
sei. im folgenden werden nur belege angeführt, wo es aus besonderen gründen angezeigt erscheint.

zu erkennen, daſs dies ein vom dichter aus not wider seinen ersten
plan eingeführtes motiv ist, mit anderen worten, daſs er den plan zu
seinem drama entworfen hat, als Sophokles noch lebte. dieser ist also,
wie auch die beste chronographische überlieferung angibt, in der ersten
hälfte des jahres des Kallias (zweite hälfte von 406) gestorben, Euripides
nicht viel früher, unter Antigenes. es scheint, daſs wir noch genaueres
wissen können. eine zwar nicht ganz verbürgte, aber in sich glaub-
würdige [2]) nachricht besagt, daſs Sophokles an einem proagon zu ehren
des eben verstorbenen Euripides den chor ohne kränze auftreten lieſs:
das war also am 8 elaphebolion des Antigenes, ende märz 406, und kurz
vorher war die nachricht vom tode des Euripides nach Athen gelangt,
aus Makedonien, wo er notorisch gestorben ist. an dem winter 407/6
dürfen wir somit festhalten. andererseits steht urkundlich fest, daſs
Euripides unter Diokles (408) den Orestes in Athen aufgeführt hat: sein
aufenthalt in Makedonien hat also nicht mehr als etwa 1½ jahre gedauert.

Unter Kallias, 455, hat Euripides den ersten chor erhalten: das
konnte jeder aus der urkundlichen theaterchronik constatiren. damals
konnte er nicht wol jünger als 20 jahre sein, war also bei seinem tode
mindestens ein siebziger. so hat Philochoros gerechnet und müssen wir
rechnen, ohne zu vergessen, daſs er sehr wol ein par jahre älter gewesen
sein mag [3]). das wirkliche geburtsjahr eines Atheners des 5. jahrhunderts
war für die späteren nicht zu ermitteln [4]); noch die des Sokrates Isokrates Platon sind lediglich durch rechnung gefunden.

2) Glaubwürdig ist die notiz, weil die institution des proagon früh verfallen
und aus dem gedächtnisse der gelehrten geraten ist, sie muſs also verhältnismäſsig
alt sein und wird auf einen der alten peripatetiker zurückgehen. inhaltlich ist sie
wahrscheinlich, weil die ehrenbezeugung eine so schlichte und im geiste des dionysischen festspieles gehaltene ist (vgl. zu vers 677). die nachrichten über den tod des
Sophokles sind alle geschichtlich unverwendbar.

3) Vielleicht hat sich Philochoros so ausgedrückt, daſs Euripides bei seinem
ersten auftreten mindestens ephebe gewesen sein müsse. indem man das als tatsache
nahm, konnte man zu der torheit gelangen, daß Euripides mit 18 jahren die erste
tragoedie gegeben hätte: so Gellius. die consequenz, entweder das überlieferte datum
455 oder das allgemein geglaubte 480 aufzugeben, hat man aber nicht gezogen.

4) In anderen gegenden stand es anders Soran hat in den archiven von Kos
gefunden, daſs Hippokrates am 17. Agrianios unter dem monarchen (dem auch urkundlich bezeugten eponymen beamten von Kos) Habriades geboren war: eine
solche angabe blieb jedoch ungenügend, so lange die gleichsetzung der koischen
beamten und das verhältnis des koischen jahres zu einem festen chronologischen
system unbestimmt war, und so ist es hier. die aufzeichnung war eine folge der

Also nahe an das epochenjahr 480, die schlacht bei Salamis, reichte das geburtsjahr des Euripides sicher; auf Salamis lag das gut seines vaters: da lag es nahe genug, die geburt nach der schlacht zu datiren. das hat die treffliche alexandrinische chronographie getan, selbst Eratosthenes, und wir dürfen ihr zutrauen, daß sie sich bewußt war, mit einem approximativen datum zu operiren. ihre absicht war, mit der richtigkeit die bequemlichkeit zu verbinden, und in der antiken jahresrechnung, die jedem jahre einen individualnamen gab, war das auch dringend nötig. so erzielte man aber auch, daß Euripides unter einem Kallias geboren ward, unter einem zweiten den ersten chor erhielt, unter einem dritten starb — denn um des synchronismus mit Sophokles willen rückte man auch seinen tod ein jahr hinab. auch die pointe hat ja selbst auf Lessing ihre wirkung nicht verfehlt, daß die tragische Muse ihre drei lieblinge in einer vorbildlichen gradation auf Salamis versammelt hätte, Aischylos zu kämpfen, Sophokles den siegesreigen zu tanzen, Euripides geboren zu werden. wenn man sich hütet, das für wirklichkeit zu halten, hat es in der tat eine symbolische wahrheit. für Aischylos ist der freiheitskrieg die lebenserfahrung, die sein ganzes herz erfüllt. Sophokles hat zwar nicht mitgestritten, aber er hat die siegesfreude und begeisterung mit in das leben genommen, und der helle stral, welcher in die jugendliche seele fiel, hat sie für alle zukunft durchleuchtet und erwärmt. Euripides hat die güter, welche 480/79 errungen wurden, von kindesbeinen an als etwas selbstverständlich gegebenes hingenommen. in solcher zeit geht das leben rasch und machen ein par jahre einen gewaltigen unterschied. das alte Athen, das bei Marathon gesiegt hatte, gieng in dem attischen Reiche auf. die nächste generation schon, der Euripides angehörte, hatte kein verständnis und keine pietät dafür. und der nationale gegensatz gegen die Barbaren, der das Reich gegründet hatte, war für diese so wenig jüngeren Athener nicht mehr vorhanden. Euripides hat gewiß, wenn wir auch nichts davon wissen, seiner wehrpflicht genügt[5]): aber dann hat er wider Aegineten, Boeoter, Peloponnesier

---

geburtsaristokratie, die in jenen dorischen gegenden herrschte. wir besitzen von dem Kos benachbarten Kalymnos listen, die genau in derselben weise jahr und monat (den tag aber nicht) angeben, selbst für weiber. Bull. de Corr. Hell. VIII 30.

5) Ob zu fuß, in seiner τάξις, der Kekropis, oder auf der galeere, welche die kleruchen von Salamis zu stellen hatten, ist nicht zu sagen. militärische neigungen hat er nicht, seine schlachtengemälde in Hiketiden und Herakliden streben, wie alle anderen, nach anschaulichkeit, aber sie erreichen sie nicht. für den sport des reiters, den Sophokles verherrlicht, hat er vollends nichts übrig. der reiche Sophokles hat natürlich bei der cavallerie gedient.

im felde gestanden, und diesen politischen gegensatz hat er denn auch
sein leben lang bewahrt. Athen, die hauptstadt von Hellas, das attische
Reich berufen zur vormacht aller Hellenen, das ist die voraussetzung
seines politischen denkens, wie sie es sein mußte.

Es gibt noch ein anderes geburtsjahr, 484, das sogar in der zeit
des Philochoros selbst aufgestellt ist[6]. aber es hat auch nur symbolische
bedeutung. 455, in dem jahre, wo Euripides zuerst auftrat, soll nach
allgemeiner vielleicht urkundlich begründeter tradition Aischylos gestorben
sein, 484 hat er den ersten sieg errungen: damit schien als viertes glied
der gleichung die geburt des Euripides gegeben. symbolisch ist auch
das wahr. Euripides folgt auf Aischylos wie der sohn auf den vater;
es steht kein dritter zwischen ihnen, aber der eine mußte vom schauplatz abtreten, damit für den anderen raum wurde.

Euripides war der sohn des Mnesarchides oder Mnesarchos von   Herkunft.
Phlya; patronyme ableitungen wechseln häufig mit dem vollnamen und
seinen abkürzungen, so daß keine differenz vorliegt. die mutter, Kleito,
war eine adliche[7]. Mnesarchides war aus keinem adlichen aber doch aus
einem ansehnlichen hause, welches an dem dienste des Apollon in Phlya
anteil hatte. Phlya war ein dorf nördlich vom Hymettos, schon in der adels-
zeit namhaft. aber der Apollon war nicht der des ionischen adels, dem die
Apaturien gelten, sondern der delische, dessen fest die Thargelien sind.
wie an diesen eine procession vom Phaleron nach Athen zog, und knaben
zweige mit allerhand guten dingen daran trugen, so ist Euripides als
knabe im festzuge von cap Zoster nach Phlya gezogen. er hat auch das
schenkenamt für eine cultgenossenschaft der 'tänzer' inne gehabt[8]. das

---

6) In der parischen chronik z. 65. 75.

7) Suid. Κλειτώ — τῶν σφόδρα εὐγενῶν ἐτύγχανεν, ὡς Φιλόχορος. da es
nötig war, die persönlichkeit festzustellen, um über die herkunft etwas zu ermitteln,
darf man dem namen glauben schenken.

8) Das γένος gibt an γενέσθαι δ' αὐτὸν καὶ πυρφόρον τοῦ Ζωστηρίου Ἀπόλλωνος. Theophrastos περὶ μέθης (Athen. X 424ᵇ) beruft sich auf ein schriftstück
im δαφνηφορεῖον von Phlya, aus dem er sich über die culthandlung, die tracht,
die herkunft der tänzergilde (τῶν πρώτων Ἀθηναίων) unterrichtet hat: das waren
also die statuten der ὀρχησταί. daß Euripides das schenkenamt geübt, gibt er an;
das ist aber nicht auf jene urkunde zurückzuführen. wenn Theophrast den delischen Apollon nennt, die vita den von Zoster, jener Euripides schenken, dieser
feuerträger sein läßt, so sind das differenzen, welche verschiedene herkunft der notizen
beweisen, aber die glaubwürdigkeit nicht berühren; die urquelle sind fasten der ὀρχησταί. für das γένος ist man berechtigt an Philochoros zu denken. wer zuerst
das tempelarchiv benutzt hat, steht dahin, wie es scheint beide. in betreff der

alles zeugt dafür, daſs des vaters geschlecht ein ansehnliches war, um so mehr als dieser für gewöhnlich nicht in der gemeinde wohnte, der ihn die kleisthenische gemeindeordnung zugeteilt hatte, sondern auf dem landgut, das er auf Salamis erhalten oder erworben, und das der familie erhalten blieb, während von verbindungen des erwachsenen Euripides mit Phlya nichts verlautet. man möchte annehmen, daſs der vater und der sohn doch nur der dritten steuerclasse angehörten, die für kleruchien eher in betracht kommt[9]); wie dem auch sei, so viel ist sicher, daſs Euripides dem alteingesessenen guten bürgerstande angehörte, und zwar dem von landbau, nicht von industrie lebenden. diese kreise traten an wolstand zurück, als Athen eine industriestadt ward, obwol sie immer für etwas vornehmer galten. der fabricantensohn aus der vorstadt Sophokles war pentakosiomedimne, aber altererbte culte hatte er nicht zu versehen. auf dem salaminischen hofe ist Euripides geboren und hat dort viel gelebt. Philochoros bezeugt es, und auf seine angabe hin dürfen wir uns den dichter in einsamer grotte mit dem blicke auf das meer arbeitend denken[10]). allein nicht die erhabene natur spiegelt sich in seiner poesie wieder,

---

tänzer vergesse man nicht, daſs die älteste attische inschrift, die lange vor Drakon fällt, also lautet: ὃς νῦν ὀρχηστῶν πάντων ἀταλώτατα παίζει τοῦ ... (CIA IV 492ᵃ). der bericht des Theophrast lautet allerdings so, als wäre der Sitz der tänzer in Athen gewesen, wo dann der tempel des delischen Apollon das Delphinion wäre. allein da das archiv im δαφνηφορεῖον, also Apollonheiligtum, zu Phlya war, werden die tänzer, wenigstens ursprünglich, auch dorthin gehört haben.

9) Sicher ist das nicht, da man die praxis der perikleischen zeit nicht ohne weiteres auf die peisistratische übertragen darf. der adliche Timodemos von Acharnai, den Pindar als Salaminier besingt (Nem. 2), beweist nach keiner seite; einmal braucht er kein ritter gewesen zu sein, zum andern konnte er als vermögender mann gemeindeland gepachtet haben: daſs er auch in dem falle auf Salamis zu wohnen verpflichtet war, lehrt der volksbeschluſs CIA IV 1ᵃ. Mnesarchos war kein pächter, da das gut im besitze des sohnes erscheint.

10) Gellius berichtet Philochorus refert in insula Salamine speluncam esse taetram et horridam, quam nos vidimus, in qua Euripides tragoedias scriptitavit. ob den neugierigen zu Gellius' zeit die echte grotte gezeigt ward, ist um so zweifelhafter, als er sie graulich findet. das γένος aber lehrt uns φασὶ δὲ αὐτὸν ἐν Σαλαμῖνι σπήλαιον κατασκευάσαντα ἀναπνοὴν ἔχον εἰς τὴν θάλασσαν ἐκεῖσε διημερεύειν φεύγοντα τὸν ὄχλον· ὅθεν καὶ ἐκ θαλάσσης λαμβάνει τὰς πλείστας τῶν ὁμοιώσεων. hier liegt Philochoros reiner vor: der ort ist durchaus behaglich. die tatsächliche angabe über die metaphern ist wahr und fein beobachtet; aber der causalnexus ist falsch. nicht aus der natur der see, wie sie dem naturfreunde sich gibt, wählt Euripides seine bilder vorwiegend, sondern aus dem schiffer- und seefahrerleben. das ist nur in so weit individuell bezeichnend, als Euripides der dichter der attischen seeherrschaft ist.

für die er vielmehr nicht viel mehr sympathie hat als Sokrates, dem nur im menschengewühle wol war[11]), wol aber die einsamkeit und das suchen der antworten auf die ewigen fragen in der tiefe der eigenen brust.

In den jahren, wo der Athener sich seinen hausstand zu gründen Hausstand. pflegte, hat auch Euripides ein weib genommen und drei söhne mit ihr gezeugt. sie hiefs wahrscheinlich Melito[12]) und war die tochter des Mnesilochos. da dessen name an Mnesarchos anklingt, ist anzunehmen, dafs Euripides der volkssitte gemäfs ein mädchen aus seinem väterlichen geschlecht, etwa eine nichte, geheiratet hat. wenn der thukydideische spruch wahr ist, war Melito eine brave frau: denn wir wissen nicht das mindeste von ihr; ihr vater aber stand dem dichter nahe. von den söhnen wurde der älteste, der nach dem vater des vaters hiefs, kaufmann, der zweite, nach dem mütterlichen grofsvater genannt, schauspieler; von dem jüngsten, Euripides, wissen wir nur eine einzelne tat, aber diese macht ihn uns interessanter als seine brüder. er hat bald nach des vaters tode eine hinterlassene tetralogie desselben auf die bühne gebracht, zu welcher aufser den Bakchen auch die aulische Iphigenie gehörte. nun enthält

---

11) Plat Phaidr. 230ᶜ τὰ χωρία καὶ τὰ δένδρα οὐδέν μ᾽ ἐθέλει διδάσκειν, οἱ δ᾽ ἐν τῷ ἄστει ἄνθρωποι. Philine (Wilh. Meist. II 4) "wenn ich nur nichts mehr von natur und naturscenen hören sollte — — wenn schön wetter ist, geht man spazieren, wie man tanzt, wenn aufgespielt wird — der tänzer interessirt uns, nicht die violine, und in ein par schöne schwarze augen zu sehen tut einem par blauen augen gar zu wol. was sollen dagegen quellen und brunnen und alte morsche linden." die liebenswürdige verdient ihren griechischen namen.

12) Zwei namen sind überliefert; der bericht von zwei ehen ist erst ein conciliatorisches autoschediasma, zumal die erfahrungen, die Euripides macht, in beiden ehen dieselben sind. auch sind unsere excerpte selbst im widerspruch darüber, welche frau die erste, welche die tochter des Mnesilochos ist, der als verwandter und freund des dichters durch ältere komiker bezeugt ist. (der κηδεστής der Thesmophoriazusen kann ihn schon deshalb nicht meinen, weil er 411 kaum noch leben konnte, sicher keine kleinen kinder hatte.) folglich ist ein name falsch, der andere aber mufs als überliefert gelten, da er ja die verdoppelung verschuldet. da die fabel das wesen einer Χοιρίλη angeht, kann kein verständiger zweifeln, dafs dieser, nicht der harmlose Name Μελιτώ, erfunden ist. nun hat aber Philochoros über metaphorische bedeutung des namens Χοιρίλη in den buche περὶ τραγῳδιῶν gehandelt (schol. Hek. 1): es liegt also sehr nahe, schon ihm die kritik zuzutrauen, welche wir auch ohne ihn sicher vollziehen können. dafs der name Χοιρίλη wirklich als eigenname vorkommt, ist eine triviale wahrheit, mit der nur ein geck etwas kann ausrichten wollen. Κινησίας hiefsen auch wirkliche menschen: ist deshalb der name in der Lysistrate minder redend? und der hofmarschall von Kalb in Kabale und Liebe heifst doch wol so wegen seiner dummheit; kritiker, wie sie sich in sachen Choiriles hervorgewagt haben, werden ihn für einen verwandten der Charlotte von Kalb ausgeben.

diese, abgesehen von ganz späten interpolationen, z. b. dem schlusse, nicht weniges, was der dichter Euripides unmöglich geschrieben haben kann, z. b. die anapästische scene des prologs, was aber doch zu allen zeiten, schon im 4. jahrhundert, darin gestanden hat. der schluſs ist unabweisbar, daſs Euripides das drama unvollendet hinterlassen hatte, und für die ergänzungen muſs der sohn Euripides die verantwortung vor der nachwelt tragen, wie er sie vor dem archon getragen hat. die verse zeugen von einigem geschick; aber es war doch verständig, daſs der sohn das handwerk des vaters nicht fortgesetzt hat. unsere kunde von der familie des dichters erlischt hier; sie mag aber fortbestanden haben wenigstens bis auf Philochoros zeit und diesem das salaminische gut gezeigt und die weitere auskunft gegeben haben. wenigstens machen die angaben den eindruck der familientradition.

Dagegen halte man nun das zerrbild, das die conventionelle Euripideslegende gibt. der vater war ein bankerottirer aus Boeotien und in Athen höker; die mutter handelte mit grünkram und betrog ihre kunden. die frau heiſst Choirile und beträgt sich ihrem namen gemäſs, buhlt unter anderm mit Kephisophon, dem haussclaven des dichters, der diesem übrigens auch beim dichten hilft wie schwiegervater Mnesilochos auch. Choirile wird ertappt, verstoſsen, durch Melito ersetzt, die es aber nicht besser treibt u. dgl. m.

Es ist nicht nötig den ganzen schmutz zu durchwühlen. das meiste wird jeder halbwegs einsichtige einfach wegwerfen, und den litteratoren ist doch nicht zu helfen, die den historischen kern tauber nüsse suchen, zwar gewissensbedenken tragen, eine angabe zu verwerfen, weil sie bestimmt auftritt, aber den ehrlichen namen eines mannes und die ehre einer frau ohne weiterungen preisgeben; und dann ist die neugier nach dem quark nun einmal unersättlich und unbelehrbar. der herkunft nach zerfallen die schwindeleien in zwei gruppen: einmal sind es gänzlich inhaltsleere autoschediasmen, als z. b.: weshalb heiſst Euripides Euripides und nicht z. b. Kephisiades? beides sind gute attische namen, nur daſs natürlich viel mehr Athener nach dem oder den flüssen Kephisos heiſsen, die das land durchströmen, als nach dem Euripos, an den Attika kaum mit einer ecke stöſst. vater Mnesarchos wird auch einen grund gehabt haben, seinen jungen Euripides zu nennen, und am letzten ende wird das auch auf den Euripos zurückführen. nur würde man die familiengeschichte kennen müssen, um diese frage zu beantworten. und kennt man sie nicht, so erfindet man: z. b. vater Mnesarchos nannte seinen sohn Euripides, war aber aus dem innern Attika: also hatte er früher am Euripos gewohnt, also in Boeotien. wie war er nach Phlya gekommen? etwa als bankerotter kaufmann. daſs so erfunden ist, ist keineswegs sicher, im gegenteil, dies ist eine construction im stile jener litteratoren. aber verwerfen müssen wir all dieses gerede, das abenteuerlich, inhaltsleer und weder durch einen verläſslichen autornamen, noch durch irgendwie urkundlichen charakter beachtung fordert. in diesen regionen der litteraturgeschichte hat die regel zu gelten: was nicht in einer der angegebenen weisen gestützt wird, gilt bis auf weiteres für erfunden.

Von relativem werte dagegen ist die gleichzeitige erfindung, mag sie nun vom haſs oder von der bewunderung eingegeben sein. durch sie wird immer das licht reflectirt, das von einer bedeutenden persönlichkeit ausgeht, wenn auch von so oder so geschliffenem spiegel. spiegel ist für die Euripideslegende einzig die komödie, die ihn, soviel wir sehen, seit dem anfange der peloponnesischen kriege, d. h. seit der zeit, aus der den Alexandrinern zahlreiche dramen vorlagen, mit einstimmigkeit verfolgt hat, während sie Sophokles ziemlich schonte. pietätvolle sage, wie sie diesen verherrlicht, gibt es für Euripides nicht. schon das ist bezeichnend: der eine liebenswürdig, volkstümlich, respectsperson und doch einer, in dem jeder Athener den landsmann grüſste, der dachte wie er. der andere ein schuhu unter den lustigen käuzlein Athenas, allen um so unsympathischer, weil sie seine macht selbst an sich empfinden, und immer stärker, je häufiger sie ihn verfolgen; als sie ihn glücklich verscheucht haben, hat er sie alle in die kreise seiner kunst verstrickt.

Komische erfindung ist vor allem der ganze roman von der hahnreischaft des Euripides, und es läſst sich die zeit dieser komödie noch ziemlich fixiren. es liegt auf der hand, daſs Aristophanes ganz anders reden würde, wenn er in den Thesmophoriazusen (411) etwas von den ehelichen erfahrungen des dichters gewuſst hätte. in den Fröschen aber spielt er darauf an (1048). der komiker, welcher jene fabel aufbrachte (sicher nicht Aristophanes selbst), hat auf reellen glauben natürlich keinen anspruch gemacht: die angegriffene frau hatte, wenn sie noch lebte, die silberne hochzeit lange hinter sich. sehr witzig war die erfindung nicht und namentlich sticht sie übel ab von den Thesmophoriazusen, die doch vorbildlich gewesen sind. denn herausgesponnen ist die fabel aus der tatsache, daſs Euripides gern probleme des weiblichen liebeslebens behandelt und von der weiblichen treue recht häufig geringschätzig redet. immerhin ist mehr witz darin, als wenn später feine nasen zu erzählen wissen, der weiberhaſs wäre nur theoretisch gewesen, oder auch das gegenteil, oder auch der weiberhaſs wäre durch knabenliebe motiviert gewesen [13]) u. s. w.

Wie der mensch Euripides zu den frauen stand, wäre man freilich verlangend zu erfahren. daſs er sie gehaſst hätte, ist eine kurzsichtige abstraction daraus, daſs er geneigt ist, allgemeine urteile über das geschlecht abzugeben, und daſs diese allerdings von dem cultus und von der galanterie sehr weit abliegen, die wir aus perioden überkommen haben, deren gesittung uns doch viel ferner liegt als die attische cultur. Euripides mag die frauen nicht günstig beurteilt haben: aber er hat sie studiert. für Pindar Sokrates und die meisten Sokratiker existiren sie kaum. nicht bloſs daſs die euripideischen dramen eine fülle weiblicher charaktere bieten, mit so feinen unterschieden der charakteristik, daſs die männer dagegen stark abfallen: es muſs geradezu gesagt werden, daſs Euripides das weib und die durch das verhältnis der geschlechter entstehenden sittlichen conflicte für die poesie entdeckt hat, und daſs die hellenische poesie nicht viel mehr hat tun können, als von diesem seinem schatze zu zehren. es gibt wenig dichter, denen das weibliche geschlecht so dankbar zu sein grund hat. aber die frauen, die ihm das verständnis des weiblichen herzens eröffnet haben, sind für alle ewigkeit verschollen. wer spielen will, mag annehmen, daſs die mutter, die das nächste anrecht hat, ihm viel gewesen ist. sie hat ja auch für den sohn zu leiden gehabt, wenn auch wol erst im grabe. wir können freilich nicht einmal die frage beantworten, wie sie in ein renommee gekommen ist, das sich auf unsere verhältnisse übertragen etwa so wiedergeben läſst, Kleito hätte als beruf das pilzesammeln gehabt und ihren kunden haferpilze statt champignons aufgeschwatzt. den wilden kerbel (σκάνδιξ, *ne legitima quidem holera* Plin. n. h. 22, 18) der mutter gibt Aristophanes dem Euripides chon 425 zu hören (Acharn. 478), und zwar als etwas offenbar dem publicum bekanntes. Kleito war damals lange tot. es wäre leicht sich einen anlaſs auszudenken, wenn man den breiten weg der litteratur-

---

13) Sophokles als den vertreter der knabenliebe, Euripides als den der weiberliebe einander entgegenzustellen hat dem peripatetiker Hieronymos von Rhodos beliebt, der mehreres über den dichter vorgebracht hat. er hat auch ein ganz albernes epigramm verfertigt, auf des Sophokles namen (Athen. XIII 604ᵈ), aber gleich im ersten verse mit einem groben metrischen schnitzer und im zweiten wieder mit einem: denn in χλιαίνω ist die erste sylbe bei allen älteren dichtern, wie ihre natur ist, lang, und das iota des dativus singularis zu elidiren ist weder dem Sophokles noch irgend einem sorgsamen dichter des vierten oder angehenden dritten jahrhunderts zuzutrauen: daſs sich bewunderer dieser sophokleischen elegie gefunden haben, ist minder zu verwundern, als daſs die schnitzer auch sonst nicht gerügt sind.

geschichtler wandeln wollte. so mufs man sich bescheiden. schliefslich
würde unsere minder aristokratische anschauung die gemüsehändlerin
weder selbst als bescholten noch als einen schimpf für den sohn ansehen.
die liebevolle weise, mit der der sohn sehr häufig die gefühle der mutter
zu den kindern und die pietät gerade des erwachsenen sohnes zur mutter
geschildert und besprochen hat, legt es nahe, von Kleito nicht gering
zu denken.

Seine vermögensverhältnisse haben dem Euripides von jugend auf Lebens-
führung.
gestattet ganz den Musen zu leben. im 4. jahrh. war die dramatische
poesie dazu angetan, ihren dichter reich zu machen[14]); damals wurden
die dramen aber auch aller orten gegeben. der attische staat zahlte
sehr ansehnliche preise[15]); aber sie waren sehr stark abgestuft, und
Euripides hat im leben nur viermal den ersten erhalten. somit hat er
von den gaben der Musen nicht leben können, und jedenfalls haben
sich seine söhne eine lebensstellung selbst erwerben müssen. er hat als
ein echter gelehrter nur einen schatz hinterlassen, den die motten fressen,
seine bibliothek. freilich ist in anschlag zu bringen, dafs sein greisen-
alter mit dem unheil zusammenfällt, das nicht nur den staat Athen,
sondern jeden einzelnen bürger arm machte. liturgien hatte jeder
bürger zu leisten, der nur einigen besitz hatte, mochte er auch so fern
dem staatsleben sich halten, wie Platon Isokrates Euripides, von denen
allen es feststeht. und zwar hat Euripides als bejahrter mann sogar vor
gericht gestanden und seine sache geführt, als ihm ein gewisser Hygiainon
eine liturgie zuschob (ἀντέδωκεν[16]). auch mufs man sich die weltflucht
bei einem sohne der sophistenzeit nicht zu arg denken: wer so das
menschliche getriebe zu schildern weifs, hat es selbst gesehen, wer das
menschenherz so kennt, menschen beobachtet. offenbar durch die zufällige
beachtung eines beschriebenen steines hat irgend ein gelehrter des altertums entdeckt, dafs Euripides von Magnesia mit atelie und proxenie
bedacht worden ist. welche der beiden Magnesia, die beide nicht zum
attischen, sondern zum persischen reiche gehörten, gemeint ist, läfst

---

14) Platon Laches 183[d] Staat VIII 568[c].

15) Wir kennen die preise der tragiker und die der komiker (Ar. Frö. 367 mit
schol.) nicht, wol aber einige der bei den Panathenaeen gezahlten (CIA II 965). für
die kitharoden war der erste ein goldener olivenkranz von 1000 dr. und 500 dr.
silber, für den zweiten 1200 dr., den dritten 600, den vierten 400, den fünften 300.
aber auch das verhältnis dieser preise zu den tragischen läfst sich nicht abschätzen.

16) Aristoteles Rhet. III 15, wol aus mündlicher überlieferung. es ist die
älteste erwähnung eines falles von ἀντίδοσις, da der zweite Hippolytos vorausgesetzt
wird, nach 428. der name Ὑγιαίνων ist genugsam belegt.

sich nicht sagen, und der schluſs des γένος, daſs die ehre einen persönlichen besuch Magnesias voraussetzte, zeigt nur, daſs wir epigraphische
documente richtiger zu verwerten gelernt haben [17]). allein eine inhalt-
lose ehre ist die proxenie damals noch nicht, sondern sie schlieſst, wenn
man auch zugeben mag, daſs die Magneten nur den dichter ehren
wollten, verpflichtungen ein, die praktisch wenigstens werden konnten.
daſs die späteren sich Euripides durchaus nur als einen menschenscheuen
und menschenfeindlichen griesgram denken konnten, liegt im wesentlichen daran, daſs sie die charakteristik des tragikers Alexandros von
Pleuron als maſsgebend ansahen

ὁ δ' Ἀναξαγόρου τρόφιμος χαιοῦ στρυφνὸς μὲν ἔμοιγε προσειπεῖν
χαὶ μισόγελως χαὶ τωθάζειν οὐδὲ παρ' οἴνῳ μεμαθηκώς.
ἀλλ' ὅ τι γράψαι τοῦτ' ἂν μέλιτος χαὶ Σειρήνων ἐτετεύχει [18]).

17) Mit dieser proxenie den zufall zu combiniren, daſs Euripides (Oineus 571) für
uns zuerst die Μαγνῆτις λίθος erwähnt, wird man sich um so mehr hüten, als keineswegs fest steht, daſs das bezeichnete metall in Magnesia wirklich vorkam, mag es
nun das magneteisen sein, wie der durch die ganze citatengelehrsamkeit sich compromit-
tirende verfasser des Ion meint, oder das katzensilber, das der gewührsmann Diogenians
(schol. Pl. Ion. Phot. Hesych) und Buttmann verstehen, dessen aufsatz (Mus. f. Alt. wiss. II)
die modernen teils nicht kennen, teils nicht würdigen: er hat Soph. fgm. 728 erkannt.
die verdorbenen Euripidesverse lauten τὰς βροτῶν γνώμας σκοπῶν ὥστε Μαγνῆτις
λίθος τὴν δόξαν ἕλκει χαὶ μεθίστησιν πάλιν. damit kann erstens nicht der magnet
gemeint sein, denn derselbe magnet stöſst dasselbe stück eisen, das er angezogen
hat, nicht wieder ab. auch würde dann notwendig statt δόξαν σίδηρον stehen
müssen. wie vollends ἐπιοπῶν ἕλκει χαὶ μεθίστησιν πάλιν (so conjiciren sie) gesagt und, wenn gesagt, mit γνώμας und δόξαν verbunden werden sollte, ist gar
nicht auszudenken. irgend etwas zieht wie das katzensilber die meinung an und
'bringt sie wieder in andere lage' (wie μεθίστασθαι φρενῶν), wenn der trug durchschaut ist. wir fragen, was ist das, und worauf bezieht sich die meinung. das letztere
steckt in den verdorbenen worten. sie bezieht sich auf die γνῶμαι βροτῶν, den charakter des menschen, und man verbessert leicht σκοποῦντος. also die dem Euripides so
geläufige klage, daſs die kriterien für den charakter so unsicher sind. nehmen wir z. b.
die εὐγένεια: zunächst beurteilen wir den εὐγενής darauf hin als ἀγαθός, aber rasch
erkennen wir, daſs der adel katzensilber ist. am nächsten aber liegt wirkliches
silber, der reichtum: denn dann ist die vergleichung am schlagendsten.

18) Den verfassernamen hat Gellius und der Aristophanesscholiast zu Frö. 839
erhalten, wonach auch die krauthökerin Kleito bei ihm vorkam. im γένος ist durch
leichtes versehen Aristophanes für den verschollenen dichternamen gesetzt, und es
ist dort auch s. 5, 21 Schw. ein apophthegma aus den versen gemacht. es ist seltsam, daſs man die verse dem komiker hat geben wollen, obwol man dann das nicht
attische τέτευχα und das dorische χαιός ändern muſs. übrigens zeigt das citat
aus einem bald vergessenen alexandrinischen dichter, daſs der grundstock des γένος,
wie ja a priori anzunehmen war, von einem der alexandrinischen compilatoren der
zeit 230—130 herrührt.

darüber haben sie ganz vergessen, daſs der dichter sowol für sein vaterland in officiellem auftrag tätig gewesen ist, wie auch in verbindung
zu dem staatsmanne gestanden hat, der für sein vaterland verhängnisvoll geworden ist. uns ist das durch die geschichtsschreiber überliefert
worden.

In der perikleischen zeit, wo Sophokles in den höchsten staatsämtern
tätig ist, verlautet von Euripides nichts, und seine ältesten dramen zeigen
keine starken einwirkungen der zeitgeschichte; was vorkommt, sind nur
äuſserungen der allgemeinen stimmung [19]. aber längst hat man bemerkt,
daſs er gegen ende des archidamischen krieges geradezu tendenzstücke
dichtet. davon sind die Hiketiden erhalten, in welchen der rat, frieden mit
Sparta, aber anschluſs an Argos zu suchen, kaum minder hervorsticht als die
forderung, daſs Athen einen $\nu\epsilon\alpha\nu\iota\alpha\varsigma$ $\sigma\tau\rho\alpha\tau\eta\gamma\dot{o}\varsigma$ $\dot{\epsilon}\sigma\vartheta\lambda\dot{o}\varsigma$ erhalte, wie Theseus es ist (192). damals bewarb sich Alkibiades um diese stellung und nahm
bald die führung des staates mit der entschiedenen tendenz in die hand,
durch den bund mit Argos Sparta im Peloponnes selbst matt zu setzen. den
höhepunkt persönlichen glanzes erreichte derselbe, als er an der feier der
neunzigsten olympiade, von der Sparta ausgeschlossen war, mit einer
ganzen reihe viergespanne auftrat und preise davontrug. und zu dieser
siegesfeier hat Euripides ihm das siegeslied gedichtet, das letzte nach-
weisbare beispiel dieser pindarischen weise. damit hatte er partei genommen im angesichte aller Hellenen. der groſsartige Athenerstolz, der
in den dichtungen jener jahre lebt, und der auch ein stolz auf die
demokratische verfassung ist, zeigt, wie zukunftsfreudig seine stimmung
war. ohne zweifel hat er in Alkibiades einen gröſseren Perikles gehofft.
aber was er gleichzeitig ersehnte, war der friede, und ausdrücklich ist
uns überliefert, daſs ein friedenslied aus dem Erechtheus in aller munde

19) Ins besondere liegt keine spur davon vor, daſs Eur. zu Perikles und seinem
kreise beziehungen gehabt oder die perikleische politik in entschiedener weise vertreten hätte. Böckh hat zwar auf den unlängst vorher erfolgten tod des Perikles das
wort bezogen, das Theseus an der leiche des Hippolytos spricht, 1459, $\tilde{\omega}$ $\varkappa\lambda\epsilon\dot{\iota}\nu'$ $'A\vartheta\eta$-
$\nu\tilde{\omega}\nu$ $\Pi\alpha\lambda\lambda\dot{\alpha}\delta\sigma\varsigma$ ϑ' $\dot{o}\varrho\dot{\iota}\sigma\mu\alpha\tau\alpha$ $o\dot{\iota}o\nu$ $\sigma\tau\epsilon\varrho\eta\sigma\epsilon\sigma\vartheta'$ $\dot{\alpha}\nu\delta\varrho\dot{o}\varsigma$. aber einen außerhalb des dramas
liegenden bezug dürfte man nur hineintragen, wenn die unmittelbare deutung nicht
genügte. und die würdigung des Hippolytos ist nur die gerechte (955.1100). übrigens
ist der vers verdorben, da $\dot{o}\varrho\dot{\iota}\sigma\mu\alpha\tau\alpha$ nicht mit den namen des landes und der göttin
verbunden werden kann. gefordert wird, da Theseus in Trozen spricht, eine be-
zeichnung dieser stadt, wie 973, 1095, 1159. zu schreiben ist $\tilde{\omega}$ $\varkappa\lambda\epsilon\dot{\iota}\nu'$ $'A\vartheta\eta\nu\tilde{\omega}\nu$
$\Pi\epsilon\lambda o\pi\dot{\iota}\alpha\varsigma$ ϑ' $\dot{o}\varrho\dot{\iota}\sigma\mu\alpha\tau\alpha$, vgl. 373. damit ist die beziehung auf Perikles unmöglich,
denn dessen tod als ein unglück für die Peloponnesier hinzustellen, würde eine be-
leidigung des toten gewesen sein

war, wie er schon im Kresphontes eins gedichtet hatte, das selbst des
Aristophanes beifall fand. der friede aber lag nicht in Alkibiades sinne:
nacht muſs es sein, wo die sterne des tyrannen stralen. und so sehen
wir den staatsmann die sicilische expedition vorbereiten, während der
dichter seine troische tetralogie damit schlieſst, daſs die stolzeste flotte
hineinfährt in das sichere verderben. diesmal war er ein prophet gewesen.
geglaubt hatte man ihm so wenig wie dem groſsen mathematiker Meton;
aber man erinnerte sich seiner nach der entsetzlichen erfüllung. es ist
bezeichnend, daſs 412 die Athener den greisen Sophokles in das neu-
gestiftete zehnmännercolleg von probulen wählten: der sollte den perikleischen geist zurückrufen; aber er war schwach geworden und gab
den oligarchen, obwol er aufrichtiger demokrat war, das heft in die hände.
Euripides aber erhielt den auftrag, das epigramm für das riesengrab zu
machen, das auf dem staatsfriedhof für das gedächtnis der tausende errichtet ward, die im fernen westen für das vaterland gestorben waren [20]).
zu handeln traute man ihm nicht zu, wol aber aus der seele seines
volkes zu reden. aber es waren nur einzelne momente noch, wo alles,
was Athen noch besaſs, im gemeinsamen vaterlandsgefühle sich zusam-
menfand. das entsetzliche, das über allen häuptern schwebte, und die
widerstreitenden gefühle, die es erregte, scham und stolz, heroismus und
verzweiflung gewannen allzurasch wieder die oberhand in den seelen
des nur allzu vollblütigen Athenervolkes. es ist als überkäme sie alle
ein bakchischer taumel, daſs sie wider einander, wider alles was groſs
im vaterlande ist, wider sich selbst wüten, und schlieſslich daran zu
grunde gehen. auch die euripideischen dramen dieser zeit sind wie im
fieber geschrieben. zwar die zeitereignisse selbst berührt er höchstens
im vorübergehen, wenn ihn schmerz oder zorn einmal übermannt. und
das erkennt man wol, daſs ihn ein tiefer abscheu gegen die radicale
demokratie erfüllt [21]), was ihm dann den vorwurf oligarchischer gesinnung
eingetragen hat, den Aristophanes, obwol er ihn mehr verdiente, weiter-

---

20) Plut. Nik. 17. auch Helen. 398 enthält einen zug, den nur dieser katalog
der gefallenen verständlich macht, zumal im jahre 412. Menelaos sagt 'wir können
jetzt die toten zählen und die überlebenden, die die namen der toten nach hause
bringen'. also die einen sind verzeichnet, die andern sind ἀριϑμητοὶ ἀπὸ πολλῶν.
21) Daſs die heftige schilderung eines demagogen, Or. 772, dem Kleophon gilt,
hat Philochoros wol selbst angemerkt (schol. 371, 772, 903). derselbe hatte im Ixion
eine beziehung auf den tod des Protagoras gefunden, was wir nicht mehr controlliren
können, aber natürlich nicht bezweifeln dürfen. (Diog. Laert. IX 55.) Phoin. 783
schildert das Dionysos fest im belagerten Athen.

zugeben nicht unterläfst[22]). aber das gebiet, auf welchem der dichter die von aufsen an ihn dringenden erschütterungen mit sich und vor dem publicum durchkämpft, ist das poetische. auch er läfst, wie sein volk, nichts unversucht und rüttelt an den gesetzen seiner kunst wie an ketten. jetzt erst wird er der Euripides, den wir im bilde schauen und der als typus im gedächtnis der Hellenen fortlebte, bitter und menschenverachtend, jede leidenschaft aufwühlend, ohne je zur befriedigung zu kommen, und daneben in kalter dialektik den schönen schein zersetzend, unter dem sich die nichtigkeit alles irdischen verbirgt. die zeitgenossen empfanden es, dafs er sie verachtete und doch als geborner lehrer des volkes beherrschte und beherrschen wollte. die meute der komiker stürzte sich wider ihn, und diesen, nicht ihm fielen die siegerkränze zu. er gab auch ihnen mit bittrem worte die antwort[23]), er trug in der Antiope mit seiner ganzen kraft, der dialektischen wie der pathetischen, das eigenlob des ϑεωρη-τικὸς βίος vor: aber dann gab er das spiel selbst verloren, gab auch das vaterland verloren und wanderte aus.

Die götter waren immer freundlich gewesen gegen Sophokles. schönheit und heiterkeit, genufsfähigkeit und liebenswürdigkeit hatten sie ihm verliehen. ein langes leben hindurch hatte ihn die volle βίου εὔροια getragen. auch das war eine gnade, dafs er nun steinalt war, wenn auch jugendkräftig bei der arbeit, aber lebend mehr in dem reiche seiner ideale als in der traurigen gegenwart. mit sich selbst und seinem volke in harmonie. nun schenkten die götter dem schönen leben gnädig den schönen schlufs: er durfte noch im freien Athen sterben und die feindlichen vorposten öffneten sich ehrfurchtsvoll dem leichenzuge, der den letzten tänzer des salaminischen siegesfestes an die seite seiner väter trug. fern in Gela ruhte Aischylos, fern an der makedonischen Arethusa war Euripides jüngst gebettet. die beiden waren kurz vor ihrem tode

---

22) Frö. 952. wir haben kein mittel, festzustellen, wieso man in früher zeit dazu gekommen ist, eine tetralogie des Kritias, die also wahrscheinlich in den letzten lebensjahren des Euripides gegeben ist, diesem zuzuschreiben. wenn die didaskalien ihn nannten, so hatte er dem Kritias einen freundschaftsdienst getan, und das erweckt dann weitere perspectiven auf die kreise zu denen er sich hielt. aber ebensogut können die didaskalien Kritias genannt haben, und nur stil und gedanken und der fluch, der auf dem gedächtnis des tyrannen lag, den irrtum der nächsten generation bewirkt haben. Kritias ist ein so bedeutender mensch, dafs man an sich einen verkehr ganz gern glauben würde.

23) In der zweiten Melanippe 495 μισῶ γελοίους οἵτινες τήτει (lies τήτῃ: das fordert τητᾶν) σοφῶν ἀγάλιν' ἔχουσι στόματα κἀς ἀνδρῶν μὲν οὐ τελοῦσι ἀρι-ϑμόν, ἐν γέλωτι δ' εὐπρεπεῖς οἰκοῦσιν οἰκους.

in die ferne gezogen, aber Aischylos in der höchsten schaffenskraft, nachdem er noch eben sein gröfstes werk unter dem vollen beifalle seines volkes gekrönt gesehen hatte, und dieses volk strebte dem höchsten hoffnungsvoll und kraftvoll zu[24]). Euripides hatte die schwelle der siebziger überschritten, er war ein leben im engsten kreise und in der unabhängigkeit aber auch der beschränkung des gelehrten gewohnt: jetzt siedelte er an einen halbbarbarischen hof voll soldatischen getöses, in ein fremdes land über, und er schied auf nimmerwiedersehn von der vaterstadt, deren politischer sturz sicher zu erwarten stand, deren vertilgung gar nicht unwahrscheinlich war. es war ein schritt der verzweiflung.

Am hofe des königs Archelaos fand er freilich eine stattliche reihe geistiger celebritäten; selbst dem Thukydides wird er hier begegnet sein[25]), und vor allem mochte ihm der verkehr mit Agathon wol tun, der auch tragiker war und rückhaltlos die consequenzen der euripideischen tragödie und der neuen gorgianischen stilistik zu ziehen versuchte[26]). rasch entledigte

---

24) Dafs Aichylos im grolle über die politischen veränderungen aus Athen gewichen sei, ist nicht zu beweisen. die Eumeniden schliefsen mit der vollsten harmonie und nichts verrät, dafs der dichter die macht und den stolz der heimat, wozu auch der Areopag, ἀσυνδέκαστον τοῦτο βουλευτήριον, gehört, für beeinträchtigt oder bedroht gehalten hätte. es ist ganz unmöglich zu sagen, was er mit seiner reise bezweckte. übrigens braucht er nicht älter als 60 jahre gewesen zu sein, und er kann somit mit dem gedanken heimzukehren und von neuem zu siegen fortgezogen sein.

25) Dafs Thukydides in Makedonien gestorben wäre, durfte freilich nicht für historisch ausgegeben werden, da es nur auf einem dialoge des Praxiphanes beruht. aber seine anwesenheit daselbst, wahrscheinlich an sich, ist schwerlich von Praxiphanes erfunden, denn auch die zuerteilung des bekannten grabepigramms auf Euripides (Athen. V 187ᵈ, auch im γένος) setzt sie voraus, und eben deshalb wird es auch dem Timotheos zugeschrieben, der ja auch in Makedonien gewesen ist. das epigramm dem 4. jahrhundert abzusprechen, ist man nicht veranlafst.

26) Agathon zum ἐρώμενος des Euripides zu machen, lag nahe, und ist an sich nichts als eine ausgestaltung ihres zusammenlebens in Pella. aber bei Aelian steht nicht nur dies (V. H. XIII 4), sondern auch, dafs Euripides ihm zu ehren den Chrysippos dichtete (V. H. II 21). das kann ja blofs deshalb gesagt sein, weil der Chrysippos das problem der knabenliebe behandelt. aber es gibt zu denken, dafs der Chrysippos mit den Phoinissen wirklich in den letzten attischen jahren des Euripides verfafst ist (etwa 410), und Platons Symposion führt Agathon und Pausanias, auf den auch Xenophon verweist, als typen der knabenliebe ein. es ist sehr zu bedauern, auch für die symposien, dafs wir von der behandlung des Euripides nicht mehr wissen, als dafs er die knabenliebe verwarf, obwohl sich Laios auf die φύσις für sie berief. geurteilt hat Euripides immer so, denn nur sein Kyklop gibt sich solcher neigung hin, während Aischylos und Sophokles arglos der volkssitte folgen

er sich auch des auftrags, für den könig ein makedonisches drama zu
schreiben und ihm einen ahn zu schaffen, der dem bankert des Perdikkas
ein heroisches relief gäbe; er fühlte sich zu neuen geistvollen und sichtlich mit frischer liebe durchgeführten schöpfungen angeregt, er glaubte
endlich den hafen gefunden zu haben. aber er erhielt doch auch proben
von der roheit der gesellschaft, in die er versetzt war[27]). wir wollen nicht
vergessen, daſs der vers βαρβάρων Ἕλληνας ἄρχειν εἰκός (I. A. 1400)
in Makedonien gedichtet ist, und es ist pikant, daſs Thrasymachos
dieselbe spitze gegen Archelaos wendet[28]). dieser edle attische baum war
zu alt zum verpflanzen in noch so fettes barbarisches erdreich. nach
1½ jahren starb er, gefeiert von dem könige, und sein grab ist bis in
späteste zeit eine merkwürdigkeit der gegend geblieben.

Von seiner todesart hat Aristophanes ein jahr später nichts merkwürdiges gewuſst, und dabei haben wir uns selbstverständlich zu beruhigen.
aber sehr früh schon ist die fabel entstanden, daſs hunde ihn zerrissen
hätten, und sie hat im altertum die oberhand behalten: denn selbst ein
kategorischer widerspruch[29]) ist geschichtlich um nichts begründeter als
die behauptung. an sich könnte dem dichter ein unfall so gut wie
jedem sterblichen sonst zugestoſsen sein, und einem nächtlichen wanderer kann ähnliches in Makedonien auch heute noch passiren. es ist
auch eine tendenz, welche zu der fabel geführt hätte, nicht ersichtlich,
vielmehr zeigen die mannigfaltigen widersprechenden und sich also auf-
hebenden motivirungen, wie Euripides unter die hunde oder die hunde
über Euripides gekommen wären, daſs man die pointe derselben schon
im altertum vermiſste, und bei solchen geschichten ist es eine empfehlung,

---

27) Ein höfling höhnt Euripides, weil er einen übelriechenden atem hatte:
Archelaos liefert ihn dem dichter aus, daſs er ihn durchpeitsche. Aristoteles polit.
E 10, wol aus den traditionen, die Aristoteles selbst oder sein vater am hofe gesammelt hatte. der üble atem ist dann weiter zu albernen apophthegmen benutzt,
die nichts lehren. es liegt eine bittere kritik darin, daſs wir von ganz persönlichem,
äuſserlichem über Euripides nichts wissen, als daſs er als greis schlecht aus dem
munde roch. aber mancher unserer gebildeten hat von Schillers wesen auch nichts
behalten, als daſs er eine neigung für faule äpfel hatte.

28) Clemens strom. 746, der Thrasymachos citirt, verweist auf Telephos 717,
wo der nämliche gedanke steht. die rede war vermutlich älter als die aufführung
der Iphigenie; an eine entlehnung ist nicht zu denken.

29) Adaios Anth. Pal. VII 51, es ist eine rettung im stile der von Dioskorides für
Lykambes töchter (A. P. VII 351) und der von Aischrion für Philainis (A. P. VII 345).
erst der aberwitz eines literators hat dann aus den hunden weiber gemacht: das
ist nicht komikererfindung, sondern auch nur eine λύσις für die aporie: was waren
das für hunde, die Euripides zerrissen.

wenn sie keine pointe haben. aber das schweigen des Aristophanes gibt den ausschlag: wir müssen urteilen, der tod durch die hunde hätte zwar passiren können, aber er ist nicht passirt.

Geistige ent-
wickelung Dies der äußere lebensgang; aber bei dem geistig wirkenden sind die inneren erlebnisse unendlich wichtiger, und vielleicht ist überhaupt an dem einzelnen menschen das merkwürdigste nicht, wie er als vollendeter erscheint, sondern wie er ward; wie denn selbstbiographien, selbst wenn sie schlecht sind, soweit interessiren, als sie entwickelungsgeschichte darstellen. die entwickelung ist für den animalischen menschen fertig, wenn der körper voll ausgereift ist, und bei dem durchschnitt ist dann auch die geistige entwickelung auf ihrem höhepunkt. die bedeutung des menschen aber bemißt sich danach, wie spät er klug wird, und es ist ein zeichen der geistigen kraft unseres deutschesten stammes, daß er wie die Hellenen dazu 40 jahre brauchen soll. in wahrheit bringen wol nur die allerhöchststehenden sterblichen die entwickelungsperiode zu solcher dauer. bei Goethe und bei Platon macht allerdings das vierzigste jahr epoche: da erst sind sie fertig. aber es ist schon viel, wenn wie bei Dante *nel mezzo del cammin di nostra vita* der tag kommt, wo alles was uns zu schaffen auferlegt ist, $\delta v v \acute{\alpha} \mu \epsilon \iota$ getan ist, so daß das weitere leben nur noch mit dem umsetzen in die energie zu tun hat. es ließe sich darüber viel sagen[30]); das $\gamma \eta \rho \acute{\alpha} \sigma \varkappa \omega$ $\alpha \grave{\iota} \epsilon \grave{\iota}$ $\pi o \lambda \lambda \grave{\alpha}$ $\delta \iota \delta \alpha \sigma \varkappa \acute{o} \mu \epsilon \nu o \varsigma$ hat seine wahrheit, aber der andere spruch auch, daß der mensch nur lernt was er lernen kann: und der fertige mensch kann nun einmal nur äußerliches umlernen, er hat vielmehr auszugeben was er in sich trägt, vielleicht nur als keim, sich selbst kaum bewußt, aber wenn er es nachher von sich gibt und es anderen neu erscheint, so ist es ihm doch ein langbekanntes, und wenn die nachwelt ein leben so genau übersehen kann wie wir es mit dem Goethes tun, so kann sie auch beweisen, daß dem so ist, und daß die Wanderjahre schon concipirt waren, ehe die Lehrjahre erschienen. wie jämmerlich steht es da nun mit dem was wir von den antiken menschen wissen können! Platons entwickelung zu übersehen würde einen ähnlichen reichtum von psychologischer belehrung bieten wie die Goethes. jetzt sehen wir die widersprüche, die in einer solchen

---

30) Glücklich, wen die götter wegrufen, wenn er fertig ist, wie Eupolis, während Aristophanes bis zu den Ekklesiazusen sinken mußte, wie Catull, wie A. de Musset und Byron; weise, wer sich selbst bescheidet, wenn er nichts mehr zu geben hat, wie Kallimachos (wahrscheinlich), Horaz, Uhland: aber sich selbst zum gericht lebt, wer den alten jugendton immer weiter pfeift, überhört oder durch die schrille ausgesungene stimme nur verletzend, wie Ovid, wie Klopstock, dessen geistige entwickelung über die eines grünen jünglings nicht hinauskam, und H. Heine.

natur während der gährenden jugendzeit vorhanden sein müssen, in den systemen seiner chronologen widergespiegelt. man weifs es wol, dafs nur seine persönlichste entwickelung die reihenfolge der jugendwerke bestimmt hat: jetzt fehlen die äufseren daten und in das innere kann niemand dringen. die meisten grofsen denker der älteren zeit treten uns nur als die hinter ihrem einen werke verschwindenden verfasser entgegen, als ausgereift, auch wenn sie, wie Anaxagoras, die herausgabe des buches lange überleben. von Sophokles erscheint uns die Antigone fast als jugendwerk, weil er alle andern erhaltenen dramen als greis verfafst hat, und doch war er in den funfzigern als er jene schrieb. und auch von Euripides haben wir nur werke aus reifer zeit: der Phaethon wird wol das älteste kenntliche sein, aber auch das ist nur erschlossen, weil es so stark von den erhaltenen absticht[31]). wir können uns ein eigenes urteil über die entwickelungsjahre dieses dichters auch nicht bilden.

Aber einige nachrichten treten ein. da ist vorab eine fabel zu entfernen. er soll in gymnastischen kampfspielen gesiegt haben, weil ihn sein vater zum athleten ausbilden wollte, auf grund eines orakels, das ihm siege in agonen verhiefs. die geschichte, gebaut auf den doppelsinn der $\dot{\alpha}\gamma\tilde{\omega}\nu\varepsilon\varsigma$, ist eine wandergeschichte, bestimmt, göttliche vorsehung und menschliche kurzsichtigkeit zu illustriren. Herodot (9, 33) hat sie sich von einem seher als selbsterlebt erzählen lassen, der auch kampfspiele verstand, wo der gott kämpfe gemeint hatte. als sie auf den unterschied der musischen und gymnischen wettspiele übertragen ward, griff man einfach den berühmtesten scenischen dichter auf und knüpfte sie an seinen namen. denn damit würde man dem erfinder zu viel ehre antun, wenn man meinen wollte, er habe die notorische verachtung der gymnastik, welche Euripides zeigt, aber, wie auch im altertum bemerkt ist, im anschlufs an Xenophanes ausspricht, aus bösen jugenderfahrungen ableiten wollen. übrigens ist die geschichte nicht vor dem zweiten jahrhundert erfunden, da sie die der alten zeit fremden Theseen erwähnt[32]). mindestens nicht aus den fingern gesogen, sondern durch ein document belegt und also von einem achtungswerten forscher, wahrscheinlich Philochoros[33])

---

31) Sehr auffällig ist, dafs die nicht ganz wenigen trimeter der Peliaden, des ersten dramas, weder im versbau, noch in der diction, noch in den schon sehr sententiös und allgemein gehaltenen gedanken eine abweichung von der späteren weise des dichters zeigen.

32) In dem berichte des Gellius, der nur vollständiger und reiner, kein anderer ist als der im $\gamma\acute{\epsilon}\nu o\varsigma$ und gelegentlichen anführungen.

33) Megara ist 306 und um 264 zerstört worden; es ist unwahrscheinlich, dafs ein archaischer $\pi\acute{\iota}\nu\alpha\xi$ sich länger erhalten hätte. Pausanias weifs nichts davon.

aufgebracht ist dagegen die merkwürdige angabe, daſs Euripides in der
jugend maler gewesen wäre und in Megara eine von ihm bemalte ton-
tafel gezeigt würde. solche πίνακες haben wir jetzt selbst genug, um
uns eine vorstellung machen zu können; auch künstlerinschriften tragen
sie zuweilen. aber so sicher man annehmen wird, daſs in irgend einem
heiligtum Megaras ein solches werk euripideischer zeit vorhanden war
mit der künstlerinschrift Εὐριπίδης Ἀθηναῖος ἔγραψε, so unwahrscheinlich ist es, daſs der vatersname dabei stand, und dann ist die autor-
schaft des späteren tragikers sehr unsicher. im allgemeinen jedoch muſs
zugestanden werden, daſs der gewaltige aufschwung, den die malerei in
Athen während der jugendjahre des Euripides nahm, einen künstlerisch
begabten knaben sehr wol reizen konnte. wenn er ihn denn beschritten
hat, so hat dieser irrweg, von dem er bald zurückkam, kenntliche spuren
in der poesie des Euripides nicht hinterlassen.

    Gelernt muſste auch die poesie werden. noch war sie zu ihrem
glücke so schwer, daſs ein dilettant, der nichts als die allgemeine schul-
bildung hatte, die finger davon lassen muſste, und ein zweites glück war
es, daſs es noch keine handbücher gab [34]). der jugendunterricht gipfelte
allerdings darin, daſs er den schatz der classischen poesie den knaben
fest und unverlierbar für das leben einprägte; dabei lernten sie die ihnen
ausnahmslos fremden mundarten der poesie und lernten die weisen der
groſsen dichter singen und sagen. das befähigte sie dann als erwachsene
die tragödien und die dithyramben zu verstehen, und das war nicht
wenig. sie mochten wol auch einmal vor liebchens tür oder beim rund-
gesang einen vers eigner fabrik auf die alte weise versuchen, auch für

---

    34) Am ende des 5. jahrh. hat es technische schriften über landwirtschaft
u. dgl., auch kochbücher gegeben. die medicinische litteratur, die am besten bekannte, geht, so weit sie nicht ein erzeugnis der sophistik ist, auf kurze regeln
zurück, προγνώσεις, προρρητικά u. dgl., die nur ein hilfsmittel mündlicher unterweisung sind. und natürlich besaſs jeder der ein handwerk übte seine papiere, die
er als einen wertvollen schatz seinem nachfolger vermachte, der koch oder arzt
recepte, der seher formulare für sprüche und spruchdeutung (Isokrates 19, 5 τὰς
βίβλους τὰς περὶ μαντικῆς). aber buchmäſsiger vertrieb bestand für diese dinge nicht
und die schriftstellerei der sophistik behandelt eben das technische nicht. das ändert
sich erst um und nach 400, wo Simon und Xenophon über pferdezucht, Chares und
Apollodoros über landbau, Hippokrates und Polybos über medicin technisch schreiben.
und trotzdem redet man noch immer so, als hätte Sophokles eine aesthetische abhandlung über den chor wider Phrynichos schreiben können (Suid. s. v.), etwa wie
Schiller vor der braut von Messina oder wie Seneca und Pomponius ihren tragödien
praefationes gaben. es ist eine fiction wie die technischen schriften uralter bau-
meister, von denen Vitruv redet.

ein weihgeschenk oder einen grabstein ein distichon zu stande bringen: das war noch kein dichten. wir sehen sogar einzelne Athener, die eine volle bildung haben wollen, noch weiteren musikalischen unterricht als beim kitharisten nehmen. den lehrer des Perikles hat Aristoteles verzeichnet; dieser hat sein mündel Alkibiades auch von einem virtuosen im flötenspiel unterrichten lassen, und Sokrates hat in der mufse des gefängnisses ein προσόδιον an Apollon verfassen können, weil er bei Konnos noch als alter mann die mängel seiner jugendbildung zu ersetzen versucht hatte. dafs die sophistik auch musik und metrik in ihre kreise zog, ist selbstverständlich und wird durch die erfahrungen des Strepsiades illustrirt[35]). wie viel mehr bedurfte der angehende dichter eines meisters, der ihm die kunstgriffe und fertigkeiten des handwerks übermittelte. Pindars lehrer kennen wir. Sophokles soll die musik bei Lampros, die tragödie bei Aischylos gelernt haben. über Euripides hören wir nichts. dafs Aischylos, der sogar die tänze den choreuten selbst beibrachte und das dichterhandwerk seinem sohne und mehreren anderen verwandten hinterliefs, auch andere unterwiesen hat, ist glaublich. aber Sophokles hat jedenfalls nichts bei ihm gelernt. weit eher könnte man es von Euripides glauben, wo die zeit es verbietet. denn Sophokles vertritt im gegensatze zu seinen beiden rivalen eine andere kunstrichtung, und gerade im technischen liegt der gegensatz. offenbar ist Sophokles dem ionischen einflufs hingegeben; seine rede strotzt von ionismen und versteigt sich nicht selten zu einer künstlichkeit der metaphern, die an Ion von Chios erinnert, und das greift selbst auf das prosodische über: nur Sophokles hat (wenigstens im dialog[36]) das ionische ἡμίν. sein versbau folgt andern prinzipien[37]), so dafs er sich nicht scheut am versende zu elidiren, was nur Achaios von Eretria sonst tut, und sehr lax in der verkürzung eines schliefsenden langen vocals vor vocalischem anlaut ist, eine freiheit, die aus dem epos

---

35) So hat Damon Damonides' sohn über musik und metrik geschrieben. die scene der Wolken, in der Socrates den Damon vertritt wie sonst den Apolloniaten Diogenes, ist der älteste reflex seines buches. die sophistische fiction war eine rede vor dem Areopag, freilich eine fiction (Philodem de mus. 104 K.), aber nicht ärger als wenn Gorgias alle Hellenen in Olympia, oder die trauerversammlung im Kerameikos anredet. und dafs der Areopag wirklich die εὐκοσμία zu überwachen hatte (Isokr. 7, 37), zu bezweifeln ist kein grund. das buch Damons ist nach der zeit der alten Peripatetiker verschollen. vgl. Bücheler Rh. M. 40, 309.

36) Im liede scheint es Aisch. Eum. 347 zu haben: doch ist dort ἡμμιν wahrscheinlicher, da er auch ὗμμε hat. Ar. Ach. 556 ist nicht von Eur., darf also ὑμῖν behalten. bei Eupolis inc. 2, 3 ist ἡμῖν ἐπίστασ' εὑρών statt ἰ. ἡμίν zu setzen.

37) Vgl. zu v. 280.

stammt³⁸). gewifs würden wir noch mehr bemerken, wenn nicht Sophokles als greis sehr stark unter dem einflusse des Euripides stünde; auf das umgekehrte verhältnis deutet nichts³⁹).

Dafs Euripides für das musikalisch metrische sehr viel gröfsere neigung und erfindsamkeit besafs als Sophokles, zeigen die werke. aber auch die alten haben schon hervorgehoben, dafs er mannigfache neue anregungen in sich aufnahm und nichts unversucht liefs. insbesondere hat er sich seit 420 etwa der neuen musik rückhaltlos angeschlossen, welche die dithyrambiker unter heftiger opposition der komödie aufbrachten. uns ist eine vergleichung versagt, und die klagen über Phrynis lehren, dafs die bewegung selbst schon mehrere jahrzehnte früher begonnen hat, als wir ihre spuren sicher nachweisen können. der niederschlag dieser verhältnisse in der legende ist die persönliche verbindung des Euripides mit Timotheos. von selbst werden wir glauben, dafs der greise tragiker anregungen auch nach musikalischer seite gegeben hat, wie sein stilistischer einflufs nicht blofs bei tragikern der rhetorischen richtung zu tage liegt, sondern selbst bei dem Sophokles copirenden verfasser des Rhesos.

φιλοσοφία.   Aber die lehre, welche er bei seinen zunftgenossen fand, war für die bildung des Euripides keineswegs die wichtigste. er hat die neue weisheitslehre, welche in Athen von den zusammenströmenden gelehrten Ioniens teils verkündet teils fortgebildet ward, mit vollen zügen in sich aufgenommen, und schon den zeitgenossen war das für ihn am meisten bezeichnend, dafs er auch auf der bühne sophist war: σοφός heifst er in spott und in bewunderung. unsere berichterstatter wissen so ziemlich alle namhaften sophisten, die es der zeit nach gewesen sein könnten, als lehrer des Euripides zu nennen. dafs sie über eine wirkliche überlieferung verfügten, ist kaum glaublich, denn zeitgenössische berichte, wie sie die memoiren des Chiers Ion für die beiden andern tragiker boten, hat es unseres wissens für Euripides nicht gegeben. wol aber haben sie nachweislich mit recht aus den werken des Euripides die einwirkung bestimmter personen erschlossen, und nur das ist zweifelhaft

---

38) Die 7 sophokleischen tragödien zeigen diese erscheinung etwa so oft wie die 18 euripideischen, und in oft sehr harten fällen. der verfasser des Rhesos folgt hierin wie in der melopoeie ganz dem Sophokles.

39) Auch im altertum hat man bemerkt, dafs Aischylos und Euripides auf der einen, Sophokles auf der andern seite steht. Porphyrio zu Horaz ep. II 1, 55 *Pacuvius famam docti aufert et consequitur Sophoclis, Accius Aeschyli Euripidisque qui dicendi sunt alti.* da die horazische doctrin, welche hier erklärt wird, varronisch ist, wird es auch diese erklärung im kerne sein. und wenn wir es nur stilistisch fassen, ist es wahr. Sophokles künstelt an der sprache.

und mufs es bleiben, in wie weit diese einwirkung auch wirklich eine persönliche gewesen ist. denn der leibliche verkehr ist für die einwirkung, die ein denkender mensch durch fremde gedanken erfährt, häufig selbst da unwesentlich, wo er statt hat, und erschliefsen läfst er sich aus den werken des beeinflufsten nur da, wo entweder persönliches berührt wird, oder aber wo es sich um einen menschen handelt, der vornehmlich durch die dämonische gewalt seiner person gewirkt hat. dies letztere trifft so stark wie auf kaum einen zweiten sterblichen auf Sokrates zu. aber eben darum würden wir deutliche spuren seines geistes bei Euripides antreffen, wenn der immer noch von der gedankenlosigkeit behauptete verkehr der beiden grundverschiedenen grofsen Athener stattgefunden hätte. allerdings hat der gleiche hafs, den sie gegen die beiden verführer der jugend empfanden, einzelne komiker (doch nicht Aristophanes[40]) dazu veranlafst, Sokrates an den unsittlichen dramen mithelfen zu lassen, und wie hätte sich die spätere klatschsucht es entgehen lassen sollen, diesen faden weiter zu spinnen[41]). indessen hat einer der wenigen kritischen köpfe der griechischen gelehrsamkeit, Panaitios von Rhodos, bereits dieser fabel mit der nötigen entschiedenheit widersprochen, wenn auch nicht ohne selbst bedenkliche hypothesen zuzulassen[42]).

Sokrates war etwa 10 jahre jünger als Euripides und begann eine rolle nicht vor 430 zu spielen, als Euripides längst ein innerlich fertiger mann war. und wenn sie sich dann etwa bei Alkibiades begegnet sein sollten, so haben sie sich abstofsen müssen. der menschenjäger liegt

---

40) Immerhin hat auch bei diesem der unterricht des Sokrates den erfolg, dafs der schüler die grofsen dichter der vergangenheit für stümper erklärt und für die wagnisse der euripideischen frauenbilder schwärmt. von da aus zu der erfindung der beihilfe des Sokrates ist nur ein schritt.

41) Aelian V H. II 13 erzählt, dafs Sokrates sonst selten ins theater gieng, aber wenn Euripides καινοῖς τραγῳδοῖς ἠγωνίζετο oder im Peiraieus aufführte, kam er. diese fabel ist auf die verhältnisse seit der demosthenischen zeit zugeschnitten, wo der unterschied der καινοὶ τραγῳδοί und der παλαιά gilt und die Πείραια staatsfest sind; von beidem war zu Euripides zeit keine rede.

.42) Panaitios half sich bei stellen wie Frö. 1491, die in wahrheit ganz irrelevant sind, mit der fiction eines doppelgüngers, ἕτερος Σωκράτης τῶν περὶ σκηνὰς φλυάρων. das ist auch in das γένος gekommen. denn s. 1, 10 Schw. steht in der zuverlässigsten handschrift (Vat. 1345) Σωκράτης δὲ ἕτερος αὐτῷ δοκεῖ ὁ φιλόσοφος καὶ Μνησίλοχος ⟨συμ⟩πεποιηκέναι τινά. da ist der zusatz ἕτερος ὁ φιλόσοφος an verschiedene Stellen des textes, dem es übergeschrieben war, hineingeraten. die andern fassungen sind darauf zurückzuführen; in den meisten ist aus ἕτερος ἑταῖρος .geworden und dann Σωκράτης in den genetiv gesetzt. ein zusatz ist auch 2, 5 γεννηθῆναι δὲ τῇ αὐτῇ ἡμέρᾳ [καὶ Ἑλλάνικον] ἐν ᾗ ἐνίκων — οἱ Ἕλληνες.

den lieben langen tag im gymnasium, Euripides grübelt in stiller grotte; jenes stolz ist das nichtwissen, dieser steht wie alle sophisten auf seiten der bildung und verachtet die ἀμαθία; der philosoph traut auf die kraft des menschlichen willens, der das rechte tun wird, wenn er es nur erkennt: der tragiker sieht das grundübel in der schwäche des fleisches, welche die verwirklichung der guten vorsätze verhindert. flach und modern zu reden, jener ist optimist, dieser pessimist. zwischen ihnen ist keine vermittelung. daſs aber beide groſse Athener das menschenherz kennen und kündigen, und daſs sie ihren blick mit vorliebe auf sittliche probleme richten, besagt nichts anderes, als daſs sie beide auf der höhe derselben geistigen entwickelung stehn und deshalb beide die folgezeit beherrscht haben. höchstens mag man annehmen, daſs der Milesier Archelaos auf beide ähnlich gewirkt hat, denn er wird beider lehrer genannt und gilt als erster philosoph über ethik; aber wir wissen nichts von ihm, und nach Theophrast ist sein werk verschollen gewesen[43]). wenn wir endlich bei den Sokratikern, oder vielmehr bei Platon, über den Eros gedanken finden, welche an Euripides seltsam anklingen, so ist es einleuchtend, daſs Platon eben von diesem anregungen erhalten hat[44]), die sich mit den sokratischen nur in dem gegensatz gegen die grobe sinnlichkeit decken.

---

43) Nach Diogenes II 16 soll er das δίκαιον καὶ ἄδικον νόμῳ gelehrt haben. auf die formulirung ist nicht viel zu geben, aber daſs sich der satz mit seiner entwickelungslehre (Hippolyt. I 9 p. 564 Diels) gut verträgt, ist nicht geeignet, ihn zu discreditiren. die wiederkehr des satzes bei Euripides aber spricht für ihn. ebenso ist man geneigt, dem Aetius starke verwirrung zuzutrauen, wenn er sagt Ἀρχέλαος ἀέρα καὶ νοῦν τὸν θεόν, οὐ μέντοι κοσμοποιὸν τὸν νοῦν (I 7 p. 302 Diels): aber auch da gehen Euripides und der falsche Epicharm mit, vgl. über beide unten. vielleicht hätte ich richtiger getan, alle diese lehren auf Archelaos bestimmt zu beziehen, und dann würde noch manches folgen. allein ich zog vor, das bild minder einheitlich zu geben, damit die einzelnen züge schärfer blieben.

44) Die prophezeiung (Med. 830), daſs am Kephisos die Eroten als πάρεδροι der weisheit walten, ist dadurch in erfüllung gegangen, daſs Platon neben dem gymnasium der Akademie seine schule gegründet hat, und in jener schon zu Euripides zeit die jünglinge den sophisten lauschten und der Erosaltar stand. der doppelte Eros ist wol wirklich schon in jenem zeitalter von der speculation viel behandelt. übrigens ist die anregung auf Platon von Euripides stärker als man annimmt, nicht bloſs in einzelnen wendungen der conversation wie οὐκ ἐμὸς ὁ μῦθος, oder die ἰσόθεος τυραννίς (Tro. 1169 Staat 568ᵇ). wenn die seele des Odysseus φιλοτιμίας λελωφηκυῖα sich den βίος ἀνδρὸς ἰδιώτου ἀπράγμονος aufsucht (Staat 620ᶜ), so tut sie das im anschluſs an die worte, welche der euripideische Odysseus im prolog des Philoktet sprach (785) πῶς δ' ἂν φρονοίην, ᾧ παρῆν ἀπραγμόνως ἐν τοῖσι πολλοῖς ἠριθμημένῳ στρατοῦ ἴσον μετασχεῖν τῷ σοφωτάτῳ τύχης, wovon ihn die φιλο-

Dagegen läfst sich die für uns zufällig zuerst durch Alexandros von Pleuron ausgesprochene tradition nicht wol abweisen, dafs Euripides zu Anaxagoras in persönlichem verkehr gestanden hat, und dieser hat in der tat sehr stark auf ihn gewirkt. der verkehr kann schon in Euripides jünglingszeit begonnen und fast ein menschenalter gedauert haben, denn Anaxagoras lebte in Athen friedlich und still seinen studien. dafs Euripides lehrsätze desselben berührt oder auch geradezu citirt, zeugt nur von seinem studium des in weiten kreisen gelesenen buches, auch war Anaxagoras lange tot, als Euripides die berufensten stellen in der Melanippe (488) und im Chrysippos (836) schrieb. aber 438 läfst er den chor der Alkestis (903) von einem Manne seiner verwandtschaft erzählen, der als greis den tod seines einzigen sohnes gefafst ertragen hätte. damals war Anaxagoras ein greis, von ihm erzählt die legende das ἤδειν ὅτι θνητὸν ἐγέννησα, wie freilich von manchem andern: wir dürfen also, wie neuerdings vielfach geschehen ist, die legende als geschichte und Euripides als ihren zeugen betrachten. auch das hat man mit recht bemerkt, dafs Euripides dem wegen gotteslästerung nicht sowol als wegen μηδισμός vertriebenen lehrer ein ehrendenkmal gestiftet hat in den versen (902) ὄλβιος ὅστις τῆς ἱστορίας ἔσχε μάθησιν, μήτε πολιτῶν ἐπὶ πημοσύνας μήτ᾽ εἰς ἀδίκους πράξεις ὁρμῶν, ἀλλ᾽ ἀθανάτου καθορῶν φύσεως κόσμον ἀγήρω πῇ τε συνέστη χὦθεν

τιμία abhält (786). ἐμὲ [νῦν] "ἤδη καλεῖ", φαίη ἂν ἀνὴρ τραγικός, ἡ εἱμαρμένη sagt Sokrates Phaid. 115ᵃ. εἱμαρμένη sagt der tragiker nicht: aber Alkestis ruft 254 Χάρων μ᾽ ἤδη καλεῖ· τί μέλλεις; ἐπείγου, σὺ κατείργεις. so citirt die conversation das erste wort eines allbekannten verses. am meisten aber hat Platon den Hippolytos gelesen. das motiv des Symposions, Ἔρωτα δὲ τὸν τύραννον ἀνδρῶν οὐ σεβίζομεν, stammt aus ihm, 538. in der wunderbaren schilderung des tyrannen (Staat 573) entzückt das bild, wie die umgebung die den werdenden mit nachgiebigkeit (Hipp. 462) und müfsiggang (Danae 324) verdirbt, ihm einen Ἔρως schafft, ὑπόπτερον καὶ μέγαν κηφῆνά τινα. sie treiben es aber schliefslich so weit, dafs diese drohne einen stachel bekommt und nun verderblich wird: deshalb heifst Eros τύραννος. das ist eine schilderung, die freilich einer entwirft, der selbst ein dichter ist, aber jenes chorlied des Hippolytos, das den Eros schildert πέρθοντα καὶ διὰ πάσας ἰόντα συμφορᾶς θνατῶν, ὅταν ἔλθῃ, schliefst mit dem nicht ausgeführten bilde dafs Aphrodite δεινὰ μὲν τὰ πάντ᾽ ἐπιπνεῖ· μέλισσα δ᾽ οἷα τις πεπόταται, das man wol versteht, wenn man die definition der liebe ἥδιστον ταὐτὸν ἀλγεινόν θ᾽ ἅμα hinzunimmt und andere andeutungen, das aber doch unverstanden geblieben ist: Platon liefert die erklärung, weil der same in seiner seele aufgegangen ist. der Hippolytos, 374 ff., enthält auch die euripideische lehre von des fleisches schwäche, die den willen überwindet; auch diese schärfste formulirung des gegensatzes zur Sokratik hat Platon aufgenommen, natürlich mit schärfster verurteilung als ansicht der πολλοί Protag. 352ᵇ. die stellen sind zu lang zum ausschreiben.

χὤπως·⁴⁵) τοῖς δὲ τοιούτοις οὐδέποτ' αἰσχρῶν ἔργων μελέδημα προσίζει, verse, in denen die apologetische absicht zu tage liegt. dafs sie auf Anaxagoras gehen, bestätigt sich dadurch, dafs diefser der typus des θεωρητικὸς βίος in älterer zeit ist. Eudemos (ethik I 5) läfst ihn auf die frage τίνος ἕνεκ' ἄν τις ἕλοιτο γενέσθαι μᾶλλον ἢ μὴ γενέσθαι antworten τοῦ θεωρῆσαι τὸν οὐρανὸν καὶ τὴν περὶ τὸν ὅλον κόσμον τάξιν, was eine seichte paraphrase für τοῦ θεωρῆσαι τὸν κόσμον τοῦ παντός ist, weil der peripatetiker in κόσμος nicht mehr die τάξις hört. derselbe erklärt kurz vorher ein auch von Aristoteles (Eth. Nik. X 9) angeführtes wort des Anaxagoras, ἴσως ᾤετο τὸν ζῶντα ἀλύπως καὶ καθαρῶς πρὸς τὸ δίκαιον ἢ τινος θεωρίας κοινωνοῦντα θείας, τοῦτον, ὡς ἄνθρωπον εἰπεῖν, μακάριον εἶναι. das entspricht ganz den euripideischen versen, und die persönliche sympathie wird man in ihnen um so mehr anerkennen, als der dichter selbst nicht die ruhe hatte, auf den himmel statt auf die menschen zu sehen, freilich auch die friedlosigkeit im eignen busen durch den gegensatz doppelt fühlte, und als Athener nicht vergessen konnte, dafs er auf erden eine heilige heimat hatte. als philosoph ist Euripides keineswegs ein anhänger des Anaxagoras, sondern gibt mit derselben zustimmung auch widersprechende lehren anderer wieder. das princip der homoeomerie kommt nicht vor, und der νοῦς steht nach ihm neben dem σῶμα in durchaus dualistischem sinne.

Ähnlich wie zu Anaxagoras steht Euripides zu Protagoras. auch ihn hat er nach seinem tode persönlich berücksichtigt, doch wissen wir nicht, ob verteidigt. auch seine tätigkeit fällt zum teil (bevor er nach Thurioi gieng) in Euripides bildsame jahre. auch hier erzählen die alten von persönlicher berührung⁴⁶), und sie scheint unabweisbar, weil die beeinflussung eine sehr starke ist und nicht die lehre angeht sondern

---

45) Überliefert ist καὶ ὅπη καὶ ὅπως und die krasis, welche die euripideische metrik herzustellen fordert, ist nur eine orthographische änderung. allein ὅπη neben πῇ ist, wie wol zugestanden ist, unmöglich. die leichte und elegante änderung von πῇ in τίς kann kaum richtig sein. man verlangt ποῖος, und die frage nach der qualität wird neben dem aorist συνέστη unbequem. vor allem aber fragt die physik nach der ἀρχή, und diese frage mufs irgendwo gestanden haben. somit mufs ὅπη weichen, obwol ὅπη καὶ ὅπως passend verbunden wird, noch von den archaisten wieder aufgenommen (Pilostrat der jüngere εἰκόνες 16).

46) In das haus des Euripides wird die erste vorlesung von Protagoras gottesleugnerischer schrift verlegt (Diog. Laert. 9, 54): aber da ist die tendenz klar, den dichter des Bellerophontes mit Protagoras zu verbinden, wie er mit Kritias verbunden worden ist.

die methode. den subjectivismus des Protagoras hat Euripides zwar gelegentlich berücksichtigt (Aiolos 19), aber nicht geteilt, und πάντων χρημάτων μέτρον ἄνθρωπος nicht in verse gebracht. wol aber hat er die kunst des ἀντιλέγειν so sehr ausgebildet wie nicht einmal ein rhetor, und seine ganze technik ist davon durchdrungen. der leser hat immer damit zu rechnen, daſs in jedem einzelnen spruche nur einer der beiden λόγοι zu worte kommt, die es von jeder sache gibt; was der dichter wirklich meint, kann aus einer äuſserung nicht abstrahirt werden.

Zu Prodikos sind berührungen nicht nachweisbar: denn die etymologischen spiele, an denen Euripides seine freude hat[47]), und die er wenigstens in seinen letzten 20 jahren mit gröſserem ernste vorträgt als die andern dichter, weisen vielmehr auf die ὀρθοέπεια des Protagoras und auf Heraklit zurück. die synonymik des Prodikos, die Platon im Protagoras persiffirt und Thukydides ernsthaft anwendet, kommt wol nirgends vor. Gorgias trat erst 427 in Athen auf; seine schüler sind Thukydides und Antiphon geworden, Euripides war dazu zu alt. seine speciell rhetorische technik weist vielmehr auf Thrasymachos[48]). indessen ist an der sophistik ja nicht der einzelne name von bedeutung. was sie im ganzen leistet, die verarbeitung und vermittelung der philosophischen und überhaupt wissenschaftlichen gedanken, welche die einzelnen groſsen denker in der einsamkeit gefunden hatten, und die dialektisch rhetorische schulung, welche dem redner wie dem schriftsteller erst die zunge löste, ist nicht an einen einzelnen gebunden. die hippokratische sammlung und die dorischen διαλέξεις lehren das am besten. und so ist Euripides einfach als sophist zu fassen, und nicht nach den etwaigen vermittlern sondern nach den urhebern der gedanken zu fragen, welche er vorträgt. so mag ihm die kenntnis des Herakleitos durch bekenner von dessen lehre zuerst vermittelt sein, die in Athen nicht fehlten: daſs er sein buch selbst gelesen hat, ist ganz unzweifelhaft[49]). ebenso hat er Xenophanes gekannt[50]), allein bezeichnender weise bezieht er sich nur auf dessen polemik gegen die vorstellungen und wertschätzungen der menge: die lehre vom ewigen sein und der monotheismus wird nicht berührt, und von einer benutzung des Parmenides oder der sophistischen

---

47) Vgl. zu v. 155.
48) Vgl. zu v. 336.
49) Vgl. zu v. 101. die fabel hat das schlieſslich so weit ausgesponnen, daſs Euripides nach Ephesos reist, die bei der Artemis deponirte schrift des Herakleitos auswendig lernt und einem erwählten kreise mitteilt und erläutert; Tatian 3.
50) Vgl. zu v. 1346.

verbreiter der eleatischen lehre, Zenon und Melissos, ist keine spur. die zeitgenössischen philosophen kennt er wenig. auf Empedokles deutet nichts. Diogenes von Apollonia wird nur einmal so berücksichtigt, daſs das schlagwort seines systemes in einer aufzählung von δόξαι erscheint[51]). Leukippos ist, wie zu erwarten, unbekannt: denn die bei Demokritos allerdings stark hervortretende ansicht von der gewalt des νόμος als des nicht im wesen ruhenden conventionellen hat nichts mit der atomen-lehre zu tun: das kann ebensogut von protagoreischem und auch von elea-tischem standpunkte vertreten werden; wahrscheinlich stammt es von Archelaos. Euripides hat es, wie natürlich, sehr fruchtbar gefunden und bis in die letzten consequenzen verfolgt (Hek. 799). die orphischen poesien waren ein attisches erzeugnis; sie hatten stark auf Pindaros ge-wirkt, einigermaſsen auf Aischylos: daſs Euripides sie kannte, ist natür-lich. und er hat zwar an sühnungen und ihren einfluſs auf das leben im jenseits nicht geglaubt[52]), auch dem widerwillen der menge wider ihr pharisäertum mit wohlgefallen worte geliehen (Hipp. 953), aber in den Kretern ihre doctrinen im feierlichsten ernste behandelt. schon dieses führt auf die Pythagoreer. Euripides redet zwar nicht von der zahl noch von der harmonie, auch nicht vom sündenfall der geister und der seelen-wanderung. aber er hat nicht nur auf einen ethischen ausspruch des Pythagoras so bestimmt verwiesen, daſs er die existenz einer schrift unter Pythagoras namen zu bezeugen scheint[53]). sondern er hat mehr-

---

51) Tr. 884 γῆς ὄχημα κἀπὶ γῆς ἔχων ἕδραν Ζεύς Hippokrat. π. φυσῶν 3 (ἀήρ) γῆς ὄχημα; dies ist eine schöne entdeckung von Diels.

52) Überhaupt an kein leben nach dem tode. τίς οἶδεν εἰ τὸ ζῆν μὲν ἐστι κατθανεῖν gehört in die heraklitische lehre; der so ganz modern anmutende spruch Hipp. 194 constatirt nur das ewige rätsel, auf das er nicht mehr antwort gibt als Hamlet.

53) Fgm. 392 (Theseus spricht; drama unbekannt, d. h. Aigeus Theseus Hippo-lytos I möglich; da der spruch für einen knaben nicht paſst, wol der letzte) ἐγὼ δὲ τοῦτο παρὰ σοφοῦ τινὸς μαθὼν ἐς φροντίδας νοῦν συμφοράς τ' ἐβαλλόμην φυγάς τ' ἐμαυτῷ προστιθεὶς πάτρας ἐμῆς θανάτους τ' ἀώρους καὶ κακῶν ἄλλας ὁδούς, ἵν', εἴ τι πάσχοιμ' ὧν ἐδόξαζον φρενί, μή μοι νεῶρες προσπεσὸν μᾶλλον δάκνοι. Poseidonios (auf den das citat bei Cicero, Galen, Ps.-Plutarch an Apollon. zurückgeht) hat in Anaxagoras jenen weisen gesehen, doch ohne anhalt. das richtige hat Cobet entdeckt: Jamblich vit. Pyth. 196 ἦν αὐτοῖς παράγγελμα, ὡς οὐδὲν δεῖ τῶν ἀνθρωπίνων συμπτωμάτων ἀπροσδόκητον εἶναι παρὰ τοῖς νοῦν ἔχουσι. das steht hier in einer partie, deren herkunft unbekannt ist; wahrscheinlich stammt es von Ari-stoxenos. die benutzung einer Pythagorasschrift durch beide ist nicht abzuweisen. aber es ist auch durchaus verkehrt, diese alle als junge fälschungen zu betrachten. die reste bei Diogenes zeigen ja ionischen dialekt, der zwar dem Samier und dem philo-

fach eines der gedichte berücksichtigt, welche auf den namen des Epicharmos giengen [54]). seine eigene ansicht von den ἀρχαί, ein dualismus

sophen des 5. jahrhunderts zukommt, aber zu der zeit des Archytas schon undenkbar wäre: damals war diese ionische pflanze längst für das Dorertum reclamirt.
die herstellung des pythagoreischen evangeliums ist eine schöne aufgabe: denn ersichtlich gehört die älteste schicht der wunder, z. b. die daunische wölfin, auch in
so gute zeit hinauf.

54) Die wichtige sache wird verkannt; es soll kurz der beweis gegeben werden.
Epicharm: νᾶφε καὶ μέμνασ' ἀπιστεῖν· ἄρθρα ταῦτα τᾶν φρενῶν (zuerst von Poly-
bios citirt, damals schon fliegendes wort): Eur. Hel. 1650 σώφρονος δ' ἀπιστίας οὐκ
ἔστιν οὐδὲν χρησιμώτερον βροτοῖς. Epich. emori nolo: sed me esse mortuum nil
aestimo (Cic. Tusc. I 15, griechisch nicht herzustellen): Eur. Herakl. 1016 θανεῖν
μὲν οὐ χρῄζω· λιπὼν δ' ἂν οὐδὲν ἀχθοίμην βίον, wie das vorige als schlußeffect
längerer rede. Ep. συνεκρίθη καὶ διεκρίθη κἀπῆλθεν ὅθεν ἦλθεν πάλιν, γᾶ μὲν
εἰς γᾶν, πνεῦμα δ' ἄνω· τί τῶνδε χαλεπόν; οὐδὲ ἕν. (Consol. ad Apoll. 110ᵃ)
dasselbe Eur. öfter, z. b. Hik. 533. wo haben diese epicharmischen sprüche gestanden?
komödien hat Eur. nicht citirt und wahrlich auch Xenophon nicht, der Mem. II 1, 20
(vgl. Hell. VI 1 15, damit man das athetiren lasse) epicharmische sprüche anführt.
es gab ja aber γνῶμαι, welche nach dem durch Apollodor (bei Athen. 648ᵈ) erhaltenen urteil des Philochoros von einem gewissen Axiopistos herrührten. allein
ob das sittensprüche waren ist fraglich. Philochoros besprach sie in dem buche
über mantik zugleich mit einem κανών, und als traumdeuter nennt Tertullian de
anim. 46 Epicharm neben Philochoros, so daß man diese schriften eher unter die
technischen pseudepigrapha rechnen möchte, die es auch über tierarzneikunst u. dgl.
unter Epicharms namen gegeben hat. nun hat aber schon Aristoxenos (wie Apollodor am gleichen orte bezeugt) eine Πολιτεία unter Epicharms namen gekannt, so
daß der sonst nahe liegende verdacht schweigen muß, daß die aus dieser citirten
sprüche aus alexandrinischer zeit stammten und ihre verherrlichung des θεῖος λόγος,
von dem ein teil der menschliche ist (Clem. strom. V 719), stoisch wäre; auch zeigt
ein von Clemens zugleich angeführter vers, daß dieser λόγος oder vielmehr seine
betätigung, λογισμός, mit der zahl gleichgesetzt wird, wir also in pythagoreischer
gegend sind, wenn auch der einfluß des Anaxagoras kenntlich ist: denn νόος ὁρῇ
καὶ νόος ἀκούει, τἆλλα κωφὰ καὶ τυφλά (zuerst citirt von Aristoteles probl. XI 33:
nicht von Platon Phaid. 65ᵇ, der auf einen wol euripideischen tragikervers geht)
gehört offenbar eben dahin. nun tritt wieder Euripides ein. Hel. 122 αὐτὸς γὰρ
ὅσσοις εἰδόμην, καὶ νοῦς ὁρᾷ. das tilgt man, weil man die beziehung verkennt. die
echte Helene fragt den Teukros, ob er ihre doppelgängerin gesehen habe. der sagt
'so wie ich dich jetzt mit augen sehe'. sie wirft ein 'es kann ein trugbild gewesen
sein'. er weist das rund ab. sie 'ihr traut also ganz auf die zuverlässigkeit der
erscheinung?' (spiel mit δόκησις, vgl. zu v. 287). er 'ja ich habe sie mit eignen
augen gesehen, und der νοῦς sieht', d. h. weil der νοῦς sieht, ist keine δόκησις, ψευθὴς
δόξα möglich. Helene verstummt: sie kann nichts ausrichten, wenn die sinneswahr-
nehmungen gelten sollen, weil die sinne nicht sehen, sondern die infallible vernunft.
aber der dichter widerlegt die misdeutung des epicharmischen wortes durch die
tat: Teukros täuscht sich doppelt, sein νοῦς hat die falsche Helene anerkannt, die
echte verworfen. allerdings ist die Helenestelle nur durch eine beziehung auf etwas

von geist gott aether und stoff körper erde, ist ein compromiſs zwischen
der philosophie des ostens und der theologie der heimat und des westens.
das hauptprincip seiner ethik, die macht der φύσις, der intellectuellen
und moralischen veranlagung des einzelnen, ist wol durch die verschiedenen philosopheme beeinfluſst: aber gewonnen hat gerade dieses der
menschen beobachtende, leidenschaften nachempfindende dichter. er ist
natürlich kein schöpferischer philosoph; aber kein anderer kann uns von
dem, was der forschungsdurstige Athener kannte und las, eine vorstellung
geben: und φιλόσοφος im echten sinne ist er auch, obwol er auch
σοφιστής ist, im echten, wie im üblen sinne.

---

auſser ihr verständlich, aber wer hat das recht so etwas zu zerstören? Euripides
führt noch weiter. er kennt die lehre, welche den νοῦς βροτῶν als gott betrachtet
(Tro. 887, fgm. 1007), allerdings subjectiv gewendet, aber der übergang ist leicht,
und auch Epicharm sagt (Stob. 37, 16) ὁ τρόπος ἀνθρώποισι δαίμων ἀγαθός, οἷς
δὲ καὶ κακός. und es geht noch weiter. den Epicharmus des Ennius als etwas anderes
zu denken als eine übersetzung eines griechischen buches ist ganz wunderlich. So-
tades Archestratos Euemeros erhalten einfach ihren genossen. und *terra corpus est,
at mentis ignis est* (5) stimmt vollkommen. hier war *Ceres* als die erde gedeutet (4):
Δημήτηρ θεά, γῆ δ' ἐστιν, ὄνομα δ' ὁπότερον βούλῃ κάλει sagt Eur. Bakch. 276.
und *Iuppiter* war zwar *aer* genannt, aber als wind und wolken gedeutet. Eur. fgm. 935
ὁρᾷς τὸν ὑψοῦ τόνδ' ἄπειρον' αἰθέρα καὶ γῆν πέριξ ἔχονθ' ὑγραῖς ἐν ἀγκάλαις.
τοῦτον νόμιζε Ζῆνα, τόνδ' ἡγοῦ θεόν. feucht sind seine umarmungen, also ist nicht
die feurige luft gedacht, und die differenz zwischen ἀήρ und αἰθήρ ohne belang,
wie so häufig und schon von alter zeit her. Ennius nennt die *principia mundi
aqua terra anima sol* (3): Epicharm bei Menander die götter ἀνέμους ὕδωρ γῆν
ἥλιον πῦρ ἀστέρας. wahrlich es geht doch alles zusammen, und wir erkennen ein
lehrgedicht Epicharms, wie die vita bei Diogenes es auch verlangt. ein äuſserliches
kriterium tritt hinzu. nach Diogenes' hatte sich Epicharm sein autorrecht durch ein
akrostichon gesichert. daſs Ennius sich desselben spiels bedient habe, bezeugt Cicero
de div. II 111: wir sehen, woher er die kunst hatte. die form war nach Ennius
der traum ins jenseits entrückt zu sein (1). Alkimos, der freund Stilpons, führt die
schluſsverse an, wie man glauben möchte, worin Epicharm prophezeit ʻeinst wird
jemand meinen versen das maſs, das sie nun tragen, ausziehen, ihnen ein purpur-
gewand anlegen, es mit schmucken worten ausstaffiren und so, selbst schwer bezwing-
lich, zeigen, wie leicht die andern zu bezwingen sindʼ. da haben wir in wahrheit die
entschuldigung des fälschers. denn er vindicirt dem alten Epicharm die neuen lehren,
er wendet fälscherkunststücke an, ihm den ruhm zu sichern, und die priorität wahrt er
ausdrücklich. er zielt hier wol auf einen bestimmten sophisten, den ich nicht zu
benennen wage. der verfasser (Chrysogonos ὁ αὐλητής nach Aristoxenos, was der
zeit nach sehr gut möglich ist, da dieser 408 auf der höhe des ruhmes stand, Athen.
XII 535 d) hat von Pythagoras, Anaxagoras, Prodikos gelernt. Euripides kennt sein
gedicht seit 430 etwa: nicht viel früher kann es entstanden sein. es ist ein sehr
merkwürdiges product: noch manches ist davon zu sagen, doch genüge hier der
nachweis seiner benutzung durch Euripides, worin der nachweis des alters liegt.

Es ist jedoch eine bedeutende einschränkung nötig. denn eine ἱστορία.
seite der zeitgenössischen geistesarbeit hat Euripides so gut wie ganz
vernachlässigt, die ἱστορίη ins weite. fremder völker sitten, fremder
länder wunder kennen zu lernen ist er nicht beflissen; mit geographischen
namen zu prunken verschmäht er[55]); kaum eine spur deutet darauf,
dafs er die geographische und die mit ihr meist zusammenfallende historische litteratur der Ionier gelesen hätte[56]). er hält es auch hierin wie
Sokrates, nicht wie Sophokles, der freund des Herodotos[57]). Aischylos

---

55) Bei Eur. wundert man sich schon, wenn er einmal in der weise die Pindar
geläufig ist statt der grenzen der welt Atlas und Pontos (zu v. 234) oder Phasis
und Nil (Andr. 650) nennt. wo es eine besondere wirkung macht, erscheint natürlich auch solches wissen. die vorzügliche schilderung Messeniens im Kresphontes
(1068) hat eine politische spitze; Sparta besitzt die schönste landschaft widerrecht-
lich, und die Messenier fordern ihre zurückführung. dafs Iphigeneia am baumlosen
gestade, in der südrussischen steppe, sich nach den hellenischen gärten und
hainen sehnt (134, 229), ist durch die localfarbe sogar dem suchen Griechenlands
im schatten des dichtbelaubten haines überlegen. die sicilische expedition macht
die dortigen maulesel (Tr. 222 ὄρῆς, auch Soph. OK. 313 Αἰτναῖα πῶλος) und das
ϑαυμάσιον des thurischen Krathis (Tr. 227) interessant. der hain von Knosos in den
Kretern mit dem uralten blockhaustempel hat gewifs auch localen bezug, aber auch
besondere bedeutung. einen starken irrtum über die lage von Kelainai rügt Strabon
(XIII 616. fgm. 1070), beziehung unbekannt. zwar schwerlich den magneten, aber
doch einen stein von Magnesia hat Eur. in einem gleichnis erwähnt: sicher den
magneten Sophokles (oben s. 12). auffällig ist in den Troerinnen 1075 der phry-
gische Zeuscult auf dem Ida; doch hängt dies mit dem vorhergehenden zusammen, wo
der Ida der ort heifst, den die sonne zuerst bescheint: in der tat haben astronomen den
sonnenaufgang dort beobachtet (Diodor XVII 7, Lucrez V 663), offenbar gelegentlich des phrygischen höhendienstes. auffällig ist auch in den Bakchen die sehnsucht
nach Kypros, wobei die rieselfelder von Paphos geschildert werden (406). man
möchte denken, dafs der dichter sich hier als Athener aus dem versinkenden Reiche
fortwünscht in irgend einen winkel, den das kriegsgetöse nicht erreicht, wo dann
Kypros und Makedonien nahe lagen. er ist nach dem letzteren gegangen, Ando-
kides z. b. nach beiden.

56) Strabon (XI 520) sagt, er wolle noch ein par berufene νόμιμα βαρβαρικά
erwähnen, z. b. dafs ein volk bei sich als sitte übe τὸ Εὐριπίδειον ʻτὸν φύντα
ϑρηνεῖνʼ u. s. w. (Kresphont. 452). moderne haben das umgedreht und lassen Euripides aus Herodot V 4 schöpfen. das würde berechtigt sein, wenn er sich auf
irgendwo existirende sitte beriefe: so stellt er sich nur in schroffsten gegensatz zur
heimischen. für den gedanken aber bedurfte er keiner anregung von aufsen: μὴ
φῦναι κράτιστον, τὸ ζῆν κατϑανεῖν legte den schlufs nahe genug.

57) Abgesehen von den bekannten beziehungen auf Herodotos, unter denen die
Intaphernesgeschichte nur eine ist (geschrieben nicht um Herodot zu huldigen, an
den niemand denken sollte, sondern weil Sophokles die geschichte hübsch fand)
wirft Sophokles mit geographischen namen fast wie ein Römer um sich. Phasis und

hatte sein volk durch ganze geographische excurse, wie die fahrten der
Io und des Herakles, unterhalten; besonders lebhaft aber gab er die eignen
eindrücke wieder, die der weitgereiste empfangen hatte, so vom feuer-
speienden berge und den thrakischen pfahlbauten (Pers. 870). auch das
fehlt bei Euripides, der wol nicht weit herum gekommen ist[58]). die nach-
bargegenden, zumal die cultstätten Delos Delphoi, Trozen Argos Theben,
schildert er mit besonderen localen beziehungen und bezeichnungen,
sicher verstanden zu werden. von Korinth mochte man 431 wol nichts
hören: die Medeia könnte ebensogut vor jedem schlosse spielen. aber
auch Pherai[59]) und Pharsalos[60]), die Chersones, die doch kleruchenland
war, und gar der Aetna[61]) sind eigentlich gar nicht gezeichnet. die
Helene spielt in Aegypten, aber nicht das mindeste localcolorit ist aufge-
tragen[62]), während Sophokles die gelegenheit bei den haren herbeizieht,

---

Istros treten auf als typen für einen grofsen strom (OT 1227), indisches gold und
sardisches elektron als typen orientalischen reichtums (Ant. 1037), der wein von
Italien (Ant. 1119, dies vielleicht wegen Thurioi), das gold vom Paktolos (Phil. 391),
das menschenopfer an Bal (Andromeda 622), der byzantische tunfisch mit seinem
localen namen (fgm. 460). ein ϑαυμάσιον aus Euboia wird in vielen versen be-
schrieben (Thyest. 235). die κλητικοί ὕμνοι putzen sich vollends mit diesem billigen
zierrat, Ai. 693 soll Pan von Kyllene kommen, nysische knosische tänze zu lehren,
Apollon über Ikaros von Delos.   Ant. 1115 der Thebaner Dionysos nach Theben, er
der herrscher in Eleusis und Italien, in der korykischen grotte über der Kastalia und
in Nysa. der Triptolemos gab eine ganze periegese der οἰκουμένη im stile der aischyleischen, aber noch viel umfassender.

   58) Ein gewisser Eparchides hatte in einer specialschrift über Ikaros (Athen.
II 61) ein epigramm mitgeteilt, das Euripides bei einem gelegentlichen besuche auf
der insel gemacht haben sollte. es ist ein recht schlechtes gedicht, denn es nennt
die namen der toten nicht und auch nicht die todesart. Eparchides wufste aber zu
sagen, dafs es einer frau galt, die mit drei kindern an dem genusse von giftigen
pilzen gestorben war. auf einem grabe kann es neben den namen allenfalls gestanden haben. in diesem falle hätte Eparchides eine ciceronefabel aufgezeichnet,
für die sowol das sujet wie der berühmte dichtername trefflich passen. wir wissen
aber gar nicht, ob nicht Eparchides selbst schwindelte. Euripides steht als verfertiger von epigrammen so gut wie sonst Homer, Sappho, Archilochos: ernsthaft ist
all das nicht zu nehmen.

   59) Die localfarbe der Alkestis, soweit sie da ist, gehört der quelle, Hesiods Eoee
von Asklepios, an. dafs v. 835 eine strafse von Pherai nach Larisa erwähnt wird,
heifst gar nichts. eine bestimmte angabe mufste gemacht werden: ob Larisa oder
Pharsalos oder Krannon genannt ward, war einerlei.

   60) Das Θετίδειον ist zwar eine wirkliche örtlichkeit und wird genau bezeichnet,
weil es dem publicum fremd war. aber das war von der sage, wenn auch nicht
der Andromachesage gegeben, denn es stand bei Pherekydes, schol. 18.

   61) Vgl. zu v. 639.

   62) Die Περσέως σκοπιαί 769 sind zwar an der aegyptischen küste localisirt,

ein aegyptisches νόμιμον aus seinem Herodot anzubringen (OK 337). nur die neue makedonische umgebung hat dem greisen dichter nicht nur besondere localschilderungen eingegeben, sondern hat ihn auch empfänglich gemacht für den zauber der freien natur mit wald und wasser und wild, den ja am meisten der von der friedlosen civilisation und dem getriebe der grofsstadt abgehetzte empfindet[63]. in dieser hatte Euripides sich sein langes leben bewegt, hier hatte er beobachtet, ohne sich in ihren strudel selbst zu stürzen, dennoch ganz in ihren kreis gebannt, und gewohnt mit seinen gedanken in die tiefe zu dringen, nicht in die weite zu schweifen. am gastlichen tische des Ion in Chios, gar als feldherrn mit diplomatischem auftrage, könnte man sich ihn so wenig denken wie den Sophokles mit Protagoras im Herakleitos lesend. aber auch mit Perikles und Anaxagoras ein physisches problem erörternd ist er nicht zu denken: alle die physikalischen einzelfragen interessiren ihn nicht im mindesten, selbst die μετέωρα nicht, wenn er auch einmal die sonne eine χρυσέα βῶλος nach Anaxagoras nennt (Phaeth. 777 Or. 983). und wenn er im Phaethon einen lieblichen sternmythos dramatisirt, so vermenschlicht er ihn ganz: selbst für die wunder des gestirnten himmels, die den Hellenen so besonders religiös stimmten, hat er nicht entfernt die innige liebe wie seine landsleute Sophokles und Platon, geschweige wie die sternliebenden Aioler[64].

(Herod. II 95), werden hier aber wegen der unmittelbar vorher gegebenen tragödie Andromeda erwähnt.

63) Diese stimmung weht zwar durch die ganzen Bakchen, deren chor eben deshalb gewählt ist, besonders aber in dem ausgeführten bilde 866: das reh, das dem jäger entronnen ist, springt fröhlich in der waldeinsamkeit über die wiese. Pieriens natur schildert er 409, 565, die ströme von Pella 571, in leider heillos verdorbenen versen. er scheint gegen B 850 zu polemisiren. denn dort heifst der Axios der strom mit dem schönsten wasser, hier wird der Ἀξιὸς ὠκυρόας genannt, aber unmittelbar darauf dem Ludias das schönste wasser zugeschrieben — wenn nicht noch ein dritter flufs genannt war, denn nach der ganz ähnlichen stelle Hekab. 454 erwartet man den Apidanos.

64) Er bringt es selten über ein bild, das schön aber herkömmlich ist, wie Ἔω λευκὸν ὄμμα, oder Hik. 990, Andromeda 114, Ion 82. etwas selteneres ist der vergleich mit einer sternschnuppe fgm. 961. sternbilder auf schildern oder tapeten, eine geschichte, wie die umkehr des sonnenwagens bei den thyesteischen greueln (Or. 1000) beweisen nichts für das naturgefühl des dichters. und wenn er einen geblendeten sich sehnen läfst hinaufzufahren zu den hellen lichtern von Orion und Seirios (Hekab. 1100), so ist das wundervoll aus der seele dessen, der ewige nacht schaut, empfunden, aber keine περὶ τὰ μετέωρα πολυπραγμοσύνη. sehr verkehrt haben also die antiken verteidiger des Rhesos sich darauf berufen, dafs hier allerdings 531 eine seltsame constellation geschildert wird, und Iph. Aul. 5 ist eben

Historische studien in gewissem sinne forderte von dem tragiker
sein beruf. denn er behandelte ja einen ὦν λόγος; nur schöpfte er die
nötige kenntnis in erster linie bei seines gleichen. es versteht sich von
selbst, dafs Euripides das epos, Homer und Hesiod, in der weise studirt,
wirklich studirt hat, wie man es damals konnte, an der hand der damaligen Homerphilologen, der rhapsoden. die spuren dieser studien sind
schon bei Aischylos in seinem eignen wortgebrauche nachweisbar, und
so bei allen spätern dichtern. der anschlufs an bestimmte einzelne Homer-
verse ist aber bei Euripides seltener als bei den andern tragikern. auch
hat er nur im satyrspiel Kyklops eine einfache dramatisirung einer
homerischen geschichte geliefert, was Aischylos mit dem kernstück der
Ilias Π—Ω, Sophokles wahrscheinlich mit teilen der Kyprien, der kleinen
Ilias und Odyssee getan hatte. die Troerinnen vereinen zwar eine anzahl
scenen der Πέρσις in der art der Vivenziovase, allein der reiz liegt hier
in der vollkommen verschiedenen beleuchtung, die bei Euripides eine
troische ist. übrigens ist für uns die vergleichung des dramatischen stoffes
mit dem epischen nur in den seltensten fällen möglich, da wir die sage
nur in der fassung zu kennen pflegen, die herrschend ward, und das
ist die dramatische oder gar eine jüngere, so dafs wir das epos erst
durch das drama einigermafsen kennen lernen. nakte facta, wie sie
z. b. die hypothesen bei Proklos liefern, sind für solche vergleichungen
unergiebig. dafs aber bei Euripides die epischen stoffe, selbst wenn man
die kühn umgestalteten mitzählt[65]), zurücktreten, lehrt ein blick auf
Welckers tragödien.

Die nächsten vorgänger der tragiker waren eigentlich gar nicht die
epiker, sondern die chorischen lyriker, und von deren compositionen
waren viele, wie die nachbildungen der komödie zeigen, allbekannt,

---

auch nicht von dem dichter Euripides. dafs wir an unserm himmel die personen der
euripideischen Andromeda sehen, hat er allerdings bewirkt, aber nur dadurch, dafs er
eine vorhandene geschichte dramatisirte, deren herkunft unbekannt ist und die überhaupt singulär ist und wenig hellenisch aussieht. gegenüber Euripides sehe man
wie Sophokles das überkühne wagnis begeht, die aufzuckenden stralen der morgenröte
'die wimper des tages' zu nennen (Ant. 102) und vom wechselnden monde (fgm. 786),
der ewig kreisenden bärin (Tr. 130) ein gleichnis nimmt.

64) Vgl. was unten über Phoinix beigebracht wird. am klarsten ist die geniale
freiheit des dichters im Aiolos. die Odyssee erzählt, dafs der könig der winde, der
auf einsamer insel lebt, seinen söhnen seine töchter zu frauen gegeben hat, ganz
unschuldig, wie Adam das auch getan hat. das greift Euripides auf und hängt das
ganz moderne problem daran, die geschwisterliebe, die blutschande, das problem das
Byron und seine zeit so tief beschäftigt hat, ein problem von ewiger bedeutung.

hatten auch in die schule eingang gefunden. natürlich kannten sie die tragiker um so besser. allein weder im stofflichen noch (was aber wol an unserer kenntnis oder erkenntnis liegen wird) im formellen findet sich aufser ganz vereinzeltem und gelegentlichem eine beziehung zu Pindar[66]) Simonides Bakchylides. wir kennen ja nur Pindar, können daraus aber den grund wol abnehmen. Pindar neuerte nicht viel, wo er es tat, selten glücklich, aufserdem ist er durch seine engen zwecke bestimmt. dafs aber mit der ganzen sagenwelt, in der er lebte, die Athener sich nicht stark berühren, liegt in dem politischen, landschaftlichen, noch mehr dem gesellschaftlichen gegensatze. für Simonides trifft dies nur beschränkt zu; aber von ihm wissen wir gar zu wenig.

Ganz anders stehen die Chalkidier, Ibykos[67]) und zumal Stesichoros.

---

66) Die *λιπαραὶ Ἀθᾶναι* des pindarischen dithyrambus waren fliegendes wort. wie Aristophanes (Ritt. 1329) hat sie auch Eur. öfter, schon Alk. 452 und noch I. T. 1130. das wort *λιπαρός* war aus :dem hohen stile geschwunden, Soph. hat es nie, Eur. nur im satyrspiel. eine mythische beziehung hat ein gescheidter grammatiker zu Androm. 796 aufgedeckt. Eur. läfst dort seinen chor zu Peleus sagen 'jetzt glaube ich, dafs du in Troia mit Herakles und auf der Argo gewesen bist'. das letztere ist eine gewöhnliche sage, das erstere war eigentlich notwendige folge von der durch die Aegineten aufgebrachten beteiligung Telamons an dem troischen zuge des Herakles. aber es findet sich sonst nicht ausdrücklich erwähnt. da bringt nun der scholiast eine Pindarstelle bei, welche auch beide züge vereinigt, und da Eur. den chor ausdrücklich seine Zustimmung zu der ihm also vorher bedenklichen geschichte aussprechen läfst, ist die vermutung wol richtig. — die Rhesosfabel hat Pindar so behandelt, dafs eine gewisse verwandtschaft mit dem stoffe der tragödie nicht zu verkennen ist (schol. *K* 435), aber das sind gemeinsame sagenzüge: der verfasser des Rhesos hat Pindar nicht benutzt; wie viel verständiger würde sein stück geworden sein, wenn Rhesos wirklich, wie bei Pindar, einen tag lang die Achaeer besiegt hätte, statt blofs zu renommiren. dagegen hat der schauspieler, der den zweiten falschen prolog verfertigt hat, seine personen, Hera und Athena, von Pindar entlehnt, was recht interessant zu wissen ist.

67) Die scholien irren zwar, wenn sie in dem geschicke der Helene und der Polyxene bei Euripides einflufs des Ibykos (fgm. 35. 36) sehen, denn das ist schon epische sage; aber eine sehr merkwürdige anregung ist kenntlich. Apollonios III 158 schildert den abstieg vom Olymp auf die erde. es ist ein platz vor dem tore, neben dem garten der götter: von da schwingt sich Eros wider Medeia herab. der scholiast bemerkt dazu, es wäre eine nachbildung eines liedes von Ibykos an Gorgias, worin zuerst der Raub des Ganymedes und dann der des Tithonos vorkomme. also Ibykos verglich die schönheit des von ihm oder seinem auftraggeber geliebten Gorgias mit den beiden Troerknaben, welche himmlische liebe in den Olymp entführt hat. Eur. Tr. 820 klagen die Troerinnen ihr leid dem Ganymedes, der in heiterer schönheit neben Zeus blüht, während sein vaterland verwüstet wird. dann wendet sich das lied an Eros, der die himmlischen zu den Dardaniden herabgeführt hat, *τὸ μὲν οὖν Διὸς οὐκέτ' ὄνειδος ἐρῶ*, aber auch Tithonos ist von Eos in einem sternenwagen

der dichter, welchem die tragiker die Atreidengreuel, Euripides eine so gewalttätig neuernde sagenform wie die seiner Helene verdankt, hat ohne zweifel noch viel häufiger bestimmend eingewirkt. aber die versuche genauerer nachweisungen sind nicht nur bisher wenig glücklich gewesen, sondern auch kaum von der zukunft zu erwarten, da keine vermehrung des materiales in aussicht steht.

Elegie und iambos wurden in den schulen gelesen, waren äußerst populär, es finden sich auch einzelne bezüge auf sie bei den tragikern [68]), aber eine tiefere anregung war hier nicht möglich. die lieder der Lesbier und Anakreons standen ähnlich, wenn auch von jenen wie von Alkman wol nur einzelne lieder populär waren [69]). mythisches konnten sie wenig geben, und die künstliche metrik wird nur noch hie und da eine anregung aus ihren einfachen weisen geschöpft haben, während allerdings Aischylos bei Anakreon nachweislich gelernt hat. vielleicht wird sich aus geschichtlicher betrachtung der metrik noch mehr ergeben.

Stoffliche ausbeute würde den tragikern die mythographische litteratur in reicher fülle geboten haben. denn ohne zweifel hat es davon viel mehr gegeben, als auf die nachwelt kam. ist doch die schriftstellerei des Akusilaos und des in Athen lebenden Leriers Pherekydes [70]), von geringern wie Anaximandros abgesehen, nur so verständlich wie die der nordischen prosaischen sagenbücher, als auflösung des epos. deshalb

---

entführt, und nun ist doch die liebe der götter zu Troia verflogen. da sind die beiden mythen auch in erotischer wendung vereinigt: das mag man zufall nennen, mag auch dem Euripides die hübschen züge selbst zuschreiben, des Ganymedes γυμνάσια καὶ λουτρά (Phoen. 371, Phaeth. 782), und den sternenwagen, obwol letzterer sehr von der attischen weise abweicht, die wir von den vasenbildern her kennen, und ersteres dem dichter der knabenliebe wol ansteht. entscheidend ist die figur der praeteritio, die auf die vorige strophe nicht gehen kann, in der der raub nicht erzählt und Zeus nicht gescholten ist. ein *quaerere distuli* weist immer auf eine art polemik.

68) Mimnermos vgl. zu v. 637. bemerkenswert ist, daß Or. 1546 ein spruch des Simonides wiedergegeben wird (fgm. 1, 1).

69) Auf Alkaios nimmt Aischylos Sieb. 387 nach den scholien bezug. er war sonst nicht populär in Athen. das einzige von einem Attiker berücksichtigte alkmanische lied (Ar. Vög. 250) ist in der form nicht lakonisch. als Aristophanes aber Lakoner einführte, im schlusse der Lysistrate, griff er nach dem lakonischen poeten. an seine rhythmen gemahnt nur Sophokles öfter, und das wird zufall sein.

70) Die lebenszeit des mannes und alles, was seine person angeht, ist freilich nur aus dem urteil über sein werk abzuleiten, da jede verläßliche angabe fehlt. der versuch, ihn zu einem Athener zu machen, wird hoffentlich keine verwirrung anrichten, wenn die grammatiker einzeln die benutzung der mythographen durch Euripides annehmen (schol. Or. 1654 Phoen. 71), so hat das keine beweiskraft.

.

wird aber die vermittelung zwischen epos und tragödie durch diese bücher
schwer nachweisbar, glücklicherweise aber auch wenig bedeutend. so
viel sich bisher die immer noch nicht recht erfaſste schriftstellerei des
Pherekydes übersehen läſst, ist mit zuversicht zu verneinen, daſs er die
tragödie benutzt hat, nirgend zu erweisen, daſs die tragiker ihn gelesen
haben und nicht seine quellen. Hekataios ward durch seinen rationalismus unverwendbar in dem was er eigenes gab, und so wird man sich
auch auf etwa hervortretende übereinstimmungen nicht verlassen[71]).
Euripides speciell hat die historiker sonst so sehr verschmäht, daſs man
nicht geneigt sein kann ihm die lecture der bücher zuzutrauen, die
erst wir als mythographische von den historischen scheiden. und doch
gibt es ein gebiet, wo er irgend eine solche quelle aufgesucht haben
muſs, die altpeloponnesischen traditionen von den Herakleiden, die in
Kresphontes Temenos Temeniden, vielleicht nach Likymnios behandelt
sind. für uns ist Euripides der älteste zeuge selbst für die namen. die
nächste tradition, bei Isokrates und Ephoros, berührt sich einzeln mit
ihm, ohne sich doch zu decken; manches ist auch ganz verschollen.

Es wäre eben so töricht wie geschmacklos, wenn man für jeden
tragischen stoff eine schriftliche quelle suchen wollte. natürlich haben die
dichter sehr viel aus der mündlichen sage, und natürlich steht die heimische
in erster reihe. die dürftigen attischen vorher kaum irgend wo berück-
sichtigten localüberlieferungen haben ja erst die tragiker geadelt und
selbst sie doch nur zum teil allgemein beliebt gemacht. die maratho-
nische Herakleidensage, die eleusinische von der bestattung der Sieben
hat Euripides von Aischylos geformt überkommen, die Alopesage war
es auch schon. aber die eigentliche königssage, Aigeus Theseus Hippolytos Ion, und vor allen Erechtheus hat er erst bearbeitet und festgestellt. Sophokles folgte ihm hierin zum teil, wie er ihm ja selbst die
anregung dazu verdankt seinen eignen demos zu verherrlichen. aber
Prokris und Prokne hat Sophokles populär gemacht. auch die kleruchien
haben die heimatssage etwas bereichert. die geschichte des Polymestor
stammt von der Chersones, und auch der altepische Protesilaos ist unter
einwirkung des cultes von Elaius umgestaltet. Lemnos hat auf Philoktet
und Hypsipyle gewirkt, Skyros den ganz neuen stoff der Skyrier geliefert,
Achilleus und Deidameia, Syleus ist ohne die besetzung von Amphipolis

---

71) Die Augesage haben Euripides und Hekataios ähnlich erzählt, aber wir
kennen die epischen bearbeitungen derselben nicht. daſs Euripides in der Helene
Hekataios und Herodotos nicht berücksichtigt hat, ist eine tatsache, die schwerer
wiegt als alle solche möglichkeiten.

nicht denkbar[72]). auch von Sophokles sind mindestens Phineus und Tereus durch die nordischen kleruchien in der färbung bestimmt. die sagen der übrigen Reichsstädte treten dagegen ganz auffallend zurück[73]): man bedenke, Chios Samos Miletos Kolophon Kos Rhodos Naxos Keos Euboia, jeder ort hatte mindestens so viel zum teil altberühmte sagen zu bieten wie Athen. aber die Athener hören lieber von Theben Argos Korinth Sparta; Ionien sollte in Athen aufgehen, das Reich nur die empfindungen seines hauptes mit und nachfühlen. von den ruhmvolleren gegnern nahm man vorab ihren alten stolzen sagenschatz: der politische anschluſs sollte folgen.

Mit dem stoffe ist dem dichter oft recht wenig gegeben, und oft bewährt er sich an ihm als dichter schon ehe die ausgestaltung beginnt. manches mal wird vorgekommen sein, was wir dank dem sonst wenig erfreulichen peripatetiker Hieronymos von dem euripideischen Phoinix wissen, daſs ein fruchtbares motiv irgendwo in unscheinbarer localsage aufgegriffen aber auf einen altberühmten heroischen namen übertragen ward[74]). dem steht nahe, daſs der dichter um einer dürftigen fabel fülle zu geben,

---

72) Es ist die erwerbung der landschaft Phyllis am untern Strymon durch Herakles. die sage selbst ist aber schwerlich dort gewachsen, da Συλεύς ein redender name ist, der neben dem bruder Δίκαιος in einer thessalischen sage (Konon 17) wiederkehrt; der inhalt aber ist derselbe in dem volksliede der schnitter vom Lyder Lityerses. Herakles zeigt, daſs Athener die Syleussage nicht gebildet haben; vor ihnen waren ja auch Nesioten in jener gegend, und die bewohner der Chalkidike und der insel Thasos verehren Herakles als gründer ihrer cultur; in Amphipolis wohnten sehr viele Akanthier. die attische sage, die nachher die Syleussage verdrängt hat, ist die von der eponymen heroine Phyllis und einem Theseussohn. sie ist aber erst im 4. jahrhundert nachweisbar, gehört also der zweiten besetzung von Amphipolis an. die Syleussage tritt gleichzeitig mit dem euripideischen drama in der vasenmalerei auf (Annali 1878 C): sollte sie im 6. jahrhundert schon dargestellt sein, so erhöhte das bedeutend die bedeutung der damaligen verbindung von Athen mit Thrakien (Jahrbuch des Arch. Inst. II 229). es leuchtet ein, daſs Euripides nach dem verlust von Amphipolis 424 den Syleus nicht mehr schreiben konnte, und lange vor der gründung (438) ist es mindestens recht unwahrscheinlich. so haben wir für ein satyrspiel ein annäherndes datum.

73) Aischylos mag die Europa aus Milet, Sophokles den Kedalion aus Chios haben. die Perseussage, die auf Seriphos spielt, ist alles andere eher als seriphisch. denn für sie ist die insel das gottverlassene elende felseneiland, das sie, wie die tributlisten lehren, zur zeit des Reiches nicht war. in dem rufe stand sie freilich auch damals (Kratinos Seriphier, Aristoph. Ach. 542. Plat. Staat 330ᵃ), aber das war aus der alten sage geerbt; schon 479 ist Seriphos trotz seines gerechten anspruches (Herod. VIII 46) nicht in den Hellenenbund aufgenommen.

74) Die stellen bei Hiller in der satura Sauppiana 73. ganz sicher ist es nicht, daſs Hieronymos die sache richtig aufgefaſst hat, aber wahrscheinlich.

motive aus einer anderen herübernimmt [75]), und das berührt sich wieder
mit dem ausmalen von situationen oder charakteren nach dem vorbilde
einer älteren eigenen schöpfung, wofür die schwesternpare in Sophokles
Antigone und Elektra das bekannteste beispiel sind. allein das greift schon
über in die künstlerische analyse der werke, die hier nicht berührt werden
soll. das stoffliche läfst sich für menschen die überhaupt geschichtliche
fragen begreifen nicht selten überzeugend dartun: aber vielfach gilt schon
von ihm und noch weit mehr von der beurteilung des poetischen, dafs
erst eine reife kenntnis des dichters die dinge überhaupt sieht, und dafs
sie auch für ähnlich gereifte allein einen beweis führen kann.

Was hier in betreff des stoffes gegeben ist, ist eine dürftige skizze.
erst wenn nicht blofs die einzelnen tragödien alle genau durchgearbeitet
sind, sondern überhaupt die heldensage eine erneuerung erfahren haben
wird, kann es gelingen dem einigermafsen gerecht zu werden, was eigentlich die vorbedingung des aesthetischen urteils sein mufs, was schon die
peripatetiker angestrebt haben: das verhältnis des dichters zu seinem
stoffe klar zu stellen. was die alten so viel behandelt haben, zumeist
freilich von einseitig rhetorischem standpunkte aus, die charakteristik
von stil und sprache, erfordert, ehe sie wirklich geliefert werden kann,
auch noch eine fülle von beobachtungen untersuchungen und namentlich
vergleichungen, die heut zu tage nur für die geschmacklosigkeit und den
stumpfsinn der gesunkenen latinität angestellt werden, denen es allerdings leichter ist congenial zu sein. die erklärung des einzelnen dramas
gibt aber auf schritt und tritt gelegenheit zu einschlagenden bemerkungen;
bei denen mag es sein bewenden haben. —

Über den poetischen nachlafs des Euripides sind wir auffallend gut Nachlafs.
unterrichtet. verfafst soll er 92 dramen haben: das sind 23 × 4 (*γένος*)
oder 22 mal aufgeführt (Suid). also war eine tetralogie bestritten; und
wirklich werden in der summe der erhaltenen 3 unächte tragödien, ein
unächtes satyrspiel aufgeführt. da für die tragödie Peirithoos und das

75) So war es offenbar etwas ganz dürftiges, was Euripides als Kresphontes-
sage überkam. er fügte hinzu, dafs der tyrann den rechtmäfsigen erben für vogelfrei
erklärt hat und dieser der bote seines eignen todes ist; dies aus der Orestessage; dafs
der tyrann ein ohnmächtiges weib zur ehe zwingen will, aber durch die zwischen-
kunft des sohnes daran gehindert wird; dies aus der Danaesage, wenigstens wie er sie
wenige jahre zuvor im Diktys gestaltet hatte. seinen Archelaos soll er nach der
Temenossage gemacht haben, Agatharchides bei Phot. bibl. 444ᵇ 29. die gefangene
Melanippe hat motive aus den sagen von Ino, Antiope, Meleagros verbunden: eigen-
tümlich scheinen nur die namen; doch sind wir über die heimat der sage nicht
unterrichtet.

satyrspiel Sisyphos[76]) auch Kritias als verfasser angegeben wird, ist der schluſs geboten, daſs diese ganze tetralogie zwischen den beiden dichtern schwankte, in wahrheit dem minder berühmten gehörte. die gesammt-summe 92 oder vielmehr 88 ist nun allerdings vorschnell fixirt. erstens ist fraglich, ob nicht lenäische agone darunter waren, an welchen viel-leicht weniger stücke gegeben wurden; zweitens hat der Archelaos sicher-lich nicht in den 22 didaskalien gestanden, und von der Andromache ist dasselbe ausdrücklich überliefert. somit ist der schluſs auf die gesammt-zahl der verfaſsten stücke unzulässig, und der verlust von dramen noch höher anzusetzen, als die Alexandriner getan haben.

Praktisch kommt nun auf die sofort vergessenen stücke nichts an, die zum teil wol gar nicht veröffentlicht waren[77]). um so erfreulicher ist, daſs wir über das was nach Alexandreia kam sicherheit erzielen können. es waren 67 tragödien, 7 satyrspiele[78]). die letzte zahl ist auffallend gering. daſs Euripides einzeln statt eines satyrspiels eine tragödie gab, wie die Alkestis, erklärt das misverhältnis nicht genügend. wir kennen auch noch 3 satyrspiele, die verloren waren[79]). offenbar hatte Euripides für das komische weder neigung noch begabung. selbst von den 7 ist eines so wenig gelesen worden, daſs wir nicht einmal den namen ken-nen[80]). und in den 6 kenntlichen war dasselbe motiv, die überwindung der barbarischen *vis consili expers* durch die hellenische *rite nutrita indoles*, viermal angewandt (Buseiris, Kyklops, Skiron, Syleus); zweimal war der held ein listiger betrüger, Autolykos Sisyphos, denen Odysseus nahe steht; dreimal trat Herakles auf (Eurystheus Syleus Buseiris), einmal sein pendant Theseus (Skiron). die erfindsamkeit war also sehr gering.

---

76) Ein satyrspiel Sisyphos hat Euripides nach ausweis der didaskalie der Troerinnen 415 gegeben. das war verloren, ward mit dem Sisyphos des Kritias verwechselt und gab mit veranlassung zu der irrtümlichen zuteilung der ganzen tetra-logie, in welcher auch ein Sisyphos stand.

77) Anaxandrides verkaufte das manuscript einer durchgefallenen komödie sofort als maculatur. Chamaileon bei Ath. IX 374.

78) Die angaben sind trotz aller verwirrung durchsichtig. wenn man die un-ächtheit des Sisyphos bestritt, wozu dieselbe veranlassung vorlag wie beim Rhesos, so war die gesammtsumme 75: diese gibt Varro (Gellius XVII 4 3) und Suidas. rech-nete man die ganze bestrittene tetralogie zu, so waren es 78: so das γένος, und das wird in den σωζόμενα οζ' bei Suidas auch stecken.

79) Θερισταί· οὐ σῴζονται in der didaskalie der Medeia, καί ... σῴζεται in der der Phoenissen, deren ergänzung in diesem teile sicher ist. endlich der Sisyphos.

80) Unsichere vermutungen Anal. Eur. 161. die beziehung auf die Marsyas-sage läſst sich nicht mehr aufrecht erhalten·

Von verlornen tragödien kennen wir nur den Rhesos. denn daſs das erhaltene den Sophokles nachahmende drama unter die werke des Euripides geraten ist, liegt lediglich daran, daſs aus den didaskalien die existenz eines jugenddramas Rhesos von Euripides fest stand[81]). die den Alexandrinern bekannten 67 kennen wir aber alle, doch eines, Epeios, nur durch eine erwähnung in einem kataloge, nicht durch ein citat, und von dem unächten Tennes ist nur ein unsicheres citat erhalten. die irrtümer, welche diese zahl zu vermehren schienen, sind alle mit sicherheit erledigt[82]). doppeltitel hat es nicht gegeben; doppelbearbeitungen

---

81) Das erhaltene stück fordert vier schauspieler wie der Oidipus auf Kolonos und hebt mit einer anapästischen scene an, wie der jüngere Euripides eine vor die aulische Iphigenie gesetzt hat. man möchte es also zeitlich diesen nahe rücken. andererseits ist überall das bestreben deutlich in verston sprache und metrik die weise zu vermeiden, welche in ihren letzten jahren von Euripides und Sophokles beliebt war, und von der rhetorischen tragödie, z. b. Agathon Karkinos fortgebildet ward. so möchte man etwas weiter herabgehen. unsere kenntnis des dramas im 4. jahrhundert ist aber zu gering, als daſs man auf diese formalen kriterien viel bauen könnte. der inhalt setzt indessen ein lebhaftes interesse für die thrakischen gegenden voraus, in denen Athen erst im zweiten seebund wieder festen fuſs faſste auf etwa zwanzig jahre. in diese wird man den Rhesos am ehesten rücken dürfen. Dikaiarchos hat ihn schon von den schauspielern erweitert gelesen. die nachahmung des Sophokles ist in den motiven und der stilisirung der personen nicht minder greifbar als in der diction und namentlich der metrik.

82) Ein auch der form nach unmöglich euripideisches fragment wird in den in trostloser verwahrlosung erhaltenen sog. Probusscholien zu Vergil dem Kadmos des Euripides zugeschrieben (fgm. 451). wie der irrtum entstanden ist oder ob gar fälschung vorliegt, ist fraglich. ein aegyptischer schulknabe hat in der zeit Aristarchs unter andern stücken auch 44 trimeter abschreiben müssen, die die überschrift Εὐριπίδου tragen und die noch ungedeutete unterschrift Εὐριπίδης ομοδρεγατης. die verse imitiren die weise des Euripides, aber ganz erbärmlich. sie begehen den metrischen fehler ἐγδίδως νῦν πλουσίῳ (20) als versausgang, elidiren αι (44), setzen wider die weise des Euripides ἑαυτῆς (11), wider die des 5. jahrhunderts καίτοιγε (10). οὐσία bedeutet das vermögen (30), τυχὸν ἴσως heiſst vielleicht, wie in spätattischer prosa (9), ἴδιος ἐμαυτῆς vertritt, wie in dieser, das possessiv (28), es steht, wie im peripatetischen traktat λοιπόν ἐστιν ἴσως ἐμὲ λέγειν (4), ἀπορεῖν bedeutet 'arm sein', daneben wird aber auch ἀπορεῖσθαι gebraucht (26), ἁρμόττει (man ändert ἁρμόζει) intransitiv (2) ist nicht euripideisch, φιλάνθρωπος steht in dem gemeinen sinne der späten decrete: im 5. jahrhundert können nur götter oder tiere φιλάνθρωποι sein. das perfect ist in der weise der κοινή gesetzt, wo es nicht hin gehört 6, 19; ein gebrauch des artikels wie πρὸς τῆς Ἑστίας, ἐμαυτῆς τὸν ἴδιον βίον, gehört nicht in die tragödie. es kommt aber noch hübscher μέχρι πόσου τὴν τῆς τύχης πάτηρ δὲ λήψει πεῖραν (31): darin ist falsch μέχρι, denn das sagt die tragödie nicht, μέχρι πόσου, denn das ist höchstens ganz plebejisch für 'wie lange', ganz unzulässig der artikel bei τύχην, ganz unmöglich in jeder rede die stellung des δέ. da hat man denn auch wenigstens

auch nicht[83]), aufser dafs die Aristophaneserklärer von solchen fabeln,
wenn sie ein citat nicht verificiren können.

Ein viertel der werke des Euripides ist erhalten; die summe der
einzelnen sonst überlieferten verse füllt nahezu weitere anderthalb tragödien
und von einem zweiten viertel sind wir so weit unterrichtet, dafs wir
selbst die behandlung einigermafsen übersehen können; den stoff im
allgemeinen kennen wir nur von ganz wenigen nicht. notorisch steht
die spätere litteratur sehr stark unter euripideischem einflusse: dafs die
forschung also unsere kenntnis des verlornen noch sehr stark bereichern
kann, ist klar. neue citate von einzelnen versen tröpfeln sacht aus der
grammatischen litteratur nach, die erst allmählich erschlossen wird; die
aegyptischen funde haben einen fetzen auch aus einem verlornen drama,
freilich einem recht schwachen, der zweiten Melanippe, ergeben. also
auch von dieser seite ist bereicherung zu hoffen. aber nicht nur expansiv,
vor allem intensiv mufs unsere kenntnis wachsen. denn Euripides ist
zwar keiner von den dichtern, die die menschheit nicht entbehren kann
ohne in die bestialität hinabzusinken: aber er ist doch einer, der noch
so frisch ist, dafs man liebe und hafs zu ihm empfindet, und die poesie
jeder zeit, wenn sie eine ist, sich mindestens mit ihm auseinandersetzen
mufs: er fordert und verdient ein individuelles verständnis. die überlieferung gibt die möglichkeit dazu zu gelangen: möge man über ein
menschenalter die dürftigkeit dieser skizze belächeln können.

corrigirt. aber welcher stil ist hier überhaupt? in 44 versen 19 formen des pro
nomens erster person, und der anfang ὦ πάτερ ἐχρῆν μὲν οὓς ἐγὼ λέγω λόγους,
τούτους λέγειν σέ, καὶ γὰρ ἁρμόττει φρονεῖν σὲ μᾶλλον ἢ 'μὲ καὶ λέγειν ὅπου τι
δεῖ, viermal λέγειν: das ist so der stil bei den correspondenten des magister Ortvinus
Gratius. es ist ein zeichen der zeit, dafs dieses zeug dem Euripides zugeschrieben
wird: offenbar pafst es nur für Σμοδρεγατης. der es verfertigt hat, hat übrigens
keine tragödie geschrieben, denn es fehlt jede individuelle beziehung. doch genug
davon; hoffentlich für immer.

83) Et. Florentinum citirt fgm. 824 aus dem zweiten Phrixos und aus demselben
eine verwirrte notiz der Aristophanesscholien fgm. 816. mitgezählt ist das drama
sicher nicht; aber es ist nicht undenkbar, dafs neben der echten fassung eine von
schauspielern zugestutzte bestand. tatsächlich haben zwei solche fassungen der
Herakleiden wirklich bestanden, aber davon erzählen uns die grammatiker nichts·
dafs der erhaltene Hippolytos eine umarbeitung des ersten gewesen wäre, wie wir
sie von Götz und Carlos haben, ist eine eitele erfindung der modernen um ihre falschen athetesen zu stützen. es ist überliefert und ganz sicher zu erkennen, dafs
es vielmehr eine völlig neue bearbeitung desselben stoffes war. wie es mit den
gleichnamigen dramen des Sophokles stand, welche durch ziffern unterschieden werden,
ist unbekannt; wahrscheinlich aber gerade so.

2.

WAS IST EINE ATTISCHE TRAGÖDIE?

Wenn man ein attisches drama in die hand nimmt, so pflegt man Stellung der frage. daran zu gehen in der voraussetzung, es sei ein gedicht derselben gattung wie Sakuntala, Leben ein Traum, Polyeucte, Macbeth, Wallenstein. demgemäſs bringt man bestimmte anforderungen mit, die in dem wesen dieser gattung liegen sollen; man erwartet eine aesthetische wirkung, welche zu erzielen der zweck der tragödie sein soll, und das urteil über das gelesene gedicht wird sich danach bemessen, in wie weit es seine aufgabe erfüllt und die erwartungen befriedigt hat. nun wird zwar ein jeder in jedem drama mancherlei gewahr, was ihm störend ist, was der dichter aber mit absicht so gemacht hat, also entweder als vorzug oder doch als etwas unerläſsliches angesehen hat. im attischen drama ist ein chor gegenwärtig, der oft dem interesse der handlung widerstrebt; bei Calderon ermüdet das endlose a parte reden der personen und die eben so endlosen schilderungen; im Cinna wird die einheit des ortes abgeschmackt, bei Shakespeare die clowns, bei Schiller die liebespaare. der leser ist zwar in den meisten fällen schon zuvor davon unterrichtet, was er finden wird; er ist also nicht mehr so stark befremdet, drückt ein auge zu, überschlägt auch wohl eine überflüssige partie, und findet sich schlieſslich mit dem störenden als einer berechtigten eigentümlichkeit ab. es ist aber bekanntlich eine berechtigte eigentümlichkeit etwas, das allenfalls entschuldigt werden mag, zumal sich's leider nicht ändern läſst, das aber eigentlich durchaus unberechtigt ist. und die ehrlichkeit fordert das eingeständnis, daſs zwar die dichter durch diese dinge ihre aufgabe haben erfüllen wollen, sie aber in wahrheit höchstens trotz denselben erfüllen. sie haben also ihre aufgabe schlechter verstanden als wir; was denn schlieſslich eine schmeichelhafte bestätigung für das hochgefühl ist, wie herrlich weit wir es gebracht haben.

Für das attische drama stellt sich die sache noch besonders ungünstig,
weil es die geltung als classisch, d. h. unbedingt mustergiltig, viele
jahrhunderte hindurch behauptet hat, und durch den jugendunterricht
der glaube immer neue nahrung erhält, als würde dieser vorrang auch
heute noch ernsthaft behauptet. der leser glaubt sich deshalb zur anlegung
eines absoluten mafsstabes doppelt berechtigt, und jeden einwand, den
er bei eigenem lesen wider die classicität mit fug und recht erhebt,
richtet er gegen die alten dichter, gleich als ob sie die ungehörigen ansprüche selbst erhöben. so haben diese für die traditionelle schätzung
zu büfsen und scheinen mit dieser zugleich auch ihren eigentümlichen
wert zu verlieren.

Es soll eine solche betrachtungsweise nicht ganz verdammt werden.
es mufs einen mafsstab geben, der sich an jede poesie jeder zeit anlegen
läfst ohne irgend jemand unrecht zu tun, wenn anders wir den glauben
an die realität und ewigkeit des schönen nicht verlieren wollen. vor
allem aber wird und soll sich keine zeit ihr recht verkümmern lassen,
an ihrer eigenen empfindung die werke der vergangenheit zu messen,
allein diese beiden mafsstäbe wird zwar ein jeder zunächst für identisch
halten: in wahrheit ist jener ideale mafsstab dort wo die idee des schönen
ist; was aber wir menschen uns an seiner statt machen, das ist selbst dem
wechsel unterworfen, war etwas anderes als es ist und wird etwas anderes
sein. wir mögen getrost mit dem messen was uns absolut erscheint.
denn der lebende hat recht. aber der lebende hat auch recht gehabt zu
seiner zeit, und ihn zu seinem rechte zu verhelfen ist die bescheidenere
aber ungleich schwerere aufgabe der geschichtlichen wissenschaft. diese
darf gar keine andern voraussetzúngen machen als das individuum und
die zeit, welcher das betrachtete werk angehört. aus sich und den
bedingungen seines wesens und werdens hat sie es zu erklären. sie verzichtet mit nichten auf ein urteil, aber sie rechnet mit dem wollen und
können des volkes, der zeit, des einzelnen menschen. sie sucht zu verstehen, nicht um zu verzeihen, sondern um gerecht zu richten.

Diese aufgabe, das verständnis als grundlage der κρίσις zu erschliefsen, hat die philologie gegenüber dem drama in arger weise ver-
absäumt. es ist dahin gekommen, dafs aufserhalb der zünftigen kreise
die abschreckendste trivialität und die nakteste ignoranz sich unbehelligt
an den edelsten werken der hellenischen poesie versündigen kann, und
in den zünftigen kreisen die sehenden bei seite treten, die einäugigen
oder gar blinden die führung sich anmafsen. allein auch diese versäumnis
will geschichtlich begriffen werden; sie darf nicht nur gescholten, son-

dern mufs erklärt werden. die entwickelung der philologie, wie sie im vierten capitel dargestellt ist, gibt die erklärung.

Dafs die hellenische poesie aus dem staube der folianten an das tageslicht trat, ist wenig über ein jahrhundert her. es geschah zu einer zeit, deren richtung durchaus philosophisch war. wenn Lessing auf das antike drama hinwies, so geschah das so, dafs er diesem die geltung als classisch liefs, um das französische von der gleich hohen stellung zu stürzen. zu dem zwecke hat auch Diderot die antike tragödie herangezogen [1]). vollends die aristotelische poetik ward als kanonisch anerkannt, um so lieber, als sie einen absoluten mafsstab gab, der für alle zeiten anwendbar schien. Herder erhob sich zwar zu geschichtlicher betrachtung, aber nicht durch ein voraussetzungsloses studium der vergangenheit, sondern durch die philosophie der geschichte. auch lenkte er das nachdenken und die arbeit der forscher vornehmlich auf die anfänge und die ersten stadien der culturentwickelung, so dafs das drama, die letzte und vollkommenste blüte der hellenischen poesie, eine geringere beachtung fand, zumal seine kunstvoll durchgebildete form dem volkstümlichen ferner liegt als in den meisten andern litteraturen. dieser umstand hat noch lange fortgewirkt. als aus den kreisen der Romantiker oder doch unter dem impulse, der von ihrer schule ausgieng, wiederholt der versuch gemacht ward, eine geschichte der griechischen litteratur zu schreiben, gelangten die wenigsten auch nur bis an das drama heran, und dann giengen sie darauf aus, es irgendwie mit der volkspoesie zu verknüpfen.

Als dem deutschen volke eine anzahl dramen von seinen grofsen dichtern beschert wurden, die den antiken ebenbürtig waren, da waren diese unabhängig von der antiken praxis und theorie entstanden; wo der anschlufs ein bewufster gewesen war, da ward die wirkung zum mindesten dadurch beeinträchtigt. der erfolg konnte nicht ausbleiben, dafs man die antiken werke unwillkürlich mit den modernen verglich, von ihnen forderte, was die modernen leisteten, und die form, die man

---

1) Es ist sehr bezeichnend, dafs er schon in den bijoux indiscrets, welche zuerst Lessing diese schwerlich von ihm dort gesuchte anregung gegeben haben (Hamb. Dramat. 84 stück), den Philoktet des Sophokles als musterstück wählt: ein auf das einfachst moralische reducirter, des mythischen fast ganz entkleideter stoff, daneben die feinste charakteristik und die stärkste abweichung von der Versailler decenz. so erscheint denn der Philoktet auch im Laokoon. für die verehrer der comédie larmoyante war Philoktet das rechte: aber die Iphigenie mit ihm zu verbinden war ein herzlich abgeschmackter einfall. da wirkt das mythische, echt tragische, und hat die Elektra gevatter gestanden.

in der braut von Messina mit recht anstöfsig fand, auch im Oedipus
beanstandete. über die theorie des dramas hatten Goethe und Schiller
tief nachgedacht, auch sie im unmittelbaren anschlufs an Aristoteles,
weshalb sie auch das drama im gegensatz zum epos auffafsten; hätten
sie aber auch die antiken gedichte im originale wirklich verstehen können,
als dichter würden sie dennoch nicht die bedingungen und ziele fremden
schaffens, sondern anregung und förderung für eigenes schaffen in ihnen
gesucht haben. ganz besonders aber ward für die theorie des antiken
dramas gerade so wie für die bald verlachte praxis der nachahmer verhängnisvoll, dafs Schiller, der bekenner der kantischen freiheitslehre, den
begriff des grofsen gigantischen schicksals, welches den menschen erhebt,
wenn es den menschen zermalmt, als leitstern der tragischen sittlichkeit aufstellte.

Die grundlinien der anschauung, welche bis auf den heutigen tag
die verbreitete ist, gab A. W. Schlegel in den vorlesungen über dramatische kunst und litteratur. es war in der tat ein versuch, die dichtungen
der verschiedenen völker, welche Schlegel aus wirklicher eigener kenntnis
beurteilte, geschichtlich zu würdigen. aber dieser versuch ward mit einer
bestimmten praktischen tendenz gemacht. er predigte das evangelium
einer einigen reinen hohen kunst, und er glaubte mit recht, dafs er für
dieses ideal am besten dadurch propaganda machen könnte, wenn er zu
gunsten des allertrefflichsten all das auf das schärfste verurteilte und
herabsetzte, auf das sich der herrschende ungeschmack zu berufen pflegte,
welchen er eben brechen wollte [2]). im innersten grunde der seele endlich
betrachtete sich Schlegel als propheten des grofsen romantischen tragikers,
der nach der geschichtsphilosophie kommen sollte, um den bau der
deutschen poesie zu krönen. ob er die täuschung der genossen mitgemacht und den heiland in L. Tieck gesehen hat, mag zweifelhaft sein;
ausgeblieben ist der heiland jedenfalls. die romantiker waren eine viel
zu reflectirte, geistreiche, ironische, angekränkelte gesellschaft, als dafs
sie die unmittelbare kraft einer grofsen tragischen wirkung hätten erzeugen
können; die meisten waren für eine solche überhaupt gar nicht empfänglich, und selbst wenn sie die gröfsten tragiker bewundern und erläutern
wollen, so tun sie die auffälligsten irrgänge. es soll Tieck unvergessen

2) Schlegel gesteht (I 133) halb und halb ein, dafs er Euripides nur schlug,
weil er Iffland und Kotzebue meinte. das mochte ein geschickter streich sein, wenn
Schiller ganz dasselbe in Shakespeares schatten auch unvergleichlich wahrer schöner
und edler erreicht hatte; es durfte dann aber nicht als eine objektive beurteilung
aufgenommen und weitergegeben werden.

sein, dafs er die hetze gegen Euripides nicht mitgemacht hat, aber wenn
er seine gedichte 'von dem morgenrot einer ahndungsvollen romantik
übergossen' nennt, wobei er 'vornehmlich an die wundersame Helene
denkt', wenn er die taurische Iphigenie und die Elektra 'seltsam von wald-
gefühl und einsamkeit erfrischt' findet (bei F. v. Raumer Vorlesungen
über alte Geschichte II 544), so gibt er selbst die seltsamsten proben
ahndungsvoller romantik. er hat sich bekanntlich in der beurteilung
Ophelias eben so vergriffen, wo es minder verzeihlich war, da Wilhelm
Meister vorlag. bei andern romantikern, die wol eher die fähigkeit des
geschichtlichen nachempfindens besessen hätten, fehlte es am besten.
F. Schlegel würde wol die euripideischen frauen in den irrgängen ihrer
seelenkrankheit haben verfolgen können, und er hatte für den grofsen
zug der entwickelung, der die griechische poesie von stufe zu stufe bis
auf den gipfel aischyleischer erhabenheit trägt, einen helleren blick als
sein bruder. aber er war ein zu verkommener selbstling ohne religion
und ohne ehrgefühl[3]): wie sollte er nicht schaudern vor der unerbittlichen sittlichkeit dieser poesie, die sein ganzes treiben verurteilte; hat
er doch Schiller aus demselben grunde so glühend gehafst. auch die
weltumfassende philosophie gieng aus der romantik hervor, die es sich
zutraute, wissenschaft leben und kunst ($\vartheta\varepsilon\omega\varrho\varepsilon\tilde{\iota}\nu$ $\pi\varrho\acute{\alpha}\tau\tau\varepsilon\iota\nu$ $\pi\omega\varepsilon\tilde{\iota}\nu$) mit
ihren gedanken zu umspannen und alle scheinbaren widersprüche zu
lösen. sie fand auch für das drama eine formel, und man soll nicht
bestreiten, dafs viele und tiefe wahrheit in ihr lag. aber selbst die Antigone
mufs arg misdeutet werden, um als musterstück den Oedipus zu ersetzen
und darzutun, wie sich aus dem conflicte zweier einseitig berechtigter
bestrebungen die höhere harmonie, wenn auch um den preis des unter-
ganges der individuen, ergibt.

Es könnte scheinen, als hätte es geringe bedeutung, auf diese bestrebungen hinzuweisen, da doch die herrschaft der romantik und der hegel-
schen philosophie nicht mehr besteht. allein das philosophische denken der
folgezeit hat an die erkenntnis des antiken dramas wenig arbeit gewandt[4]),

3) *homo longe omnium pessimus* nennt ihn G. Hermann an Volkmann 1. August
1796. da war schlegel an den rechten gekommen.

4) Fr. Vischer hat daran ganz recht getan, dafs er Shakespeare in den mittel-
punkt gestellt hat, seine individualität zog ihn von Athen fort: wer Pandora nicht
zu würdigen weifs, wird auch Prometheus nicht würdigen. es ist doch eine arge
verirrung, die $\dot{\upsilon}\pi o\vartheta\acute{\varepsilon}\sigma\varepsilon\iota\varsigma$ von tragödien in epische erzählungen umzusetzen, wie es
Vischer gar mit dem Oidipus auf Kolonos getan hat: und doch zeigt sich hier, dafs
auf den kernmenschen, den $\sigma\alpha\varrho\varkappa\alpha\sigma\mu\omega\pi\iota\tau\nu\omega\varkappa\acute{\alpha}\upsilon\pi\tau\eta\varsigma$, der kern des dramas am mäch-
tigsten gewirkt hat, die sage.

was durchaus berechtigt ist, und jedenfalls wenig auf das studium desselben eingewirkt. die philologie aber wandte sich unter dem drucke der stimmung, welche der streit zwischen Hermann und Welcker Otfried Müller erzeugte, von diesem felde ab. ·die bedeutenden gelehrten verachteten was ihnen unfruchtbares spiel schien. in der breiten masse aber wirken zu allen zeiten gedanken noch lange nach, wenn sie auch in wahrheit überwunden sind. was so im allgemeinen über die attische tragödie geglaubt, den knaben gepredigt und von diesen ins leben mitgenommen wird, sind im wesentlichen reflexe dessen was Lessing und Schiller, die romantiker und ihre philosophischen nachfolger ausgesprochen haben. das letzte halbe jahrhundert hat wenig davon noch dazu getan. wir hören ja freilich alle tage, daſs die geisteswissenschaften abgewirtschaftet haben, wenn sie nicht die exacte methode der königin naturwissenschaft einigermaſsen nachmachen. und es ist auch von einer zukunftspoetik die rede, welche empirisch psychologisch, empirisch anthropologisch die rechte grundlage sucht. es scheint aber für sie wichtiger zu sein, die Botokuden und Kamtschadalen zu verhören als die Hellenen. wenn dem Mephistopheles schon in der classischen Walpurgisnacht ungemütlich wird, was sollen die proktophantasmisten machen, die sich längst von geistern und von geist curirt haben? wem die Orestie und die poetik des Aristoteles — griechisch sind, wie dem Casca Ciceros rede, der muſs es sich schon gefallen lassen, daſs seine rede dem Hellenisten böhmisch ist. welchen wert hätte es auch, ein system durch ein anderes zu ersetzen, das doch auch nur beurteilen, nicht verstehen lehrt?

Aristoteles. Verstehen gelernt hat freilich erst die letzte generation vor uns ein hauptbuch, die aristotelische poetik, und der groſse meister hat überhaupt erst jetzt die dominirende stellung in der griechischen wissenschaft erhalten, die ihm gebürt, ja, seine macht wird noch steigen. allein darum ist unser verhältnis zu ihm nur ein freieres geworden. es ist nicht mehr erlaubt, mögen auch die naiven nicht aussterben, das was man für wahr hält, in den Aristoteles hineinzulesen; deshalb ist aber auch das eigene urteil des Aristoteles und. seine aesthetische theorie nicht mehr für uns maſsgebend. was er uns als geschichtliche tatsache übermittelt, das sind wir verpflichtet als solche gelten zu lassen, so lange sich nicht der irrtum beweisen läſst: die beurteilung der tatsachen und die daraus abgezogenen allgemeinen gesetze haben nicht die geringste verbindlichkeit. Aristoteles ist unser vorzüglichster zeuge für die tatsachen der attischen verfassungsgeschichte; aber nicht leicht wird jemand seine beurteilung ihres ganges und des wertes der leitenden personen sich zu eigen machen: auf alle fälle

ist die politische theorie des Aristoteles und seine construction des besten
stantes für die geschichtliche und rechtliche auffassung der concreten
erscheinungen der griechischen geschichte von geringer bedeutung. es
ist zeit, daſs wir in der poesie nicht mehr anders vorgehen. nicht mehr
Aristoteles der aesthetiker sondern Aristoteles der historiker ist der
ausgangspunkt unserer betrachtung. wenn wir uns zu dem geschichtlichen verständnis der attischen dramen durchgearbeitet haben, dann
können wir fragen, ob die aesthetische theorie des Aristoteles für sie
das richtige getroffen hat, und in wie weit seine ansicht von dem wesen
der kunst absolut richtig ist. um die wirkung der tragödie auf Aristoteles oder gar auf uns haben wir uns zunächst nicht im mindesten zu
kümmern, sondern um die absicht ihrer dichter. es kann uns also
auch die vergleichung mit irgend welcher anderen dramatischen poesie
nichts helfen, ganz abgesehen davon, daſs doch alle und jede dramatische
poesie von den Athenern abstammt[5]). wir wollen ja weder eine tragödie
schreiben noch schreiben lehren, sondern die, welche wir besitzen, verstehen. dazu ist denn freilich nötig zu wissen, welche aufgabe die dichter
lösen wollten, was ihr volk von ihnen erwartete, und weit genug wird
uns der weg führen, ehe wir dieses ziel erreichen: aber aus seiner vergangenheit, nicht aus seiner zukunft erklären wir das attische drama.

    Wenn es uns verstattet wäre, überall bis zu den quellen vorzudringen, Fundamen-
tale tat-
so würden wir auch bei dieser historischen forschung von Aristoteles ab- sachen.
sehen. aber uns sind nur trümmer überliefert, so daſs wir längst nicht
alles mehr mit eignen augen übersehen und prüfen können, sondern
auf die zeugnisse anderer angewiesen sind. und hier ist es, wo Aristoteles mit voller autorität eintritt; nur wenige zeugnisse, die wir anders-
woher auflesen, die aber auch zumeist auf seine schule zurückgehen,
treten hinzu; erst nach peinlichster prüfung reihen wir sie ein, und für
die hauptsache würden wir sie auch entbehren können. unser fundament

---

    5) In betreff der indischen ist die entscheidung dadurch erschwert, daſs sie
erst jahrhunderte nach dem erlöschen der griechischen spiele zur blüte kommt; deshalb
ist die unmittelbare vergleichung (Windisch Abhdlg. des 5. orientalistencongresses)
wenig überzeugend, und ein stricter historischer beweis wird erst möglich sein, wenn
auf indischem gebiete die forschung jahrhunderte vordringen kann. aber daſs in den
zeiten der griechischen vormacht im osten auch die techniten ihre höchste blüte gehabt
haben, steht fest, und man kann gar nicht bezweifeln, daſs an den höfen der hellenischen fürsten Indiens im 2. jahrhundert scenische spiele gewesen sind, wenn
sich gar die Parther im 1. jahrhundert die Bakchen vorspielen lassen. und daſs
die hellenische civilisation auf die Arier ganz intensiv gewirkt hat, zeigt am besten
die sculptur (Curtius Arch. Zeit. 1876, 90).

ist und bleibt was in der poetik steht. die tragödie stammt ab von
den sängern des dithyrambos; sie ist zuerst satyrspiel gewesen in leb-
haften tanzrhythmen und lustiger sprache; den zweiten schauspieler hat
erst Aischylos eingeführt und den chor von der protagonistenstelle zurück-
gedrängt; der dritte schauspieler stammt erst von Sophokles. mit diesen
allbekannten notizen hat zu allen zeiten jeder gerechnet; der fortschritt
aber liegt darin, dafs wir erstens jede spätere überlieferung zunächst fern
halten, zweitens eine vorstellung davon haben, woher Aristoteles seine
kenntnis hat, was er überhaupt wissen konnte. ob er ein drama aus
dem sechsten jahrhundert gelesen hat, ist fraglich; die spätere zeit besafs
keins mehr [6]), und Thespis z. b. war schon für Aristoteles nur ein
name. immerhin konnte er incunabeln genug lesen, um sich über den
charakter des ältesten spieles zu unterrichten. das wichtigste aber war,
dafs in den archiven des mit der ausrichtung der spiele betrauten beamten
sich das reiche und zuverlässige material befand, um die aufführungszeit
jeder einzelnen tragödie und die äufsere einrichtung der schauspiele
kennen zu lernen, und die über die heiligtümer der stadt verstreuten
weihgeschenke, die freilich nur ausnahmsweise über die persische invasion
hinaufreichen konnten, brachten erwünschte controlle und erweiterung;
sie sind nachweislich von Aristoteles benutzt [7]). das so gesammelte mate-

---

6) Von Choirilos ist eine mythographische angabe und ein als tropus angeführter vers auf uns gekommen. die grammatiker kennen ihn nicht mehr. jene er-
wähnungen können sehr wol auf schriftsteller aristotelischer zeit zurückgehen. die
lyrischen fragmente des Pratinas stammen alle aus einem musikgeschichtlichen werke,
da sie sich auf musik beziehen; von einer tragödie ist ein wort aus zoologischem
interesse gerettet, wol aus einem schriftsteller wie Speusippos oder Phainias. mehr
gibt es von Phrynichos, nicht blofs bei mythographen, sondern auch bei grammatikern. allein dafs die von ihm erhaltenen tragödien nicht aus der zeit des Aischylos
gewesen wären, ist weder erweislich noch wahrscheinlich. im gröfseren publicum
ist in den vorchristlichen jahrhunderten noch hier und da etwas von einem andern
dichter als den dreien gelesen und gespielt worden: nach Christus ist nur die kenntnis
des Ion bei Plutarch nachweislich und auch sonst glaublich, da noch commentare
geschrieben werden. die jüngeren tragiker las man längst nicht mehr; dafs sich einzelne verse in die florilegien gerettet haben, beweist nur, wie alt deren grundstock ist.

7) Er führt ein gemälde, weihgeschenk wegen komischen sieges, an, Polit. Θ 6.
die früher meist vorgetragene ansicht, dafs die didaskalien auf diese weihgeschenke
allein zurückgiengen, ist ganz verkehrt. sie enthalten viel mehr; denn die namen
der stücke, der unterlegenen concurrenten und deren stücke waren nimmermehr auf
steinen zu lesen. also sind archivalische studien unzweifelhaft. dort stand aber vermutlich noch sehr viel mehr, und z. b. was wir über costumveränderungen erfahren, wird daher stammen. man könnte noch mehr vermuten, wenn nicht ganz

rial hat er selbst oder seine schule dem publicum in mehreren bänden vorgelegt, und die tüchtigsten gelehrten der nächsten generationen haben es viel benutzt; dann ist es wie die meisten ähnlichen stoffsammlungen verschollen. übrigens hat der attische staat, wahrscheinlich gelegentlich der erbauung des steinernen theaters (vollendet 330), auch eine solche festchronik und ähnliche verzeichnisse in stein gehauen im heiligen bezirke aufstellen lassen, vielleicht beeinflußt von dem aristotelischen geiste. reste davon sind uns erhalten sowol im original wie in copien römischer zeit[8]); auch vereinzelte inschriften von siegesdenkmälern besitzen wir. dieser ganze strom der überlieferung ist also ein einheitlicher. was dazu gehört, ist auch leicht kenntlich, wenn es bei späten compilatoren erhalten ist, und wir dürfen uns mit besonderer zuversicht auf diese angaben verlassen. danach also reihen wir ein, daß die erste tragödie von Thespis an den großen Dionysien 534 aufgeführt ist, 508 der erste dithyrambos durch Hypodikos von Chalkis, daß eine neuorganisation der schauspiele um 465 stattgefunden hat, bei welcher sicher die erste komödie gespielt ward, wahrscheinlich auch die tragödie durch die einführung des dritten schauspielers ihre definitive gestalt erhielt[9]). das ist unser fundament. mit eiserner strenge muß alles verworfen werden, was sich mit diesen grundtatsachen nicht verträgt; an ihnen darf nichts verrückt noch verschoben werden. es liegt aber auf der hand, daß sie nicht ausreichen, um wirklich einen aufriß von dem alten gebäude zu errichten, wir müssen mehr material suchen.

Das wird manchen weg und umweg kosten; es scheint sogar geraten, zunächst einen holzweg einzuschlagen, weil in der litteraturgeschichte die holzwege die betretensten zu sein pflegen. die komödie ist viel verständlicher als die tragödie: fangen wir mit ihr an. das muß dem modernen doch sehr aussichtsvoll erscheinen. denn wir sehen mit recht

---

unklar bliebe, wo die grenze zwischen den pflichten der beamten und der choregen war. da einzelne angaben auch aus der zeit vor 480 erhalten sind, muß man annehmen, daß die archive vor den Persern gerettet waren, was ja auch nur natürlich ist. aber sie werden für die alte zeit längst nicht so reich gewesen sein. dramentitel von Thespis z. b. hatten sich sicherlich nicht erhalten, da man deren früh erfunden hat. und es dürfte ähnlich mit Choirilos u. a. stehen. auch dichternamen für die tragödie sind auffällig wenig erhalten und nur solche, von denen sich auch vereinzelte werke bis auf die Peripatetiker gerettet hatten.

8) Zu den altbekannten stücken dieser classe CIG. 229, 230 ist jüngst ein neues bruchstück getreten (Notizie degli scavi 1888, 190), auf dem aber nur so viel kenntlich ist, daß es hierher gehört.

9) Näheres Hermes 21 'die bühne des Aischylos'.

trauerspiel und lustspiel nur als zwei arten derselben gattung, der dramatischen poesie, an. darin sind uns die peripatetiker vorangegangen, und logisch ist es gewifs. nur hat es für Athen keinen sinn. dort konnte zwar der gröfste philosoph, zugleich der gröfste dichter, auf den gedanken dieser einheit kommen, aber selbst er liefs es nur in der vorgerücktesten weinlaune aussprechen. in der praxis waren komödie und tragödie zwei so grundverschiedene dichtungsgattungen, dafs es gleich ungeheuerlich erschien, Aristophanes eine tragödie, Agathon eine komödie dichtend zu denken; woran nichts geändert wird, auch wenn in den zeiten des verfalls geringere leute diesen versuch gemacht haben, wie z. b. von Timokles feststeht. für Athen ist das dramatische etwas accessorisches sowol in der komödie wie in der tragödie. die übergeordnete gattung könnte nur dionysisches festspiel heifsen, wo dann aber sofort der dithyrambos als dritte gleichberechtigte art hinzutreten und diesen versuch einer definition unbrauchbar machen würde. für uns ist das dramatische entscheidend, ist aber auch die sonderung in tragödie und komödie eine inhaltsleere concession an die antike, welche nur zu der annahme von bastardgattungen wie des s. g. schauspieles oder dramas führt. wir wissen also im voraus, dafs wir zum ziele über die komödie nicht kommen können; aber bei wege dürfte doch manche wichtige belehrung abfallen.

Komödie.   Die komödie hat sich an zwei orten Griechenlands aus verschiedenen aber allerdings gleichermafsen dem breiten volksleben angehörigen wurzeln zu einer litterarischen blüte entwickelt. in Sicilien zu der zeit, wo diese insel unter dem regimente hochstrebender und hochstehender gewaltherren ihre schönste aber allzu kurze blütezeit erlebte, und in Athen zwanzig jahre später, als dort die demokratie ihr reich vollendete. in Sicilien waren die vorstufen die burlesken spiele der spafsmacher, die wie die ganze zunft der fahrenden leute in den üppigen städten Neugriechenlands fortdauernd am besten gediehen, und auf märkten oder in den hallen der reichen teils pantomimisch, teils mit einfachem gesange, teils in meist wol improvisirter prosaischer rede ein zerrbild des lebens darstellten, das treiben des festtags und des werkeltags, der alter und geschlechter, der stände und berufe in derber charakteristik wiedergebend. in Syrakus gestaltete der Megarer Epicharmos dieses spiel zu einer dramatischen poesie aus[10]), für welche er jedoch die formen von der attischen tragödie

---

10) Die tendenz, den Megarern von Nisaia eine komödie zu vindiciren, hat daran keinen anhalt, dafs Epicharmos aus dem hybläischen war. und was die alten von einem 'dorf'gesange fabeln könnte die attischen κῶμοι nicht erzeugt haben, auch wenn es mehr wäre als ein aus dem namen schlecht gefertigtes autoschediasma

nahm, deren begründer Phrynichos und Aischylos der könig Hieron an seinen hof gezogen hatte. doch fehlte der chor, mochte auch hie und da getanzt und gesungen werden[11]. es hätte sich hieraus das moderne lustspiel entwickeln können; allein die künstliche blüte verfiel, die posse ward aus einem dramatischen gedichte wieder ein prosaischer mimus, und nur dem interesse, welches Platon, der über vorurteile erhaben war, an der realistischen kraft dieser volksspälse nahm, als er um 390 in Syrakus war, danken wir es, dafs die mimen des Sophron nach Athen und damit auf die nachwelt kamen, wie ja auch das athenische litteraturgeschicht-liche mehr als litterarische interesse den Epicharmos einzig erhalten hat. die spätern Griechen fanden den Sophron nicht selbst geniefsbar, sondern nur so wie ihn das theokritische raffinement salonfähig aufgestutzt hatte. wir bewundern in den kümmerlichen resten eine unmittelbare lebens-wahrheit oder besser wirklichkeit, wie man sie bei Hellenen sonst vergeblich sucht (denn sie stilisiren alle), aber wol bei den besten Italikern findet. an Petron erinnert Sophron. es hat das seinen geschichtlichen grund. denn spälse wie sie in Grofsgriechenland gäng und gebe waren, haben zwar auch bei einigen stämmen dorischer abkunft oder doch cultur im mutterlande analogien, aber nirgend ist auch nur ein ansatz zu künst-lerischer ausbildung gemacht. dagegen war und ist die italische nation geboren dazu das charakteristische und namentlich das lächerliche scharf und wahr aufzufassen und wiederzugeben. auf italischem untergrund ist der mimus und seine künstlerische blüte, die epicharmische posse, er-wachsen; ebenso später die rhinthonische. man kann nur dazwischen schwanken, ob die mischung mit italischem blute die Grofsgriechen so veranlagt hat, oder ob nicht vielmehr, was ungleich wahrscheinlicher ist, die Italiker schon damals die commedia dell' arte besafsen und also auf

---

aber eine tradition von alten volksspälsen und einem possenreifser Susarion haben die Megarer wirklich besessen, und das verdient um so mehr glauben, als ähnliche spälse sich ja auch in andern dorischen orten, z. b. Sparta, finden. nur hat das selbst nach der angabe der Megarerfreundlichen tradition nichts mit Dionysos, also nichts mit den attischen κῶμοι zu tun. die attischen komiker des 5. jahrhunderts wenden Μεγαρικὸν ᾆσμα, Μεγαρικὴ κωμῳδία, σκῶμμα Μεγαρόθεν κεκλεμμένον durchaus nur metaphorisch an: so wie wir noch heute 'boeotisch' und 'attisch' als gegensätze brauchen (auch sie einzeln boeotisch, Kratin. inc. 152).

11) Pollux IX 41 bezeugt dafs χοραγός im sinne von διδάσκαλος vorkam. Hephaestion 8, 3 nennt eine komödie Χορεύοντες, welche ganz in anapaesten ge-dichtet war. das gibt sich selbst als ausnahme. lyrische mafse fehlen in den bruchstücken ganz, wenn man von gänzlich ungewissen absicht. die Musen in dem gleichnamigen stücke sind als chor in attischem sinne undenkbar.

diesem gebiete die lehrmeister derer geworden sind, denen sie wie wir alle andere cultur verdanken.

Wir wissen nicht, wie Epicharmos seine gedichte genannt hat; κω-μῳδίαι sicher nicht, da sie das nicht waren. erst in Athen hat man dieses wort sehr bald nach τραγῳδία gebildet, als bezeichnung für die lieder, welche bei den κῶμοι gesungen wurden, die man um 465 dem Dionysos von staatswegen darzubringen beschloſs. denn so bezeichnet die offizielle chronik die einführung der komödie. Aristoteles läſst uns noch etwas mehr erkennen, und die reste der späteren komödie (denn erhalten hatte sich wol nichts aus den ersten zwanzig jahren ihres bestehens[12]) gestatten sichere rückschlüsse. das volk ordnete und legitimirte nur einen tatsächlich bestehenden brauch. es war nämlich aufgekommen, daſs an dem feste des Dionysos eine oder auch mehrere scharen von männern sich zusammentaten, sich vermummten, zunächst nur um unerkannt zu bleiben, und im festzuge mit flötenmusik in den heiligen bezirk zogen, dem gotte ein phalloslied sangen und das volk, das zu der religiösen feier und zur tragödie versammelt war, mit einer auf die interessen der bürgerschaft und des tages bezüglichen scheltrede haranguirten. dann zog der lustige κῶμος wieder ab. ähnliche züge, nur ohne den festlichen charakter, tobten an manchem abend durch die gassen, aber der phalloszug war ein notwendiger bestandteil der religiösen feier, weshalb denn auch das lied (ᾠδή) welches der 'nachrede' (ἐπίρρημα) vorausgeht, noch bei Aristophanes meist einen religiösen charakter trägt. es ist sehr wol möglich, daſs schon in der zeit der freiwilligen aufführungen ein oder zwei einzelredner aufgetreten sind und die gesänge durch eine lustige scene unterbrochen haben. geschah es aber, so war dafür das vorbild der tragödie maſsgebend, nach welchem dann, als die komödie staatlich geordnet ward, die ganze anlage des spieles sich richtete. es dauerte noch eine weile, bis man statt einzelner zusammenhangsloser scenen eine einzige handlung durchzuführen versuchte. erst am anfange des archidamischen krieges gestalteten zwei blutjunge talentvolle dichter, Eupolis und Aristophanes, die komödie die wir kennen; zuerst sehen wir sie wenigstens den komos und die ansprache sammt religiösem liede festhalten. dann schwindet das;

---

12) Wenigstens bietet weder ein titel noch ein bruchstück einen anhalt, der über die dreiſsiger jahre hinaufzugehen veranlaſste. es kommen auſser ein par resten des Ekphantides, wenn auf sie verlaſs ist, und einer komödie des Lysippos nur die des Krates und Kratinos in betracht. und daſs bei diesem nichts verläſsliches auf die so vielbewegten vierziger jahre deutet, während so sehr viele komödien erst in den archidamischen krieg passen, ist schwerlich zufall.

immer mehr wird die komödie zum lustspiel. nach dem abblühen der tragödie fällt ihr ein teil des erbes zu, ein ersatz für den verlust dessen, was eigentlich die komödie erzeugt und belebt hatte. hundert jahre später vollendet sich, nicht ohne beihilfe der peripatetischen kunstlehre, die echte erbin der euripideischen tragödie, aber nicht der aristophanischen komödie, das menandrische lustspiel. das erst ist wirklich mit dem modernen drama vergleichbar, weil es lediglich künstlerische zwecke hat, weder für einen bestimmten tag noch auf ein bestimmtes publicum berechnet ist, und weil seine stoffe rein menschlich und wirklich dem tagesleben entnommen sind: sie ist $\mu\iota\mu\eta\sigma\iota\varsigma\ \beta\iota\sigma\upsilon,\ \varkappa\acute{\alpha}\tau\sigma\pi\tau\varrho\sigma\nu\ \dot{\sigma}\mu\iota\lambda\iota\alpha\varsigma,$ $\dot{\sigma}\mu\sigma\iota\omega\mu\alpha\ \dot{\alpha}\lambda\eta\vartheta\epsilon\iota\alpha\varsigma$ [13]).

Für die tragödie ergeben sich aus der vergleichung des jüngeren spieles zwei schlüsse. erstens dafs es für sie, deren entstehung viel älter ist und die der komödie Siciliens und Athens gerade für die dramatischen teile die formen geliefert hat, noch viel weniger als für die dichtung des Kratinos erlaubt sein kann, die aesthetischen abstractionen, zu welchen allenfalls ihre letzte ausgebildete gestalt veranlassung geben mag, als voraussetzungen ihres werdens oder auch nur als mafsstab ihres wertes zu verwenden. zweitens dafs sie unmöglich aus volkstümlichen tänzen, die am Dionysosfeste stattgefunden hätten, entstanden sein kann, weder sie noch ihre vorstufe, der dithyrambos, der neben ihr und neben der komödie bleibt. denn aus den volkstümlichen tänzen geht die komödie hervor, und sobald sie da ist, verschwindet diese vorstufe [14]). eben die-

---

13) Dies die originale, die in Ciceros übersetzung (de re p. IV 11) durchschimmern. er sagt *imitationem vitae, speculum consuetudinis, imaginem veritatis.* die doctrin ist, auch wenn sie Cicero durch stoische vermittelung empfangen haben sollte, peripatetisch. das $\tau\acute{\epsilon}\lambda\sigma\varsigma$ aller poesie ist $\psi\upsilon\chi\alpha\gamma\omega\gamma\iota\alpha,$ was er mit *voluptas* wiedergegeben zu haben scheint ($\tau\acute{\epsilon}\varrho\psi\iota\varsigma$ bei Aristides Quintilian ist schlechte rückübersetzung). die Alexandriner folgen in der kunstlehre den peripatetikern. die $\psi\upsilon\chi\alpha\gamma\omega\gamma\iota\alpha$ bekennt Eratosthenes, und Aristophanes dichtet von Menander $\tilde{\omega}\ M\acute{\epsilon}\nu\alpha\nu\delta\varrho\epsilon$ $\varkappa\alpha\grave{\iota}\ \beta\iota\epsilon,\ \pi\acute{\sigma}\tau\epsilon\varrho\sigma\varsigma\ \dot{\alpha}\varrho'\ \dot{\upsilon}\mu\tilde{\omega}\nu\ \pi\acute{\sigma}\tau\epsilon\varrho\sigma\nu\ \dot{\alpha}\pi\epsilon\mu\iota\mu\acute{\eta}\sigma\alpha\tau\sigma.$ Theophrasts kunstlehre erlaubt und erfordert eine zusammenhängende behandlung; die Römer, Sueton zumal, sind am ergiebigsten.

14) Am bezeichnendsten ist, dafs die spiele der freiwilligen sofort wieder aufkamen, als der staat den vergeblichen versuch machte, die komödie zu unterdrücken, weil ihre zügellosen angriffe politisch bedenklich geworden waren (440—38 schol. Ar. Ach. 67). Kratinos erhielt keinen chor: da führte er seine Rinderhirten mit freiwilligen als einen dithyrambos auf. dasselbe scheint er mit seiner 'Odysseuskomödie' getan zu haben. denn dies bedeutet '$O\delta\upsilon\sigma\sigma\tilde{\eta}\varsigma,$ wie '$A\vartheta\tilde{\eta}\nu\alpha\iota$ und $\Phi\iota\lambda\iota\pi\pi\sigma\iota$ die stadt der Athena und des Philipp, $A\tilde{\iota}\tau\nu\alpha\iota$ und $K\alpha\mu\iota\varkappa\sigma\iota$ (wie die titel überliefert sind, wenn man genauer zusieht) die tragödien von Aitna und Kamikos. wahrscheinlich ist der plural früher noch öfter verwandt worden; namentlich in komödien-

selbe konnte also nicht zwei menschenalter vorher die tragödie oder
noch viel früher den dithyrambos erzeugt und doch neben diesen ausgebildeten formen fortbestanden haben.   wir können sogar noch weiter
gehen: auch der dithyrambos, aus dem die tragödie hervorgegangen ist,
kann nicht eben der dithyrambos gewesen sein, der neben ihr fortbe-
stand; da muſs etwas anderes stecken.   die modernen haben sich nun
aber so sehr daran gewöhnt, die tragödie aus volkstümlichen improvi-
satorischen spielen des faschings hervorgehen zu lassen, daſs es notwendig
ist, einen zweiten umweg durch diese regionen zu machen, um nicht bloſs
diese vermutung abzulehnen, sondern ihre unmöglichkeit positiv darzutun.

Dionysos-
dienst.   Der Dionysosdienst und neben ihm der Demeterdienst unterscheidet
sich, wenn auch schwerlich von anfang an, so doch in der gestalt,
welche allein genauer bekannt und für die tragödie bedingend ist, von
den diensten der olympischen götter dadurch, daſs die gemeinde eine
active bedeutung erhält.   Dionysos hat selbst auf erden gewandelt, hat
nicht nur seine gaben verteilt, sondern auch seine feiern, die zwei-
jährigen auszüge in berg und wald, oder was an stelle derselben tritt,
eingesetzt, er hat mit den ungläubigen harte kämpfe bestanden, er fordert
also von jedem einzelnen die anerkennung seiner göttlichkeit und eine
persönliche betätigung des glaubens.   das ist mehr als was in den
alten culten geschieht.   da vollzieht die heiligen handlungen der durch
geburt und erbrecht oder durch staatlichen auftrag dazu berufene, im
eigenen hause der herr oder die frau, in den staatstempeln der könig
oder sein rechtsnachfolger, in sehr vielen culten, die sich aus geschlechts-
culten zu allgemeiner anerkennung erhoben haben, der durch ererbtes
recht dazu berufene.   die menge steht dabei, schweigend, oder an festen
punkten der heiligen handlung festbestimmte rufe erhebend (εὐφημεῖν[15]),
ganz selten eine symbolische handlung in festen grenzen mit vollziehend.
die ἱερουργίαι verstehen die οἷς πάτριόν ἐστιν: die ὄργια gehen jeder-

---

titeln schwankt die überlieferung sehr oft zwischen ihm und dem singular, und nur
bei Kratinos ist noch Ὀδυσσῆς Κλεοβουλῖναι Ἀρχίλοχοι ganz fest. noch Wolken-
kukuksheim heiſst auch Νεφελοκοκκυγίαι. Πλάταια und Μυκήνη und Θήβη sind
die älteren ortsnamen; als man aber die eponymen nymphen lebhafter persönlich
empfand, drangen die pluralbildungen durch.

15) So stand auch der daduche bei den Lenaeen, rief καλεῖτε θεόν, und die gemeinde respondirte Σεμελήιε Ἴακχε πλουτοδότα, schol. Ar. Fr. 479. die einmischung
des Iakchos und des eleusinischen priesters in den altattischen cult zeigt, daſs dies
nichts ursprüngliches war. verse in diesen und ähnlichen hier und zu Fried. 968
angeführten worten zu sehen, ist willkür. sie stehen bei Bergk unter den volks-
liedern.

mann an, der an den gott glaubt[16]). damit ist der entfaltung der individualität das tor geöffnet. spöttereien und unflätige reden, namentlich der weiber, sind an den Demeterfesten ein notwendiger teil der feier ihn zu motiviren sind die heiligen geschichten von Baubo und Iambe ersonnen. diese reden haben sich in volkstümliche verse gekleidet; bedeutende dichter haben die gelegenheit ergriffen, ihren hafs gegen einzelne und auch allgemeinere gedanken vor die öffentlichkeit zu bringen. so ist der iambos des Archilochos und Semonides entstanden: bei ersterem noch deutlich in verbindung mit dem Demeterdienste[17]), wenn auch schon weit über die anfänge und anlässe hinaus gehoben. auch die entstehung der elegie auf ähnliche weiberspäfse zu beziehen, ist verlockend, aber die combination hält nicht stich[18]). sie gehört vielmehr zum epos, aus

---

16) ὀργεῶνες sind darum die genossen eines religiösen vereines, an dem sie aus freiem willen teil haben; so schon in dem solonischen genossenschaftsgesetze, auf welches sich die richtige erklärung des Seleukos bezieht (Harp. Phot. s. v.), und dieser gebrauch des wortes dauert. verwirrung ist nur dadurch gestiftet, dafs die von der kleisthenischen gesetzgebung erzwungene cultgemeinschaft der alten und neuen bürger, weil sie nicht auf blutsbruderschaft, sondern nur auf milchbruderschaft beruhte (daher ὁμογάλακτες), wie sie zwischen hoch und niedrig gewöhnlich ist, an sich nicht den charakter eines geschlechtscultes von ἀπότορες oder γεννῆται trug, sondern eine durch freien willen geschaffene, als ὄργια, erschien. im fortgang der demokratie ersetzten nun diese ὄργια die geschlechtsculte, und so haben Aristoteles und Philochoros die ὁμογάλακτες im widerspruche zu dem wortsinne als blutsverwandte angesehen, weil sie sich von dem kleisthenischen staate nicht losmachen konnten.

17) Auch das weibergedicht des Semonides, eine predigt über ein hesiodisches thema, welche an sich ohne rechten zweck erscheint, erhält als replik auf die spöttereien der weiber am Demeterfeste sinn und salz. dazu braucht sie gar nicht einmal wirklich dabei vorgetragen zu sein, sondern nur als ἴαμβος zu den späfsen der Iambe in beziehung zu stehen und so empfunden zu werden.

18) Usener Altgr. Versb. 113 hat dafür angeführt, dafs Ἐλέγη eine der mannstollen töchter des Proitos heifst (Aelian V. H. III 42; die bessere mythographische überlieferung hat andere namen), und eine mannstolle tochter des Neleus Ἐλεγηΐς. diese namen sind ohne zweifel gegeben, weil man ἐλεγαίνειν als ἀκολασταίνειν verstand, wie denn auch überliefert ist. und nun soll Theokles von Naxos im wahnsinn ἐλεγαίνων, die elegie erfunden haben, die davon benannt sei. auch mir hatte diese combination eingeleuchtet, als ich in Et. M. ἀσελγαίνω, ἐλεγαίνω (dies auch Suid), Ἐλεγηΐς las. aber die combination hält die kritik nicht aus. erstens ist die grammatische verbindung von ἐλέγη und ἀσελγής, an welcher Usener festhält, unmöglich. das anlautende s, das vor ἐλέγη fortgefallen sein müfste, konnte sich nicht im anlaute von σαλαγεῖν (das Usener trotz σαλάσσω σάλος ζάλη heranzieht) und im inlaute ἀσελγής halten: also gehen diese worte sich nichts an. das e von ἐλέγη u. s. w. ist vielmehr ein bedeutungsloser vorschlag, nicht anders als in ἐλεύθερος ἐλαφρός. wirklich belegt Epaphroditos,

welchem ihr versmaſs entwickelt ist, und ist wie dieses ein kunstmäſsiges, kein volkstümliches gedicht geblieben. im Dionysosdienste ist der aufzug des phallos ein notwendiger teil der feier. daſs die männer, welche ihn tragen, die gelegenheit nicht vorüberlassen, von diesem gewaltigen ein kräftiges wort zu sagen, versteht man leicht. man könnte aus mittelalterlicher und auch späterer litteratur und aus recht hohen gesellschaftsschichten analogien beibringen. so tat es Dikaiopolis zu hause, so taten es die phallophoren vieler orten, und aus späterer zeit fehlt es nicht an belegen[19]). in Athen giengen sie einen schritt weiter, παρέβησαν

---

auf den die ganze etymologie zurückgeht, λέγαι δὲ γυναῖκες aus Archilochos (174) im sinne von ἀκόλαστος. davon kommt ἐλεγαίνειν und kommen die weibernamen; aber davon führt keine brücke zur elegie. auf obscöne gesten und lieder führt nur die sicherlich alte (Lykophr. 1385) geschichte der Neleustochter: aber gerade hier ist der redende name Ἐλεγηίς schwerlich der ursprüngliche, denn er hat an dem echten Nelidennamen Πηρώ (im Et. M. fälschlich Πειρώ) einen concurrenten und vor allem hat der, welcher die Pero zu einer Ἐλεγηίς machte, nur an ihre unanständigkeit, nicht an die elegie gedacht, denn sie redet in hexametern. (sie spricht in Athen ἐπικροτοῦσα τὸ ἐπείσιον "δίζεο δίζεό σοι μάλα δὴ μέγαν ἄνδρ᾽ ἀπ᾽ Ἀθηνῶν· ἢ ἐς Μίλητόν σε κατάξω πήματα Καροίν. so etwa mag es gelautet haben. im Et. M. ist überliefert δ. δ. δὴ μέγαν ἄνδρα Ἀθηναῖον, ὅς σ᾽ ἐπὶ Μ. κατάξει π. Κ. in den Lyk. schol. δ. σ᾽ εὖ μάλα ἐς (oder εὖ Tzetz.) θαλερὸν πόσιν ἢ ἐς Ἀθήνας ἢ ἐς Μίλητον κατάξω π. Κ. es kommt der Pero auf den ἀνήρ, nicht auf den πόσις an). daſs Theokles, der führer der chalkidischen besiedler Siciliens, die elegie erfunden haben soll, ist eine merkwürdige für mich nicht deutbare notiz: aber sein wahnsinn ist denn doch nur ein hebel für die etymologie. nun kann man allenfalls ἔλεγος, den wilden klagegesang, von λέγος ableiten: aber dann sitzen wir wieder vor dem alten rätsel: wie vermittelt sich die bedeutung der elegie mit dem klagegesang. Didymos freilich (Et. M. ἐλεγεῖα und vollständiger schol. Dionys. Thr. 750 Bek.) oder vielmehr seine vorgänger, wol sicherlich alte peripatetiker, griffen das auf und giengen von den elegischen ἐπικήδεια aus. deshalb war Archilochos der erfinder: denn man bedenke, daſs dessen elegie auf Perikles tod diese ganze lehre bestimmt hat, als die berühmteste elegie des berühmtesten dichters. nur ist das für uns nicht beweiskräftig mehr. besser ist freilich die ableitung ἔλεγος von λέγος als die nur kindlicher grammatik genügende von ἔλεγε, die gar zu dem urkolon geführt hat ἒ ἒ λέγ᾽ ἒ ἒ λέγε. eine hypostase ἔλεγος von ἒ λέγε ist an sich möglich: ist doch οὖλος als liedname aus dem imperativ οὖλε salve geworden. aber wie hätte man in λέγε den imperativ je vergessen sollen? wer von ἒ ausgeht, der mag den zweiten teil für so irrelevant halten wie den von ἰήλεμος, αἴ-λινος vgl. zu v. 378. ἔλεγος aus dem armenischen zu holen ist so viel wert wie αἴλινος aus dem phoenikischen. das kolon ἐλεγεῖον kann im ἔλεγος vorgekommen und daher benannt sein: nur weiſs niemand, ob dem so ist. also verzichten wir auf die etymologie und die praehistorische elegie: seien wir froh, die historische verstehen zu können.

19) Die lieder, welche Semos der Delier (bei Athen. 622) erhalten hat, sind wirkliche cultlieder, die zu seiner zeit (um 180 v. Chr.) in gebrauch waren. aber

πρὸς τὸν δῆμον, und das ward der kern der komödie. aber damit ist es auch zu ende. es ist sehr bemerkenswert, daſs der Dionysosdienst ein ganz vorwiegend weiblicher ist. aus frauen besteht in Elis, in Delphoi, in Athen das collegium seiner priester. die königin von Athen ist als priesterliche würdenträgerin um dieses dienstes willen erhalten worden. das gefolge des gottes selbst ist bei Euripides durchaus weiblich; die männer dienen ihm auch, aber sie handeln nicht und sind eigentlich nur in der theorie vorhanden. so ist es auch in der bildenden kunst. Dionysos unter weibern ist seit alter zeit eine gewöhnliche darstellung; wir nennen sie mänaden und bezeichnen sie damit als sterbliche, wie sie denn in der tat die scharen der weiber darstellen, die zu den trieterides hinausgezogen sind. männliche begleiter der art gibt es nicht. sie würden sogar in dem festzuge fehlen, wenn nicht die phallagogie diesen einen dienst von ihnen forderte. wenn Heraklit das ληναΐζειν schilt, gilt das eben diesem anstöſsigen acte, dem ὑμνεῖν ᾄσματα αἰδοίοισιν ἀναιδέστατα. es fehlt also für den tragischen chor im cultus jede anknüpfung. wenn wir in später zerfahrener zeit von einem carneval hören, wo sich die männer als satyrn, die weiber als nymphen u. dgl. costumiren, die ganze bürgerschaft einer stadt sich in den späteren thiasos des gottes umsetzt 20), so ist es anachronismus, etwas ähnliches für das 6. jahrhundert zu glauben.

Noch viel weniger ist mit der modernen anschauung anzufangen, daſs die taten und leiden des gottes gegenstände mimischer tänze und spiele gewesen wären 21). leiden zunächst gibt es nicht; es sei denn allenfalls der von Hera gesandte wahnsinn, von dem wir sehr wenig

---

sie tragen keine spur des archaischen an sich und können somit für den gebrauch der alten zeit nicht zeugen. überhaupt sind die s. g. griechischen volkslieder nicht altertümlicher als die zeit, welche sie aufzeichnet, was meist durch die peripatetiker geschehen ist. nur die attischen skolien und einzelnes was früh durch einen berühmten dichternamen geschützt ward, reicht in das 5. und 6. jahrhundert. wenn rituelle lieder der kaiserzeit auftreten, sind sie in sprache und versmaſs auch jung.

20) Dionysios arch. VII 72 p. 1491. Philostrat. vit. Apoll. IV 2, 21. die νέοι Διόνυσοι, Antonius (Plut. Ant. 24), von den Ptolemäern nicht bloſs der, der den beinamen annahm, sondern schon Φιλοπάτωρ, am letzten ende Alexander selbst haben diese orgien erzeugt: aber dadurch, daſs ein Dionysos leibhaft wieder auf erden weilend gedacht ward.

21) Was die modernen unbewuſst oder bewuſst beherrscht, ist schlieſslich doch nichts als die analogie der christlichen weihnachts- und passionsspiele. sie können sich nicht daran gewöhnen, daſs es eine religion ohne heilige geschichte und ein heiliges buch geben kann. die consequenz, daſs Dionysos dann wirklich auf erden gewandelt sein müſste, sehen sie nicht ein: oder wird sie vielleicht jemand ziehen?

wissen. der überfall der Titanen, die zerfleischung des Zagreus ist eine orphische dichtung, die man sich hüten mufs über das pisitrastische zeitalter hinauf zu datiren, und in den cultus hat sie nicht einmal zu Eleusis zu irgend wie berücksichtigenswerter zeit eingang gefunden. verwendbare überlieferungen von mimischer darstellung der Dionysostaten gibt es nicht. das genügt eigentlich. aber es konnte auch nicht ander sein. der gegensatz des Dionysosdienstes zu dem der olympischen götter, der die beteiligung der gemeinde herbeiführte, schliefst solche vorstellungen aus. gewifs haben in manchen culten bestimmte personen durch bestimmte handlungen ein abbild einer heiligen geschichte geliefert. allein diese mimischen darstellungen haben nicht an sich wert, sondern nur als symbole, als ein augenfälliger ausdruck desselben gedankens oder derselben empfindung, welche auch in der heiligen geschichte niedergelegt sind. das δρώμενον und der λόγος bedingen sich nicht gegenseitig, sondern sie stammen aus derselben wurzel, der religiösen empfindung. der mensch, der sich zu der hohen culturstufe des ackermanns erhoben hat, empfindet eine innere scheu, den stier, seinen arbeitsgenossen, zu schlachten und zu essen, den er doch als jäger und hirte ohne anstand getötet hatte, und er kann und will doch den genufs des rindfleisches nicht entbehren. wir mögen nur daran denken, dafs wir unsere näherstehenden gefährten, rofs und hund, auch nicht essen mögen, und auch ein rind, das uns als individuum wert geworden ist, schwerlich für unsern tisch schlachten lassen möchten. aus diesem widerstreit der empfindungen entsteht der ritus der Buphonien, die symbolische ceremonie, entsteht die geschichte vom ersten rinderschlächter Thaulon, auf den die befleckung des mordes abgewälzt wird. das erste ergibt allerdings ein dramatisches, wenn auch stummes spiel, das andere eine legende. die legende kann sich nun freilich von dem αἴτιον loslösen; sie kann als geschichte einen stofflichen wert erhalten, die phantasie des volkes und der dichter kann sich ihrer bemächtigen, sie weiterbilden, schliefslich so umgestalten, dafs die erinnerung an ehemalige symbolische bedeutung völlig verloren geht. aber die symbolische handlung ist nicht entwickelungsfähig; wenn sie nicht heilig ist, wird sie absurd. sie kann sich wol gemäfs den wandlungen des religiösen empfindens umformen, wie es das opferritual getan hat; allein der spielraum für diese entwickelung ist ein sehr beschränkter. sie wird sich als eine leere form durch die macht des herkommens lange zeiten behaupten. das ende aber ist in beiden fällen, dafs einmal der augenblick kommt, wo man sich eingesteht, dafs eine leere schale nur noch zum wegwerfen taugt. die geschichten von Heras eifersucht und

versöhnung leben in mannigfachen umgestaltungen fort: die spiele mit
den puppen (δαίδαλα) auf dem Kithairon haben bestanden, als sie längst
läppisch geworden waren: aber zu machen war aus ihnen nichts. sollte
sich etwa aus solchen fratzen die tragödie entwickeln; d. h. sollte man
einmal statt Zeus und Hera Iason und Medeia spielen? nirgends ist
das mimische im cultus weiter getrieben als in dem drachenkampf des
pythischen Apollon. die musik hat das dankbare motiv aufgegriffen und
in immer neuen variationen mit immer reicherer instrumentierung durchgeführt. aber ein ausgangspunkt für dramatisches spiel ist es nicht geworden und konnte es nicht werden, da nun im attischen Dionysosdienste auch nicht einmal eine ähnliche ceremonie existirt hat (oder
wollte man mit dem beilager des gottes und der βασίλιννα rechnen?),
und nicht mehr existieren konnte, seit die gemeinde der gläubigen statt
der wenigen berufenen den gottesdienst betrieb, so ist diese herleitung
des dramas eine unmöglichkeit; wie sie denn auch den alten ganz fern
gelegen hat; wenigstens im ernste.

Allerdings hat Eratosthenes in der Erigone gedichtet, daſs Dionysos Eratosthe-
nes.
die tragödie gewissermaſsen selbst gestiftet hätte. als er nämlich den Ikarios den weinbau lehrte, fraſs ein bock die junge rebe an; zur strafe ward
er geschlachtet, und die Ikarier zogen ihm das fell ab, bliesen es auf und
machten sich den spaſs, zu versuchen wer auf dem aufgeblasenen schlauche
tanzen könnte; die meisten fielen ab und der sieger erhielt den schlauch
voll wein. daraus ist das attische kannenfest geworden, das der schluſs der
Acharner so deutlich darstellt. den braten aber erhielten die tänzer, welche
um ihn einen reigen zu ehren des gottes aufführten: diesen reigen nannte
man 'bocksgesang', und daraus ist die tragödie entstanden, welche ein Ikarier Thespis viele hundert jahre später in Attika verbreitet hat, auf dem
lande herumziehend, wie sein ahn Ikarios, der den weinbau verbreitete, das
gesicht mit hefe beschmiert, woraus das 'hefespiel' geworden ist, die τρυγῳδία, wie man in alter zeit die komödie genannt hat[22]). da Eratosthenes
nur in zweiter linie dichter war, in seinem bedeutenden werke περί

22) Ob Eratosthenes diese etymologie von τρύξ befolgt hat, die in den einleitungen und scholien zu Aristophanes häufig ist, oder die von τρύγη, weinlese
(Athen. II 40), kann zweifelhaft scheinen. allein τρύγη für τρυγητός ist kein alt-
bezeugtes wort und daſs die tradition in der komikererklärung auf den meister zurückgeht, vorwiegend wahrscheinlich. übrigens ist das wort zwar von τρύξ wirklich abzuleiten, aber es ist nicht verständlich. wer es erklären will, muſs auch die
'hefeteufel' τρυγοδαίμονες Ar. Wolk. 296 erklären. die reconstruction der Erigone
hat Maaſs Philol. Unters. VI Herm. 18 geliefert; so weit sie hier in betracht kommt,
ist sie sicher. eine bearbeitung von Eratosthenes περί κωμῳδίας ist dringend nötig.

κωμῳδίας aber die ursprünge des dramas behandeln mußte, so ist allerdings zu glauben, daß er seine dichterischen bilder nicht ohne rücksicht
auf seine wissenschaftlichen vermutungen gestaltet haben wird. manches
darin macht auch den eindruck, als wäre es von ihm schon übernommen,
wie denn die Erigonefabel in ihren grundzügen so wenig seine erfindung
sein kann wie die Hekale erfindung des Kallimachos. aber als tatsachen
hat der sehr besonnene forscher die fremden oder eigenen autoschediasmen
gewiß nicht gegeben; auf alle fälle sind sie nichts weiter. denn die einkehr bei Ikarios ist zwar eine echte attische dorfsage; nur ist Dionysos auf
seinem erdenwallen vielfach eingekehrt, bei Pegasos in Eleutherai, bei
Semachos in dem dorfe, das nach ihm heißt, bei könig Amphiktion in der
stadt. und die tragödie geht die einkehr nichts an. das andere sind
spielend ersonnene αἴτια für die ἀλῆτις, für den ἀσκωλιασμός und das
wetttrinken an den Choen, für die rätselhaften namen τρυγῳδία und
τραγῳδία; das herumfahren könnte nur die πομπή angehen, ist für den
Dionysoscult nicht charakteristisch, würde auch nur zur komödie führen:
das lehren die den Demetercult angehörigen spottreden ἀφ᾽ ἁμάξης [23]);
der frevel des bockes endlich soll das tieropfer überhaupt motiviren und
hat viele analogien in den δρώμενα, z. b. der Buphonien, und in peripatetischen und pythagoreischen speculationen [24]). nicht an sich haben also
diese dinge wert. aber Eratosthenes hatte sowol als forscher wie als
dichter einen ganz ungemessenen einfluß; so bestimmte er die folgezeit,
und was uns von kind auf aus Horaz und Vergil geläufig ist, geht schließlich eben so gut auf ihn zurück wie die gelehrte doctrin Varros, deren
niederschläge neben den dichtern Roms auch die antiquare, vor allem
Sueton, uns übermitteln. von diesen vorstellungen müssen wir uns
losmachen, und das gelingt am sichersten, wenn wir einsehen, wo sie
eigentlich herstammen und wie sie sich gebildet haben. es sind con-

---

23) Ich kann berichtigend hier noch das attische vasenbild nachtragen, welches
Dümmler Rh. M. 45, 355 veröffentlicht: Dionysos zwischen zwei satyrn auf einem
schiffe auf rädern. es ist eine wichtige überraschung: der Thespiskarren oder eigentlich der des Ikarios, ist eine fiction, entnommen dem currus navalis des faschings, der
somit ein ableger der Dionysien ist. für die Dionysosreligion ist das überaus wichtig;
ich habe keinen raum mehr, das in verbindung mit dem Διόννσος πελάγιος (Maaß
Herm. 22) und dem homerischen hymnus zu erläutern. aber für das drama lehrt
es nichts. doch verfehle ich nicht hervorzuheben, daß Dümmler die probleme richtig
erfaßt hat, welche unten gelöst sind.

24) Vgl. Robert Eratosth. 7. Graf *de aureae aetatis fabulis* Leipzig 1883.
Schmekel *de Ovid. Pythag.* Greifswald 1883. an Papirius Fabianus als quelle Ovids
kann ich freilich nicht glauben.

structionen, keine überlieferung. sie müfsten schon deshalb fallen, weil das aristotelische zeugnis mit ihnen unvereinbar ist, nach welchem die tragödie aus dem dithyrambos stammt. um so wichtiger wird dieser, nachdem wir aus inneren gründen das ganze gebäude des Eratosthenes umgestürzt haben.

Die tragödie stammt von den sängern des dithyrambos. das scheint dithyram-
bos. zunächst wenig zu helfen, da ein wenig bekanntes ding durch ein ganz unbekanntes erklärt werde. wir wissen ja wol so viel mit sicherheit, dafs der dithyrambos dem wortsinne nach nur einen göttlichen d. h. besonders schönen oder erfreulichen ϑύραμβος bedeutet; ϑύραμβος oder auch ϑρίαμβος ist der appellativname einee gesauges oder tanzes, den wir so wenig zu deuten vermögen wie ἴϑυμβος oder ἴαμβος[25]). in ältester zeit ist der dithyrambos ein lied, das der zecher anstimmt, wenn er des gottes voll ist[26]). mit ziemlicher sicherheit läfst sich als heimat des dithyrambos die insel Naxos ansehen, das centrum des Dionysos-dienstes auf den inseln[27]). wir wissen ferner, dafs Arion von Methymna, einer stadt mit lebendigem Dionysoscult und keinesweges ausschliefslich aeolischer bevölkerung[28]), am hofe des Periandros dieses weinlied des einzelnen weinseligen zechers zu einem chorgesange umgestaltet hat,

25) διϑύραμβος formell wie διπόλια Διασωτήριον Δικέτας (d. h. Διικέτας); der metaplastische accusativ διϑύραμβα Pind. fgm. 86 lehrt nichts; der bedeutung nach wie Διὸς ἐγκέφαλος, Διὸς βάλανος iuglans. triumpe im Arvallied kann man nicht leicht als entlehnt ansehen. eher dürfte es interjection sein, wie τήνελλα, und das ursprüngliche enthalten. aus ihr mag sich der name entwickelt haben, wie eine Οὖπις aus den οὔπιγγες auf Delos, Οἰτόλινος u. a. vgl. zu der zweiten gesang-nummer die einleitung.

26) Philochoros bei Athen. XIV 628 οἱ παλαιοὶ οὐκ ἀεὶ διϑυραμβοῦσιν ἀλλ' ὅταν σπένδωσιν (beim symposion), τὸν Διόνυσον ἐν οἴνῳ καὶ μέϑῃ, τὸν δ' Ἀπόλλωνα μεϑ' ἡσυχίας καὶ τάξεως μέλποντες. Ἀρχίλοχος γοῦν φησι (77) 'ὡς Διωνύσου ἄνακτος καλὸν ἐξάρξαι μέλος οἶδα διϑύραμβον, οἴνῳ συγκεραυνωϑεὶς φρένας'. καὶ Ἐπίχαρμος δ' ἐν Φιλοκτήτῃ ἔφη 'οὐκ ἔστι διϑύραμβος ὅκχ' ὕδωρ πίῃς'. also auch in Syrakus ist es noch ein einzellied. es wird dahin aus dem sicilischen Naxos importirt sein, welches den satyr auf den münzen führt. der zusammenhang, in dem Philochoros auf diese dinge zu sprechen kam, ergibt sich durch die vergleichung mit Phanodemos Ath. XI 465: es sind die alten cerimonien der attischen Lenäen.

27) Das sagt Pindar (fgm. 71) einmal geradezu, und die concurrenten, Theben und Korinth, fallen von selbst weg. Paros, die heimat des Archilochos, das sicilische Naxos, Methymna, weisen alle in dieselbe richtung: der gott des dithyrambos, der nesiotische Dionysos, ist der πελάγιος. dies wird durch Dümmlers vase bestätigt.

28) Dies letztere haben die steine gelehrt. die tausendschaften, in welche die bürgerschaft Methymnas zerfiel, hiefsen, so weit wir bisher wissen, Πρῶτεις, Φωκεῖς, Ἐρυϑραῖοι, Σκύριοι.

und daſs die Korinther auf diese bei ihnen, wenn auch nicht durch sie, entstandene gattung besonders stolz waren [29]), wie denn auch in der tat der dithyrambos zunächst nur in benachbarten gegenden in aufnahme kam. aber das hilft uns wenig; denn nicht nur wir besitzen keine proben mehr von jenen poesieen, sondern schon unsere antiken berichterstatter kannten die dithyramben des 6. jahrhunderts nur von hörensagen: erhalten hatte sich nichts [30]). somit sind wir und waren jene im wesentlichen auch auf die dithyramben des Pindaros und seiner zeitgenossen angewiesen, und diese unterscheiden sich in nichts auſser einer gewissen metrischen freiheit von den übrigen chorliedern. damals bestand nun die tragödie bereits selbständig neben dem dithyrambos, und so viel liegt

---

29) Herodot I 23 Ἀρίονα — διθύραμβον πρῶτον ἀνθρώπων τῶν ἡμεῖς ἴδμεν ποιήσαντα καὶ οὐνομάσαντα καὶ διδάξαντα ἐν Κορίνθῳ. Pindar Ol. 13, 18 ταὶ Διωνύσου πόθεν ἐξέφανεν σὺν βοηλάτᾳ Χάριτες διθυράμβῳ · d. h. die reize der dionysischen poesie traten zu Korinth in verbindung mit dem dithyrambos auf; der ausdruck ist aber in pindarischer weise persönlich gewandt. Dithyrambos als person ist in attischer weise leicht zu denken, vgl. die vase Welcker A. D. III 125: er ist silen, so gut wie öfter τραγῳδία eine mänade. aber was Pindar sich gedacht hat, kann niemand sagen, weil der 'stiertreiber' unbekannt ist. die scholien fabeln von einem stier als siegerpreis: aber der Dorer kennt keine solchen agone. Simonides scheint in demselben sinne βουφόνος gesagt zu haben (Chamaileon bei Athen. X 456ᶜ); aber auch das bleibt dunkel. der irrtum, Lasos zum erfinder des dithyrambos zu machen, ist schon im altertum zurückgewiesen, schol. Ar. Vög. 1403. vermutlich glaubte Euphronios, der ihn begieng, gedichte von Lasos zu besitzen, die dann freilich die ältesten erhaltenen gewesen wären.

30) Von gedichten des Arion weiſs kein grammatiker. das bei Aelian erhaltene gedicht ist in den ausgearteten daktyloepitriten verfaſst, welche für den dithyrambos des 4. jahrhunderts charakteristisch sind, und diesem steht die ethopoeie auch ohne fälscherabsicht wol an. von Lasos glaubten Klearch und Herakleides noch etwas zu haben (Athen. X 455 XIV 624), aber Aristophanes von Byzanz (bei Ael. H. A. VII 47) citirt ihn mit dem ausdruck des zweifels; dann ist er verschollen. Xenokritos von Lokroi blieb im gedächtnis der musikgeschichte, aber nicht einmal seine zeit stand fest, und wenn man ihm dithyramben zuschrieb, weil seine gedichte heroischen inhalt gehabt hätten (s. Plutarch de musica 10, unsicherer herkunft), so hat da der späte dithyramb verwirrung gestiftet. Kleomenes von Rhegion (Ath. IX 402ᵇ) sieht vollends nach fälschung aus, dürfte zudem derselbe sein mit einem rhapsoden Kleomenes aus dem 5. jahrhundert (Diog. Laert. VIII 63). selbst von Simonides, der doch wenigstens in Keos und Athen dithyramben aufgeführt hat, ist kein sicher auf sie bezüglicher rest erhalten. was bei Strabon 728 steht ταφῆναι δὲ λέγεται Μέμνων περὶ Πάλτον τᾶς Συρίας παρὰ Βαδᾶν ποταμόν, ὡς εἴρηκε Σιμωνίδης ἐν Μέμνονι διθυράμβῳ τῶν Δηλιακῶν ist nicht nur unverständlich, sondern unheilbar verdorben. weder konnte Simonides das berichten, noch ist in dem schluſsworte überhaupt ein sinn: also auch auf den heroischen titel des dithyrambos kein verlaſs.

auf der hand, daſs sie gerade jene bezeichnende metrische freiheit nicht besitzt, vielmehr mit den andern chorliedern gegen den dithyrambos steht. das aber ist allerdings eben so offenkundig, daſs die tragödie in metrik und sprache, soweit sie chorlied ist, mit den andern chorliedern zusammengeht. hier also bietet sich ein angriffspunkt. wenn wir die art nicht mehr kennen, an die uns Aristoteles weist, so wenden wir uns an die gattung. weit muſs ausgeholt werden; es ist wol auch ein umweg: aber ein holzweg ist es nicht.

Die völkerwanderung hatte die in der cultur vorgeschrittenen stämme teils unterjocht, teils aus dem lande getrieben. die zurückgebliebenen waren hörige häusler untertanen geworden; eine selbständige entwickelung war für sie unmöglich. ihre noch fast ganz barbarischen herren hatten gleichwol viel bei ihnen zu lernen, so viel, daſs es zu einer reinen entfaltung ihres eigenen wesens auch nicht kam. jahrhunderte waren nötig, damit überhaupt die widerstrebenden elemente zu einem neuen volkstum verschmolzen; und damit war doch nicht viel mehr erreicht, als daſs der boden für die aus dem osten zurückflutende cultur empfänglich gemacht war, und auch das war nur in einem kleinen teile von Hellas der fall: die ganze westküste ist der cultur so gut wie verloren geblieben. die wenigen gegenden aber in welchen sich die alte bevölkerung behauptet hatte, Euboia, Attika, die dryopische und saronische küste der Argolis, waren einstmals die etappen für die auswanderung gewesen und jetzt wieder die berufenen träger der vermittelung. hier nur konnte sich eine stätte finden, wo sich alle lebensfähigen culturelemente zusammenfinden und zu einer höheren wahrhaft nationalen cultur vereinigen und steigern mochten.

In den durch harte kämpfe erworbenen neuen sitzen an der herrlichen asiatischen küste verwuchsen zunächst die hinübergeworfenen splitter von stämmen und völkern zu neuen gröſseren stammesgenossenschaften, hier auch empfand man durch den gegensatz der barbaren zuerst die verwandtschaft auch der ferneren glieder des gemeinsamen volkes, erhob man sich ganz allmählich zu der erfassung des begriffes eines einigen Hellenentums in race und cultur. zu der zeit, von welcher es zuerst möglich ist, sich einigermaſsen ein bild zu machen, etwa vom achten jahrhundert ab, ist der vorwaltende stamm der ionische, von seinen sitzen an der mysischen lydischen karischen küste nicht nur nach norden und süden übergreifend, sondern bereits die Propontis und fernere gestade mit pflanzstädten besetzend. die süddorischen inseln haben die innerliche ionisirung bereits begonnen, vorbildlich für das mutterland; aber

Bildung der hellenischen nation in Asien.

auch die Aeoler sind schon im niedergange, verlieren manche küsten-
plätze[31]) und sind in der cultur nunmehr die empfangenden. dennoch
erkennen wir, dafs es einst umgekehrt gewesen war. eben das epos,
welches doch der lebendige ausdruck der ionischen suprematie ist, trägt
die deutlichen spuren in form und inhalt davon, dafs es aus aeolischer
wurzel stammt. aber freilich, die Ionier haben es aus ihrem geiste neu
geboren; nur dem bewaffneten auge des forschers erscheinen die einzelnen fremden züge. und erst als ein ionisches, als Homers werk, hat
das epos die culturmission übernommen, das mutterland wieder für das
Hellenentum zu gewinnen. ist doch selbst Aeolien in den zauberbann
des ionischen epos getreten. Hesiodos (wol um 700), der aus einer aeolischen familie stammte und als hintersasse in dem boeotischen Askra zum
dichter ward, hängt vollkommen von dem homerischen epos ab, seine
stolzeste erinnerung ist, dafs er bei den leichenspielen eines fürsten in
dem ionischen Chalkis den preis erhalten hat: und um 600 ist seine
dichtung in Mytilene populär.

Das ioni-
sche Epos
wandert in
Hellas ein.   Das ionische epos befand sich in den Händen von berufsmäfsigen
sängern oder besser sprechern. wie alle griechische kunst, war auch
der homerische stil das ergebnis langer handwerksmäfsiger übung, und
nur wer ihn gelernt hatte, vermochte ihn zu üben. dichten und vortragen
waren keine geschiedenen berufe. der stoff aber war volksmäfsig. denn
auch die von den Aeolern entlehnten elemente waren es längst geworden.
allein nach dem mutterlande trugen die sänger den Homer als etwas
inhaltlich und formell neues, höchstens durch die von mund zu mund
gehende sage ein wenig vorbereitetes. das epos kam übers meer wie

---

31) Man hat auf grund der mundart vermutet, dafs auch Chios ursprünglich
aeolisch gewesen wäre. aber dafür liegt weder in der geschichte noch in der sage ein
anhalt vor. und der schlufs aus der sprache beruht auf einer verkennung des geschichtlichen vorganges. die neuen stämme waren ja niemals vorher da gewesen,
sowol Aeoler wie Ionier bilden sich erst allmählich unter dem drucke besonderer
geschichtlicher factoren. zunächst war das mischungsverhältnis der bevölkerung allerorten verschieden, die geschichtlichen factoren waren verschieden und so ergaben sich
zunächst ganz verschiedene volks- und sprachtypen. eine sprachgrenze von aeolisch
und ionisch gab es also auch noch nicht; diese ward erst gezogen, als der zusammen-
schlufs der staatenbünde bestimmte kreise zog. gewifs haben in Lesbos und Chios
mehr verwandte familien sich angesiedelt als in Lesbos und Milet, und hat auch in
Lesbos nicht nur eine unter sich verwandte bevölkerung gesessen: das spürt man
dann in den mundarten. die Chier würden unter der herrschaft der Mytilenaeer
oder in staatlicher gemeinschaft mit ihnen Aeoler haben werden können: in der
panionischen gemeinschaft sind sie Ionier geworden. aber hier liegt kein gewaltact
vor, sondern ein stilles organisches wachstum.

andere ionische ware auch; die rhapsoden, die zuwanderten, verdienten sich mit seinem vertriebe ihr brot. sehr früh muſs dieser verkehr begonnen haben, lange ehe ein bauernsohn in Askra aus eignem drange sich dem dichterberufe in den fremden formen hingeben konnte. und die empfänglichkeit der hörer muſs eine groſse gewesen sein, da sie sich diese fremde dichtung nicht nur angeeignet haben, sondern ihre ganze eigne dichtung auf ihr aufgebaut. die neuen völkerschaften, die sich im mutterlande aus der mischung von eingewanderten herrn und alteingesessenen untertanen und knechten gebildet hatten, besaſsen zwar einen reichen schatz von nationaler überlieferung, aber sie hatten noch keine lebenskräftige poesie. der gehalt war da: das gefäſs fehlte. nun kam ein solches völlig fertig aus Ionien, und es kostete verhältnismäſsig wenig mühe, den neuen wein der festländischen sage hineinzugieſsen. die sagen, welche den inhalt des importirten epos ausgemacht hatten, wurden freilich auch übernommen, wirkten als kräftigstes ferment auch für die ausgestaltung der neuen epik mit, muſsten sich aber dafür mannigfache umformungen gefallen lassen. die kunstform, versmaſs, sprache, stil, blieb; was sich darin änderte, geschah unwillkürlich und den ändernden unbewuſst. so erlebt denn das homerische epos im mutterlande während der jahrhunderte 750—550 eine neue blüte, mochte es in seiner heimat gleichzeitig auch immer mehr zurücktreten. auch die sage der Peloponnesier und der amphiktionischen völkergruppe schlug sich noch in epischer form nieder; nur in die westlichen colonien ist das epos nicht mehr gelangt. es sind wesentlich die culturkreise von Chalkis Delphoi Korinth Argos, welche sich seiner pflege widmen. übrigens bleibt die dichtkunst durchaus in den händen der handwerksmäſsigen sänger. noch viel stärker als der Ionier muſste der Peloponnesier empfinden, daſs er sich eine fremde mundart und ausdrucksweise aneignen sollte, um die taten seiner vorfahren und die idealbilder seiner eignen phantasie den landsleuten vorzuführen. und für uns büſst, wer immer es versucht, zo ziemlich seine heimische nationalität zu gunsten der internationalen homerischen oder hesiodischen weise ein: erscheint doch Hesiodos selbst beinahe als ein Homeride. dieser umstand hat vielleicht ein wenig dazu mitgewirkt, daſs die herrschende gesellschaft, die dorischen oder chalkidischen ritter, selbst an der pflege des epos nicht hand anlegen. aber das ward noch durch etwas viel eingreifenderes gehindert, durch das standesgefühl. zwischen dem adlichen burgherrn und dem fahrenden spielmann, den er sich dang, daſs er in der halle eine schöne mär sagte, von Ilios oder Theben, lieber noch eine von Herakles und Kyknos, oder von Medeias

heimholung, oder des Aigimios ritterspiegel, war die kluft allzugrofs: weder
konnte der spielmann ritterbürtig werden, noch der herr mehr für die
dichtung tun, als dafs er etwa dem dichter die geschichten von seinen und
seines volkes ahnen erzählte und gute bezahlung gab, damit jener sie in
homerische verse setzte und etwa eine Mekionike in die reihe der erhabenen götterfrauen aufnähme, die aus himmlischem samen die ahnherrn
der erlauchten häuser geboren hatten. das epos hat im mutterlande unendlich viel für die erhaltung des stoffes gewirkt. aber es hat nur den
boden für eine wirklich nationale poesie vorbereitet: selbst ist es immer
etwas halbfremdes und ich möchte sagen halbfreies geblieben.

Iambos und
elegie.

In Ionien vollzog sich nun aber in eben den jahrhunderten 7 und 6
eine gewaltige verschiebung aller schichten der gesellschaft und der cultur.
hier gieng das rittertum zu grunde durch das bürgertum der grofsen
handelsstädte. zwar behauptete sich, auch wenn der name demokratie
war, durchweg ein bevorrechteter stand, welcher den gröfsten besitz mit
der höchsten bildung verband; allein es stieg fortwährend frisches blut
von unten empor in die bevorrechteten kreise. jedes geistige schaffen
aber nahmen diese selbst in die hand; die handwerksmäfsige pflege der
homerischen poesie blieb, aber immer weniger productiv und immer
weniger geachtet. es wehte ein scharfer wind. weithin übers meer
zogen die schiffe, weiterhin ins ungemessene die gedanken. aus der
tiefe des arbeitenden volkes stiegen rücksichtslose wagemutige männer
auf, die durch die kraft der eignen faust und des eignen kopfes sich
eine stellung schufen, die herrschenden gewalten bezwangen und ihr
volk befreiten bevormundeten bedrückten. aus den tiefen des menschenherzens stiegen die ewigen gefühle, des menschenherzens unendlichkeiten
in wonne und weh, des menschengeistes qualen in antwortlosem fragen
nach den ewigen rätseln der welt auf die lippen empor. der mann, der
im rat und auf dem markte der erste war, trat vor das volk oder den
vertrauten kreis in der halle des marktes, auf den stufen des gotteshauses,
im saale des festgelages, und sprach sie an aus eigner seele in eignem
namen. er erzählte nicht von Giganten und längst vermoderten ahnherrn, sondern von der gegenwart, schalt der bürger lässigkeit, warnte
vor der gefahr, schleuderte dem gegner den schimpf entgegen, oder auch
er sagte, was ihn das eigne denken gelehrt, wie die welt geworden, was
des lebens wert sei, und tausend weise sprüche. die form war bald die
aus dem ältesten urbesitze des volkes emporgeholte und durchaus volkstümliche des iambos, oder die kunstmäfsig aus dem epos abgeleitete ele-
gische strophe. aber auch in dieser bemeisterte die gegenwärtige sprache

das fremdartig altertümliche. um 550 tat man dann den letzten notwendigen schritt und streifte als letzte aller bande die gebundene rede ab.

Was der elegiker oder iambograph in seinem kreise vorgetragen
hatte, trug der rhapsode bald ebenso wie das epos weiter, und so gelangte
auch diese poesie in das mutterland. aber hier war der boden noch
nicht reif für die entfaltung dieser subjectivität, und nur in dem stamm-
verwandten Athen bemächtigte sich der gründer der verfassung der poesie
als einer waffe um die stimmung seines volkes zu beeinflussen. was der
handelsmann Solon konnte, der in vielen ländern mit vielerlei volk verkehrt hatte, dazu war der ritter auf seiner burg oder am gemeinsamen
tische unter seinen zeltgenossen nicht fähig. wol nahm die politische
hauptstadt des Peloponnes, nunmehr Sparta, die elegie auf, weil der adel
mit der bunten homerischen bildlichkeit nie viel hatte anfangen mögen,
dagegen gefallen daran fand, sich einen spiegel der tugenden, zu denen
ihn der zwang seiner standesehre erzog, in den gefälligen formen der
verständigen und verständlichen ionischen elegie vorhalten zu lassen. aber
dabei gieng eben das verloren, was den fortschritt der elegie über das
epos gebildet hatte, das individuelle. der herrschenden überlieferung nach
war der einzige dichter ein zugewanderter Ionier. mag diese tradition
wahr oder falsch sein [32]), sie beweist, daſs man den Lakonen einen solchen
dichter nicht zutraute. und wirklich spricht aus den meisten gedichten,
die auf Tyrtaios namen giengen, nicht ein einzelner mensch, sondern ein

---

32) Wir kommen über das dilemma nicht hinweg, das Apollodor (Strab. 362)
richtig formulirt. wenn Tyrtaios ein Athener war, so kann er die Eunomia nicht gedichtet haben, und wenn er die gedichtet hat, so war er ein Lakone. denn der
ausweg, ihm das bürgerrecht erteilen zu lassen, zu dem schon Platon greift (Ges. 629 ⁸),
reicht gegenüber dem stolze auf die herkunft aus der dorischen tetrapolis nicht hin.
und der dichter der Eunomia ist heerführer wider die Messenier gewesen: das stand
in den elegien. nicht leicht wird man das einem fremden zutrauen. hier haben
wir also sicher eine bedeutende persönlichkeit: aber dieser alle die ganz allgemein
gehaltenen mahnungen zur tapferkeit zuzuschreiben, ist eine vertrauensseligkeit, vor
der die namen Homer Hesiod Orpheus Theognis und selbst Sappho und Anakreon
warnen sollten. auf den berühmten namen gieng die lakonische elegie wie sie war.
die tradition, daſs Tyrtaios ein Athener war, ist älter als die bekannte ausgeschmückte
fabel von dem lahmen schulmeister, eine parodie des kimonischen hilfszuges, wie
man jetzt ja wol zugesteht. daneben erscheint Milet als heimat (Suid. s. v.),
was sich gar nicht discutiren läſst, da der gewährsmann unbekannt ist. Der name
klingt nicht attisch, gehört doch wol zu Τύρταμος; allein in vereinzelten wörtern
hat sich auch in Athen t vor u gehalten: Τυρμεῖδαι ist ein demos, war zweifellos
ein geschlecht, und neben στρβηνίων χορός steht τύρβη und τυρβάζειν. so bleiben
die probabilitäten in der schwebe.

stand. der culturkreis von Korinth und Argos, Theben und Chalkis ver-
schliefst sich dieser poesie. auch nach dem westen kommt sie so wenig
wie das epos. denn als Theognis in den beiden Megara dichtet, ist bereits
Athen mehr mafsgebend als Korinth. der iambos vollends, der volkstüm-
lichere kräftigere bruder der elegie, ist auf Athen beschränkt geblieben:
dafs Solon ihn dort eingebürgert hat, sollte allerdings die ungeahntesten
früchte tragen.

Das lied. Das lied, das nicht der dumpfen menge ertönt, das der dichter
nicht singt die menschen zu bessern und zu bekehren, noch sie zu er-
götzen und zu unterhalten, das er nur der Muse oder etwa der geliebten
singt, das echte lied ertönt von Lesbos und nur von Lesbos; es ertönt
als der schwanengesang der sterbenden aeolischen cultur. Sappho steht
einzig da in der ganzen stolzen geschichte des griechischen geistes: und
wenn sie nicht so ganz natur wäre, würde man sie für unbegreiflich
halten. für die eigentliche lyrik gilt in noch höherem mafse als für die
poesie überhaupt, dafs nur das allerbeste lebensfähig ist. wol täuscht sich
die gegenwart über den wert des sanges, der von allen lippen tönt,
besonders stark; aber die nachwelt ist dafür um so grausamer. deshalb
erkennt man die übergänge schwer. man wird ja nicht bezweifeln, dafs
trotz dem schweigen der überlieferung neben der lesbischen nachtigall
auch in Ionien mancherlei vöglein gezwitschert und gepfiffen haben, ein
jegliches bewundert in seinem haine. und gesungen hat das lokrische und
peloponnesische mädchen bei der spindel und beim wassertragen ohne
zweifel auch: aber das alles ist spurlos in die winde verhallt. weder hier
noch dort war für das lied im 7. und 6. jahrhundert eine stätte. das gebundene wesen der ritterschaftlichen cultur liefs die knospen des herzens noch
nicht springen. in den sich immer mehr demokratisirenden städten Asiens
wehten die frühlingsstürme, die den boden befruchten, schofs die heifse
sonne einer arbeitsfrohen geschäftigkeit ihre raschreifenden stralen: da
begehrte man keine frühlingsblumen und träumte nicht am bachesrand.
die tieferen geister grübelten über gott und welt, die menge jagte nach
macht und gold; sie verschmähte wie alle guten dinge auch das lied nicht,
aber ihre lyrik war nur die der begierde und des genusses. Anakreon
mochte im kreise der zechbrüder am üppigen hofe des Polykrates von
wein und liebchen singen, mit vollendeter grazie, aber ohne dafs selbst
in den knabenliedern das herz stärker mitspräche. einem ernsten manne
würde diese poesie zuwider werden müssen, wenn nicht der dichter sich
als ein wirklicher bewiese, νήφων κἀν βακχεύμασιν, immer seinem
stoffe überlegen, das ganze treiben und sich selbst leise ironisirend. aber

selbst für Athen war dies lied eine exotische pflanze und hat nur durch die form nachhaltig gewirkt. noch viel weniger hätten Dorer, z. b. die uns aus Pindar so wolbekannte aeginetische gesellschaft damit anfangen können. unter den festlandsgriechen üben nur einige weiblein das lied, die so oder so, als vaterlandsverteidigerin wie Telesilla, oder als hetäre[33]) wie Praxilla, aus den schranken ihres geschlechtes treten. Korinna ist ein braves mühmchen, und erzählt in ihren sehr kunstlosen aeolischen rhythmen den Tanagraerinnen ihre märlein (γέροια); sie ist allerdings eine art Sappho, nur eine boeotische. das alles stieg nicht in die leitenden kreise der gesellschaft.

Und doch war schon im 7. jahrhundert ein kräftiger bach aeolischer liederpoesie nach dem mutterlande herübergekommen, der immer stärker anschwellend schließlich das stolze schiff der aischyleischen tragödie flott gemacht hat.

Schon früh im siebenten jahrhundert sind fahrende sänger aus Lesbos Alkman. im Peloponnes aufgetreten und der name des Terpandros zumal steht an der spitze der musikgeschichte. in wie weit die theoretiker der aristotelischen zeit, welche uns davon erzählen, eine zuverlässige kunde von seinen musikalischen leistungen besaßen, sind wir außer stande zu controlliren, worin nicht liegt, daß wir darauf fest bauen dürften. dichtungen aus dem siebenten jahrhundert waren nicht erhalten[34]). dennoch reichen die reste Alkmans hin, um von dem litterargeschichtlichen zusammenhange eine deutliche vorstellung zu gewinnen. er wendet die formen der lesbischen poesie an, zwar nicht die ausgebildeten des Alkaios oder gar der Sappho, aber ersichtlich ihre vorstufen, die Terpandros eingeführt hatte. er beherrscht außerdem eine ganze reihe der ionischen versmaße (iamben, trochaeen, paeone, ioniker), und hat begonnen nach dieser analogie einzelnes epichorische auszubilden (anapaeste). seine sprache ist das getreue abbild dieser mischung der formen, denn das lesbische

---

33) Ein weib, das trinklieder dichtet, ist man berechtigt als eine solche zu betrachten.

34) Die gute grammatikertradition hat die gedichte verworfen, welche auf Terpandros namen giengen, Strab. XIII 618. und wenn wir τετράγηρυν mit kurzer erster sylbe und ἔργων mit vocalischem anlaute finden, so sieht das wenig nach dem siebenten jahrhundert aus, bei einem Aeoler in Sparta zumal. daß in der musikalischen praxis sich lieder fanden, die man ihm zuschrieb, ist sehr begreiflich: sehen wir doch daß die neuern geschäftig sind ihm adespota zuzuweisen, und nicht einmal daran anstoßen, wenn Zeus als die ἀρχή des alls bezeichnet wird, und der dichter ihm seinerseits deshalb die ἀρχή ὕμνων sendet. als ob dies weltprincip und dieser wortwitz überhaupt in der archaischen zeit zu denken wäre.

epische, lakonische steht auch in ihr nebeneinander. aber eins ist neu
bei Alkman: er ist chordichter. zwar hat auch Sappho für ihre mädchen
und in den hochzeitsliedern auch für jünglinge lieder gedichtet zu ge-
meinsamem gesange, und in vielen culten wurden processionslieder,
wiederum vorwiegend für mädchen, gebraucht. dafs bei den volkstümlichen reigen allerorten auch gesungen worden ist, ist selbstverständlich.
und doch ist bei Alkman etwas völlig neues da. wenn er auch bei
manchen feierlichen gelegenheiten das eigene ich zurückgehalten haben
wird, so ist doch zumeist der chor für ihn nur ein instrument, dem er
so gut seine eignen empfindungen leiht wie der laute. von sich, seinem
namen, seiner herkunft, seinem hunger und seinen versen redet er oder
läfst er vielmehr die mädchen singen. ja, sie müssen uns von seinen
liebeleien unterhalten. die kärglichen und schwer zu deutenden reste
gewähren kein volles bild von dem dörflichen dichter, den man vielleicht
am ehesten mit Neidhard von Reuental vergleichen kann. aber gerade
das formelle, auf das es für die entwickelung ankommt, ist sonnenklar:
der chorgesang und daneben doch die äufserung der individualität des
dichters ist erreicht.

Stesichoros.   Alkman und sein bäschen Agido gehören nicht zur ritterbürtigen
gesellschaft, die sich gleichzeitig etwa an der Eunomie des Tyrtaios erbaute.
die chorpoesie ist die der perioeken. so dringt denn auch die vornehme
heldensage nicht stärker ein, als der allgemeine lakonische patriotismus
und die auch hier gewaltige macht Homers mit sich bringt. die heldensage als inhalt und die höchste gesellschaft als publicum erobert für
die chorische lyrik erst Stesichoros. Sparta und Himera liegen weit von
einander, und niemand wird sich vermessen, etwa weil Stesichoros in der
tat specifisch lakonische sagen kennt, einen directen zusammenhang anzunehmen. die etappen der allgemeinen entwickelung beobachten wir nur
an vereinzelten punkten, und dafs sich ein scheinbarer zusammenhang
ergibt, ist der erfolg der gleichartigkeit, welche über weite räume hin
die kunst beherrscht. in der zweiten hälfte des 6. jahrhunderts sind
dichter aus Chalkis und seiner nachbarschaft die bedeutendsten; ein chal-
kidisches volkslied zeigt die charakteristischen formen der Stesichoreischen
daktyloepitriten [35]): was wunders, dafs in einer chalkidischen enkelstadt

---

35) Aristoteles bei Plut. amator. 7.

$$- - \smile\smile - \smile - \smile \mid - \smile - \smile - -$$
$$- \smile - - \mid - \smile\smile - \smile - -$$
$$- \smile - - \mid - \smile - \smile - \smile \mid - \smile - \smile - - \mid - \smile -$$

Bergk (carm. pop. 44) hat das richtige gesehen, wenn auch nicht festgehalten.

um 580 der ordner dieser gattung auftritt? und daſs gerade in Sicilien, wo das epos fehlte, die chorische lyrik das gefäſs der sage ward, ist vollends begreiflich. wir wissen nun leider nicht, zu welchen heiligen oder profanen zwecken Stesichoros seine chorlieder verfaſst hat, wenn auch die novelle darin ein richtiges bild zweifellos von ihm bewahrt hat, daſs er in den höchsten kreisen der nation eine stellung wie Simonides hat. wir sehen aber, daſs er bald so objectiv erzählt wie Homer, bald so subjectiv wie Alkman (denn nur so ist die palinodie verständlich): und wir werden nicht fehl gehen, wenn wir die späteren verhältnisse so ziemlich auch auf ihn übertragen. daſs er es vor allen gewesen ist, der den späteren dichtern ihr instrument, den chor, hergerichtet hat, und daſs er als die aufgabe der lyrik erkannt hat das epos zu ersetzen, ist deutlich und ist die hauptsache.

Simonides und Pindaros lassen uns die verhältnisse, wie sie seit der zweiten hälfte des 6. jahrhunderts lagen, mit vollkommener deutlichkeit übersehen. bei allen möglichen gelegenheiten, zu ehren der götter oder der menschen, an den tagen, deren feier von der allgemeinen sitte geboten ist, ebenso wie ohne solchen äuſsern anlaſs, wenn nur stimmung und möglichkeit vorhanden sind, treten chöre auf, von männern oder jünglingen, was nicht gesondert wird, im götterdienste einzeln auch von jungfrauen sie singen zum tanze oder auch zum marsche ein lied eigens zu diesem behufe gedichtet. dies lied ist immer das wort des dichters; er redet durch den chor in eigener person. er erfindet jedesmal ein neues maſs; aber fast ausschlieſslich aus ganz wenigen bestimmten rhythmengeschlechtern. auch den inhalt gestaltet er frei; aber trotz aller mannigfaltigkeit der anlässe und also auch der aufgaben ist die behandlungsart und der ton durch ein festes herkommen gebunden. die sprache ist ein künstliches gebilde; noch immer zeigt sie, wenn auch in anderem mischungsverhältnis [30]), die drei ingredientien wie bei Alkman; aber die

Die chorische lyrik.

---

30) Das aeolische grundelement ist zurückgetreten, der einfluſs der epischen sprache wiegt stark vor. Das dorische element hat mit groſser feinhörigkeit alles abzustreifen gewuſst, was nicht aller orten galt; specifisch Lakonisches, Korinthisches, Boeotisches ist gänzlich ausgetilgt. es ist verkehrt dies grundelement landschaftlich benennen zu wollen. daſs sich der geborne Boeoter etwas anders benimmt als der geborne Chalkidier ist natürlich: das geschieht unwillkürlich. diese differenzen innerhalb der gleichen sprache finden sich nicht blos im epos ähnlich: sie gibt es auch in der prosa, gibt es zu allen zeiten. Lessing Goethe Schiller schreiben dieselbe sprache, schreiben deutsch; aber den Lausitzer Franken Schwaben verleugnen sie nicht. nicht stärker ist die differenz zwischen Hesiod und asiatischen epikern, Mimnermos Solon Tyrtaios Theognis, Stesichoros Pindaros Simonides. und genau

willkürlich einmal gegebenen gesetze werden jetzt streng befolgt. sie ist
international wie die des epos, weil sie nirgend national ist. wie im
epos ist auch der stil ein conventioneller, fest gefügter. all das ist nur
erklärlich durch die arbeit von generationen und die kunstmäfsige, wenn
man will handwerksmäfsige, schulung der dichter. diese stehen also nicht
wesentlich anders da als die epiker. der rhapsode war freilich zugleich
dichter und ausübender künstler; auch Alkman war es noch bis zu einem
gewissen grade gewesen. das war jetzt anders. aber die handwerksmäfsige ausbildung war nun für die sänger nicht minder nötig als für die
dichter. denn diese ziehen nicht nur durch alle gauen und setzen voraus,
ihr instrument überall vorzufinden, sie senden auch ein werk in ferne
lande hinüber, und können sicher sein, dafs es zur aufführung kommen
kann. das ist ohne einen stand von berufsmäfsigen sängern und musikern
nicht möglich, wenn auch vieler orten die dilettanten so weit geschult
sein mochten, um selbst ausübend aufzutreten. dieses und noch vielmehr dafs solche gedichte auf leidenschaftlichen beifall und auf verständnis
rechnen konnten, zeugt auf das nachdrücklichste von einer durchgehenden
gleichartigen bildung, einem keineswegs verächtlichen niveau der cultur
durch die ganze gesellschaft hin, für welche diese poesie gilt. allerdings
ist es nur eine oberste schicht, ein geschlossener kreis des adels, mit
dem dieselbe überhaupt rechnet. so weit dieser adel reicht, reicht sie,
über viele lande hin, aber nirgends tief in das volk hinunter, d. h. genau
soweit wie die ideale des dorischen adels gelten, die sie ja zum ausdruck
bringt. es ist das ganze griechentum, mit ausschlufs des eigentlichen
Ioniens; doch auch die Inseln und das nicht ionische Asien nimmt nur
vereinzelt daran teil. allerdings lag in der gemeinsamkeit des standes-
gefühles, der cultur und der ideale alles das was diese zeit an nationaler
einheit besafs. es war nicht wenig: es hat der einheit des volkes mächtig
vorgearbeitet. allein wir sehen am besten daraus, dafs in den nicht dorischen landschaften Euboia und Attika eben die bevorrechteten classen,
welche als ständisch gleichberechtigt an dieser cultur teilnahmen, gestürzt
werden mufsten, damit der nationale staat entstünde und die cultur das
hellenische volk als ganzes durchdränge, wie unmöglich es war, auf
diesem boden die einigung durchzuführen. Athen hat auf allen gebieten
den kampf mit dieser gesellschaft aufgenommen; die cultur hat es über-

---

wie diese haben die ältesten attischen tragiker ihre chöre gedichtet: erst die weitere
rein attische entwickelung hat die sprache der chöre immer mehr attisch gemacht,
aber niemals die fremde herkunft derselben ganz verwischt. genau wie in den tragischen ist es in den lyrischen liedern der Athener, den dithyramben, gegangen.

wunden, und zuerst ist diese poesie untergegangen. daſs es die materielle kraft nicht gewann, auch die politische herrschaft durchzuführen, daran ist nicht bloſs Athen sondern ist Hellas zu grunde gegangen. weil für jene ganze cultur das Dorertum führend und maſsgebend ist (obwol das schon versteinernde Sparta an der poesie gar keinen anteil mehr hat), nennt man nicht ohne grund auch die poesie dorisch, und hat es schon damals getan: festzuhalten aber ist, daſs die Dorer kaum einen dichter gestellt haben[37]), und daſs es schon eine bewunderte und bewundernswerte ausnahme war, als ein boeotischer adlicher, aus einem geschlechte das noch über die einwanderung zurückreichen wollte, das handwerk ergriff, das sonst ein Dryoper, Lasos, ein Lesbier, Arion, ein Keer, Simonides, ein Chalkidier aus Rhegion, Ibykos, übten. erst Pindaros, und auch er nur mit einsetzung seiner ganzen persönlichkeit, hat die dichtung aus den händen der bezahlten fahrenden genommen. der adel hörte zu, sang wol auch mit; aber er hielt das dichten doch nicht für ganz standesgemäſs. Archilochos, "zugleich ein sänger und ein held", war ihm widerwärtig.

Die antiken philologen haben sich abgemüht die chorischen gedichte in classen zu sondern. der zweck war zunächst ein rein äuſserlicher, nämlich für die erst von ihnen in gesammtausgaben vereinigten gedichte eine ordnung zu finden, die man nach einigem schwanken in solchen classen fand, wie hymnen paeane dithyramben u. s. w. da die überlieferung über diese äuſserlichkeiten zufällig eine ziemlich reiche ist (weil die uns erhaltenen grammatiker ein buch des Didymos eifrig ausgeschrieben haben), so haben sich die modernen zu dem irrtum verleiten lassen, als käme auf die gattungen etwas besonderes an. das wichtige ist vielmehr, daſs die gedichte selbst, alle wie sie da sind, die individuellen äuſserungen des dichters sind. der anlaſs wird ihn verschieden stimmen; er wird einen anderen ton anschlagen beim festmal als an der bahre, vor dem delischen Apollon als vor dem libyschen Ammon, aber das verhältnis zwischen ihm und dem gegenstande seines gedichtes, dem chore der es singt, dem publicum das es hört, ist in allen fällen dasselbe. einmal und überall sind der dichter und das publicum höchst concrete personen, und ist der chor gar keine person. selbst was die form angeht, ist der unterschied nur für eine gattung hervorstechend, allerdings die welche uns hier vorzüglich angeht, den dithyrambos.

---

37) Pratinas von Phleius im hyporchem ταν ἐμὰν Δώριον χορείαν: er ist der einzige Dorer, aber er ist in Athen zugewandert, wo auch sein sohn bleibt · die musiker sind oft Argeier.

allein auch dieser unterschied ist ganz äufserlich: die gliederung in strophe
und antistrophe fällt weg, und daraus folgt eine viel bewegtere, für uns
oft nicht mehr ganz verständliche metrik, und ohne zweifel eine ganz
andere art des tanzes, von dem wir wie überhaupt so auch hier weder
etwas wissen noch wissen können. und nicht einmal das ist dem dithyrambos ausschliefslich eigen, sondern fand sich auch in anderen liedern
als denen, welche für den Dionysosdienst verfafst waren; die grammatiker
haben sie, weil sie keinen bezeichnenden namen hatten, als tanzlieder
(ὑπορχήματα) bezeichnet und in besondere bücher geordnet[38]. es ist
ein schlechter name; denn tanzlieder sind sie ja alle. und vollends der
dichter äufsert sich in den nichtstrophischen [gedichten just so subjectiv
wie in allen andern. Pindar erzählt den Athenern in einem dithyrambos,
das wäre das zweite mal, dafs er für sie dichte (fgm. 75, 8), und seinen
Thebanern führt er gar ohne jeden äufseren anlafs ein tanzlied vor, um
nach einem 'fürchterlichen vorzeichen (107) oder in einer politischen
krisis seine meinung zu äufsern (109 110). im gleichen falle dichtete
Solon eine elegie, Archilochos einen iambos: Isokrates und Demosthenes
schrieben eine rede.

Der attische
bürgerchor.   Eine änderung hatte freilich die demokratie für den chor gebracht:
Pindaros wird in Theben geschulte berufsmäfsige sänger verwandt habe n
in Athen sang ein bürgerchor seinen dithyrambos. diesen wichtigen
umschwung hatten die neuen ordnungen sofort herbeigeführt, als das volk
sich mit hilfe der Lakedaemonier und des delphischen gottes erst von den
tyrannen und dann mit der eigenen kraft um den preis des eintritts in
den peloponnesischen bund von den Lakedaemoniern frei gemacht hatte,
seine wehrhaftigkeit aber durch die überwältigung seiner nördlichen
nachbarn bewiesen hatte. wie die gesammtleitung seiner angelegenheiten,
nahm es auch den gottesdienst und die öffentlichen spiele in die eigne
hand. es wollte durchaus nicht auf die pflege der höhern cultur verzichten, welche es den ionischen verbindungen seiner fürsten verdankte,
aber es wollte auch darin die eigene kraft beweisen; die kunst sollte
nicht mehr das vergnügen einer bevorzugten classe sein, sondern das des
volkes, das selbst turnen und tanzen wollte. während also vorher die
athleten und sänger in gilden sich zusammengetan hatten, und eine inter-

---

38) Von dem was die modernen hyporchema nennen und z. b. in den tragikern
so bezeichnen, ist nichts weder überliefert noch an sich berechtigt. die moderne
metrische kabbala ist ganz unerträglich, aber auch das altertum hat unleidlich viel
mit worten gekramt, die freilich sehr bequem sind das mangelnde verständnis zu
verhüllen.

nationale stellung einnahmen, so dafs wir die pindarischen sänger von
ort zu ort wandern sehen und sehr oft das lob des ringlehrers vernehmen,
wurden diese gilden in Athen aufgehoben, die ringschulen verstaatlicht
und der zutritt jedem bürger kostenlos gewährt[39]). die herkömmlichen
wettkämpfe blieben zwar bestehen und der zutritt stand ausländern frei,
aber die wertschätzung sank und keinerlei gunst ist diesen aristokra-
tischen vergnügungen zu teil geworden. die bauern und ruderer hatten
nicht die geschmeidigen glieder und weder zeit noch lust sich dem training
zu unterwerfen. dafür bildete man die volksbelustigung des fackellaufes
zu einer staatlichen einrichtung aus, für welche die gymnasiarchie gestiftet ward, und liefs die militärische parade das wetturnen ersetzen.
auch die gilden der sänger und tänzer wurden geschlossen. für die musik
brauchte man freilich fremde, zumal die argivischen und boeotischen
pfeifer, weil auch dafür eine ausbildung nötig war, zu der die bürger
nicht zeit hatten; aber die chöre stellten sie selbst. die reichen wirkten
mit als choregen, die unbemittelten als choreuten: es war beides eine
frohnde, ein *munus*, ganz wie die verpflichtung als offizier oder gemeiner
zu dienen. und auch die regellosigkeit der musikalischen aufführung ward
beseitigt. wol verwehrte man dem einzelnen nicht, sich zu seinem ver-

---

39) Wer aus den institutionen, wie sie bestanden und uns in der praxis be-
merklich sind, den schlufs auf das recht, den leitenden gedanken, machen kann,
der braucht hierfür kein zeugnis. es fehlt aber nicht. der aristokrat, der die πολιτεία 'Αθηναίων geschrieben hat, empfand das charakteristische der festordnung
sehr wol, wenn er sie auch gehässig darstellte. er sagt 1, 13 τοὺς δὲ γυμναζομέ-
νους αὐτόθι καὶ τοὺς μουσικὴν ἐπιτηδεύοντας καταλέλυκεν ὁ δῆμος, νομίζων τοῦτο
οὐ καλὸν εἶναι γνοὺς ὅτι [οὐ] δυνατὰ ταῦτ' ἐστὶν ἐπιτηδεύειν ἐν ταῖς χορηγίαις·
αὐ⟨τοὶ γὰρ σφίσιν αὐτοῖς ἀγαθὸν ἐνεῖναι ἐν ταῖς χορηγίαις⟩ καὶ γυμνασιαρχίαις
καὶ τριηραρχίαις γιγνώσκουσιν, ὅτι χορηγοῦσι μὲν οἱ πλούσιοι, χορηγεῖται δὲ ὁ
δῆμος, ⟨καὶ τριηραρχοῦσι μὲν⟩ καὶ γυμνασιαρχοῦσιν οἱ πλούσιοι, ὁ δὲ δῆμος τριη-
ραρχεῖται καὶ γυμνασιαρχεῖται· ἀξιοῖ γοῦν ἀργύριον λαμβάνειν ὁ δῆμος καὶ ᾄδων
καὶ τρέχων καὶ ὀρχούμενος καὶ πλέων ἐν ταῖς ναυσίν, ἵνα αὐτός τε ἔχῃ καὶ οἱ
πλούσιοι πενέστεροι γίγνωνται. die erste lücke habe ich angesetzt und ausgefüllt,
auch οὐ gestrichen. die sehr gewaltsame gewöhnliche behandlung verfehlt den sinn:
sie läfst den demos, der die dramen spielt, sich eingestehn, dafs er nichts von
musik verstünde, und macht γιγνώσκουσι völlig unverständlich. der demos hält die
gilde für verwerflich, weil er erkennt, dafs sich dasselbe in der form der choregie
erreichen läfst, die ihm doch um des profites willen so sehr am herzen liegt. vgl.
Hermes 20, 67; dem gleichzeitig geäufserten bedenken Büchelers Rh. M. 40, 312 wird
so genüge geleistet. die opposition der gilden, von welcher das erhaltene hyporchem des Pratinas ein so beredtes zeugnis ablegt, war damals schon gänzlich verstummt. die choregie hätte die probe längst glänzend bestanden; in der ersten zeit
wird freilich das selbstgefühl der geschulten sänger berechtigt gewesen sein.

gnügen lustbarkeiten bei sich anzustellen wann und wie er mochte, und
so gab es noch lieder für die feste der vornehmen. Pindaros hat für
die Alkmeoniden, Euripides für Alkibiades gedichtet. aber das tritt gänzlich in den hintergrund vor den vom staate übernommenen und dem
festen jährlichen gottesdienste eingeordneten gelegenheiten, bei welchen
musische wettkämpfe angeordnet wurden, nur zum teil im anschlusse an
die bisherige übung. der staat brauchte alljährlich eine bestimmte recht
hohe zahl neuer gedichte, dramen und dithyramben: das volk, das noch
keinen bedeutenden eigenen dichter besafs, traute sich zu, sie zu erzeugen. und es hat auch darin die höchsten erwartungen von der eigenen
leistungsfähigkeit übertroffen.

Ein instrument des dichters war auch dieser chor, aber es ist doch
etwas anderes, ob man gedungene musikanten unter sich hat, oder die
vertreter des souveränen volkes. und der dichter wird ja auch selbst
anders dastehen, wenn er für irgend einen anlafs auf bestellung oder
wunsch eines anderen oder auch aus eignem triebe schafft, als wenn er
zu bestimmten höchsten festen seines eigenen volkes für bestimmte vertreter desselben in einer halbamtlichen eigenschaft seine kunst übt. er
wird mehr mit der seele dabei sein als Simonides es wol je war, aber
minder aus eigener person zu reden wagen als es Pindar immer tat. der
staat und sein souverän, oder besser sein lebendiger leib, das volk, ist in
Athen die oberste macht. der dichter ist ein glied desselben, der chor
auch, beide ordnen sich ihm unter, der chor auch dem dichter, aber
dieser mufs sich wie Perikles stets gegenwärtig halten, Ἀθηναίων ἄρχεις.
selbst die tragödie zeigt von diesem verhältnisse die deutlichsten spuren.
der chor ist auch in ihr vertreter des volkes am religiösen feste: er geht
nicht ganz in seiner maske auf. der dichter ist dagegen der erbe der pindarischen persönlichen lehrer- und predigerstellung: auch er verschwindet
nicht ganz hinter seinen personen. dies verhältnis war in dem ursprunge
der ganzen gattung begründet; es hat sich wol verloren, aber nicht im
laufe des 5. jahrhunderts. die abstracte betrachtung mag sich dazu stellen
wie sie will: die geschichtliche hat mit dieser besonderheit durchgehends
zu rechnen [40]).

Attische di-
thyramben.   Die chöre, die man stellte, unterschied man in chöre von τραγῳδοί
und einfach von männern und knaben. diese nannte man auch wol die
ʻrundtänzeʼ (κύκλιοι χοροί), nicht weil die tänzer hier in einem rund
geordnet waren, in der tragödie aber in einem viereck, wie wol gramma-

---

[40]) Der Herakles selbst gibt für die wichtigkeit der sache hinreichende belege,
die ihres ortes genauer erläutert sind.

tiker gemeint haben, sondern weil die tänze auf dem runden tanzplatz in
die runde giengen, während im drama eine bude (σκηνή) daneben stand
die dem schauplatz eine front und einen hintergrund gab. die gedichte
hatten zunächst nicht mehr einen eigenen gattungsnamen, als ihn vorher
die der pindarischen lyrik gehabt hatten. und man wird für die an den
Thargelien wol oft παιάν, für die der Panathenaeen ὕμνος gesagt haben:
für die dionysischen festlieder vielleicht von vornherein διϑύραμβος; Pindars zweites attisches gedicht (75) war tatsächlich auch in der form dithy-
rambisch. der Dionysosfeste, die der staat begieng, waren mehr als sonst
einem gotte gefeiert wurden; so mochte der name dithyrambos durch
verallgemeinerung die ganze gattung allmählich begreifen. immerhin ist
das offiziell nie durchgedrungen und in der gewöhnlichen rede erst seitdem bedeutende männer diese lyrische poesie, die um 500—430 zurück-
tritt, gewaltig erhoben, so daſs sie zuerst die noch berühmtere tragische
schwester beeinfluſst, dann, als deren meister tot sind, die erste stelle
im interesse der nation erobert und auf lange hinaus behauptet. dieser
neue dithyrambos, wesentlich durch Philoxenos und Timotheos geschaffen,
zwar nicht durch Athener, aber doch ein ganz attisches gewächs, wirkt
wesentlich durch die musik; und wenn wir auch selbst kein urteil, weder
über die musik noch über die poesie der neuen dichter haben können,
so zeugt die leidenschaftliche polemik der komödie und der reactionären
musiktheoretiker von ihrer bedeutung. daſs sie metrisch die ganze freiheit des alten dithyrambos aufgriffen und bis in das ungemessene steigerten, können auch wir noch sehen. und ebenso zeigen einzelne proben,
daſs ein sehr starkes mimisches element aus dem drama hinübergezogen
ist, während in anderen, wie im Diner des Philoxenos, die person des
dichters so frei sich äuſsert, wie in der alten zeit. und in der tat hat
diese neue chorpoesie völlig die stelle wieder inne, welche zu Simonides zeiten die alte eingenommen hatte; eben deshalb gerät diese im
4. jahrhundert fast ganz in vergessenheit, wird aber gerade in dorischen
gegenden der neue dithyrambos volkstümlich, wie nur je eine ältere
gattung: selbst in den tälern von Kreta, wohin nicht einmal das epos
gedrungen war, und in Arkadien. mit Dionysos haben die einzelnen
lieder vielleicht zumeist gar nichts zu tun, aber durch das 5. jahrhundert
ist dieser gott der schirmherr jeder chorischen poesie geworden, und so
befremdet es nicht im mindesten, daſs der name dithyrambos für das
ganze gilt⁴¹). dieser dithyrambos ist gemeint, wenn Aristoteles den namen

---

41) Aristoteles braucht διϑύραμβος mit seinen ableitungen in der erweiterten
bedeutung, welche alle lyrische chorpoesie umfaſst, häufig. im eingange der poetik

im gegensatz zu epos und drama braucht; sein eigner hymnus auf die
tugend ist solch ein dithyrambos. und wie er in seiner geltung der chorpoesie pindarischer zeit gleich geworden ist, so auch in der art der aufführung durch geschulte musiker und tänzer, die, überall und nirgends
zu hause, sich in gilden zusammenschlossen, oft vermischt mit den schauspielern, die das gleiche nun auch anstrebten und bald erreichten [42]).

So ist der bürgerchor ein intermezzo: er gehört nur in die erhabene
zeit des großen Athens, mit dessen Reiche er verschwindet. tragödie aber
und dithyrambos stehen, was die aufführungsart anlangt, stets parallel.
vor Kleisthenes kann man sich's nicht anders denken, als daß dieselben
leute in beiden auftraten, und am hofe Hierons werden dieselben leute
die pindarischen gedichte und die tragischen lieder des Phrynichos und
Aischylos aufgeführt haben. überhaupt ist die wechselwirkung der beiden
dionysischen schwesterarten handgreiflich. es sind geschwister, kinder derselben mutter, des alten chorgesanges, aber unmöglich kann die tragödie
von diesem dithyrambos stammen. als attisches festlied ist er notorisch
jünger; was aber der pindarische dithyrambos mit der tragödie gemeinsam hat, das liegt alles im gattungsbegriff; das was ihn zu einer besonderen art macht, die absonderlichen rhythmen und der mangel der responsion, fehlt gerade der ältesten tragödie. endlich muß, wie eben bei der
komödie, der schluß auch hier gelten, daß die tragödie aus dem dithyrambos Athens nicht stammen kann, weil er neben ihr kräftig weiter
besteht. so kann es scheinen, daß Aristoteles uns doch auf einen holzweg
geführt habe. die herleitung aus dem dithyrambos heißt entweder gar

gesellt er ihm die νόμοι zu, nennt aber als dichter für beides Timotheos und Philoxenos. in den problemen (XIX 15) sagt er, die νόμοι allein wären nicht antistro-
phisch : wodurch sie die alten dithyramben und z. b. auch das Δεῖπνον des Philoxenos
umfassen. nun ist νόμος 'weise' ein ganz indifferentes wort, und man mag sich
denken, daß man den weisen, die unter keine bestimmte art fielen, den namen der
gattung gelassen hat. indessen ist das ersichtlich nicht consequent geschehen und
für uns überhaupt keine unterscheidung möglich. da der charakter der poesie auf
jeden fall identisch ist, kommt auch nichts darauf an.

42) Im dritten jahrhundert fällt in der tat, wie die inschriften namentlich der
ionischen techniten lehren, dithyrambos komödie tragödie derselben gilde zu, und
auch dieselben leute treten in verschiedenen gattungen auf. doch war dies schon
im 4. jahrhundert wenigstens für komödie und tragödie regel, Aristot. polit. Γ 3. es
ist bedauerlich, daß wir nicht angeben können, wann statt aushebung aus der phyle
anwerbung durch den choregen getreten ist, mit andern worten, wann statt der
analogie des landdienstes die der flotte für die tragischen chöre begonnen hat. die
grammatiker wußten nur das allgemeine wie wir: schol. Hom. N 637 ἕως τινὸς
ὠρχοῦντο οἱ εὐγενεῖς νέοι ἐν ταῖς τραγῳδίαις.

nichts, als daſs die tragödie aus dem lyrischen chorgesang des 6. jahrhunderts stammt: dazu brauchen wir nicht erst das zeugnis des Aristoteles; oder es muſs eine charakteristische form des dithyrambos gemeint sein, welche sowol der pindarische dithyrambos als auch der attische tragische chor gemeinsam voraussetzen. ja, wir können noch einen schritt weiter gehen. an der chorlyrik, aller und jeder im 6. jahrhundert, ist das charakteristische, daſs der chor als solcher verschwindet, der dichter hervortritt. im drama verschwindet der dichter, redet nicht nur durch fremden mund, sondern auch aus fremder person heraus. das ist ein gegensatz, und alle gleichheit der form hilft nicht darüber hinweg, daſs ein drama ohne μίμησις δρώντων, ohne die vornahme einer maske vor das antlitz des dichters eben kein δρᾶμα ist. also wenn Aristoteles eine vorstufe der tragödie suchte, muſste er sie bei irgendwie mimetischer poesie suchen. wir postuliren also, daſs der dithyrambos, von welchem er als der vorstufe der tragödie redet, ein mimischer gewesen ist. aber wo den finden?

Aristoteles selbst hilft weiter: er sagt ja daſs die tragödie aus dem *Die böcke.* satyrspiele stammt, und wenn er es nicht sagte, so müſsten wir doch dieses sonst rätselhafte und in den zeiten der blühenden tragödie verkümmerte spiel herbeiziehen, zumal die τραγῳδοί in ihrem namen ·dieselbe auskunft geben, wie Aristoteles. sie sind bocksänger. und daſs unter den böcken satyrn verstanden sind, lehrt sicherer als die verdächtige nachricht, daſs die Dorer den bock σάτυρος und τίτυρος genannt haben sollen [43]), der eine aischyleische vers (Prometh. πυρκαεύς 202), in welchem der satyr des satyrspieles wirklich bock, τράγος, angeredet wird. darin also hat der forschritt von dem chorgesange zur tragödie bestanden, daſs an die stelle gänzlich indifferenter sänger dämonische wesen, böcke, getreten sind. aber wo und wie ist das geschehen?

---

43) σάτυρος und τίτυρος sind gleiche hypokoristische bildungen, aber der stamm muſs verschieden sein, da beide wörter dorisch sind. auch werden sie in der besten behandlung der frage, durch Apollodor am schluſs von Strab. X, gesondert. σάτυρος kann natürlich weder mit σαίνω noch mit σαίρω noch mit *satur* etwas zu tun haben; es wäre zu wünschen, daſs es bock bedeutet hätte. von τίτυρος wird das behauptet, und hat es wol Theokrit geglaubt, als er einen ziegenhirten so nannte. doch wird auch das nur metaphorisch sein. denn die τίτυροι dürften sich nur in der ableitungssylbe von den τιτᾶνες unterscheiden, und auch diese gelten wie die Ἄγριοι für obscoene daemonen, sind auch vorwiegend peloponnesisch. da man nun Τιτυός, den erdensohn der der Leto gewalt antut, und den riesen Τίταχος von ihnen nicht wird sondern wollen, so dürfte die urbedeutung die sein, welche Bücheler (Wölfflins Archiv II 119. 508) in *Titus* aufgezeigt hat: es sind alles ὀρθάνναι.

Hier greift ein bedeutendes ergebnis der monumentalen forschung
ein[44]), das auf den ersten anblick freilich nur einen vollkommenen widerspruch zu constatiren scheint. der satyr, den Aischylos einen bock genannt hat, ist in seiner äußeren erscheinung keiner gewesen. die aus
der spätgriechischen und römischen kunst uns so sehr geläufigen satyrn,
die in der bildung der ohren, des halses, oft auch der nase, und durch
das schwänzchen ihre bocksnatur offenbaren, hat das alte Athen nicht
gekannt. und doch hat jeder, der die attischen gemälde des 6. und 5.
jahrhunderts auch nur flüchtig kennt, die phantasie voll von dem köstlich
frechen treiben der attischen satyrn, die das gefolge des Dionysos bilden.
wir besitzen ja jetzt sogar die reste des giebelfeldes von einem attischen
Dionysostempel, auf welchem diese gesellen dargestellt sind[45]). das stammt
zwar nicht von dem uralten heiligtume am kelterplatz, in welchem das
beilager der Basilinna mit dem gotte vollzogen ward, sondern von dem
des Dionysos Eleuthereus am südostfuße der burg: es ist aber immerhin
etwa aus solonischer zeit und älter als das satyrspiel. alle diese attischen
satyrn haben mit den böcken nicht das mindeste zu schaffen; sie sind
zwar auch halbtiere, aber das tierische in ihnen stammt vom pferde. es
ist auch ganz klar, daß diese conception der volksphantasie ionisch ist,
und· auf den inseln und in Asien (wo die vermehrung des materials zu
wünschen und sicher zu erwarten ist) ebenso gegolten hat. und der name
dieser wesen ist ebenfalls unzweifelhaft, es sind $\Sigma\iota\lambda\eta\nuo\iota$: ein unterschied
zwischen $\sigma\iota\lambda\eta\nuo\iota$ und $\sigma\acute{\alpha}\tau\nuρo\iota$ ist für die alte kunst derselben gegend
nicht vorhanden. also die ionischen waldteufel stammen vom gaule; es
sind die $\vartheta\tilde\eta\varrhoε\varsigma$, vettern der $\varphi\tilde\eta\varrhoε\varsigma$, der aeolischen, thessalischen waldteufel, die auch in alle poesie gedrungen sind, wie die aeolische metrik
und sprache. auch diese stammen vom gaule, $K\acute{ε}\nu\tau\alpha\nuρo\iota$, und sind
kinder desselben geistes. so haben wir also ein spiel, das bocksspiel
heißt, aber von halbgäulen aufgeführt wird. mit anderen worten, hier
hat eine übertragung stattgefunden. nur der name und das bocksfell,
welches der pferdedämon trägt[46]), erinnert an die alte bocksnatur; es ist

---

44) Furtwängler in den Annali dell' Instituto 1877 und im Berliner Winckel-
mannsprogramm 1880 'satyr aus Pergamon'.

45) Mitteilungen des arch. Inst. Athen. XI 78.

46) Im Kyklops 80 klagt der chor, daß er bei dem scheusal ausharren muß
$\sigma\grave{\upsilon}\nu$ $\tau\tilde{\alpha}\deltaε$ $\tau\varrho\acute{\alpha}\gammaου$ $\chi\lambda\alpha\acute\iota\nu\alpha$ $με\lambda\acute{ε}\alpha$: so wenig war dem dichter die bedeutung der conventionellen tracht gegenwärtig, daß er sie als etwas besonderes motivirte. auf
der bühne ist der alte satyr der vater der andern, und er kann nicht aus dem chorführer hervorgegangen sein. denn ein chorführer ist ja neben ihm vorhanden. er
heißt $\Sigma\alpha\tau\acute{\upsilon}\varrhoω\nu$ $\grave{o}$ $γε\varrho\alpha\acute\iota\tau\alphaτo\varsigma$ 100, wird meist nur $γ\acuteε\varrhoω\nu$ genannt, $\Sigma\iota\lambda\eta\nu\acuteε$ aber auch

begreiflich, daſs man da des ursprungs rasch vergaſs. wir aber müssen die heimat des satyrspiels da suchen, wo die böcke zu hause sind.

Auch diese antwort ist aus den monumenten bereits gegeben. im Peloponnes, dessen künstlerischer vorort Korinth ist, gibt es keine satyrn in pferdegestalt. freilich bisher auch keine böcke: aber es steht doch die tatsache fest, daſs dieser typus um 500 auf einen peloponnesischen gott übertragen worden ist, der in seiner heimat und seiner echten bedeutung nach ein weit vornehmerer herr war, aber als er aus dem uncivilisirten hirtenlande in die städte der hochentwickelten cultur hinabstieg, die gestalt und bald auch die geltung eines vertreters der ungesitteten und unverkünstelten elementargewaltigen bergeswildnis annahm: Pan, der ein bock geblieben ist[47]). es bleibt der archaeologie die schöne aufgabe, zu zeigen, wie eine spätere zeit die künstlerische bildung der satyrn vom bocke aus doch noch versucht und wunderbar geleistet hat, so daſs die ältere pferdegestalt in den hintergrund trat: es liegt auf der hand, daſs den anstoſs Peloponnesier gegeben haben müssen. geschehen ist das erst, als das satyrdrama zu gunsten der tragödie verkümmert war, und diese eine spur ihrer herkunft von den böcken nur noch in dem namen trug, den man nicht mehr verstand.

Das führt zu dem postulate, daſs es im Peloponnes einen bockschor **bocks-chöre.** gegeben habe. und wirklich, einen bockschor nennt uns Herodot (V 64) in Sikyon zur zeit des Kleisthenes; wir lernen dabei daſs derselbe keinesweges bloſs zu ehren des Dionysos auttreten konnte, daſs aber dem berichterstatter des Herodotos dies als eine anomalie erschien, die er sich nur als willkür eines tyrannen zu denken vermochte. wir werden anders urteilen, denn daſs die böcke des Peloponnes ihrer natur nach lediglich ein gefolge des Dionysos bildeten, ist weder erweislich noch glaublich. wir haben eben alles was die ionischen wesen, die pferdewesen, angeht von ihnen fern zu halten; Pan ist später auch ein genosse des thiasos geworden, aber von ihm wissen wir sehr genau, daſs er das weder seiner natur nach war, noch in den jahrhunderten 6—3, wo sein cultus sich

---

einmal angeredet 539, gleich als ob das sein eigenname wäre. sein aussehen lehrt die Neapler vase mit dem siegesfest eines satyrchors. er hat noch nichts von der späteren schweinenatur des pappoſilens.

47) In der im kerne hochaltertümlichen argolischen sage, die ursprünglich dem eponymen Argos, nicht dem παιδότης gehörte, Apollod. 2, 1, 2, erschlägt Argos den arkadischen stier, die Echidna und den Satyros, der die herden der Arkader raubte: das ist erfunden, ehe Argos dorisch war, wenn auch in nachbildung des dorischen Herakles. stier und hydra, tochter Echidnas, sind deutlich: Σάτυρος entspricht den Kentauren.

ausbreitete, dafür galt. wir wissen freilich von den satyrn äufserst wenig, aber das einzige alte zeugnis, verse eines der hesiodeischen gedichte, rechnet sie mit den bergnymphen und Kureten zu der descendenz einer Phoroneustochter[48]): sie sind also jünger als der anfang des menschen- geschlechtes und haben mit Dionysos von haus aus nichts zu tun. äufserst belehrend ist ihre zusammenstellung mit den Kureten, welche zwar in der folge zu einem thiasos des Zeuskindes und seiner mutter geworden sind, durch Rhea auch in bezug zu Dionysos treten, aber einen ganz anderen ursprung haben. die ʽgeschorenen' (κουρῆς ὡς γυμνῆς) sind ein priestercollegium in Ephesos geblieben bis in späte zeit[49]), etwa wie die *luperci* und *salii* in Rom. es ist durchaus nicht unwahrscheinlich, dafs dies das ursprüngliche ist, und mit dem stamme, welchen das Meleager- gedicht der Ilias neben den Aetolern nennt, entweder nur namensgleich- heit obwaltet, oder ein verhältnis wie zwischen *luperci Fabiani* und der *gens Fabia*. der mythische thiasos aber ist ein abbild des im festen cultus gegebenen, wie ja auch die Korybantentänze nicht die pyrrhiche her- vorrufen, sondern mythische pyrrhichisten sind[50]). es geht nicht an über die satyrn etwas bestimmtes zu vermuten: aber die möglichkeiten mufs man eröffnen, damit man aufhöre die erst auf grund der über- tragung der bockstänze nach Athen eingetretene dionysische natur als voraussetzung zu behandeln. vor allem aber lehren die Kureten am besten, wie man aus solchen böcken einen chor bilden konnte, und dafs es ver- wegen wäre, darin bereits ein dramatisches spiel zu sehen, wenn einmal statt des gewöhnlichen menschenchores satyrn auftreten. daraus war wol das drama leicht zu schaffen: aber zu schaffen war es immer noch, und es war mehr als ein schritt nötig.

---

48) Strab. X 471 Ἡσίοδος μὲν γὰρ Ἑκατέρῳ καὶ τῇ Φορωνέως θυγατρὶ πέντε γενέσθαι θυγατέρας φησὶν ἐξ ὧν ὄρειαι νύμφαι θεαὶ ἐγένοντο καὶ γένος οὐτι- δανῶν Σατύρων καὶ ἀμηχανοεργῶν Κουρῆτές τε θεοὶ φιλοπαίγμονες ὀρχηστῆρες. so überliefert (über *B* vgl. Roellig *de codd. Strab.* Halle 1886 p. 333). nur ist bei dem trostlosen zustande dieser Strabonbücher weder der name des vaters noch die namenlosigkeit der mutter zu glauben oder zu beseitigen. die stelle der verse in Hesiods werken ist ganz unsicher, auch der erste vers nicht ohne weiteres als (ἐξ ὧν) οὔρειαι ν. ϑ. ἐξεγ. zu acceptiren. leider führt Strabon danach nur für die Kureten das zeugnis der Phoronis an. die hesiodeische tradition steht ganz vereinzelt, gehört aber in die sehr wichtige, leider sehr früh verblafste argolische theo- und an- thropogonie, die mit Phoroneus und Zeus-Niobe anfängt. sie ist mit Deukalion Hellen (also den Katalogen) kaum vereinbar. jene ist asiatischer herkunft, diese echt peloponnesisch.

49) Z. b. auf dem steine Dittenberger syll. 134 und auf anderen.

50) In Erythrai gab es mehrere collegien von Korybantiasten, Dittenberger syll. 120.

In Korinth hat Arion den ersten dithyrambischen chor eingeübt. Arion. diese tatsache wird jetzt in ihrer bedeutung verständlich. Arion wählte sich statt der gewöhnlichen choreuten die peloponnesischen böcke und ließ sie das besonders orgiastische dionysische festlied singen. eine späte notiz, die wir nun wohl einreihen dürfen, drückt das ganz scharf so aus, daß er dithyramben im τρόπος τραγικός verfaßt hätte[51]), nur muß man dabei nicht an etwas tragisches denken[52]). damit haben wir wirklich das grundelement, aus welchem der pindarische und in seinem gefolge der spätere attische dithyrambos stammen: Pindaros ließ die böcke fort zu gunsten der herkömmlichen choreuten, behielt aber die metrische freiheit bei. andererseits ist aus dem bockschore die τραγῳδία geworden, die zuerst satyrspiel war. sie ward in Athen dramatisch, und das empfand man so sehr als das charakteristische, daß der name blieb, als die böcke auch hier weichen mußten. wie lange sich in seiner heimat der dithyrambos des Arion gehalten hat, ist uns leider ganz unbekannt; kenntlichen einfluß hat er nicht weiter ausgeübt.

Schon dem Aristoteles war offenbar durch litterarische behandlung bekannt, daß die Peloponnesier auf die erfindung der tragödie anspruch machten. das tritt auch später noch oft auf; speciell Phleius, die dionysische stadt, und Sikyon, wo wir die ältesten τραγικοὶ χοροί kennen, werden genannt. es ist das in übler weise durch erfindungen und übertreibungen entstellt worden. es ist eine lächerlichkeit, ebenso wie bei der komödie, wenn es sich um das wesentliche, die welt beherrschende handelt: aber wir erkennen nunmehr, daß es doch in gewissem sinne wahr ist. allerdings, der bocksgesang ist peloponnesische erfindung: aber die tragödie gehört Athen.

Nach Athen kamen die bockstänze wie die übrigen kunstmäßigen Satyrspiel reigen und so viele erzeugnisse der korinthischen cultur, als Peisi- und stratos seine herrschaft befestigt hatte und dank der solonischen ver- tragödie. fassung und der tüchtigkeit des fürsten Athen aufblühte, während rings

---

51) Suid. s. v. Ἀρίων. was die modernen von tragischen dithyramben, lyrischer tragödie und komödie zusammengefabelt haben, die späten grammatiker von tragödien Pindars und anderer lyriker erzählen, ist ein gebräu von unkritik und confusion. Die sache ist längst abgetan und jedes wort darum verloren. wer so etwas glaubt, den soll man nicht stören.

52) Hephaestion citirt 22 einen hexameter aus einem dithyrambos Ἀχιλλεύς von der Sikyonierin Praxilla. und die dortigen τραγικοὶ χοροί galten dem Adrastos. leider bleibt das ganz unklar, zumal der älteste attische dithyrambos auch unkenntlich ist. aber hier ist das mittelglied zwischen dem pindarischen und philoxenischen dithyrambos verborgen.

die adelsstaaten und demokratieen herunterkamen. durch die aufnahme in die gewerbsmäfsige tanzlyrik hatte Arion den bockstanz den kreisen des volkes entrückt; für Athen war das ganze fremd, denn die böcke kannte man nicht, und die form des dorischen liedes war sprachlich und metrisch dem ionischen überhaupt entfremdet. aber hier ward das spiel volkstümlich, indem die peloponnesischen satyrn den attischen silenen ihren namen gaben, aber ihr wesen an sie verloren. der wandel vollzog sich leicht: lustig und unanständig waren sie beide, springen mag das füllen wie der bock. und hier ward, wenn es nicht schon in Sikyon und Phleius erreicht war, das satyrspiel fest an den dionysischen cult geknüpft und erhielt so eine gesteigerte weihe. der Dionysosdienst war bei den Ioniern seit alter zeit als ein ganz besonders heiliger empfunden. er ward in feierlichen formen von der königin und ihrer adlichen umgebung begangen. er hatte mit seiner ekstase die ganze masse des weiblichen geschlechtes ergriffen. die zeit war jetzt einer neuen religiösen stimmung hingegeben, welche vom himmel neue wunder, vom sterblichen individuelle seelische regungen und stimmungen verlangte. und ganz äufserlich verlangte man neue prächtige feste. Peisistratos wufste seiner zeit genug zu tun und stiftete ein neues fest mitten im vollsten frühling, um den vollmond des Elaphebolion, die grofsen Dionysien: für sie wurden auch die satyrtänze eingeführt. wie sie sich auch entwickelt haben, den charakter des dionysischen frühlingsspieles haben sie nimmer eingebüfst; auch damit hat trotz allen aesthetischen theorieen die erklärung immer zu rechnen.

Und nun tat Thespis im jahre 534 den nächsten schritt: denn name und jahr darf geglaubt werden. er fügte den ersten schauspieler hinzu, oder richtiger, er trat als sprecher zu seinem chore. dieser schritt konnte nur in einer ionischen stadt geschehen, da aber lag er nahe genug, denn der sprecher war als solcher vorhanden: der recitator des ionischen iambos. man darf auch hier in dem schritte auf das mimische zu nicht zu grofses sehen. denn wenn ein rhapsode eine archilochische fabel wie ἐρέω τιν' ὑμῖν αἶνον, ὦ Κηρυκίδη, ἀχνυμένη σκυτάλη, recitirte, so mochte er allenfalls noch ziemlich so hinter seinem stoffe verschwinden, wie wenn er ein homerisches gedicht vortrug. aber wenn er πάτερ Λυκάμβα ποῖον ἐφράσω τόδε vortrug, so sprach er als Archilochos, und vollends οὔ μοι τὰ Γύγεω τοῦ πολυχρύσου μέλει waren worte des zimmermanns Charon, die eine vollkommene ethopoeie forderten: der schlufs mufste ebenso drastisch wie in der horazischen nachbildung wirken, oder vielmehr um so viel drastischer, als Archilochos an frischer keckheit den Horaz übertrifft. es war also zunächst vielleicht ein ganz leichter übergang, daſs der sprecher das bockskleid nahm; jedenfalls verhielt er sich zu dem rhapsoden der iamben genau wie der bockschor zum gewöhnlichen dithyrambischen chore. daſs der sprecher auch bock war, folgt aus der tatsache, daſs das satyrspiel noch bei Euripides einen satyr neben dem chore als schauspieler hat, und dieser vater der satyrn überhaupt eine ebenso feste person desselben blieb wie der satyrchor.

So hatte sich die vereinigung der ionischen und dorischen poesie vollzogen, vollzogen an einem dritten orte, wo für beides empfänglichkeit vorhanden war, wo aber beides nicht zu hause war. und beides trat als etwas fertiges neben einander; ganz verschmolzen hat es sich nie. so lange es eine tragödie gegeben hat, hat der dichter für die gesprochenen verse in der einen, für die gesungenen in der andern mundart dichten müssen; und beide waren nicht die seiner heimat noch seiner sänger noch seiner hörer. das ihnen allen gemeinsame attisch hat wol allmählich immer stärkeren einfluſs auf alle teile der tragödie gewonnen, hat also den gegensatz verringert; wie denn die von den Athenern übernommenen mundarten selbst schon nicht mehr rein waren; aber ganz verschwunden sind die unterschiede nie, oder vielmehr erst in der neuen komödie, welche dafür auch den chor und damit den religiös festlichen charakter eingebüſst hat.

Erst in der neuen komödie hat auch das dramatische gesiegt. im sechsten jahrhundert wird davon kaum eine spur gewesen sein, und Thespis hat sich von der tragweite seiner erfindung nichts träumen lassen. aber der stein war im rollen; schrittweise gieng es vorwärts, bald sprungweise; vierzig jahre etwa hat es gedauert, für das was zu leisten war, eine kurze frist. man hatte also den satyrchor, und 'wenn noch einer dazu kam', so hatte man ein ἐπεισόδιον. daſs dem chore eine 'vorrede', πρόλογος, in iamben vorhergieng, ist erst etwas späteres; in den siebziger jahren des 5. jahrhunderts kommt es neben der andern weise vor, aber es stand vollkommen fest, als die komödie ihre formen bildete. der sprecher brachte zunächst nichts dramatisches mit; er brauchte ja nur zu erzählen oder an den chor eine rede zu richten, die diesem zu neuen tänzen und gesängen anlaſs gab. aber es fand sich bald die nötigung, den chor auch in gesprochener rede erwidern zu lassen, und da er das in voller menge nicht konnte, so sonderte sich von ihm der chorführer ab. nun sprach einer für alle; zu einer persönlichkeit unterschieden vom chor hat es dieser sprecher aber nie gebracht. seine stellung hat nie gewechselt, besteht aber überall, so weit wir denkmäler haben. nun war es wahrlich keine sehr kühne tat, entweder den sprecher einmal auch als etwas anderes kommen zu lassen denn als satyr, oder auch den chor in ein anderes kleid zu stecken. es ist nicht zu entscheiden, welchen schritt man zuerst tat, ja man mag vermuten, dafs noch ein zwischen-stadium eintrat, in welchem die herkömmlichen figuren nur der abwech-selung halber in einer ihrem eigentlichen wesen widerstrebenden oder doch fremden beschäftigung auftraten, etwa wie in der Atellane Maccus als kneipwirt, jungfrau, soldat. darauf deuten titel wie κήρυκες, ἰχνευ-ταί, παλαισταί σάτυροι, wol auch ϑεωροί und manches andere. aber wenn wir uns an die peloponnesischen verhältnisse erinnern, so müfsten z. b. Kureten sich von selbst als ersatz für ihre brüder dargeboten haben, und wenn der Phleiasier Pratinas dymanische tänzerinnen am feste der Artemis in Karyai eingeführt hat, so braucht man nur dessen eingedenk zu sein, dafs die bukolische poesie, die eigentlich mehr eine aipolische ist an die Karyatiden angeknüpft wird, um der leichtigkeit eines solchen tausches inne zu werden. und auch in späterer zeit ist es eben kein grofser abstand von der ältesten weise, wenn die geschichte vom Thraker Lykurgos so von Aischylos zur darstellung gebracht wird, dafs der chor erst als Edonen, dann als thrakische maenaden, dann blofs als jünglinge und endlich als satyrn auftritt. daran hat man freilich noch lange und im princip immer festgehalten, dafs die satyrn als solche auch erscheinen müfsten, wol minder weil das dionysische fest die diener des gottes er-heischte, als weil das volk seinen spafs haben wollte; wenigstens ward der lustige charakter des schlufsstückes nicht zugleich mit dem satyrchor aufgegeben; dafür ist Euripides Alkestis (438) der älteste, aber nicht der einzige beleg[53]). noch viel näher als für den satyrchor lag es, für den

---

53) Von Euripides ist keine andere tragödie erweislich an stelle des satyrspiel gegeben; wahrscheinlich ist es von der Auge. aber von Sophokles ist ein beispiel ganz sicher, der Inachos, wol aus dem ende des archidamischen krieges, denn seitdem ist es eines seiner populärsten stücke. es gilt für ein satyrdrama, aber es ist un-erlaubt, in fast 30 anführungen, wo diese bezeichnung fehlt, zufall anzunehmen. und es ist arg, die anapäste 249. 50 einem satyrchor zu geben. andererseits ist die anmutige fabel wahrlich keine tragödie. die hypothesis war folgende. In Argos herrschte könig Inachos, der gott des flusses, dessen gewässer vom fernen Pindos stammen, und so weit reichte denn auch des königs herrschaft (auch die des Pelasgos in den Hiketiden). er hatte eine schöne tochter Io, in die sich Zeus verliebte. sein Diener Hermes erschien in Argos, und unterhielt könig und volk, während der herr mit Io koste; Plutos selbst sollte eingezogen sein. das wasser des Inachos schwoll, befruchtete die ebene, sie trug hundertfältige frucht, alle scheuern füllten sich, jedes haus bot jedem gedeckten tisch. es war eitel herrlichkeit wie im schlaraffenland. aber die eigentliche landesherrin Hera ward mit zorn der bösen dinge inne, die ihr gatte trieb; sie sandte ihre dienerin Iris, die die eindringlinge vertrieb, und es kam

sprecher eine andere person zu wählen, da er ja seiner herkunft nach
indifferent war, und so gut wie eins konnte man mehrere epeisodia zulassen; den sprecher hinausgehen und sich umkleiden zu lassen war ja
ungleich leichter. die aischyleische poesie hält in älterer zeit noch völlig
daran fest, daß sich das einzelne stück durch die einführung einer neuen
person in ἐπεισόδια gliedert, wie dieser name fordert; die zahl ist nicht
festgestellt. dagegen muß sich schon früh die vierzahl für den costum-
wechsel des chores festgesetzt haben, eine weit wichtigere aber quali-
tativ ganz analoge erscheinung. dadurch gliederte sich also die aufführung
in vier stücke. ob diese für sich ein jedes oder alle zusammen erst eine
einheit im dichterischen sinne bilden, hängt lediglich von dem können
und wollen des dichters ab. nachweislich ist von Aischylos beides neben
einander geübt worden, doch so, daß schon bei ihm die tendenz mächtig
war, die einzelnen chöre oder 'stücke' immer selbständiger zu gestalten,
was später feststehende regel ist, auch wenn zwischen ihnen ein bezug
waltet. außerdem gilt es bereits, daß der satyrchor an letzter stelle
stehen muß, und seine verbindung mit den andern dramen ist eine losere,
auch wenn sie inhaltlich vorhanden ist[51]). wie es zu diesen regeln gekommen ist und durch wen, ist gar nicht möglich zu vermuten. die
jüngeren dichter überkommen die institution als eine durchaus feste,

eine schlimme zeit. die belebenden gewässer blieben aus; die felder verdorrten, Inachos
selbst ward fast zu einer trocknen mumie, spinneweben füllten die leeren scheuern.
Io ward zur kuh und ein schauerlicher wächter saß neben ihr und blies die schalmei,
während die menschen mit wehmütigen gesängen die gute alte zeit feierten. — so
weit die reste, die man nachlese. daß ein glückliches ende kam, indem Argos durch
Hermes erschlagen ward und Hera sich versöhnte, ist selbstverständlich. τὰ τοῦ δρά-
ματος πρόσωπα: χορὸς Ἀργείων, Ἴναχος Ἰώ Ἄργος Ἑρμῆς Ἶρις. die beiden himmlischen diener ersetzen die herren, die zu vornehm für solch ein spiel sind. die
diener waren beide auf der bühne, schol. Ar. Vög. 1203 = fgm. 251 ὁ Ἑρμῆς ἄγγελος
ὢν (d. h. τῆς Διὸς ὡς Πλούτου ἐπεισόδου) παρὰ Σ. ἐν Ἰ. ἐπὶ τῆς Ἴριδος (so Rav.
nach Martin) "γυνὴ τίς ἥδε· κυκλὰς Ἀρκάδος κυνῆς;". denn so hat Toup richtig
verbessert (ἢ δε συληνᾶς Λ κυνῇ R. V.), wie für κυνῆς andere citate, für den sinn
die aristophanische copie zeigt. merkwürdig ist, wie unter den liebenswürdigen
scherzen sich die symbolik der das δίψιον Ἄργος angehenden fabel nicht verloren hat.

54) Die Amymone der Danais und der Lykurgos der Lykurgie mögen die geschichte fortgeführt haben. die Sphinx der Thebais aber hätte zeitlich zwischen
Laios und Oidipus gehört, der Proteus der Orestie zwischen Choephoren und Eumeniden. auf ihn deutet im eingangsstück nicht bloß die lediglich dadurch motivirte
frage nach Menelaos (Ag. 617), sondern auch die erwähnung des Odysseus (841):
denn der inhalt des Proteus war ja dem δ entnommen. die verbindung mit der
Orestie ist also eine äußerliche. in der Persertetralogie steht Prometheus so selbständig wie die drei tragödien.

aber auch als eine jeder inneren berechtigung entbehrende. wir vermögen
die versuche diese fessel zu brechen[55]) oder zu lockern eben so wenig
zu verfolgen, wie wir das einzelne über die art kennen, wie sie sich geknüpft hat. ganz im allgemeinen aber ist ihre entstehung durchaus nicht
befremdend, und was im νόμος Διονυσιακός stand war gesetz und herkommen zugleich, hielt also fest und war nicht durch individuelle willkür
oder bessere einsicht zu beseitigen.

Die vorführung des chores ward durch die einführung des sprechers
nicht geändert. auch jetzt noch konnten diese tänze so gut wie alle
übrigen auf der runden orchestra vor sich gehen, die das volk im kreise
umstand. auch die zahl der tänzer wird einfach dieselbe gewesen sein,
mochten sie als satyrn oder ohne verkleidung auftreten. daß freilich zur
zeit der sängergilden dafür eine feste norm bestanden hätte, kann man
nicht behaupten. notwendig aber trat diese ein, als die bürgerschaft die
chöre stellte, und es ist einleuchtend, daß damals wirklich für tragödie
und dithyrambos dieselbe zahl, 50, bewilligt ward[56]). diese konnte der
dichter verwenden wie er mochte. als sehr bald die verteilung in vier
chöre eintrat, ergaben sich 12 für jeden, wobei dann die beiden überschüssigen untergebracht sein werden, wie es eben gieng. eine erhöhung
auf 60, also 4×15, ist bei der definitiven ordnung des dionysischen ge-
setzes um 465 eingetreten. es ist übrigens durchaus nicht ohne weiteres
anzunehmen, daß die sänger nur in einem der chöre auftraten. in den
Hiketiden des Aischylos besteht der chor aus den Danaostöchtern und
ihrem gefolge, also, wie wir zu rechnen durch das stück selbst veranlaßt
werden, aus $50 + x$. es ist eine zu starke zumutung sich diese zahl
durch 12 tänzer vorstellen zu lassen, zumal es ja in des dichters freiheit
lag, die dienerinnen wenigstens fort zu lassen. nichts hindert uns, den
dichter verständig verfahrend zu denken, und also einen weit zahlreicheren
chor anzunehmen.

---

55) dahin gehört die notiz bei Suidas s. v. Σοφοκλῆς, καὶ αὐτὸς ἦρξε τοῦ δρᾶμα
πρὸς δρᾶμα ἀγωνίζεσθαι ἀλλὰ μὴ τετραλογίαν. ob es richtig ist, daß Sophokles
so die sitte des vierten jahrhunderts (für die παλαιὰ τραγῳδία) anticipirt hat, können
wir nicht wissen. was die notiz will ist klar, so oft sie auch misdeutet ist. der jüngste
versuch (Comment. Ribb. 205) würde unterblieben sein, wenn bedacht wäre, daß
Euripides, Philokles, Meletos inhaltlich zusammenhängende tetralogieen gedichtet
haben. es hat viel geschadet, daß man eine solche vereinzelte angabe und die der
dichterwillkür nicht dem gesetze angehörige tetralogische einheit als grundsteine für
die geschichte der ältesten tragödie benutzt hat.

56) Man wird das auch im altertum gewußt haben; es ist aber nur eine ganz
verwirrte reminiscenz davon bei Pollux IV 110 geblieben.

Es war freilich ein weiter weg der entwickelung gewesen, von den Phrynichos. ersten satyrtänzen bis zu diesem stücke zu gelangen, ein weiterer als der zwischen diesem für uns ältesten denkmale der attischen tragödie bis zu ihrer überreifen letzten gestalt, etwa der aulischen Iphigenie, liegt. und es ist nicht möglich mehr als einen oder den anderen schatten von den ältesten erzeugnissen zu haschen, die sich auf die nachwelt erhalten hatten. erst von dem älteren zeitgenossen des Aischylos, dem Athener Phrynichos gelingt das; vermutlich weil er länger der alten weise treu blieb. wenn er noch 476 die Phoenissen so anlegen konnte, dafs der prolog, eine neuerung, die er also mitmachte, schon die niederlage von Salamis in Susa verkündete, wenn dann der chor, Phoenikerinnen, also wittwen der bei Salamis gefallenen schiffstruppen, in Susa auftrat, so ist ersichtlich, dafs zwar für erzählung und für den reflex derselben, klage-lieder und tänze, der breiteste raum da war, jedoch gar keiner für irgend welche Handlung. über zwanzig jahre früher, noch zur zeit des einen schauspielers, hatte Phrynichos den fall Milets aufgeführt. das stück war von dem volke durch besonderen beschlufs geächtet worden, also können nicht nur wir, sondern konnte schon Herodotos, der diese tat-sache erzählt, nichts genaueres davon wissen [57]). aber das ist unzweifel-

---

57) Der bericht des Herodot (VI 21) erhält erst sinn, wenn man dessen psycho-logische motivirung der strafe ἀναμνήσας οἰκῆα κακά fallen läfst und die sache rechtlich fafst. nach dem feste, am 21. elaphebolion (wenigstens später ist der tag fest), wird in dem heiligen bezirk sitzung des volkes gehalten, zunächst über die sachen des gottes, dann über die laufenden geschäfte. die verstöfse gegen die fest-ordnung kann das volk an den rat zur aburteilung weiter geben, wie es mit Aristo-phanes wegen der Babylonier geschah, es kann aber selbst darüber erkennen, ob ein verstofs vorliegt, worauf die im gesetze vorgesehene εὔθυνα fällig wird. so war es hier; die 1000 dr., die Phrynichos bezahlte, waren in einem paragraphen des νόμος vorgesehen, ὃς δ᾽ ἂν δοκῇ ἀδικῆσαι τὸν θεόν oder auch τὸν δῆμον, εὐθυ-νόσθω χιλίασι δραχμῆσι. es ist kein richterlicher act, wie denn der beschlufs μηδένα χρῆσθαι τῷ δράματι eine verwaltungsbestimmung ist, es ist eine art ἐπιβολή, welche nur so hoch sein kann, weil sie der souverän selbst auferlegt. es ist auch kein be-schlufs, denn es ist kein probuleuma da. es ist ein act des souveränen willens, der aber dem volke durch specialgesetz für diesen fall zugesichert und umgrenzt ist. dafs man in späterer zeit die sache an den rat überwies, ist begreiflich, da die formen dann die gewöhnlichen waren. aber formell ist an dem ältesten todes-urteil über ein litterarisches werk nichts auszusetzen, und der fall hat seine hohe staatsrechtliche bedeutung. das praecedens war schlimm; aber im grunde haben die überzeugungsstarken demokraten recht getan: die sentimentale beeinflussung der volksstimmung durch die selbstgesetzten vorsprecher der öffentlichen meinung war wirklich eine gefahr. nur läfst sie sich mit der censur nicht beschwören, wie Athen bald zu lernen gelegenheit gehabt hat.

haft, dafs wieder nur erzählung und gesänge, durchaus keine handlung
darin sein konnte. das waren also zwar tragödien, denn der chor, seiner
art nach von dem dithyrambischen kaum verschieden, und der sprecher
der iamben waren vorhanden, beide neben einander, durch das costum
verbunden: aber ein drama würden wir unmöglich ein solches gedicht
nennen, es würde höchstens ein oratorium sein, mit 50 stimmen und
tanz, aber ohne soli. an dem falle Milets ist die von dem satyrspiel grell
abstechende stimmung uns auffällig, doch ist zu beherzigen, dafs die
Athener an dem in unserem sinne tragischen selbst anstofs genommen
haben. und Phrynichos selbst gibt auch für die satyrhafte behandlung
eines an sich ernsten stoffes einen beleg. von dem inhalt seiner Alkestis
wissen wir nämlich dreierlei, erstens dafs Apollon bei der hochzeit seines
schützlings Admetos, dem er zur frau verholfen hatte, die Moiren betrunken
machte, damit sie ihm das leben des Admetos gegen ein anderes schenkten.
zweitens kam der Tod vor, der tölpelhafte bediente des Hades, den die
märchen aufgebracht hatten, und schnitt der Alkestis eine locke ab, sie
dem tode zu weihen[58]). drittens erschien der frefsgierige Dorerheld
Herakles, rang mit dem Tode und jagte ihm die Alkestis ab. wie stark
die burlesken züge waren, ist jetzt nur aus der verfeinernden und mil-
dernden euripideischen nachbildung zu entnehmen, aber für ein aufmerk-
sames auge sehr deutlich. es ist gar nichts dagegen zu sagen, wenn man die
satyrn selber noch als chor zulassen will. handlung ist genug, und recht
lebhafte, allein sie liegt in der geschichte, die der dichter schwerlich selbst
gestaltet hat, und ob der zuschauer handelnde personen sah, ist fraglich,
da sich alles ziemlich gut erzählen liefs; von der schilderung des ring-
kampfes ist ein bruchstück erhalten.

Aischylos.   Es war also nun so ziemlich alles zusammen, was zu einem attischen
drama gehört; und doch könnte jemand vom modernen standpunkte sagen,
dafs noch das specifisch dramatische fehle. es gab längst die τραγῳδία:
und doch mufs man sagen, dafs noch das specifisch tragische fehle.
und in der kunst, in welcher nur das vollendete wirklich lebensfähig ist,
gilt es *c'est le dernier pas qui coûte.* bislang konnten wir auch noch
jeden schritt als etwas naheliegendes ansehen, das man sich allenfalls
selbst zutrauen mag: hier war ein genius von nöten, der zwar nicht nach
verstandesmäfsiger überlegung eines tages beschliefst 'nun wollen wir das
drama schaffen', aber über den der göttliche geist kommt, der ihn schaffen

---

58) Schol. Verg. Aen. VI 694. offenbar stammt das citat des verschollenen
dichters aus der hypothesis der euripideischen Alkestis; jetzt steht zu v. 1 nur noch
die δημώδης ἱστορία, d. h. die hesiodische.

heiſst, was er muſs, und sich dann selbst über die schönheit des geschaf-
fenen verwundern. Aischylos des Euphorion sohn von Eleusis führte den
dialog ein: damit war das dramatische gefunden. und er gab dem bocksgesang die heldensage zum inhalt: damit war das tragische gefunden.

Auch das ist nicht mit einem kühnen streiche gelungen; das schöne
ist schwer. Aischylos hatte schon mehr als ein jahrzehnt chöre erhalten,
ehe er einen sieg errang, vier jahre vor der schlacht bei Salamis. erst
seitdem kann man glauben, daſs er die volksstimmung hinter sich hatte.
aber noch nicht 20 jahre später ward die tragödie in den festen formen
constituirt, die wir kennen. der dichter selbst hatte unablässig an sich und
seinem werke gearbeitet: seine letzte schöpfung ist nicht nur die vollkommenste seiner, sondern überhaupt der attischen tragödie, mit seinen
eignen anfängen kaum zu vergleichen. es ist ein abstand wie zwischen
dem Athen, das bei Marathon schlug und dem, welches am Eurymedon
sein Reich vollendete. der aber dieses im reiche der dichtung vollbrachte,
war kein geringerer organisator als Themistokles und Aristeides. als er
sich zuerst einmal entschloſs, statt nur allein als sprecher neben dem
chore aufzutreten, noch einen gefährten mitzubringen, mochte das ein
geringes scheinen: er hat es noch erreicht, nicht nur das echt attische
wortgefecht, schlag auf schlag, einzuführen, sondern selbst drei redner
neben einander zu verwenden. er hat nicht nur den chor von der stelle
des protagonisten zurückgeschoben, sondern auch den sprecher zum sänger
gemacht, so daſs das aeolische lied neben die ionische recitation und den
dorischen chorgesang trat; die benutzung volkstümlicher weisen durch
Aischylos ist ausdrücklich überliefert und auch unschwer zu beweisen.
die vierzahl der chöre, die absonderung des satyrspiels, ein gewisses herkommen für den umfang der einzelnen stücke und ihre gliederung hat
sich festgestellt. eine hinterwand ist an den runden tanzplatz heran-
getreten, und so hat sich erst das gebildet, was wir bühne nennen. eine
feste sprache, ein tragischer stil ist geschaffen, unendlich reich an mitteln
des ausdrucks, ermöglicht nur durch das zusammenarbeiten der mannig-
fachsten zum teil widerstrebenden elemente, unter denen die noch völlig
unausgebildete heimische sprache das sprödeste war. ganz wie den grün-
dern des Reiches hat auch dem fürsten der attischen dichtung der dank
seiner nachfolger gefehlt. Euripides setzt sich selbst herab durch die
armselige sophistik, mit der er ihn schulmeistert, und Sophokles hat das
häſsliche wort gesprochen, daſs Aischylos höchstens unbewuſst das rechte
tue. für den schöpfer waren die regeln, welche die späteren erfindsam
genug waren, mit leichtigkeit zu erfüllen, freilich minder verbindlich,

und er fand sie erst im suchen allmählich. wem so vorgearbeitet war,
der mochte leicht wenigstens im dialog die einheitlichkeit der diction und
des stiles erreichen, die dem gründer allerdings fehlt. aber in der fertig-
keit der formen liegt nicht blofs ein vorzug; die manier stellt sich nur
zu leicht ein, und hat es auch bei Sophokles und Euripides schon getan.
und in dem was das wesentliche war und ist, durch Aischylos zum wesentlichen in der tragödie geworden ist, konnten sie ihn nicht übertreffen,
und haben sie auch nicht bewufster das rechte getan, vielleicht das unrechte.

Was ist das wesentliche? das liegt in dem stoffe, den Aischylos der
tragödie gab, und in dem sinne, in welchem er seinen beruf fafste. es
geht nicht sowol den tragiker als den dichter überhaupt an. Aischylos
ward der erbe Homers. er selbst oder doch jemand, der ihn völlig verstand, hat das ausgesprochen. seine dramen sind stücke von dem grofsen
male Homers, d. h. Homer hat dem volke ein gewaltiges mal zubereitet,
und Aischylos setzt ihm davon einzelne gänge vor[59]). die heldensage
wird der inhalt der poesie und der dichter führt ihre einzelnen stücke
seinem volke in demselben sinne vor, in dem es Homer getan hatte, zur
erbauung und erhebung. diese erkenntnis, ohne welche man dem attischen
drama nimmer gerecht werden kann, hat Platon völlig gehabt, nicht blofs
weil er Homer den ἄκρος τραγῳδίας nennt (Theaet. 152ᵉ), sondern
weil deshalb seine polemik im Staate ganz unterschiedslos Homer und
Aischylos trifft. ja auch Isokrates (2, 48) behandelt die epiker, welche
die sagen von den kämpfen der helden erzählt haben, und die tragiker,
welche diese sagen den zuschauern vor augen geführt haben, als leute
gleichen schlages. Aristoteles hat hier nicht mehr attisch empfunden;

---

59) Athen. VIII 347 ᶜ. das apophthegma ist von Athenaeus in seine prosopo-
poeie eingeflickt; diese ist albern, entscheidet aber gar nichts. die herkunft und
darum auch die echtheit ist nicht zu bestimmen: nur dafs es gut ist, kann man
sagen. dafs die Perser oder die Αἴτναι kein τέμαχος vom homerischen male sind,
ist so trivial, dafs man sich scheut zu erinnern, dafs die ausnahme eine regel nicht
entkräftet. es soll doch der versuch nicht mislungen sein, die tragödien nach dem
epischen cyclus zu ordnen, eben weil die überwiegende mehrzahl aus ihm stammt.
wenn jemand aber einwendet, dafs dann ja jeder tragiker wol oder übel aus Homer
schöpfen mufste, so ist das verzweifelt naiv: darin liegt ja gerade das charakteristische, dafs durch Aischylos die tragödie homerischen inhalt empfängt. und dieselben leute erklären dann selbst, dafs Aischylos nur aussage, seine wie jede andere
poesie wäre eigentlich nur ein teil der bewirtung, deren 'urheber' Homer ist, d. h.
der verfasser von Ilias und Odyssee, weil ohne diesen die griechische poesie nicht
entstanden wäre. 'urheber einer bewirtung', was ist das? Homer hat gekocht,
was Aischylos vorsetzt: wenn das nicht auf das stoffliche geht, d. h. auf das, was
wirklich Homer und Aischylos gemein haben, worauf denn?

Agathon und Theodektes waren ja auch keine solchen tragiker mehr. für die stellung des dichters zu seinem volke zeugt am besten der ernsthafte spötter Aristophanes. belehren und bessern soll der dichter: tut er das nicht, so ist er des todes schuldig (Frö. 1012), und selbst das entschuldigt ihn nicht, wenn er für eine verderbliche geschichte sich auf die sage beruft (Frö. 1052). das ist derselbe mafsstab, den Platon anlegt, und so zur ausschliefsung Homers und der tragödie kommt. ob wir die aufgabe der dichtkunst ebenso fassen mögen, stehe dahin. die Athener haben sie so gefafst, und Dante ist eines solchen berufes sich bewufst gewesen, und Goethe hat zeitlebens mit leidenschaft dagegen protestirt: wir wissen aber, dafs er selbst diese erhabenste aufgabe so vollkommen erfüllt hat wie Aischylos, Platon, Dante, und dafs er noch für jahrhunderte der lehrer und erzieher nicht nur seines eignen volkes sein wird.

Weil wir selbst noch unter dem banne solcher allmächtigen dichter stehen, ist uns die ungeheure macht des attischen dramas noch verständlich, und die tatsache liegt ja auch vor augen, dafs es für die erziehung und erbauung des volkes ein complement des epos wird, während die lyrik dazu nur geringes, die elegie nur hübsche aber triviale sprüche beigesteuert hat. Homer und die tragiker sind Moses und die propheten für Hellas. aber das wird schwerer begriffen, dafs der grund dieser erhabenen stellung darin zu finden ist, dafs Aischylos die sage zum inhalte seiner dichtungen macht, und dadurch für immer der tragödie ihren stoff zuweist. ist es uns, die wir so sehr geneigt sind, die persönlichkeit zu überschätzen, schon befremdlich, dafs gerade die dichtung so mächtig wird, in welcher der dichter hinter seinem werke verschwindet, ganz wie im epos (doch da haben wir ja Skakespeare, der dasselbe lehren kann), so sträubt sich vollends der moderne gegen eine macht, die freilich einem papiernen saeculo ganz fremdartig ist, die macht der sage. der rationalismus kann sich's nun mal nicht anders vorstellen, als dafs alles, was doch gar nicht passirt ist und gar nicht passirt sein kann, sich einer blofs mal so ausgedacht haben mufs, und dann kann doch nur auf diese person etwas ankommen und nicht auf ihre hirngespinnste. zum mindesten erscheint ihm als eine des verständigen mannes unwürdige schwachheit, wie der teufel sagt, abzuhängen von creaturen die wir machten. die romantik aber, die freilich die tiefe empfindung von dem besitzt, was der rationalismus am liebsten negirt und immer zerstört, bleibt in der trauer und der sehnsucht befangen, dafs das paradies, dessen schönheit sie fühlt, ein verlornes, und nur im traum noch für uns zu betretendes sei. das ist nicht der rechte weg. die poesie und die

sage, die mutter der poesie, lebt ja: und statt im traume hinüberzu-
schweben, haut sich die phantasie mit dem guten schwerte der geschichtlichen erkenntnis durch die dornenhecke zu dem schlummernden Dorn-
röschen durch. der weg ist frei: Welcker hat ihn gewiesen. so gewifs
die poesie die muttersprache des menschengeschlechtes ist[60]), und deshalb
für jeden von natur verständlich, so gewifs ist die sage die naturform
für des menschengeschlechtes ἱστορίη und φιλοσοφία, verständlich dem
kinde, wie wir noch täglich sehen, und für jeden, der noch nicht zu
vornehm für den spruch ist, werdet wie die kinder.

Die sage — ich rede allgemein, aber ich denke natürlich an die
griechische, von der ich allein etwas verstehe — umfafst vor allem die
summe der lebendigen geschichtlichen erinnerung des volkes. das was
der einzelne selbst erlebt hat, was also unmittelbar im gedächtnis lebt,
wird sich stets von ihr absondern, aber diese scheidelinie ist keine feste
und sie verschiebt sich für das volk im ganzen von stunde zu stunde.
nur das lebt wirklich fort, was noch als für die gegenwart bedeutsam
empfunden wird. deshalb erhält sich wol an einzelne ungeheure taten
oder verbrechen, an katastrophen von völkern stämmen staaten eine
erinnerung, aber wenn sie nicht eine exemplificatorische bedeutung empfangen und so in die nächste kategorie übertreten, so werden sie in
beziehung gesetzt zu den zuständen der gegenwart; an dieser hängt das
interesse, und das vergangene hat nur wert, in soweit es das gegenwärtige
erklärt, das kommende ahnen läfst. aber weil man sich abmüht, das
gegenwärtige zu verstehen, so setzt sich jede darstellung des zuständ-
lichen in eine geschichte um. denn die homerische zeit beschreibt nicht
blofs den schild des Achilleus durch die erzählung seiner anfertigung:
auch die stammesverhältnisse in einer landschaft, die standesunterschiede
in einer staatlichen gemeinschaft, den einzelnen satz des geltenden rechtes,
die einzelne ceremonie eines gottesdienstes wird nur im werden dargestellt. sehr oft ist unentwirrbar, wo die geschichtliche erinnerung auftritt, die paradigmatische construction beginnt. denn auch an der summe
der geschichtlichen erinnerungen übt der mensch sein causalitätsbedürfnis,
wie sie jetzt sagen, besser und antiker gesagt, seinen philosophischen sinn;
man kann auch sagen, er sucht den gott in der geschichte. so tritt in

---

60) Die moderne poetik bringt es freilich dazu die poesie für 'sonntagsstaat
neben der alltagskleidung' zu erklären; für die sphäre, in der sie evangelium (oder
thora) ist, pafst vielleicht besser, sonntagsbeilage zum wochenblättchen. aber Homer
und Platon, Herder und Goethe waren keine bildungsphilister und haben nicht für
bildungsphilister gearbeitet. und der liebe gott hat auch nicht blofs sonntags von
9 bis 11 sprechstunde.

die verworrene masse der ordnende gedanke von schuld und strafe, vom endlichen siege der besseren sache oder auch der gröfseren tüchtigkeit. das mag oft die apologie des erfolges oder doch der begehrlichkeit sein, und befriedigend ist diese wie jede teleologie nur für die von vorn herein zustimmenden. es mufs der ordnende procefs deshalb immer von neuem begonnen werden, sobald die sittlichkeitsbegriffe, die erkenntnis des tatsächlichen und das $\tau \acute{\epsilon} \lambda o \varsigma$ selbst sich verschoben haben. aber das geht in alle zeiten weiter. jede geschichtschreibung, die lebendig wirken will, mufs den gott in der geschichte aufzeigen, mag sie nun Ahriman oder Ormuz, $\pi \varrho \acute{o} \nu o \iota \alpha$ oder $\tau \acute{v} \chi \eta$ in ihr finden.

Die sage wird aber mit nichten durch die geschichtlichen erinnerungen ausgefüllt. wie der rechtssatz ῾die rache ist mein, spricht der staat, ich werde richten᾽ in einem paradigmatischen falle ausgesprochen wird, so geschieht es mit den sittlichen erfahrungen und grundsätzen des volkes. die sprüchwörter sind nach Aristoteles reste alter weisheit: sie sind in der tat häufig nur der rest einer exemplificatorischen geschichte, eines epiloges, den sie ja auch noch oftmals an sich tragen[61]). es verkehrt das tatsächliche verhältnis, wenn man meint, die fabel wäre später als das fabula docet. die moral ist der gehalt der fabel, aber dieser wird ursprünglich nur in der form einer geschichte ausgesprochen, und die kahle sentenz ist erst aus dieser abstrahirt. und gewonnen werden die moralischen sätze zunächst auch aus der welt, den capiteln des buches, zu denen sie nur die überschriften sind. ob die bäume oder die tiere, die götter oder die

---

61) Die sprüchwörter mit epilog (Haupt op. II 395 Crusius *Anal. in paroemiogr.* 73) sind bereits verkrüppelte erzählungen, und sie sind doch noch vollständiger als die nakte sentenz. es kann freilich das sprüchwort auch nur ein bild sein, ῾κακοῦ κόρακος κακὸν ᾠόν᾽. ῾der apfel fällt nicht weit vom stamm᾽: dann liegt darin das was das homerische gleichnis gibt (ὡς οὐκ ἔστι λέουσι καὶ ἀνδράσιν ὅρκια πιστά): und das fafst doch auch ein sinnliches einzelbild. was man töricht den gnomischen aorist nennt, ist in wahrheit das tempus der sage, welche das regelmäfsige als einzelnen fall auffafst und ausspricht. auch die gnome ist nur das residuum der erzählung des falles, in dem sie gesprochen ist. ῾geld ist der mann᾽ sagte der arme Aristodemos in Sparta (Alkaios 50. Pind. Isthm. 2). ῾denk᾽ an Admetos wort und liebe die braven leute᾽ (Praxilla 3). καὶ τόδε Φωκυλίδεω. auch an den sprüchen der sieben weisen ist der urheber mit nichten irrelevant. was wäre τέλος ὅρα μακροῦ βίου ohne die novelle von Kroisos? wenn der kanon der pflichten des ritters in den Χείρωνος ὑποθῆκαι so gegeben wird, dafs der gröfste held von seinem und vieler anderer meister unterwiesen wird, so nennen wir das eine einkleidung, und eine einkleidung nennen wir es, dafs Platon Σωκρατικοὶ λόγοι dichtet. das trifft für uns zu: wir werden auf der dürren heide der abstraction von dem bösen geiste herumgeführt. in wahrheit ist das sagenhafte nicht kleid, sondern ist lebendiger leib; und die unverdorbene seele hat denn auch die grüne weide nicht aufgehört zu suchen.

menschen träger der handlung sind, macht keinen wesensunterschied. fabel und novelle und märchen, wie wir die verkümmerten überreste nennen, sind reiser an demselben stamme. und es ist nur ein quantitativer unterschied, wenn sich eine solche conception der volksmoral bis in die hohen himmel hebt, der satz 'seid dankbar' von Ixion auf seinem feurigen rade verkündet wird, wenn Vorbedacht und Nachbedacht zwei Titanen werden, und der hehre glaube, dafs menschenwürde nicht der götterhöhe weicht, sich in der gestalt des Herakles verkörpert. in so weit die schöpferische tätigkeit der volksphantasie sich also mit der production des einzelnen dichters deckt, darf sie wol bei denen auf ein verständnis rechnen, welche dieser nachzudenken vermögen. an der Heraklessage wollen wir unten selbst den versuch machen.

Schwierig dagegen ist es, das verhältnis der sage zu den göttern und zu der religion zu erfassen, zumal das unerträgliche wort mythologie den ganzen luxe de croyance umfafst, den sich ein volk mit göttern helden ungeheuern und ihrem geboren werden kämpfen und sterben erlaubt, ein wort, anwendbar eigentlich nur für solche, die froh sind, sich nicht mehr in die unkosten eines solchen luxus zu stürzen. wenn die paradigmatische sage götter oder dämonen einführt, so tut sie das nicht anders, als wenn sie nach menschen oder tieren greift. sie verwendet alles was sie hat, aber es mufs eben schon vorhanden sein. dabei kann sie ja ohne beschränkung nach der analogie selbst schöpferisch auftreten, und namentlich personificationen hat vornehmlich sie erst zu göttern gemacht, auf diesem umwege greift sie stark in die ausbildung der götterlehre ein, denn die geschöpfe der phantasie sind sehr wol dazu fähig, religiöse potenzen zu werden. so ist Eros ganz und gar ein geschöpf der dichtung. aber es mufste eben doch schon vorher die existenz von göttern und dämonen feststehen, und die götter, welche wirklich im glauben und im cultus leben, werden auf diesem wege nimmermehr erklärt. ja, wenn der rationalismus recht hätte, und auch die religion nur etwas wäre, das sich zuerst einmal einer ausgedacht hat, oder wenn der euhemerismus recht hätte, und die götter einmal fleisch und bein gehabt hätten, oder wenn die natursymbolik recht hätte, und die religion nichts wäre als in metaphern umgesetzte meteoroleschie, dann möchten die götter in der sage aufgehen und demnach die taten derselben so alt oder älter sein als die personen. aber das ist ja alles nichts oder doch nur etwas äufserliches. die gottheit hat keine andere wohnung als das menschliche herz, und selbst wenn sie sich im elemente offenbart, das sie noch am reinsten reflectirt, so ist das so wenig ihre wahre gestalt, wie wenn der Erdgeist im feuer erscheint 'in widerlicher gestalt'. lediglich das gefühl, das überwältigend aus dem eignen busen aufquillt, offenbart dem menschen die gottheit — wie er dies gefühl verkörpert und benennt, ist im grunde etwas unwesentliches und immer etwas accessorisches. die wirkung empfindet er in wonnen und in tränen: die ursache sucht er, ahnt er, glaubt er, betet er an. so die einzelne menschenseele, so die seele des volkes. die götter wirken freilich, natürlich; denn täten sie es nicht, so wären sie so nichtig wie die götter Epikurs. sie wirken auch unmittelbar und sinnfällig; denn täten sie es nicht, so wären sie so gleichgiltig wie der aristotelische gott: aber sie sind stetige gewalten. sie haben die dauer: der menschen leben gehört dem wechsel. auch am elementaren ist mit nichten die vereinzelte katastrophe, etwa das gewitter, was die gottheit dem natürlichen sinne offenbart, sondern die ewigen gesetze. das wunder, die ausnahme, ist dumm; wunder tun kann der teufel auch: nur die regel gehört der ewigen weisheit. Goethe hat erklärt, dafs er sich ohne weiteres geneigt fühle, die sonne anzubeten: warum? wenn sie auch sinkt: von osten, hoffe nur, kommt sie zurück. am abend der seine qualen endet findet Manfred frieden im anschauen der ewigen Sonne. Platon und Aristoteles haben ebenso empfunden wie Goethe und Byron und aus der gesetzmäfsigkeit des kosmischen lebens den stärksten religiösen impuls hergeleitet[62]. das menschenherz ist ruhelos: es sucht den frieden; an ihm zerren die widersprüche: es sucht die harmonie. das irdische kennt nur ein ewiges werden: es sucht das ewige sein: und wo immer es dieses findet, da hat es die gottheit gefunden.

Werden ist geschichte: vom sein kann es keine geschichte geben. darum haben die götter mit der sage ihrer natur nach nichts zu tun, und darum ist aus der göttergeschichte, die es gleichwol gibt, für die religion so viel und so wenig zu lernen wie aus irgend einer theologie: sage und religion stehen neben einander. die religion wird wie alles so auch die sage durchdringen: aber wenn die sage in die religion dringt, so ist das etwas fremdes. die vermischung ist gefährlich, wird schliefslich verderblich, aber unvermeidlich ist sie allerdings. denn wie von seiner geschichte und seinem staate und rechte versucht das volk auch von seinen göttern sich ein bild zu machen, und auch das tut es auf dem wege, dafs es eine geschichte von dem werden und handeln der götter ersinnt. in

---

62) Auch Nathan sagt 'der wunder höchstes ist, dafs uns die wahren echten wunder so alltäglich werden können, werden sollen'. Lessing erfafst das nur durch raisonnement, aber er erfafst es doch. die wirklichen dichter geben die offenbarung unmittelbar.

dem sinne ist es wahr, daſs Homer und Hesiod den Hellenen ihre ϑεογονίη
schaffen. wie alle andern sagen, werden auch diese in einem beständigen
flusse bleiben entsprechend der umformung des sittlichkeitsideales und
der erweiterung des empirischen wissens. und wie die φιλοσοφία des
volkes sich allmählich ein weltbild macht, so wird sie auch versuchen
einen zusammenhang in die vereinzelten göttersagen und personen zu
bringen. aber die schwierigkeit des abstracten gegenstandes bedingt schon
allein, daſs dies verhältnismäſsig spät geschieht, und weit gefehlt, daſs
die göttersage vor der heldensage vorhergienge, diese also ausgeartete
'mythologie' wäre und Ilios eigentlich eine wolkenburg bedeutete, borgt
vielmehr Hesiod von Homer, trägt die göttersage oft farben der heroensage und hat heroisch zugestutzte göttersage wie die ϑεομαχία oder die
Titanomachie für die religion nicht höheren wert als für die poesie[63]).

So fassen wir also die sage als die ἱστορία καὶ φιλοσοφία des
volkes zu einer zeit, wo das volk nur concret, in der form einer geschichte, eines μῦϑος, zu denken vermag, so daſs sich auch die vorstellungen von zuständen nur in den bildern handelnder personen fassen
lassen, wo endlich die unterschiede in der empfindung und der geistes-
kraft der einzelnen individuen noch nicht so stark sind, um den eindruck
eines gemeinsamen empfindens und denkens zu stören, so daſs wir lediglich das volk als das alleinige subject erkennen und anerkennen. das
weltbild, welches die sage auffaſst, ist dem, welches ein dichter gibt, völlig
analog; das volk schafft es sich auch in wahrheit nicht wie ein dichter,
sondern als dichter. es redet eben noch seine muttersprache, die poesie:
die ungeschriebene litteratur dieser muttersprache ist die sage.

Wenn wir nun wissen, was sie ist, so verstehen wir auch leicht ihre
geschichte. aufhören wird die sage niemals, so lange dichter aufstehen,
die den erzeugnissen ihrer phantasie die lebenskraft zu verleihen verstehen, daſs sie die herzen des volkes erobern und dauernd behaupten.
aber es macht doch einen entscheidenden abschnitt, wenn das volk als
collective einheit nicht mehr der producent der sage ist, und der dichter

---

63) Ein schlagendes beispiel sind die Διὸς γοναί, wie sie schon Hesiod erzählt.
das zum höchsten berufene kind, von einem tyrannen verfolgt, ausgesetzt, von den
tieren des waldes gepflegt, schlieſslich herrlich erwachsen und wunderbar zum siege
geführt: ein allbekanntes motiv der heroensage. das ist widersinnig für den himmels-
herrn, den die religion sich nur ewig denken kann, und für die religion hat es auch
nirgend etwas bedeutet, als in dem kretischen winkel etwa, wo der Zeus der geboren ward auch begraben lag. die besonderen verhältnisse dort fordern für sich
eine aufklärung, und die funde der Idäischen grotte zeigen wol, daſs die religion,
welche hinter dieser hellenischen sage sich verbirgt, keine hellenische war.

der sie erzeugt seine individualität wol gar im gegensatze zu dem volke
empfindet und hervorkehrt. das wird eintreten, wenn eine weile in leerer
trägheit nur noch das vorhandene sagenmaterial weitergegeben ist, ohne
wesentlich vertieft und bereichert zu werden. und es kann dieses gedankenlose weitergeben des einmal formirten stoffes noch lange zeit
neben neuen revolutionären bestrebungen einzelner dichter fortbestehen:
aber das kommt kaum noch in betracht. auch für die sage ist die ruhe
der tod.

Sie ist ein strom geschmolzenen metalls. es rinnt dahin, verzehrend
und einschmelzend was in seinen weg kommt, schlacken abstofsend,
blasen werfend, bis die hitze verflogen ist: dann liegt es starr und kalt
und tot: aber es bewahrt nur in dieser starrheit seine form. so können
wir die sage nur in dem erstarrten zustande erfassen, der ihr ermöglichte
zu dauern, während sie, so lange sie lebte, dem wechsel unterworfen
war. ersichtlich handelt es sich also für ihre beurteilung und ihr verständnis wesentlich um den zustand, in welchem sie erstarrte, d. h.
dauernde form gewann. da wollen wir denn aber kurzer hand die allgemeine art zu reden aufgeben und ganz einfach die tatsachen der hellenischen sagengeschichte überschauen.

In Ionien hat sich für die sage das rechte gefäfs gebildet, das homerische epos, und hat sich ein stand gebildet, der sich dem singen und
sagen, dem vertriebe des epos, berufsmäfsig widmete. das ward für alle
folgezeit entscheidend. gewifs wollen wir nicht unterschätzen, dafs sich
in diesem stande eine anzahl bedeutender dichter befunden haben, welche
den stil des epos feststellten und musterstücke schufen, die sich die jahrhunderte hindurch in der gunst des volkes behaupteten. es war aber
auch das für die ganze entwickelung des epos von segensreichstem einflusse, dafs die Ionier das epos selbst oder vielmehr seinen keim von den
Aeolern entlehnten, und dafs sich diese entlehnung auch auf den stoff
erstreckte, die kämpfe um Ilios und eine reihe heroengestalten. denn
sofort erwuchs nun für die dichter des epos die aufgabe, da sie doch
vornehmlich die heroen des eigenen volkes verherrlichen sollten und
wollten, diese in das epos einzuführen, d. h. auf den gegebenen schauplatz und in die gegebene umgebung zu bringen. so entstand von selbst
ein sagenkreis, der sich räumlich und zeitlich zwar bequem ausdehnen
liefs, aber doch die nötigung den dichtern auferlegte, mit ihren neu-
schöpfungen anschlufs zu suchen. so rückten die helden vieler städte,
die ahnen vieler geschlechter, die in wahrheit zeitlos sein mochten, oder
auch ganz verschiedenen zeiten angehörten, in ein par generationen zu-

sammen, und selbst zwei von hause aus ganz gesonderte sagenkreise,
wie Ilias und Thebais, traten wenigstens in ein festes verhältnis. das
ionische epos, gepflegt mindestens von 900—700 ohne erkennbar sin-
kende kraft der phantasie, war etwas so überwältigendes aller anderen
sage und dichtung gegenüber, daſs sie sich entweder an dasselbe angliedern muſste oder in kümmerlicher vereinzelung verdorrte. das galt
namentlich für die reiche und schöne, aber noch ganz formlose sagenwelt des mutterlandes, das durch die herübernahme des ionischen epos,
wie sie vorhin erzählt ist, zwar das bequemste gefäſs erhielt, um seine
eigenen gedanken und empfindungen aufzufassen, aber nicht bloſs diese
ionisch-episch stilisiren muſste, sondern auch seine helden und götter
in die kreise derer einführen, die im ionischen epos herrschten. die
ausdehnung der epischen dichtung im mutterlande kann nicht leicht zu
hoch angeschlagen werden; bis tief in das sechste jahrhundert, ja in
wahrheit noch weiter herab reicht die production, und es werden sowol
neue stoffe in groſser zahl dem epos zugeführt, als auch das vorhandene
überarbeitet. aber so gut wie immer bestrebt man sich nicht nur den
epischen stil inne zu halten, sondern man projicirt alle und jede stimmung und strebung der gegenwart in die heroenzeit. wie dem Herakles
neue abenteuer zuwachsen, welche den dorischen colonisationen ent-
sprechen, wie die blüte Korinths die Argonautenfahrt umgestaltet, die aegi-
netischen adlichen ihren ruhm in den zügen der Aeakiden an Herakles
seite finden, die erwerbung Kyrenes sowol an die Argonautensage wie an
die Odyssee angefügt wird, drittens auch ein altthessalisches märchen zu
neuem selbständigen leben bringt, wie die colonien an der Acheloos-
mündung und am golfe von Ambrakia der Thebais einen neuen ausgang
schaffen: so stellt es sich allerorten dar. die gegenwart wird in ihren
eigenen ereignissen und personen vergessen, ihr spiegelbild in die sage
aufgenommen und erst dieses scheint würdig einer fortexistenz. es wäre
eine torheit, wollte man meinen, daſs die gegenwärtigen kämpfe und siege
den leuten wertlos gewesen wären, oder daſs ihre phantasie nicht auch
daran sich betätigt hätte: die so spät erst aufgezeichneten und doch so
urwüchsig palikarenhaften messenischen freiheitskämpfe, die tragödie des
Kypselidenhauses, Krisas untergang, die geschichten von Rhadina, Othrya-
des, Kleobis und Biton dürften sogar manch einem wertvoller erscheinen
als die bearbeitung der Odyssee oder der Schild des Herakles. es soll wahrhaftig nicht als eitel segen hingestellt werden, daſs die Hellenen jahrhunderte lang sich selbst und ihre eigenen taten und leiden der hohen poesie
für unwert gehalten haben. es harmonirt das damit, daſs die Peloponnesier

und Boeoter auch ihre eigene sprache nicht zu schreiben wagten. aber
die tatsache ist vorhanden, und weil sie uns modernen so fremdartig ist,
kann man sie nicht stark und oft genug hervorheben. *vixere fortes ante
Agamemnona multi, sed omnes illacrimabiles urguentur ignotique longa nocte,
carent quia vate sacro,* das gilt auch, wenn man *post* für *ante* setzt, und
die gewalt Homers zeigt sich darin vielleicht am stärksten, wo er der
rieseneiche gleich kein wachstum aufkommen läfst, so weit sein schatten
reicht; aber den epheu am stamme und die mistel in den ästen nährt
er mit dem eigenen safte.

Nun trat ja freilich seit 600 etwa in der chorischen lyrik eine poesie
auf, welche bedeutende dichter erzog, ein allgemeines interesse bei dem
herrschenden adel fand, und dem dorischen wesen weit näher stand als
das ionische epos. aber wo hat sie ihre vollendung erfahren? in Sicilien,
im Neuland, das kein epos besafs. und wodurch hat sie Stesichoros aus
den dörflichen kreisen, die Alkman befriedigte, in die auch noch Korinna
gehört, emporgehoben? dadurch dafs er *epici carminis onera lyra sustinuit,*
durch die reception der sage. dafs der aufschwung der chorischen lyrik
den niedergang des epos im 6. jahrhundert beschleunigt hat, ist nicht
zweifelhaft, allein das traf nur die form. den inhalt übernahm sie; denn
wenn auch ihr kleid verschlissen war, war die sage selbst doch noch
frisch, und das volk konnte sich ohne sie eine erhabene poesie nicht
denken. wenn der dichter so wirken wollte, wie er es beanspruchte,
das volk es verlangte, mufste er die homerische sage behandeln. da besitzen wir ja nun glücklicherweise die pindarischen gedichte, und können
mit eigenen augen sehen. es sind lauter gelegenheitsgedichte, die erhaltenen rein menschlich persönlichen anlässen gewidmet. der dichter selbst,
erfüllt von einem selbstgefühl, das zuweilen an Platen erinnert, setzt
seine ganze individualität ein. aber der sage kann er kaum ein par
mal entraten. wenn ein obskurer herr aus einem obskuren kleinstaat,
etwa ein Opuntier, zu Olympia im ringkampfe gesiegt hat, so bemüht
Pindar nicht nur die olympischen heroen, er feiert nicht blofs den homerischen helden, den die Opuntier sich vindicirt haben, sondern er formt
selbst die dortige localsage um, damit eine heroische verbindung zwischen
Opus und Elis die jüngste olympische grofstat eines Opuntiers verherr-
liche. er hat es sich zum gesetze gemacht, wie er selbst sagt, keinen
seiner lieben Aegineten zu besingen, ohne dafs die unvermeidlichen Aeakiden mit ihren heroischen bei der neuesten, freilich nur turnerischen,
grofstat gevatter stehn. und für den tyrannen von Kyrene liefert er
geradezu eine neue darstellung der Argonautensage. der dichter ist eine

imponirende gestalt: aber diese sorte von poesie, wo die mythische erzählung in conventioneller stilisirung und unerträgliche aufzählungen von
früher gewonnenen turnprämien, complimente an turnlehrer und reit-
knechte neben einander stehen und das was wahre individuelle poesie ist
auf einen kärglichen raum zurückdrängen, ist ein fragwürdiges product
einer mischcultur, erwachsen in einer gesellschaft, deren sämmtliche
lebensformen sich überlebt haben und den stempel des verfalles tragen.
die sage ist äußerlich zu einer decoration herabgedrückt und innerlich hat
sie dennoch die übermacht und erstickt die reine flamme der subjectivität.
selbst ein Pindar vermag sich weder ganz in die sage zu versenken noch
auch sie ganz auszuscheiden.

In der heimat des epos war man weiter; die culturentwickelung
war eben dort immer um ein par jahrhunderte voraus. während im mutterlande das epos noch neue stoffliche aufgaben in überfülle zu bewältigen
hatte, war hier in Ionien der moment der erstarrung für die epische sage
schon um 700 eingetreten. energische dichterpersönlichkeiten waren erstanden, hatten für ihre liebe und ihren haß, ihre gefühle und ihre gedanken sich die waffen der elegie und des iambos geschmiedet, und damit
auch der sprache des lebens die litterarische weihe gegeben. die revolution in den städten und die seit 600 immer weiter greifende, durch
Harpagos auf die ganze küste ausgedehnte fremdherrschaft hatte auch die
heroischen ideale gestürzt. die menschen waren über die zeit hinaus,
welche durch die sage befriedigt wird. in rücksichtslosester weise drängte
sich die subjectivität hervor; der einzelne, der selbsterworbenen weisheit
voll, begnügte sich nicht nur nicht mehr mit den errungenschaften des
volkes, sondern er trat ihm voll verachtung entgegen, der weise den blinden
toren. und die sage trifft vollends haß und verachtung. da sagt einer ἐδιζη-
σάμην ἐμωυτόν, verkündet den ewigen λόγος, den er besitzt, die anderen
menschen aber weder kennen noch, wenn er ihn verkündet, verstehen, und
schilt auf Homer und Hesiod. und der zweite sagt Ἑκαταῖος ὧδε μυθεῖ-
ται· τάδε γράφω ὥς μοι ἀληθέα δοκεῖ εἶναι· οἱ γὰρ Ἑλλήνων λόγοι
πολλοί τε καὶ γελοῖοι, ὡς ἐμοὶ φαίνονται, εἰσίν. und der dritte ver-
wirft die alten götter und ihre propheten, die epiker, und erklärt die gestalten der sage für πλάσματα τῶν προτέρων. der tag ist da, wo die
ἱστορίη und φιλοσοφία des einzelnen die des volkes ersetzt, wo die
wissenschaft die sage ablöst. so weit war Ionien zur zeit des Aischylos.

Athen steht zwischen Ionien und den Dorern. Solon und die tyrannen
haben die front des staates, die früher ganz nach westen gerichtet war, nach
osten gewandt. Solon und Kleisthenes haben das joch der vermorschten

gesellschaftsformen gebrochen. die lebendige kraft einer in gesetzmäfsiger freiheit zum selbstbewufstsein und zur selbstregierung berufenen bürgerschaft ist entfesselt. die schönsten aufgaben werden dem volke zur rechten zeit gestellt, werden gelöst und neue höhere ziele eröffnen sich dem blicke. in dieser atmosphäre schuf Aischylos die tragödie, ward er ein neuer Homer. das volk in seiner breiten masse lebte und webte noch in der sage, und die demokratie verwarf die tyrannische subjectivität der Ionier und die oligarchische des Pindaros. aber das volk verlangte seine eignen wahren und innigen empfindungen aus der sage hervortönen zu hören, und wollte mittun auch an seinem gottesdienste. und das volk war fromm und ernst; die höchsten und tiefsten gefühle regten sich in seiner seele: es verlangte nach dem dichter, der den gefühlen gestalt farbe klang verliehe: es verlangte nach dem dichter der ihm lehrer und erzieher werde, der es zu gott führe.

Also konnte für das Athen, das bei Marathon und Salamis geschlagen hat, nur eine poesie genügen, welche objectiv und volkstümlich blieb wie die des epos, in welcher der dichter mit seiner person zurücktrat. und es mufste eine ernste und erhabene poesie sein (σπουδαία, wie Aristoteles sagt), die ein weltbild gab und gott in der geschichte zeigte, wie die homerische. damit war zugleich als stoff der einzig vorhandene gegeben, die heldensage. aber die poesie mufste gleichwol eine neue nationale von dem geiste der grofsen gegenwart durchtränkte sein: die homerische sage mufste aus dem attischen geiste wiedergeboren werden, das waren die forderungen für den inhalt. was die form angieng, so ist oben gezeigt, dafs die chorische lyrik, aber von einem bürgerchore ausgeübt, und der ionische sprecher und für beide das costüm, also die μίμησις gegeben war. man kann sagen, Aischylos brauchte nur zuzugreifen, der tragödie durch zufügung des zweiten schauspielers zur wirklichen handlung zu verhelfen und sie ἐκ μικρῶν μύθων καὶ λέξεως γελοίας ἀποσεμνύνειν: dann war alles geschehen. gewifs, wir vermögen die geschichtlichen kräfte zu wägen, einzusehen, dafs und warum sie auf das eine ziel hinwirken, welches dann durch den glücklichen griff des einzelnen erreicht wird. und es ist dann die probe gemacht, dafs das geschichtliche exempel aufgegangen ist. nur wird darum die gröfse des genies nicht geringer: seine tat bleibt immer das ei des Columbus, mögen wir ihm den platz noch so genau nachrechnen können, den ihm die geschichte vorsorglich bereitet hatte.

Es ist offenbar geworden, dafs der anschlufs an die heldensage das ist, wodurch Aischylos die tragödie geschaffen hat. damit ist die tatsache erklärt, welche sonst unbegreiflich aber nichts desto weniger tatsache bleiben würde, daſs nicht nur die tragödie des 5. jahrhunderts, sondern auch jede nachbildung derselben in der folgezeit die heldensage zum inhalte hat. auf diesem verhältnis beruht die einzige gröſse der griechischen tragödie; aber nicht minder liegt darin auch ihre vergänglichkeit beschlossen. ihr untergang war unvermeidlich, sobald auch das attische volk der sage entwuchs. denn dann muſste die attische nachfolgerin Homers das schicksal ereilen, welchem Homer in Ionien verfallen war. und nun eröffnete dieselbe groſsartige politische bewegung, welche dem drama des Aischylos die weihe gab, Athen völlig dem ionischen einfluſs, oder verlegte vielmehr den schwerpunkt des geistigen lebens von Ionien nach Athen. dadurch ward der an sich notwendige entwickelungsproceſs beschleunigt, der durch befreiung des subjectiven denkens und der individualität die sage und ihr gefäſs, die tragödie, überwinden muſste. wo Anaxagoras Protagoras Sokrates lehren, ist in der tat kein raum mehr für sie. wenn nicht ihre beiden dichter noch gelebt hätten, würde sich die tragödie kaum bis 406 gehalten haben. als sie aber starben, empfand das publicum selbst den tod der tragödie. Aristophanes lieſs Dionysos in den Hades hinabsteigen. Platon verbrannte seine tetralogie; nicht weil er darauf verzichtete, ein dichter zu werden im sinne des Aischylos, sondern weil er erkannte, daſs der tragiker jetzt nicht mehr der lehrer und meister des volkes sein konnte. er versuchte freilich — so stark war die gewalt der tragödie — sich eine neue kunstform von dramatischem charakter zu schaffen, und er schuf sich statt der überwundenen heroensage auch einen sagenkreis, den von Sokrates; aber er erlebte doch oder bewirkte vielmehr selbst daſs die wissenschaft das poetische gewand ganz abwarf; wenigstens die wahre, denn in niederen aber deshalb volkstümlicheren kreisen trat dem sokratischen sogar noch der sagenkreis von Diogenes zur seite. die poetische form des dramas dauerte freilich, ja das dramatische ward erst jetzt recht als artbildend erfaſst; man tat auch hier den notwendigen schritt, da die heroischen abbilder nicht mehr verfiengen, frisch in das volle menschenleben der gegenwart hineinzugreifen und von da die stoffe zu holen. Menander steht zum βlos wie Aischylos zu Homer: er bewirtet seine zuschauer mit $\tau \varepsilon \mu \acute{\alpha} \chi \eta$ von den $\mu \varepsilon \gamma \acute{\alpha} \lambda \alpha$ $\delta \varepsilon \tilde{\iota} \pi \nu \alpha$ $\tau o \tilde{\upsilon}$ $\beta \acute{\iota} o \upsilon$. aber das drama ist, seit es die sage verloren hat, nur noch komödie; das $\sigma \pi o \upsilon \delta \alpha \tilde{\iota} o \nu$ ist dahin, unwiederbringlich. die Hellenen haben nach Platon keinen dichter und keine poesie im hohen stile mehr besessen: um so ungeheurer war und blieb die gewalt, welche die fast schon bei lebzeiten an die seite Homers erhobenen drei attischen tragiker ausübten. allein diese geschichtliche wirkung, die in gewissem sinne ewig dauern wird, ist in jeglicher hinsicht eine andere als die welche die dichter selbst beabsichtigten und ihre werke zu ihrer zeit ausübten. und die philologie hat zwar auch die aufgabe jene geschichtliche wirkung zu verfolgen und zu erklären: aber das nächste und notwendigste ist, den dichter und sein werk selbst zu begreifen.

Wir stehen am schlusse: es ist nur noch nötig, den ertrag unserer betrachtungen zusammenzuziehen, damit die frage beantwortet werde, was ist eine attische tragödie? eine attische tragödie ist ein in sich abgeschlossenes stück der heldensage, poetisch bearbeitet in erhabenem stile für die darstellung durch einen attischen bürgerchor und zwei bis drei schauspieler, und bestimmt als teil des öffentlichen gottesdienstes im heiligtume des Dionysos aufgeführt zu werden.

Das ist ohne zweifel eine definition, mit welcher die aesthetische theorie so nichts anfangen kann, vielmehr wird diese sofort und mit leichtigkeit sich aus ihr nur das aussuchen, was für sie wesentlich ist. denn die aesthetische theorie will die tragödie definiren; die philologie hat es aber mit der attischen tragödie zu tun, und für diese ist alles wesentlich, was für die dichter als gesetz gegeben war, und sich demnach in ihren werken wirksam zeigt, also z. b. die qualität der tänzer, die beschränkte zahl der schauspieler, zeit und ort der aufführung. die theorie hat die aufgabe, die notwendigkeit für jede der forderungen begrifflich zu erweisen, welche sie in der definition zusammenfaßt; die philologie hat ihre aufgabe eigentlich schon erfüllt, wenn sie die existenz jedes einzelnen kennzeichens, das sie in die definition aufnimmt, an den concreten erscheinungen, den tragödien, dartut: im vorstehenden soll aber auch für alles einzelne die entstehung erläutert und somit zwar nicht ihre begriffliche, aber wol ihre geschichtliche notwendigkeit erwiesen sein.

Aristoteles hat nicht die attische tragödie geschichtlich, sondern die tragödie begrifflich definiren wollen, und nur weil sein einziges beobachtungsmaterial in attischen tragödien und ihren nachahmungen bestand, kann der moderne sich leicht über seine absicht täuschen. gleichwol wird jeder erwarten, daß hier die aristotelische definition zur vergleichung herbeigezogen werde. *ἔστιν οὖν τραγῳδία μίμησις πράξεως σπουδαίας καὶ τελείας μέγεθος ἐχούσης ἡδυσμένῳ λόγῳ χωρὶς ἑκάστου τῶν εἰδῶν ἐν τοῖς μορίοις* — so weit stimmt das, wenn man den verschiedenen standpunkt berücksichtigt, im wesentlichen, und die einheit und abgeschlossenheit, die freilich für jedes kunstwerk gilt, ist ein sehr wichtiges moment, das gewürdigt zu haben vielleicht das wertvollste an der

ganzen definition ist[64]). Aristoteles fährt fort, δρώντων καὶ μὴ δι᾿
ἀπαγγελίας. insofern hierdurch nur der unterschied vom epos bezeichnet
werden soll, ist es ohne weiteres zutreffend; ich habe dem durch das
wort 'darstellung' genüge zu leisten gesucht. aber Aristoteles selbst hat
ohne zweifel mehr darin gesucht und von der tragödie gefordert, daſs sie
ihre handlung im wesentlichen vor augen führen, darstellen und nicht
erzählen soll. eben so wenig werden wir zögern, die forderung als berechtigt anzuerkennen; unser gefühl werden auch die attischen dramen
besonders ansprechen, welche ihr genügen, also z. b. Philoktet und Oedipus, Medeia und Ion. aber für die attische tragödie ist, wie wir gesehen
haben, das dramatische accessorisch, und vollends die μίμησις πράξεως
— δρώντων καὶ μὴ δι᾿ ἀπαγγελίας sehen wir zwar von Richard III
Othello Götz erfüllt: allein, wer auf das dramatische das höchste gewicht
legt, dem haben erfahrungsgemäſs die nachahmungen der antike und
diese selbst nicht genüge geleistet. nicht bloſs die Perser, auch die Sieben
geben nicht die handlung, oder doch nur im reflexe, halb episch, halb
lyrisch. Aischylos Εὐρώπη ἢ Κᾶρες[65]) können wir uns nach dem prologe und der zu grunde liegenden homerischen episode ganz wol vorstellen, die sorge der mutter um den fernen sohn, den barbarenchor,
dem die fremdartige wilde klage geziemt, einen botenbericht, der das II
nacherzählt, Schlaf und Tod mit der leiche Sarpedons, die errichtung des
schon von Homer erwähnten grabmals: ein herzzerreiſsendes bild des
mutterschmerzes und der früh gebrochenen menschenblüte, versöhnt durch
den ewigen ruhm der mannesehre, die im grabe des Aresgefällten das
leben hat, ein abbild der empfindungen, welche die Erechtheiden haben
mochten, als sie den leichenstein CIA I 433 errichteten: das gibt eine echte
attische tragödie, aber ob es ein wirkliches drama gibt, ist mir selbst
zweifelhaft. der unterschied zwischen dem abstract von uns geforderten
und dem concret in Athen erkannten und erstrebten ist in diesem punkte
besonders augenfällig. wir erleben ja aber auch, daſs das dramatische

---

64) Wenn man die einheit der handlung so misverstanden hat, daſs nur eine
verwickelung erlaubt sein sollte, und demgemäſs die Hekabe und den Herakles des
Euripides, Lear und Kaufmann von Venedig getadelt hat, so ist das geschehen, weil
man den Aristoteles nicht im urtext zu grunde legte. selbst der Götz genügt der
wirklich aristotelischen forderung, mag auch ein gewisses ἐπεισοδιῶδες als vorwurf mit recht haften bleiben. aber Heinrich IV. oder Faust genügen nicht.

65) Karer bilden den chor, weil sie für die totenklagen geeignet sind. daſs
Sarpedon ihr fürst und nur nebenher der der Lykier ist, zeigt, daſs die ausbildung
der sage milesisch ist, wohin die verbindung des Sarpedon mit Kreta auch weist:
denn das hinterland von Milet ist karisch.

übertrieben wird, das sinnfällige allein als handlung erscheint, und ein flachkopf dem Tasso mangel an handlung vorwerfen darf, während anderer-seits für die sitte der botenreden im attischen drama, die doch lediglich aus seiner herkunft erklärt werden darf, eine aesthetische rechtfertigung erkünstelt wird.

Immerhin liegt hier nicht der hauptunterschied, der das attische drama von dem aristotelischen scheidet. aber er fährt fort δι᾽ ἐλέου καὶ φόβου περαίνουσα τὴν τῶν τοιούτων παθημάτων κάθαρσιν. und dieses kleinod der aristotelischen lehre können wir nicht brauchen, mag es auch das unschätzbarste sein. man kann doch darüber keine worte verlieren, daſs eine kathartische wirkung weder Aischylos erstrebt noch die Athener erwartet haben. mag der philosoph auch noch so scharf und fein die wirkung beobachtet haben, welche eine tragödie auf das publicum oder auch auf ihn bei einsamem lesen ausübte: diese wirkung war den dichtern und ihrem volke unbewuſst. der dichter, der für den festtag ein spiel lieferte, für das ihm bestimmte bedingungen gestellt waren, wollte gewiſs höheres als beklatscht und bekränzt werden; ge-wiſs wollte er sein volk lehren und erbauen: aber das lag in seinem berufe als dichter, nicht als tragiker. und das volk erwartete und erfuhr die wirkung der poesie als solcher: was es von der tragödie als solcher forderte, das lag in deren äuſserem anlaſs, den Aristoteles (mit recht für seinen absoluten standpunkt) nicht berücksichtigt, wol aber wir aufzu-nehmen haben. die tragödie ist ein teil des dionysischen gottesdienstes. nun liegt am tage, daſs die besten tragödien im tiefsten sinne erbaulich wirken: aber dem dionysischen dienste darf man das nicht zurechnen, denn dieser verlangt ja nicht nur auch das satyrspiel, sondern er hatte sich mit diesem lange begnügt, ohne etwas im ernsten sinne erbauliches zu fordern. um so weniger darf diese wirkung in die definition der tragödie eingang finden.

An sich betrachtet ist in der kunstlehre des Aristoteles ohne zweifel die volle gröſse des unerbittlichen menschenkenners zu bewundern, und wer mag sich nicht gern daran erquicken, wenn er die hochmodernen sich mit dem probleme des wolgefallens an tragischen gegenständen ver-gebens quälen sieht. wie sollte nicht bedeutende wahrheit in dem liegen, worin Aristoteles und Goethe sich zusammenfinden? aber das sollte man sich eingestehen, daſs die κάθαρσις für das drama nicht artbe-stimmend sein kann, und selbst wenn man die affecte, durch welche das drama wirkt, als artbildend anerkennen wollte, so würde das unselige par furcht und mitleid recht unzureichend bleiben. für uns gewiſs; denn wirkt etwa z. b. Calderons Andacht zum kreuze nicht kathartisch, tragisch selbst auf den, dem eine solche religion widerwärtig und entsetzlich ist? der affect aber, durch den sie wirkt, ist doch wol weder ἔλεος noch φόβος sondern *devocion*. der Prinz von Homburg schliefst mit einer scene überwältigenden jubels, und selbst der leser in stiller kammer stimmt laut in den schlufsruf ein "in staub mit allen feinden Brandenburgs": der affect, der sich da entlädt, ist doch wol von furcht und mitleid sehr weit entfernt, ist patriotismus.   nun mag Aristoteles entschuldigt sein, denn er hatte für religiöse hingabe nicht viel mitgefühl, und patriotismus kannte der heimatlose nicht.   aber die alten Athener hatten beides, und in den Eumeniden weht der echte fromme glaube an die gerechtigkeit und das erbarmen der gottheit und der echte stolz auf das herrlichste vaterland.   also ist die beschränkung auf jene zwei affecte zu eng.   und doch ist noch schlimmer, was durch die einseitige hervorhebung derselben bewirkt wird.   natürlich findet Aristoteles den dichter und das gedicht am besten, welche diese affecte am stärksten spielen lassen.   unvermeidlich ist, dafs ihm ein 'tragischer' ausgang mindestens vorzüglicher erscheint, wobei denn Eumeniden und Philoktet und Iphigenie und Prinz von Homburg übel fahren müssen.   und wenn die dichter und das publicum erst dahinter kommen, dafs die wirkung eine pathologische sein soll, so wird eine verrohung der empfindung unvermeidlich sein, weil die reizungen immer stärker werden müssen.   diese definition führt zu Seneca; und wenn nur Skakespeare nicht so oft in diesem sinne 'tragisch' wäre.   aber auch in der nötigen verallgemeinerung von der tragödie auf die kunst überhaupt streift die aristotelische kunstlehre an das philistergefühl, dafs man in's theater gehe, um sich aus der misere des tageslebens auf ein par stunden dadurch zu entrücken, dafs man sich recht ausweint oder auslacht; das bekommt gut; man geht am andern morgen frischer in die tretmühle.   es ist auch hier etwas von der frömmigkeit am sonntagvormittag für die ganze woche.   wenn Goethe vor der meduse Rondanini die menschheit höher fühlt, Schiller meint, nie ganz unglücklich werden zu können, seit er die Leichenspiele des Patroklos gelesen hat, so ist das doch wol mehr: was wir für das leben dem verdanken, dafs wir den Faust besitzen, täglich und stündlich bewufst und unbewufst unter seiner wirkung stehen; die lebenserfahrung, die darin liegt, dafs einmal das grofse auge des einen stoischen gottes aus der kuppel des Pantheons oder das bunte göttergewimmel der Christen in S. Maria della Arena auf uns niedergeschaut hat, das ist etwas höheres als eine einmalige pathologische wirkung, die etwa nur im gedächtnis lebte: was man empfindet ist nicht pathologisch sondern moralisch, ist keine κάθαρσις sondern eine reinigung. aber das gehört nicht hierher; oder doch nur so weit, als die Athener im gegensatze zu Aristoteles von ihren dichtern, weil sie dichter waren, *et delectare et prodesse* verlangt haben. und wenn es ein ruhm sein sollte, dafs Aristoteles die moralische wirkung nicht anerkennt, so hat er das erreicht, weil er nicht mehr hellenisch empfand.

Wie wenig er das tat, zeigt sich am stärksten darin, was seine definition vermissen läfst, obwol es das wichtigste ist: er ignorirt die sage. das beispiel, das er an der Iphigeneiafabel gibt (17), zeigt, dafs er sich die tätigkeit des dichters wirklich etwa so vorstellt, wie Raffaels handzeichnungen es für den maler beweisen. erst wird das allgemein menschliche motiv in seiner natürlichen naktheit durchgeführt, dann erst findet die bekleidung mit den sagenhaften namen statt. die tatsache, dafs gleichwol die tragiker keine erfundenen stoffe behandeln, ist Aristoteles unbequem; mit wolgefallen notirt er eine ausnahme, obwol Agathon weder nachhaltigen beifall noch nachahmung gefunden hatte. endlich hilft er sich damit, dafs das publicum auf wahrscheinlichkeit halte und diese doch vorhanden sein müsse, wenn die geschichten wirklich passirt sind. also die sage hat nur als geschichtliche wirklichkeit bedeutung. nun lehrt aber Aristoteles selbst, dafs die wirklichkeit unpoetisch ist, mufs sich also damit helfen, dafs doch unter dem was passirt auch einzelnes ist, das der anforderung des poetischen (*οἷον ἂν γένοιτο*) entspricht, wofür ihm eine bestätigung ist, dafs zu seiner zeit nur noch eine beschränkte zahl von sagenstoffen wieder und wieder bearbeitet wurden. wer wollte leugnen, dafs Aristoteles auch hier nur sagt, was er empfindet und zu empfinden ein recht hat. denn für ihn war die sage tot, so dafs er sie weder als lebendige macht anerkennen noch, wie Platon, bekämpfen mochte. wenn ein bedeutender tragiker noch erstanden wäre, so hätte er jedenfalls die heldensage aufgegeben und in das menschenleben der gegenwart hineingegriffen; dabei würde dann freilich die scheidelinie zwischen tragödie und komödie durchbrochen worden sein und ein ganz neues 'drama' entstanden. aber das hat Aristoteles nicht geahnt: nicht er hat Shakespeare prophezeit, sondern Platon. er hat der folgezeit die richtige directive nicht gegeben, sondern ist in den formen einer innerlich überwundenen poesie stecken geblieben. und geschichtlich verstanden hat der die alte grofse attische tragödie wahrhaftig auch nicht, der ihren inhalt ignorirt. es ist in der poetik wie in der politik, wo er weder der grofsen vergangenheit, dem attischen Reiche, noch der grofsen zukunft, dem reiche Alexanders gerecht zu werden versteht, vielmehr in der misere der kleinstadt und der dafür geeigneten gesellschaftsordnung verharrt, welche von der speculation und von der geschichte in wahrheit längst überwunden war.

Moderne
vorurteile. Endlos und nutzlos würde es sein die modernen definitionen des dramas mit der des attischen zu vergleichen, welche die geschichte gibt; das οἷον ἂν γένοιτο ist philosophischer, aber es ist mit dem οἷον ἦν incommensurabel. nur einige consequenzen zu ziehen wird praktisch sein, weil gewisse vorurteile sich fest eingewurzelt haben, so dafs es nicht genügt, gezeigt zu haben, dafs sie unkraut sind; sie müssen ausgerissen werden.

'Tragisch' braucht eine tragödie weder zu schliefsen noch zu sein. nur die ernsthafte behandlung ist nötig. die peripatetiker, welche an dem ausgange des euripideischen Orestes [und gar der sophokleischen Elektra anstofs nehmen [66]), sind durch Aristoteles auf einen holzweg gelockt. die Alkestis enthält gerade sehr rührende partieen, sie soll und kann als tragödie gelten: aber sie schlägt in den zankscenen einen scherzhaften humoristischen ton an und führt Herakles als komische figur ein: dadurch wird sie dem satyrspiel angeähnlt, das ja aber die tragödie aus sich entwickelt hat, so dafs die grenze (wenn man von dem satyrchor absieht) keine feste ist.

Es ist die meinung verbreitet, dafs die attische tragödie erst allmählich dazu fortgeschritten wäre, individuelle menschen zu schildern, nachdem sie typen gebildet hätte, also z. b. Sophokles 'den könig' 'die schwester' 'den greis'. das würde sehr seltsam sein, denn erst die abstraction findet solche typen, während die beobachtung nur individualitäten liefert. und dafs die bildende kunst lange zeit nur 'mann' und 'weib' gebildet hat, ehe sie Perikles und Lysimache bilden kann, zeigt nur den gegensatz der künste, der in ihrem wesen liegt. es würde aber auch schwer begreiflich sein, dafs Sophokles nicht können sollte, was Homer schon zur vollkommenheit geführt hat: Achilleus und Nausikaa sind wahrlich keine blofsen typen. der gang der entwickelung ist umgekehrt. der jüngling schreibt Götz und Werther, die jedermann verständlich sind; Epimenides

---

66) Orestes hypoth. und aus dieser schol. 1691, Alkest. hypoth. diese führt in einer handschrift (Laur. C) den autornamen Δικαιάρχου: das ist ganz unverständlich, wenn man es nicht auf diese aesthetische kritik bezieht. ebendaher der wertvolle litterar-historische traktat, der meist περὶ κωμῳδίας genannt wird, obwol er weiter greift und vermutlich auf die chrestomathie des Proklos zurückgeht; jetzt zu lesen in dem neudruck von Studemund Philol 46, 13. die auszüge des Tzetzes hieraus haben nun kein anrecht auf beachtung mehr.

und Natürliche tochter versteht nur, wer dem Goethe der aus Italien heimkehrt in das reich des typisch symbolischen zu folgen vermag. nun ist aber tatsächlich jener ansicht der boden entzogen: die tragiker empfangen ihre gestalten von der sage, und die liefert ihnen ̓nicht greis und schwester, sondern Oedipus und Antigone. und zugleich ist erklärt, wie jener irrtum entstehen konnte: figuren, welche die sage prägt, tragen allerdings nicht die zufälligkeiten eines modells an sich. vor allem aber wirkt verwirrend, daſs die tragischen gestalten für uns typisch geworden sind. wir mögen ja in Antigone die schwesterlichste der seelen bewundern, wobei wir das ὠμὸν γέννημα ἐξ ὠμοῦ πατρός vergessen aber dazu hat sie die gewalt der sophokleischen poesie und der von jahrhunderten dieser zugestandene classische vorrang gemacht, und es ist nicht damit gleichzusetzen, was sie für Sophokles und seine zeit war. bei Seneca ruft die amme Medeas entsetzt ihre herrin an ʻMedeaʼ, und diese antwortet fiam: für sich selbst ist sie das typische bild der kindesmörderin, die euripideische Medeia. wie sollte es erlaubt sein, Euripides selbst schon ähnlich empfinden zu lassen, als er diese Medeia erst schafft.

Es könnte nun freilich scheinen, als lieferte die sage zugleich mit dem stoffe die charaktere, und wenn die epischen dichter alle so viel vermocht hätten, wie die welche Nausikaa und den Achill der Litai gestaltet haben, würde das auch zutreffen — in dem falle würde aber freilich auch die sage einer erneuerung durch die tragödie nicht bedurft haben. in der überwiegenden menge von epen war von so ausgeführter charakteristik nicht die rede; man denke nur an Hesiodos. schon der stoffreichtum der meisten gedichte schloſs das aus. ferner erhielt der tragiker auch durch die vielgestaltigkeit der sage die freiheit. Odysseus, der göttliche dulder des ionischen epos, war für die Dorer der verlogene Sisyphide; die Atreiden des epos waren heldenkönige, die Pleistheniden des Stesichoros waren frevler. mit ausnahme von ganz wenigen älteren schöpfungen hat tatsächlich erst das drama die charaktertypen aus den heroen gemacht, als welche sie dann gegolten haben. wenn der peripatetiker lehrt sit Medea ferox invictaque, flebilis Ino, perfidus Ixion, Io vaga, tristis Orestes, so steht er zu den charakteren wie Aristoteles zu den mythen, aus deren reichster fülle er nur noch wenige praktisch verwertbar findet. die groſsen tragiker aber fühlten sich noch als freie herren, durften dies und jenes versuchen, gebunden weder an fremde noch an eigene charakteristik: gebunden nur an den μῦϑος, nicht an die ἤϑη. und wenn diese durch den μῦϑος bis zu einem gewissen grade vorgezeichnet erscheinen sollten, so genügt ein hinweis auf die Elektra des Sophokles und Euripides um zu lehren, wie weit der freie spielraum war. die tragiker und ihre frische und kühne schaffenskraft stehen mitten inne zwischen dem conventionellen heroentum des epos und dem conventionellen heroentum, das die spätere zeit aus der tragödie selbst abstrahirt. und darum ist eine befreiung von diesen beiden fesseln für jeden nötig, der sie verstehen will. eben dieselben leute, welche über die typische stilisirung der tragödie klagen, reden dem Aristophanes die klagen über die bettelhaftigkeit euripideischer helden nach, die doch nur dadurch eingegeben sind, daſs das athenische durchschnittspublicum, an die conventionelle epische stilisirung gewöhnt, es unschicklich fand, daſs könig Telephos sich trug und betrug wie ein armer reisender von dazumal. die wahre kunst ist immer anachronistisch und läſst ihre geschöpfe fühlen reden und sich tragen, wie sie es im leben kennt, und sie lebt darum im widerstreite sowol mit dem conventionellen stile, den sie überkommt, wie mit der trägheit der denkfaulen zeitgenossen. wer dem dichter gerecht werden will, wird ihn auf kosten des conventionellen erheben. für unsere anschauung ist es ein greulicher zopf, daſs die classische tragödie Frankreichs nur könige oder doch standespersonen als helden duldet und kein schnupftuch auf der bühne nennen kann: aber ihre dichter sind dichter, weil Andromache eine vollblutfranzösin ist und Mahomet der verbrecherische betrüger, den sich die aufklärung allein als religionsstifter denken kann. eine ähnliche abstraction von dem conventionellen costüm fordert auch die attische tragödie. ohne zweifel sind in Euripides Orestes die personen ziemlich alle lumpen, wie die peripatetiker klagen, aber deshalb ist das drama mit nichten schlecht. hier zeichnet Euripides Helene als coquette weltdame und Menelaos als einen schwachmütigen aber nicht bösartigen egoisten. ein par jahre zuvor war in der Helene derselbe als ein sentimentaler, wenig gescheiter aber im entscheidenden augenblicke entschluſsfähiger mann, Helene als eine etwas verblühte tugendrose neben dem polternden barbarischen dummkopf Theoklymenos eingeführt. daſs dies verfahren dem wesen der sage gewalt antat, und so der greise dichter selbst den beweis lieferte, daſs die tragödie ihre existenzberechtigung verloren hatte, ist unbestreitbar: aber die bewuſst geübte fähigkeit der individuellsten charakterzeichnung liegt zu tage. und ist etwa die aulische Iphigenia und ihr Achilleus, ist die verliebte Andromeda, ist Pentheus im gröſsenwahnsinn nicht für alle zeiten damals charakterisirt, und ist die *flebilis Ino*, die *Medea ferox* und auch die schwesterlichste Antigone, der redliche Neoptolemos auf anderm wege als durch die dichterwillkür der tragiker geschaffen?

Weil die dichter noch aus eigner machtvollkommenheit die ἤϑη

schufen, hatten sie auch allein die möglichkeit, einen charakter sich entwickeln zu lassen. nicht blofs die Klytaimnestra des Aischylos tut es, da
sie in drei dramen hintereinander auftritt: Medeia sehen wir zur ver-
brecherin werden, Phaidra, Hekabe, Kreusa sind vollkommene gemälde
psychischer krankheiten. dafs Bellerophontes die tragödie der menschen-
feindschaft war, können wir nur noch ahnen: Herakles aber zeigt uns
die krankheit und die heilung zugleich. das war nicht mehr möglich,
als die tragischen personen wirklich zu typen geworden waren: Seneca
lehrt es genugsam, und hat doch auch eine Medea und Phaedra gedichtet.
das ward aber schon viel früher weder verstanden noch geschätzt. der
fluch des menandrischen lustspiels ist es, dafs es χαρακτῆρες gibt wie
Theophrastos sie gezeichnet hatte — ob sie anonym blieben oder Philon
und Chremes hiefsen, macht wahrlich keinen unterschied. und schon bei
Aristoteles sehen wir, dafs er so gröblich sich versehen kann, die aulische
Iphigenie zu tadeln, weil sie nicht entweder lediglich als schlachtopfer
weint, oder als heldenjungfrau mutvolle reden hält. es war nur eine consequenz davon, dafs seine schüler der Medeia die regungen der liebe zu
ihren kindern verübelten[67]).

In diesen dingen sehen wir die freiheit der dichter gegenüber der
sage, die unvergessen bleiben mufs, zumal wenn man der sage endlich
das ihre gibt. aus den charakteren wird die handlung motivirt: die handlung aber war gegeben, also· auch der ausgang. da wird die moral fordern, dafs der dichter so motivire, dafs die poetische gerechtigkeit befriedigt wird. und wirklich hört man oft, dafs die antike tragödie, wenn
sie auch sonst ein überwundener standpunkt wäre, in grofsartiger naivetät
schuld und strafe in ihrer unerbittlichen verkettung darstellte. Schiller
hielt seine Braut von Messina doch wol für eine tragödie in antikem
sinne, und in ihr soll ja die schuld, der übel gröfstes, böses fortzeugend bis
zum allgemeinen untergange dargestellt sein. derselbe Schiller hat auch
mindestens mit verschuldet, dafs die Athener in den geruch des fatalismus
geraten sind. in der ersten classe der mädchenschule, in den aesthe-
tisch-kritischen ergüssen der monatsschriften, also dort wo man im
vollbesitze der allgemeinen bildung ist, auch in poetiken, die sich an
diese kreise wenden, ist es eine ziemlich ausgemachte sache, dafs Sophokles
und Müllner schicksalstragödien verfafst haben. und ganz besonders weiden
sich die christlichen von heute, schwarze wie graue, daran, dafs die blinden
heiden ein recht blindes schicksal geglaubt hätten, das den menschen sünde

---

67) Hypothes. und schol. 922.

tun ließ, die er nicht verschuldete, und ihn dann strafte für taten, die er
nicht auf dem gewissen hatte. die sprünge mittelst deren man das blinde
schicksal neben der verkettung von schuld und strafe halten zu können
vermeint, brauchen nicht vorgeführt zu werden. es liegt ja auf der hand,
daß beides sich ausschließt und eines so falsch wie das andere ist, in
wahrheit nichts als eine gedankenlose verallgemeinerung des eindrucks,
den einerseits die Orestie, andererseits der Oedipus macht. auch das
liegt am tage, daß hier ein maßstab angelegt ist, den die Hellenen gar
nicht gekannt haben. die antike theorie des dramas hat niemals an
solche dinge gedacht noch denken können, zumal mit Aristoteles ist
es alles ganz unvereinbar, und gar den Athenern des 5. jahrhunderts
den glauben an ein blindes schicksal, den kalten faulen determinismus,
zuzutrauen ist schlimmer als lächerlich. die Athener erzeugten ja damals
die Sokratik. und was würde Sokrates dem prediger des unfreien willens
anders sagen, als 'das ist weibergerede'. Shakespeare nicht anders. 'ist's
mein schicksal, gut, ist's nicht, auch gut' so redet sein frauenschneider
Schwächlich. das problem der willensfreiheit liegt dem 5. jahrhundert
ganz fern, dessen philosophisches interesse vielmehr dem erkenntnis-
theoretischen probleme zugewandt ist. und auch die ethik fragt zunächst
nach der berechtigung der wertschätzung moralischer handlungen. es
wäre schlimm, wenn man an die absurdität dieses modernen geschwätzes
noch mehr worte verlieren sollte: philosophie geschichte poesie sträuben
sich gleichermaßen dagegen.

  Gewiß, die tragödie ist ein weltbild, und sie schildert die menschen
in ihrem handeln und leiden. also muß sie bewußt oder unbewußt die
ewigen probleme der menschlichen verantwortlichkeit und der göttlichen
gerechtigkeit behandeln. aber da das leben fortwährend sowol für wie
gegen den determinismus, für wie gegen die theodicee zu zeugen scheint,
wird auch sein abbild diese widersprüche zeigen. und da auch die einzelnen
dichter bewußt oder unbewußt zu diesen problemen stellung nehmen
müssen, werden ihre werke so oder so eine antwort geben. anders wird
aus Aischylos der glaube an einen allgütigen weltenherrscher reden als die
protagoreische sophistik aus Euripides. aber das ist die individuelle sache
der dichter. sie lehren ihr volk was sie ihr herz heißt. mit ihrem dichterberufe oder gar mit der dichtgattung, deren sie sich bedienen, hat der inhalt ihrer lehre nicht das mindeste zu tun. wir mögen immerhin urteilen,
daß die höchste und herrlichste tat des dichters erst die sein wird, welche
im menschengeschicke den triumph der idee des guten so zu offenbaren
weiß, wie es Aischylos vermocht hat. wir mögen recht haben, wenn

uns die hehre weihe, die das ende des Oedipus verklärt, teurer ist als das herzzerreißende bild des geblendeten, der vergeblich um den tod bittet. allein der dichter, der mit gleicher glaubenswahrheit die grellsten disharmonieen ertönen läßt, die der menschen wollen und sollen und können, der menschen streben und gelingen durchziehen, hat das gleiche recht, und auch er erfüllt seinen erhabenen dichterberuf. vollends die s. g. poetische gerechtigkeit ist ja überhaupt nur für den pöbel da, der den schluß des Lear nicht verträgt, Hamlet auf den thron führt, und die Wahlverwandtschaften unmoralisch, Kain gotteslästerlich findet. dieser pöbel existirt für die attischen tragiker so wenig wie für Shakespeare und Byron. was Euripides hinter mehrere dramen als schlußwort gesetzt hat, könnte hinter jedem attischen, hinter jedem drama von Skakespeare stehen:

$$πολλαὶ μορφαὶ τῶν δαιμονίων,$$
$$πολλὰ δ' ἀέλπτως κραίνουσι θεοί.$$
$$καὶ τὰ δοκηθέντ' οὐκ ἐτελέσθη,$$
$$τῶν δ' ἀδοκήτων πόρον ηὖρε θεός·$$
$$τοιόνδ' ἀπέβη τόδε πρᾶγμα.$$

man hat das trivial genannt. sei dem so. sei es etwas höheres, wenn das drama lehrt, daß das schicksal mit dem menschen spielt wie die katze mit der maus, oder daß der gott dem menschen neidisch sein glück nicht gönnt, oder daß er wenigstens in jedem fünften acte die zeche macht und jeden so viel zahlen läßt wie er auf dem kerbholz hat — das attische drama gehen alle diese schönen sachen darum doch nichts an. der dichter beabsichtigt auch nicht zu zeigen, wie sich zwei widerstreitende gewalten zerreiben wie zwei mühlsteine, noch will er sein publicum zu einer woltätigen entladung von furcht und mitleid sollicitiren: er beansprucht nur, eine merkwürdige geschichte dargestellt zu haben. Theophrastos war nicht geistreich, die rechte famulusnatur war er neben Aristoteles, aber wenn er es ist (wie er es wol sein wird), der die tragödie ἡρωικῆς τύχης περίστασις genannt hat, im gegensatze zu der ἰδιωτικῶν πραγμάτων ἀκίνδυνος περιοχή, der komödie (Diomedes p. 488 K.), so ist das trotz einiger trivialität gar nicht so übel, und namentlich würde es die modernen von den irrgängen tief- und scharfsinniger construction auf das geschichtliche object haben zurückleiten können.

Indessen auch alle diese irrtümer wollen wir nicht bloß abweisen, sondern auch erklären. auch sie kommen daher, daß man der sage vergaß, welche in die gedichte zumal der greise Euripides und Sophokles allerdings befremdliche disharmonie hineingetragen hat. weil die sage die tatsachen gibt (und so sieht sie ja selbst Aristoteles an), hat der dichter

ausgangspunkt und ziel, wenigstens in den meisten fällen, und aus sich
findet er nur den weg. auch dem publicum ist der ausgang bekannt: über-
raschungen im fünften acte kann die attische tragödie nicht wol geben; die
'spannung' der zuschauer in der rohen weise, wie sie ein dutzendroman
zu erregen sucht, kann sie gar nicht ermöglichen. nun treiben es die
dichter aber nicht selten so, daſs sie die handlung einen weg führen, der
der wahrscheinlichkeit nach nicht zu dem unvermeidlichen ziele führen
kann. das muſs dann also gewaltsam erreicht werden, denn der ausgang
ist ja eine notorische tatsache, und so rufen sie das schicksal an, das in
wahrheit nur ein ausdruck für den zwang der sage ist, der auf dem
dichter liegt. er hilft sich mit diesem deus ex machina aus der verlegenheit, und die einführung des wirklichen maschinengottes ist im grunde
nur das eingeständnis dieser verlegenheit. sein aufkommen ist freilich
ein beweis dafür daſs die dichter die harmonie mit der sage verloren
haben, und also ein symptom des baldigen endes für die nicht mehr innerlich berechtigte tragödie. aber mit den metaphysischen überzeugungen
oder gar der religion der dichter hat er nichts zu tun, geschweige mit
der ihres volkes[68]).

Häufig fragen die leute auch, wie es denn zugehe, daſs die Griechen
keine historische tragödie gehabt hätten; denn die tastenden versuche
der ältesten zeit, zu welchen die analogie der chorischen lyrik verführte,
hat man ja rasch und entschieden aufgegeben. die frage selbst zeigt,
wie wenig die grundbegriffe erkannt sind. die Griechen haben ja in
wahrheit nur historische tragödien gehabt: selbst Aristoteles hält ja die
sage für geschichte. was man mit jenem verkehrten worte wirklich
fragt, ist nur das, warum haben die Athener nicht die gegenwart oder
die nur novellistisch verarbeitete jüngste periode, die freilich damals
schon nach jahrhunderten zählte, für die tragödie verarbeitet, also z. b.
warum hat Sophokles nicht einen Periandros oder Kroisos nach Herodot
gedichtet. und auch hier ist die antwort gegeben: die tragödie bearbeitet
eben die heldensage, weil sie die erbin des epos ist. weshalb die helden-

---

68) Mitgewirkt hat zu dem modernen glauben an die schicksalstragödie die
vorliebe, welche Sophokles für orakel hat, eine manier, die noch viel tiefer in die
ökonomie des dramas eingreift als der maschinengott. der moderne kann in den
orakeln natürlich keine hinreichende motivirung der ereignisse und höchstens rohe
willkür des gottes sehen. Sophokles, auch hierin mit Herodot einer meinung, hat
aber ohne zweifel an orakel geglaubt und, auch wenn er sie erfand, durchaus wahrscheinlich zu erfinden gemeint. für den gläubigen sind das tatsachen, die er so gut
wie alle andern mit seiner Weltanschauung in einklang bringen muſs und wird, wie
auch immer diese sonst beschaffen ist.

sage sich auf jenen engen kreis beschränkte, ist oben ausgeführt; der grund hat für die tragödie keine bedeutung mehr, aber sie stand vor der gegebenen tatsache. sie vermochte wol hie und da jenen kreis zu erweitern, und das hat sie redlich getan, allein sie hätte sich selbst aufgeben müssen, wenn sie mit der heldensage gebrochen hätte. noch in seinem letzten lebensjahre hat Euripides dafür den schlagendsten beleg geliefert. er wollte Archelaos von Makedonien verherrlichen: aber er tat dies, indem er ihm einen heroischen ahn gab, der sich wenigstens an die Heraklidengeschichte angliedern konnte.

So führt eine jede betrachtung zuletzt auf das verhältnis der tragödie zur sage zurück. darin liegt die wurzel ihres wesens, daher stammen ihre besondern vorzüge und schwächen, darin liegt der unterschied der attischen tragödie von jeder andern dramatischen poesie, die seitdem gekommen ist, wahrscheinlich auch, die kommen wird. es ist eine torheit den vorzug der classicität für die dramen Athens zu fordern, eine torheit aus ihnen den begriff des dramatischen abzuleiten, eine torheit bestreiten zu wollen, daſs die letzten drei jahrhunderte gedichte erzeugt haben, welche den attischen gedichten gleichwertig sind. allein die attische tragödie im ganzen ist allerdings mehr als die dramatische poesie irgend einer anderen zeit, denn sie ist nicht nur die letzte erhabene poesie, die die Hellenen hervorbringen, und es dauert anderthalb jahrtausende, bis in Dante etwas vergleichbares auf erden entsteht: es redet durch sie das fühlen und denken eines ganzen volkes, und die zeit, wo sie blüht, ist ihres volkes blüte. die ganze geschichtliche entwickelung der Hellenen strebt auf 'diese zeit zu, die ganze entwickelung der hellenischen poesie strebt auf die tragödie zu. somit ist sie nicht nur ein geschichtliches object von ganz einziger bedeutung, sondern es wird auch jede theoretische untersuchung nicht bloſs der dramatischen sondern überhaupt aller poesie jämmerliches stückwerk sein, wenn sie nicht die attische tragödie verstanden hat. das kann sie nicht aus sich, würde sie selbst beim besten willen nicht können. die philologie aber verwirkt das recht, kenntnislose hoffart und flache geistreichigkeit zurückzuweisen, wenn sie nicht ihre pflicht erfüllt und das rechte, das geschichtliche verständnis der philosophischen betrachtung übermittelt, auf daſs diese dann in voller freiheit damit schalte. weil er (wie zu unterschiedlichen anderen schätzen) zur attischen tragödie allein die schlüssel führt, werden poesie und philosophie in alle ewigkeit des philologen nicht entraten können.

3.

GESCHICHTE DES TRAGIKERTEXTES.

Die tragödie ein buch. Das fünfte jahrhundert macht in allen stücken der archaischen cultur ein ende und legt den grund zu der modernen. auch das buch ist seine schöpfung: und die attische tragödie, ihrem wesen nach von einem buchdrama so entfernt wie keine andere, hat den anstofs zu der erschaffung des buches gegeben. die ersten wirklichen bücher sind die attischen tragödien gewesen.

Die pflege des epos und im anschlusse daran die der elegie und des iambos hatte in den händen eines standes gelegen, der von ihrem vertriebe lebte. die rhapsoden besafsen natürlich textbücher, aber sie trugen aus dem gedächtnis vor, und das publicum genofs die poesie ausschliefslich mit dem ohre. als diese poesie der hauptgegenstand des schulunterrichts ward, brauchte der lehrer (γραμματιστής und κιθαριστής) ein hilfsbuch für sein gedächtnis; der schüler schrieb sich seine bücher selbst. es lag die möglichkeit vor, dafs ein liebhaber sich eine büchersammlung zusammen schrieb oder schreiben liefs; die im einzelnen unbeglaubigten bibliotheksgründungen von Peisistratos und Polykrates sind an sich ganz glaublich. ein gelehrter dichter wie Pindaros mufs eine stattliche sammlung von schriftwerken gehabt haben, da er sie für sein handwerk brauchte: es sind das aber auch für ihn nur 'hilfsmittel für das gedächtnis', ὑπομνήματα. bücher sind sie nicht, so wenig wie die acten in den staatlichen oder privaten archiven, die abschriften von gesetzen, orakelsprüchen, chroniken. es fehlt der act der publication, das lesepublicum, der buchhändlerische vertrieb. lesepublicum und act der publication sind vorhanden für die gesetze und die sonstigen öffentlichen verordnungen und bekanntmachungen, die auf den märkten, an den strafsen, in den heiligtümern, wenn sie dauernde geltung haben, auf erz oder stein, wenn sie vergängliche bedeutung haben, auf holz geschrieben stehn: in gewissem sinne sind das 'bücher' oder können dazu werden, und wol mag man die gesetze Solons in dem sinne das älteste attische buch nennen wie die XII tafeln das älteste römische. aber diese bücher bestehen nur in einem exemplare oder doch in wenigen, wie der besondere zweck sie erheischt; vertragsurkunden werden z. b. bei jedem paciscirenden teile und zuweilen noch an stätten, die allen gleich heilig sind, aufgestellt; die hypothekensteine stehen auf jedem acker, den die hypothek belastet, u. dgl. aber diese ausfertigungen sind alle originale. abschriften können sich in den händen von privaten befinden, werden es häufig tun, tragen aber alle nur den charakter von ὑπομνήματα.

Die gedichte der lyriker waren noch viel mehr als das epos an das lebendige wort gebunden, und gerade die wichtigsten und umfangreichsten, die chorischen, waren zumeist gelegenheitsgedichte. ob sie sich länger erhielten, hieng von dem beifall ab, den sie fanden. nun schrieb sie freilich der dichter nieder, schon weil er sie oft in die ferne verschickte, und der chormeister, der sie einstudirte, brauchte wie der rhapsode ein ὑπόμνημα. wenn ein heiligtum sich für bestimmte feste ein solches gedicht hatte machen lassen, so gehörte eine abschrift zu den acten. es gab ferner auch gilden von sängern und tänzern, welche nicht ohne einen schatz von gesängen, die sie zur verfügung hatten, denkbar sind. auch in den schulunterricht traten die lieder sehr früh ein — es wiederholen sich also dieselben erscheinungen wie bei dem epos. hinzu tritt nur, daſs auch die sangweise zu überliefern war. für diese muſs es somit irgend eine gedächtnishilfe auch gegeben haben. allein noch viel mehr als die worte muſste sich die musik in den fachmännischen kreisen halten, und in wie weit ihre überlieferung eine vollständige war oder nur andeutungen gab, läſst sich nicht sagen. die modernen, welche so reden als ob nicht nur sie partituren von Klonas und Sakadas gelesen hätten, sondern als ob es deren je gegeben hätte, lassen ihre durch keine geschichtliche kritik gezügelte phantasie spielen. im übrigen ist selbstverständlich, daſs man später, als man die gedichte von Pindaros Simonides Sappho buchmäſsig vertrieb, lediglich das interesse des lesepublicums im auge hatte, das diese gedichte nicht mehr sang: also damals muſste die bezeichnung der melodie, so weit sie bestanden hatte, notwendig als ein unnützer ballast fortgeworfen werden.

Ein philosoph oder sonst ein weiser mann des 6. jahrhunderts war auf die poesie und ihren rhapsodischen vertrieb angewiesen gewesen, wenn er auf das publicum wirken wollte. so haben es nachweislich Xenophanes und noch Empedokles gehalten, in keiner weise anders als die theologen, nur dafs diese die mythischen namen Orpheus Epimenides Musaios vorschoben. die Ionier, welche diesen weg verschmähten, schrieben in prosa; aber bücher schrieben sie nicht. sie zeichneten ihren λόγος auf, legten ihre ἱστορίη dar: das waren ὑπομνήματα, mochten sie auch eine so feste form gewonnen haben wie die gesetze des staates. denn zunächst berechnet waren diese aufzeichnungen, abgesehen von der befriedigung des eignen triebes zu schaffen und zu gestalten, auf den kreis der γνώριμοι und ἑταῖροι. diesen trugen die schriftsteller teile oder auch das ganze vor, gaben sie es zu lesen und abzuschreiben. aber was sie ihnen mitteilten war der λόγος und die ἱστορίη, nicht das buch als solches. die schrift blieb auch hier nur unterstützung des gedächtnisses: die verwendung welche solche bücher in Platons Theaetet finden, illustrirt das am besten. wenn die schüler dann in die ferne zogen oder den meister beerbten, so konnten sie die originale schrift im ganzen oder in teilen erhalten wie sie war, sie konnten sie ebensogut umarbeiten, so dafs es ihr λόγος ward, und so weiter geben. so wenig wie der begriff des geistigen eigentums, den die bettelarmut der modernen schriftsteller so hoch hält, existirte der moderne begriff des buches. die schriftmasse, die nach Hippokrates, und sogar noch die welche nach Aristoteles heifst, versteht niemand, ehe er von diesen uns selbstverständlichen begriffen abstrahirt hat. die sophistik erzeugt sich dann ihr organ, den epideiktischen vortrag, eine neue rhapsodik, und auch dafür gibt es ὑπομνήματα der vortragenden wie der hörer. ein Euthydemos brauchte einen schatz von sophistischen kunststückchen so gut wie der seher einen schatz von sprüchen, der parasit einen von anekdoten[1]), und der hörer besafs gern schwarz auf weifs, wofür er schweres geld erlegt hatte. auch für diese sorte von schriftwesen liefert die hippokratische sammlung die besten belege: consistenz und dauerhaftigkeit gewinnt aber selbst die geschriebene rede erst durch die entstehung des buches, also erst in Athen im gefolge der tragödie.

In der tragödie entstand mit wunderbarer schnelligkeit eine neue überaus reiche poesie, die das epos in jeder hinsicht ersetzen konnte. aber jedes einzelne werk war wie alle chorische poesie nur auf eine vorführung

[1) Isokrates aegin. 5. ein seher hinterläfst einem freunde aufser einem legate τὰς βίβλους τὰς περὶ μαντικῆς. das wiederholt sich dann bei den wanderpredigern des christentums, 2 Timoth. 4, 13, Usener Weihnachtsfest 94. der Gelasimus des plautinischen (menandrischen) Stichus will die bücher seiner kunst verkaufen und präparirt sich dann daraus. der Saturio des Persa (392) hat einen kasten voll bücher und will einem mädchen 600 echt attische witze daraus zur aussteuer geben.

berechnet, und die gelegenheiten zu einer wiederholung waren zuerst gar nicht vorhanden, später kümmerlich. der umfang der gedichte schloſs die bewältigung durch das gedächtnis aus, zumal jedes jahr neues gleichwertiges brachte. auch ward Athen zwar von tag zu tag mehr die geistige ·hauptstadt, aber längst nicht jeder, der an der tragischen poesie anteil nehmen wollte, konnte die attischen aufführungen besuchen. den Homer kannte ein um 500 geborener aus der schule, den Theognis und einiges von Stesichoros auch: von Simonides dies oder jenes kennen zu lernen, fand sich wol die gelegenheit. es war nicht so viel was die litteratur der letzten zeiten erzeugt hatte: aber nun, die fülle von tragödien — es gab kein anderes mittel sie kennen zu lernen als die lectüre: das buch war für das publicum ein bedürfnis. die dichter aber erhoben den anspruch die lehrer des ganzen volkes zu sein, sehr viel bewuſster als Homer, sehr viel mehr ins weite als Pindar. durch die einmalige aufführung konnten sie die gewollte wirkung nicht ausüben; es lag also auch für sie das bedürfnis vor dauernd mit dem publicum zu verkehren, durch das buch zu wirken. und die centralisirung des geistigen lebens fiel mit dem wirtschaftlichen aufschwunge Athens zusammen, so daſs die möglichkeit für einen buchhandel gegeben war. all das führte mit notwendigkeit zur veröffentlichung des dramas durch den dichter für die lectüre.

Von einem buchhandel, dem exporte von büchern, dem vertriebe auf dem attischen bazar hören wir durch allbekannte schriftstellen seit dem ende des 5. jahrhunderts. daſs die werke der tragiker in den händen des publicums vorauszusetzen sind, sagt ausdrücklich Aristophanes auch erst in den Fröschen (1113), aber seine polemik lehrt seit den Acharnern, daſs das publicum so vollkommen mit den werken der zeitgenössischen dichter[2]) vertraut ist, wie es nur die lectüre ermöglicht.

Es tritt aber auch das drama wirklich als buch auf. vorab hat es einen titel, den ihm sein verfasser gegeben hat. dazu ist es freilich gekommen, weil die anmeldung bei dem archon, der den chor zu vergeben hatte, auch wol die ankündigung des chores beim proagon oder auch agon einen namen forderte. aber erst jetzt gibt es wirklich einen titel. die epischen gedichte haben ihn erst lange nachdem sie bestanden erhalten, zum teil so zufällig wie $K \acute{\upsilon} \pi \rho \iota \alpha$, $N \alpha \upsilon \pi \acute{\alpha} \varkappa \tau \iota \alpha$ $(\check{\epsilon} \pi \eta)$, so wenig bezeichnend wie $^{\prime} I \lambda \iota \grave{\alpha} \varsigma$ $(\pi o \acute{\iota} \eta \sigma \iota \varsigma)$, so ungeschickt wie $^{\prime\prime} E \rho \gamma \alpha$ $\varkappa \alpha \grave{\iota}$ $^{\prime} H \mu \acute{\epsilon} \rho \alpha \iota$. die lyrischen gedichte haben keinen individualnamen: denn wo ein solcher bei den

---

2) Aischylos war damals doch schon etwas mehr verblaſst. Er wird von Aristophanes Vög. 807, Thesm. 134, Lys. 188 mit nennung des namens citirt. auch benutzen die Frösche einen verhältnismäſsig beschränkten kreis von dramen.

grammatikern orscheint, tritt ein bescheidenes buchzählen daneben auf.
so geschieht es mit den gedichten des Stesichoros, wo zudem homo-
nymien stören, und Korinna; sonst ganz vereinzelt³). auch in der tragödie
ist zuerst ein schwanken; *Λυκουργεία* (*ποίησις*) folgt der epischen
weise; *Προμηϑεύς* mufs als name für einen complex von drei chören
gelten, und daneben sicher noch für ein satyrspiel desselben verfassers.
Αἴτναι oder in der komödie *'Αρχίλοχοι* zeigt die bald verschwindende
verwendung des plurals statt einer ableitung. aber Euripides ist mit der
namengebung ersichtlich ganz überlegt verfahren. und so dann die
komiker, und die prosa, als sie sich zum buche erhebt. dafs Herodot
und Thukydides so wenig wie alle die alten philosophen einen anderen
titel für ihre bücher gehabt haben als die eingangsworte, der und der
sagt das folgende, oder ähnlich, ist wol von den verständigen jetzt ein-
gesehen⁴): die titel, die wirklich als die ältesten gelten können, *Γοργίου*
*'Ελένη, 'Αλέξανδρος, Προδίκου 'Ωραι, Πλάτωνος Φαῖδρος, Πολυ-
κράτους Βούσειρις* und noch *'Ισοκράτους Φίλιππος, 'Αριστοτέλους
Εὔδημος* zeigen die abhängigkeit von *Εὐριπίδου 'Ελένη 'Αλέξανδρος.*
    Sodann zeigt die äufsere ausstattung die bewufste fürsorge für den
leser. vereinzelt in der tragödie, häufig in der komödie haben die grammatiker bühnenanweisungen, *παρεπιγραφαί* vorgefunden, und auch auf
uns sind einzelne gekommen⁵). dem regisseur, der das stück künftig

---

3) *Σιμωνίδου Ναυμαχία*; das kann ein aus dem inhalte geschöpfter name
sein, kann aber auch für ein dankfest an die Artemis *προσηφία* bestimmt gewesen
sein, und dann ist es nicht anders als *'Ιβυκος ἐν τῇ εἰς Γοργίαν ᾠδῇ* u. dergl. das
lob des Leonidas (4) ist ohne jeden grund und sehr verkehrt in dieses gedicht gesetzt. über dithyrambennamen oben s. 64, anm. 30 und 85 anm. 52.

4) Vgl. z. b. Diels Herm. 22, 436. der anfang von Hekataios Herodot Thukydides
liegt ja vor. auch der des Herakleitos fordert vor *τοῦ λόγου τοῦδε* ein *'Ηράκλειτος
'Εφέσιος ὧδε λέγει.* auch ein auffälliger anfang mit einer adversativpartikel wird
verständlich, z. b. Ions *τριαγμοί.* (*'Ιων Χίος τάδε λέγει·*) *ἀρχή δέ μοι τοῦ λόγου·
πάντα τρία.* debatten über den namen des heraklitischen werkes, verwunderung
darüber, dafs die alten philosophen ihre bücher *περί φύσεως* genannt hätten, zweifel
daran, dafs dasselbe buch unter verschiedenen namen bei späteren citirt wird, fallen
so in nichts zusammen.

5) Uns sind nur zwei *παρεπιγραφαί* erhalten (A. Eum. 117—29, E. Kykl. 485),
und schon den grammatikern fiel dieser unterschied der tragödie von der komödie
auf. die wichtige stelle steht in einem *ζήτημα* zu Eur. Or. 1384 *'Ίλιον—ὧς σ'
ὀλόμενον στένω ἁρμάτειον ἁρμάτειον μέλος βαρβάρῳ βοᾷ.* da zerbrach man sich
über *ἁρμάτειον* unnütz den kopf. *'Απολλόδωρος ὁ Κυρηναῖος παρεπιγραφήν λέγει*
(Kirchhoff: *ἐπιγράφει λέγων* codd.) *τὸ ἁρμάτειον* (Schwartz: *ἁρμόδιον*) [*ὦ 'Ίλιον*].
εἰ δ' ἦν παρεπιγραφή, ἅπαξ ἄν [ἐπ]εγράφετο [τὸ 'Ίλιον ἀπώλετο]. Apollodor
meint, die worte *ἁρμάτειον ἁρμάτειον μέλος* gehörten nicht dem sänger, sondern

einmal einzustudiren hat, kann so etwas wenig helfen wie 'heftiges stöhnen' 'er lacht' 'gesang von innen', 'sie nicken', 'er gibt ihm eine ohrfeige'. und unmöglich würde sich eine regievorschrift in der nur ausnahmsweise wiederholten komödie häufiger finden können als in der tragödie. aber für den leser hat es allerdings seine annehmlichkeit, und wir sind deshalb in unseren dramen daran gewöhnt. wer es gesetzt hat, hat es aus dieser rücksicht gesetzt: und das ist in der komödie unmöglich ein anderer gewesen als der welcher das buch machte. nirgend aber liegt ein hinderungsgrund vor, in diesem den dichter zu sehen.

Aber auch der text selbst legt trotz aller entstellung beredtes zeugnis dafür ab, dafs er auf eine niederschrift aus der zeit des dichters, d. h. auf die handschrift oder das dictat des dichters am letzten ende zurück-geht. in gewissem sinne ist das freilich auch von Pindar, Epicharm und schon von den compilatoren der uns erhaltenen epen wahr. allein zwischen dem original, auf welches unsere überlieferung in jenen dichtern führt, und der wirklichen urschrift liegen viele oder wenige mittel-glieder, die den überkommenen text in stark umgeformter gestalt weiter gaben. es ist kein willküract aus bestimmter absicht vorgenommen, sondern es hat sich der text allmählich modernisirt, unter dem drucke bestimmter geschichtlich zu erfassender momente. und gerade wer diese zu beurteilen vermag, sich also über die glaubwürdigkeit der überlieferung keinen illusionen hingibt, wird sich am meisten vor der schlimmeren illusion hüten, selbst das original herstellen zu können, so oft er auch im einzelnen etwas grofses oder kleines berichtigen kann. aber für die tragiker, und die tragiker zuerst, ist das original, auf welches unsere über-lieferung zurückführt, auch wirklich das original. seitdem das gespenst einer umschrift aus dem attischen in das ionische alphabet völlig ver-

---

wären bühnenanweisung für das orchester. er wird aber schlagend damit widerlegt, dafs dann ἁρμάτειον nicht verdoppelt sein könnte. die schreiber, die das nicht ver-standen, haben die glossen eingeschwärzt. ὦ Ἴλιον erklärt σε, τὸ Ἴλιον ἀπώλετο steht zu σ' ὀλόμενον. ein auszug des scholions lautet τινὲς τοῦτο παρεπιγραφὴν εἶναι ὥ εἰς τὰ κωμικὰ δράματα, in der form byzantinisch, wie εἰς für ἐν zeigt, dem inhalt nach gut, da auch so die erklärung jenes Apollodor unwahrscheinlich gemacht wird. als unmöglich erschien eine tragische παρεπιγραφή offenbar auch damals nicht. für die komischen hat Holzinger (Parep. bei Aristoph. Wien 1883) das material nützlich vermehrt und namentlich gezeigt, dafs einzelne wirklich auf die zeit des dichters zurückweisen. seine eigne erklärungsart ist freilich fast lächerlich, und abgesehen von anderen misgriffen hat er die byzantinische verkehrtheit, die er bei Tzetzes anerkennt, bei womöglich noch jüngeren scholien zu Arist. und Eurip. in alte echte gelehrsamkeit umgedeutet.

trieben ist⁶), kann man daran nicht aus allgemeinen gründen mehr zweifeln. und der commentar zu dem einzigen Herakles lehrt (zu grofser überraschung seines verfassers), dafs die scheinbare regellosigkeit der feinen dialektischen unterschiede, welche die überlieferung bietet⁷), bei der nötigen individualisirenden betrachtung sich sehr wol verstehen läfst: man vergleiche damit die vollkommene confusion in der überlieferung Pindars, der doch seit Aristophanes von Byzanz wenig gelitten hat, oder die plumpe gleichmacherei und die solöcismen, welche antiker aberwitz in den Herodot, W. Dindorf in die tragiker, Fick in alles dessen er habhaft wird hineinträgt, um sich zu überzeugen, dafs wirklich die handschrift der dichter selbst zu grunde liegt, und die entstellung, so grofs sie sein mag, nur dem einzelnen irrtum und der nachlässigkeit schuld gegeben werden kann. die orthographischen sünden sind zudem in überwiegender menge jünger als die Alexandriner, und daneben zeigen sich erscheinungen, die schlechterdings nur aus den originalen stammen können. in der 2. person sing. pass. gilt den atticisten -ει für attisch, und die Engländer haben es also den tragikern aufgezwungen gegen die überlieferung, die ηι erhalten hat. ηι fordert die sprache als das organische. wir wissen, dafs erst seit 360 etwa in der aussprache ηι und ει zusammenfiel, und zwar ει gesprochen ward, dafs dann dies ει monophthongisch teils e teils i ward, die grammatiker aber, wo sie das organische erkannten, die historische schreibung ηι herstellten. aber in der betreffenden form erkannten sie das organische entweder nicht oder beugten sich doch der angeblich attischen sitte. wie konnten sie da in der tragödie ηι schreiben, wenn es nicht überliefert war, und wie konnte es überliefert sein, wenn nicht auf der schreibung der bücher in ionischer schrift beruhte, die

---

6) Vgl. zu allem Hom. Unt. II 3. die möglichkeit, dafs Aischylos attisch geschrieben hätte, ist nach den durch Köhler (Mitteil. X 359) erschlossenen tatsachen nicht mehr vorhanden. ich war also nur zu zaghaft noch gewesen; um so mehr könnnen mir die leid tun, welche sich damit brüsten, dafs sie mir die leugnung einer umschrift nicht glauben. nur das ist zuzugeben, dafs sehr alte ionische poesie (z. b. Homer) aus altionischem in neuionisches alphabet umgeschrieben sein kann, und allenfalls inselgriechische poesie aus ihrem alphabet in ionisches. aber was dabei versehen werden konnte, erklärt in wahrheit gar nichts: nur wer erklärt, wie ἀντιάουσι zu ἀντιόωσι wird, erklärt wirklich etwas.

7) Aischylos ist allerdings so stark entstellt, dafs zeugnisse seines textes wesentlich nur, wenn sie etwas weder attisches noch s. g. dorisches bieten, glauben verdienen. Sehr belehrend ist für diese feinen abtönungen des vocalismus die vergleichung der theokritischen gedichte: was dort herrscht ist willkür, aber willkür des dichters, und die gleichzeitigen steinschriften liefern den urkundlichen beweis, dafs eine solche willkür geübt ward.

älter als 360 waren? ein anderer beleg ist, daſs sich im dialoge der altattische dativ plur. der ersten declination auf ησι, wenn auch vereinzelt nur, erhalten hat. und doch kann wenigstens Aischylos in dem ursprünglich ionischen iambos unmöglich den dativ auf αισι gebraucht haben; die grammatiker aber kannten kein wirklich altes attisch und wir haben es auch erst von den steinen gelernt[8]).

Das also läſst sich nicht bezweifeln, daſs buchausgaben der dramen von den dichtern besorgt sind, und daſs auf sie vornehmlich die überlieferung, die den Alexandrinern vorlag, zurückgieng. es würde überaus wichtig sein, wenn wir von dem aussehen dieser ältesten wirklichen bücher eine vorstellung gewinnen könnten. aber dazu ist kaum eine aussicht. die geringen orthographischen schwankungen, welche die schrift noch lieſs, kann freilich jedermann durch die steinschriften bequem übersehen; die mangelnde oder schwankende bezeichnung der hybriden e und o, die assimilation der einander berührenden consonanten, die willkür im setzen des paragogischen n und in der bezeichnung von elision und krasis sind kleinigkeiten. wichtiger wird es, daſs die interpunction unsicher bleibt. Aristoteles kennt nicht nur den querstrich am rande, der den schluſs eines satzes oder besser einer periode bezeichnet[9]), sondern auch die στιγμή, welche das zusammengehörige im satze abgrenzt, aber er setzt sie nicht in dem texte voraus[10]). es darf somit wol als wahrscheinlich gelten, daſs die bücher wesentlich wie die gleichzeitigen steine und die späteren bücher geschrieben waren. in ihnen ist dem leser fast nichts gegeben als die 'elemente', die buchstaben. wörter und sätze muſs er sich selbst bilden. die alte gute interpunction des 6. jahrhunderts ist wesentlich durch die entfaltung der litteratur und des buchhandels verdrängt worden. als das schreiben auf stein wie auf papier ein gewerbe ward, besorgten es leute,

Erste
periode der
text-
geschichte.

---

8) Bei Aischylos ist also sicherlich der dativ auf ησι αοι herzustellen, im dialog und in anapaesten. so bin ich im Agamemnon verfahren. es scheint aber nicht auszureichen, daſs man etwas tut, man soll dazu sagen, daſs man es tut. bei den beiden andern tragikern ist kein urteil möglich, weil die sprache zu ihren lebzeiten sich änderte. alle späteren setzen längere dative nur als archaismen. für die alexandrinischen epiker ergibt die prüfung der vortrefflichen überlieferung das was ich schweigend in meiner ausgabe des Kallimachos durchgeführt habe. die untersuchung über die ionismen des dialogs verspricht unter dem richtigen gesichtspunkte noch manchen ertrag: nur muſs man dazu von den steinen attisch gelernt haben. wer πύλησι für einen ionismus hält, hat allerdings nicht das recht mitzusprechen.

9) Rhet. III 3. er sagt παραγραφή; später παράγραφος.

10) Rhet. III. 5. das στίζειν ist ersichtlich aufgabe des lesers, oder höchstens des erklärers; der text selbst ist ursprünglich nicht interpungirt gedacht.

die ganz mechanisch buchstabe für buchstabe setzten; nach der zahl derselben wurden sie bezahlt. fehler, die dadurch entstehen, daſs der schreibende wortbilder im geiste hat, gibt es auf den steinen nicht, dagegen wol
auslassungen, verschreibungen und versetzungen von buchstaben. interpungiren kann man aber nur was man zu verstehen meint. absetzen der
verse ist für den dialog nach analogie des hexameters mit sicherheit zu
glauben. man mag denken, daſs die später ganz feststehende praxis schon
damals galt, die endlosen reihen von trochäischen iambischen anapästischen
metra nach dimetern abzuteilen, soweit nicht eine ungerade summe eine
abweichung forderte. denn die praktischen rücksichten empfehlen diese
schreibart allein, die in anapästen ziemlich die länge des trimeters gibt: daſs
unsere metriker von dimetern reden, zeigt nur, wie sehr sie mit den augen
messen. die dichter rechnen nicht mit dimetern: erst als die buchpraxis
eine buchmetrik erzeugt hat, in der kaiserzeit, gibt es welche. übrigens
mögen auch die trochäischen iambischen anapästischen tetrameter gebrochen sein, da sie überlange zeilen bilden und durch die beliebte
diaerese in der mitte leicht teilbar erscheinen. die chorlieder aber sind
ganz als prosa geschrieben zu denken, da ihre abgliederung erst den
grammatikern zugeschrieben wird, die die maſsgebenden ausgaben gemacht haben. dazu stimmt das einzige aus vorgrammatischer zeit inschriftlich erhaltene lyrische gedicht, der paean des Isyllos, während
die praxis der kaiserzeit in sorgfältigeren aufzeichnungen[11]), zwar nicht
glieder, aber perioden absetzt, nachlässigere schrift[12]) aber auch dann
noch jede gliederung vermissen läſst. selbst die personenverteilung kann
man nicht als voralexandrinisch mit sicherheit ansprechen, angesichts
dessen, daſs sie in den prosaischen dialogen so unvollkommen durchgeführt
ist[13]). an die einzeichnung von noten oder neumen ist von vorn herein

---

11) Z. b. wird der paean des Makedonios, CIA III 171[b], durch seine periodenteilung für die metrische theorie der hadrianischen zeit recht wertvoll.

12) Z. b. die auf dem Casseler stein CIA III 171 vereinigten gedichte.

13) Der gegenstand erfordert eine besondere Untersuchung, da die herausgeber
ungenügend über die handschriften berichten. die beischrift der abgekürzten personennamen kommt im altertum vor; am merkwürdigsten ist, daſs der Bankesianus des Ω
die redenden personen und den $Ποι(ητής)$ unterscheidet. Homer gehörte eben zu
dem $μικτόν$ $γένος$ wie Theokrit, halb $διηγηματικόν$, halb $δραματικόν$. in den
dramen tritt diese bezeichnung subsidiär neben der $παράγραφος$ auf, die noch häufiger
ist als in dem folgenden textabdrucke des Herakles und von Hephaestion bezeugt
wird. in den prosaischen dialogen stand sie am rande, z. b. im T des Platon (Schanz
Platocodex 5). natürlich ward so etwas sehr leicht übersehen, und z. b. der Clarkianus des Platon und die Leidenses der Ciceronischen dialoge bezeichnen den per

nicht zu denken, sintemal die bücher zum lesen bestimmt waren. alles zusammen genommen ist das aussehen von steinschriften gleicher zeit, die buchstabenformen abgerechnet[14]), gar nicht sehr verschieden zu denken, und es gehörte eine sehr ansehnliche vorbildung dazu diese bücher vom blatt zu lesen.

Zwei volle jahrhunderte hat der tragikertext sich in dieser weise ohne grammatische controlle durch den buchhandel fortgepflanzt. welchen fährlichkeiten er dabei ausgesetzt war, dem ist es müſsig nachzudenken, da das nicht gewuſst werden kann, was man vorab wissen müſste, die praxis in der herstellung und dem vertriebe der bücher. daſs man nicht eine fürchterliche verwüstung mit notwendigkeit aus der handschriftlichen vervielfältigung ableiten darf, lehrt die vorzügliche erhaltung, in welcher notorisch die hauptschriftsteller des 4. und 3. jahrhunderts vorliegen, Platon Isokrates Demosthenes, Lykophron Aratos Kallimachos. die klagen über fahrlässige schreiber, welche in der kaiserzeit und einzeln schon früher ertönen, sind eben so wenig beweiskräftig wie etwa moderne analogien, die ältesten drucke Shakespeares und die verwüstung des Goetheschen textes in den späteren Cottaschen drucken. aber auch für die zuverlässigkeit der überlieferung in dieser ersten periode der textgeschichte sind allgemeine erwägungen nur in so weit triftig, als die tragödie durch die feste buchform wenigstens gegen die zerstörung geschützt war, welche die hypomnematische litteratur nachweislich betroffen hat und betreffen muſste. der traurige zustand, in welchem schriften wie die hippokratischen περὶ εὐσχημοσύνης, περὶ φύσιος ἀνθρώπου, die διαλέξεις σκεπτικαί, die schrift vom staate der Athener, die schrift des Aineas von Stymphalos über belagerungen, vorliegen, muſs im wesentlichen schon in diesen jahrhunderten eingetreten sein. die einen unter diesen sind nur durch einen glücklichen zufall überhaupt in die zeiten gerettet worden, welche sich die conservirung der alten litteratur bewuſst zur aufgabe machten. irgend ein litterator des vierten jahrhunderts hatte sich an die Xenophontische schrift vom staate der Lakedaimonier von dem altattischen pamphlete so viel hinzugeschrieben, wie er vorfand oder wie ihm beliebte. die ärztlichen und die kriegswissenschaftlichen schriften aber waren nach bedürfnis ohne rücksicht auf die form von

---

sonenwechsel gar nicht. daneben wandte man den doppelpunkt in der zeile an, der aber auch oft fehlt (Porphyr. zu Horaz sat. I 9, 52. Rothstein qu. *Lucian.* 18) und z. b. im Laur. C des Euripides zur bezeichnung der rhythmischen κῶλα verwandt wird.

14) Die formen stellt man sich am besten etwa so vor wie auf dem ältesten erhaltenen papyrus, wahrscheinlich noch aus dem 4. jahrhundert. Blass Philol. 41, 746.

dem oder den benutzern umgestaltet, verkürzt, erweitert worden. wenn
die poesie auch nur dem bedürfnis diente und in händen war, die sie
als material brauchten, gieng es ihr nicht besser. die homerischen
hymnen stellen sich jedem urteilsfähigen als sammlungen von rhapsoden
des 5. oder 4. jahrhunderts dar (mit welchem das rhapsodentum im
wesentlichen aufhört), und das conglomerat, das sich Apollonhymnos
nennt, ist eine eben so wüste masse wie die schrift $\pi\varepsilon\varrho\grave{\iota}$ $\varphi\acute{v}\sigma\iota\varsigma$ $\dot{\alpha}\nu$-
$\vartheta\varrho\acute{\omega}\pi ov$. am letzten ende sind überhaupt die erhaltenen epen nicht
anders zu beurteilen; nur hatten sie viel früher eine leidlich feste form
erhalten, weil sie buchhändlerisch vertrieben wurden, sobald es einmal
einen buchhandel gab.

Schau-
spieler.

Aber waren die tragödien nicht auch fortwährend in praktischem
gebrauche, und sollen die schauspieler schonender verfahren sein als die
rhapsoden? gewiſs nicht. der zustand würde nur noch viel trostloser
sein, wenn wir die dramen durch die vermittelung der schauspieler erhalten hätten: das gilt für die überlieferung des Plautus bis auf Varro,
während Terenz seine komödien selbst herausgegeben hat. an diesem
analogon kann man gut ermessen, daſs die überlieferung der attischen
dramen nicht auf bühnenexemplare, sondern auf lesebücher zurückgeht.

Schauspielertruppen sind schon am ende des 5. jahrhunderts in
Griechenland herumgezogen [15]) und das interesse warf sich im 4. nur um
so lebhafter auf die alten dramen, je stärker in der schauspielkunst das
virtuosentum ward, je geringer die lebenskraft der neuen dichtungen
war. um die mitte des jahrhunderts lieſs selbst der attische staat die
classische tragödie in einem besonderen agon zu, und die ausbreitung
der attischen cultur durch Alexander hat die Euripideischen tragödien
am Indus und am oberen Nil auf die bühne gebracht. natürlich ver-
fuhren die regisseure, wie sie es immer tun und wie ihr recht ist, denn
stilgetreue inscenirungen classischer dramen sind wie all solch gelehrter
historischer kram erst möglich, wenn kein wirkliches sondern ein an-
gelerntes kunstgefühl die leitung hat. wer auf der bühne zu hause ist,
nimmt keinen anstoſs an der verstümmelung, die Schiller an Goethes
Egmont, dieser selbst an seinem Götz verübt hat. schonender sind die
im 4. jahrhundert ton angebenden schauspieler auch nicht verfahren.
zu dem Rhesos, der erst um 370—60 entstanden ist, gab es um 300
schon einen unechten prolog, um 200 noch einen anderen. vollends

---

15) **Ps.-Demosthenes** gg. Eubulides 18. ein schauspieler kauft in Leukas einen
Athener los, der im dekeleischen kriege gefangen ist.

unbequem waren die chöre. die zahl der tänzer war längst beschränkt, die komödie hatte sich der chöre fast ganz entschlagen, die rhetorische tragödie sie wenigstens mit nichtachtung behandelt und entbehrlich ge-macht. die schauspieler konnten wol mit monodieen etwas anfangen, obwol auch die zuweilen fortblieben[16]), aber die eigentlichen chorge-sänge waren ihnen nur hinderlich. dazu kam, daſs die musik sich ganz anders entwickelt und mit den künstlichen versmaſsen längst zu wirt-schaften verlernt hatte, daſs die tanzkunst noch viel mehr die alte be-deutung eingebüſst hatte, so daſs sie noch im 3. jahrhundert unter-gieng[17]), wie die chöre um 100 n. Chr. ganz verschwunden sind[18]). als in Athen um 330 die groſse theaterreform des Lykurgos durchgeführt ward, forderte der dem alten durchaus huldigende staatslenker freilich, daſs die schauspieler nach einem officiellen textbuche zu spielen hätten. was für die darstellung einer $\pi\alpha\lambda\alpha\iota\grave{\alpha}$ $\tau\rho\alpha\gamma\varphi\delta\iota\alpha$ auch in der ordnung war. allein was verschlug diese vereinzelte maſsregel, und wie wenig kümmerte man sich in dem demosthenischen Athen um gesetze. vollends in diesem staatsexemplar ein werk diplomatischer kritik zu sehen und es gar zu einer art archetypus für unsere handschriften zu machen, ist ein recht unhistorischer einfall der modernen. Lykurgos brauchte dazu nur die dramen aus dem buchladen zu kaufen: es ist nichts andres, als wenn ein hoftheater heut zu tage die unverkürzte aufführung der opern eines bestimmten componisten oder auch die und die bearbeitung Shakespeares befiehlt. die allgemeine verwahrlosung gieng deshalb ihren gang ruhig weiter, und wenn die fortpflanzung der dramen durch die schauspieler statt-gefunden hat, unsere texte also auf bühnenexemplare zurückgehen, so ist ihre zuverlässigkeit eine ganz geringe. das freilich war ganz natürlich, daſs auch schauspielerexemplare in die bibliotheken kamen und die antiken philologen auch solche einsahen, ja es ist sehr glaublich, daſs sie sie für

---

16) So ist zu erklären, daſs einzelne gelehrte die monodie Antigones OK 236—43 verwarfen: denn in ihr selbst ist kein anlaſs zu dem grundlosen verdachte. aber ein regisseur, der das überlange stück zurichten sollte, würde allerdings hier den rötel brauchen.

17) Der Babylonier Diogenes setzt das voraus: er hatte offenbar behauptet, der reiz des dramas ruhe in der musik neben dem worte, denn er wäre seit dem schwinden des tanzes (den Aristoteles noch mitgerechnet hatte) nicht gesunken. Philodem (de mus. IV 7 s. 70 Kemke) erweitert das dahin daſs auch die musik neben dem Texte bedeutungslos wäre.

18) Dion von Prusa 19, 5; so viel scheint die verdorbene stelle zu ergeben: die ganze rede ist fragment. Dionys v. Halikarnaſs kennt die chorlieder noch von der bühne.

einzelne dramen nicht entbehren konnten, weil die buchmäfsige überlieferung nicht genügte, oder auch ein oder das andere stück nur in
bühnenexemplaren erhalten war. auch das ist sicher, dafs sie sich über
die verwilderung des textes durch die schauspieler keinerlei illusionen
gemacht und mit der möglichkeit gerechnet haben, dafs der text unter
deren einwirkung gelitten hätte. wir aber sind aufser diesen allgemeinen
erwägungen lediglich auf die schlüsse angewiesen, die wir aus dem zustande der erhaltenen dramen ziehen, und diese sind glücklicherweise
im ganzen beruhigend.

Aesthetische   Es ist überaus peinlich, dafs wir über diese periode so wenig con-
kritik.
cretes wissen oder ermitteln können, denn ohne frage ist sie für den
text die wichtigste und ist auch das interesse und verständnis für das
drama ein lebendiges gewesen. die tragödie war ja schon zu lebzeiten
ihrer schöpfer oder doch vollender classisch geworden. die · fülle von
feinen gedanken und treffenden urteilen über tragische kunst und des
dichters aufgabe und macht, die in den Fröschen des Aristophanes bei
jedem neuen lesen neu entzückt, lehrt, dafs die grofsen dichter wirklich
ein minder verächtliches publicum hatten, als das mit den Xenien oder
der verhängnisvollen gabel gezüchtigte war. in den gebildeten kreisen
der athenischen gesellschaft würde sich eine der poesie ebenbürtige kritik
entwickelt haben, wenn die gesellschaft nicht durch das nationale elend
niedergezogen worden wäre, und mit dem notwendigen welken der grofsen
kunst nicht die wucherblume der rhetorik ins kraut geschossen wäre. feder-
helden wie Isokrates Polykrates Anaximenes hatten ja das erhebende bewufstsein, den grofsen dichtern ˙weit überlegen zu sein, wie das so leute haben,
und im schatten dieser rhetorik erwuchs was sich damals tragödie nannte,
Aphareus und Karkinos, Astydamas und Theodektes. die echte erbin der
poesie, die wissenschaft, vergafs ihrer mutter nicht. Platon hat an der
tragödie gelernt; jene im leben zerstörte attische gesellschaft lebt in
seinen dramatischen schöpfungen fort, und die tragischen reminiscenzen
sind im munde seiner personen lebendig: die Antiope war wenig über
10 jahre alt, als der Gorgias die debatte zwischen politiker und dichter
aufnahm. aber da Platon die alten volkstümlichen ideale bekämpfen mufste,
um den neuen und höheren raum zu schaffen, diese alten ideale in der
sage und diese selbst nunmehr vornehmlich in der tragödie verkörpert
war, so ergab sich für ihn die polemik auch gegen das drama, ergaben
sich dieselben sittlichen probleme, wie sie schon in früher sophistenzeit
Glaukon Stesimbrotos Anaximenes Metrodoros im Homer gefunden und
zu lösen versucht hatten. aus diesen meist moralischen anstöfsen war ja

die aesthetische kritik und die exegese Homers erwachsen. auch sie übertrug sich auf die tragiker. wir können nur mutmaſsen und vereinzelt an der sagenkritik erweisen, daſs die Kyniker neben dem epos auch das drama berücksichtigt haben. um ihrer selbst willen haben erst Platons schüler Herakleides und Aristoteles die aesthetische kritik getrieben; die poetik, zu welcher letzterer emporzusteigen wagte, zeigt besser als alles andere die centrale stellung des dramas. aber Aristoteles machte wie überhaupt der rhetorik, so auch der rhetorischen tragödie starke zugeständnisse, trübte dadurch die theorie und hat trotzdem weder einen dichter noch einen redner erzogen. daſs er auch $\dot{\alpha}\pi o\varrho\dot{\eta}\mu\alpha\tau\alpha\ E\dot{v}\varrho\iota\pi\dot{\iota}\delta ov$ geschrieben hat, wissen wir durch die schriftentafel des Hesychios (no. 144 = Hermippos 119), und mögen sie uns als historische probleme denken, wie eines in einem dialoge behandelt war (Eur. Meleag. 534). vielleicht ist ein oder das andere $\zeta\dot{\eta}\tau\eta\mu\alpha$, an dem sich in den scholien die Alexandriner versuchen, schon am zechtische des peripatos aufgeworfen worden. denn hier bewahrte man die neigung für $\varphi\iota\lambda\dot{o}\lambda o\gamma\alpha$, wenn man auch nur den namen der philologie erzeugt hat. Theophrastos popularisirte die aristotelische rhetorik und poetik. neben ihm setzten viele die litterargeschichtlichen arbeiten fort, und Dikaiarchos, weitaus der bedeutendste dieser generation, knüpfte zugleich auch an Herakleides an. indem er den aesthetischen maſsstab der poetik an die einzelnen tragödien anlegte, untersuchte er die $\dot{v}\pi\dot{o}\vartheta\varepsilon\sigma\iota\varsigma$, d. h. den dem gedichte zu grunde liegenden stoff, den $\mu\tilde{v}\vartheta o\varsigma$, sowol im sinne der 'handlung', in welcher Aristoteles mit recht den lebensnerv des dramas gesehen hatte, als im sinne der geschichte. damit war die frage aufgeworfen, woher denn der dichter seinen stoff genommen hätte, also die quellenfrage, die uns moderne so viel beschäftigen muſs[19]), und wie merkwürdige dinge dabei ermittelt werden, zeigt die zurückführung des euripideischen Phoinix auf eine attische dorfsage durch den Rhodier Hieronymos[20]). der ansatz zu einer lösung der groſsen geschichtlichen aufgabe war da. aber als erst ein naturwissenschaftler und dann ein schönredner die schulleitung des peripatos übernahm, verdorrte die blüte. den rechten

---

19) Daſs dies die tätigkeit des Dikaiarchos war und $\dot{v}\pi\dot{o}\vartheta\varepsilon\sigma\iota\varsigma$ also eigentlich den stoff bezeichnet, aus dem das drama gemacht ist, hat H. Schrader gezeigt (*quaestiones peripateticae* Hamburg 1884). früher hatte man einen durch die gewöhnlichen confusionen im Suidaslexicon erzeugten Lakedaemonier Dikaiarchos, den es nie gegeben hat, fälschlich eingemischt und $\dot{v}\pi\dot{o}\vartheta\varepsilon\sigma\iota\varsigma$ als excerpt aus dem drama im stile von Lambs tales from Shakespeare gefaſst.

20) Vgl. oben s. 38.

weg auf philologisch-grammatische behandlung der litteraturwerke oder der sprache und verskunst hat niemand in dieser schule eingeschlagen. die anregung zur poetischen production, welche sie gab, kam der komödie zu gute, die zu den biologischen tendenzen der aristotelischen ethik und politik besser paſst. und auffallender weise beteiligte sich an den speculationen über diese zeitgenössische dichtungsart auch die sonst litterarischen fragen ganz entfremdete akademie[21]. nebenher war natürlich die classische poesie in einer ausdehnung bekannt wie niemals später, und die gescheidten leute redeten auch über sie sehr gescheidt. die philosophenbiographieen des Antigonos verzeichnen von ihren helden auch die lieblingsdichter und manches litterarische urteil. aber das verdichtet sich nirgend zur wissenschaftlichen arbeit.

Das dritte jahrhundert. Den weg zur philologie und grammatik hat nicht Athen gefunden, sondern Ionien. schon einmal, zu Demokritos zeiten, war es auf dem wege gewesen, ward aber durch die athenische begriffsphilosophie gehemmt. jetzt ward das ziel erreicht, aber man strebte ihm nicht unmittelbar zu. es führte nur dahin der umweg über die poesie, weil man aus opposition gegen Athen und seine cultur auf die vorattischen gattungen und formen zurückgriff, die sich nur noch durch studium erreichen ließen. diese opposition, die sehr verschiedene elemente in sich schloſs, galt der attischen weltsprache: daher das aufkommen der dialektdichtung; der attischen bis zum extrem wählerisch und feinhörig gewordenen rhetorik:

---

21) Das schulhaupt Krates schrieb über die komödie nach Apollodors chronik (Diog. IV 23); nach Philodem (bei Gomperz festgabe für Zeller 149) ward die schrift einem seiner schüler Εὐμένης zugeschrieben. durch vermittelung der μουσικὴ ἱστορία des Aelius Dionysius ist ein schwacher rest dieser lehre zu den Byzantinern gelangt, in dem traktat über den oben s. 112, Philol. 46, 13. das citat ist κατὰ Διονύσιον καὶ Κράτητα καὶ Εὐκλείδην, wozu eine handschrift ἴσως Εὐβουλίδην notirt. es liegt nahe Εὐκλείδης und Εὐμένης zu identificiren. ob eine weitere ausscheidung des alten gutes in jenen confusen excerpten möglich ist, steht dahin. ein schluſs ist aber unabhängig davon möglich. Aristoteles kennt, wie er es nur konnte, zwei komödien, ἀρχαία und νέα. seine schüler hatten keine neigung zu dissentieren, und so hat sich diese lehre sehr lange gehalten und liegt noch vielfach vor. daneben gibt es die jetzt törichter weise vielfach verlassene doctrin von drei komödien: von denen die μέση ursprünglich begrifflich gemeint ist, nicht zeitlich, denn ihr hauptvertreter ist Platon, und Alexis gehört ihr auch an: sie wird also 420 und 270, neben Aristophanes und nach Menander, geübt. diese lehre begegnet für uns zuerst bei Horaz sat. II 3, 11, dann herrscht sie vor, meist jedoch in der verkehrten chronologischen umdeutung. so auch in den byzantinischen excerpten περὶ κωμῳδίας. es liegt sehr nahe dem Aristoteles den Krates entgegenzustellen, und wer konnte eher als ein zeitgenosse der wirklich neuen menandrischen komödie auf diese verbesserung der aristotelischen lehre verfallen?

daher der asianische vulgarismus; der weltmännisch und hauptstädtisch
verfeinerten form der geselligkeit: daher das bukolische element, die
weiberpoesie, das aufgreifen des barbarischen; der strengen stilisirung
auch des lebens durch die attische σωφροσύνη: daher die freude am absonderlichen verwachsenen wildnatürlichen in den stoffen wie in der behandlung; den kühlen abstractionen der begriffsphilosophie: daher die
vorliebe für die naturwissenschaft und die weite schöne welt ebenso wie
die für dionysischen taumel und aphrodisisches schmachten; der attischen
bürgerlichen politie: daher das höfische eben so gut wie das ländliche;
es galt endlich auch den attischen dichtungsformen, drama und dithyrambos.   jetzt gieng man auf die alten lyriker zurück, ahmte Alkaios und
Anakreon nach, suchte sich in Stesichoros und Pindar stoffe, griff auf
die erotische elegie des Mimnermos zurück, auf den iambos des Archilochos und Hipponax und endlich versuchte man wie Homer zu dichten
oder Homer durch eine immer frische, niemals kyklische behandlung mit
seinen eignen mitteln zu schlagen.   das führte mit notwendigkeit zum
studium der alten dichter, die zum teil recht eigentlich wieder entdeckt
wurden, oder doch wenigstens für die attische gesellschaft des 4. jahrhunderts nicht mehr existirt hatten und von den peripatetikern Dikaiarchos und Chamaileon aus historischem interesse hervorgezogen wurden.
so kam man von den versuchen im dialekte zu dichten bald zur untersuchung des dialekts und zu der exegese der archaischen dichter.   Theokrit
dichtet aeolisch so gut er kann: Kallias von Mytilene schreibt über die
lesbischen dichter[22]), Dionysios Iambos, auch ein dichter, über die dialekte,
und der wird der lehrer des Aristophanes von Byzanz.   der dichter Zenodotos
von Ephesos bringt es zu der ersten textrecension, die sich wirklich die
wiederherstellung des echten zum ziele setzt, natürlich des Homer; er
behandelt aber auch in einzeluntersuchungen die lyriker und macht zu
Pindar und Anakreon einzelne conjecturen.   Kallimachos, gleich gewandt
in dorischer wie in ionischer mundart zu dichten, treibt die sammlung
des sprachlichen materials ins grofse und beginnt schon selbst für die
ionische prosa die philologische tätigkeit, indem er an den gröfsten
ionischen schriftsteller, Demokritos, ansetzt, freilich zunächst auch hier
nur als sammler; bald folgen für Hippokrates ähnliche arbeiten.   mit der
tragödie haben diese männer alle nichts zu schaffen[23]).

---

22) Athen. III 85 f. polemisirt Aristophanes gegen eine lesart des Kallias; die
stelle ist allerdings verwirrt.

23) Es gehört zu den unbegreiflichkeiten, an denen Schneiders Kallimachos
reich ist, dafs er auf grund von ein par übereinstimmenden vocabeln aischyleische

Aber es blühte doch gerade in Alexandreia die tragische Pleias, und
die Alexandra des Lykophron gilt doch für eine nachahmung der tragödie,
so gut wie Theokrits Spindel die Sappho nachahmt. diese letzte verbreitete
ansicht ist falsch. die Alexandra ist keine tragödie, sondern ein iambos.
Lykophron, selbst verfasser von tragödien, hat die stilgesetze denn doch
zu gut gekannt, um diese poesie für tragisch auszugeben. es geschieht
nur durch einen für den modernen nahe liegenden irrtum, dafs man
den unterschied in sprache und versmafs verkennt. die menge von
ionismen in der form, der messung, der wortwahl ist ganz nicht zu vertreiben, und ihre vertreibung deshalb unglaubhaft[24]). wahrlich auch für
die Byzantiner lag es näher die ihnen bekannten attischen formen einzuführen als die dialektischen. eine consequenz ist freilich bei Lykophron so
wenig wie bei Theokrit zu erzielen, und sehr viel fremdartiges hat der dichter nur weil es fremdartig war herbeigezogen. der tragödie konnte sich
der tragische dichter natürlich am wenigsten entziehen, obwol schon der
sagenstoff zeigt, dafs er es beabsichtigt hat. und dann gilt für die Alexandra
was für die wirklich tragische poesie der Alexandriner gilt und die bedenken verscheucht, welche die Pleias erregen kann: sie suchen die älteste
tragödie auf, die den Attikern, gegen welche die Asianer front machen, so
fremd geworden war wie die andere chorische poesie auch. dieser neuen
romantik war schon Euripides viel zu modern, zu glatt, zu städtisch, zu
ähnlich den Isokrateern, die man überwinden wollte, die man überwunden
hat, wenn auch die eignen productionen kein längeres leben gehabt haben.
nichts ist bezeichnender, als dafs man sich mit vorliebe auf das satyrspiel
warf, und was wir von der Pleias kennen so gut wie ausschliefslich satyr-
spielen angehört. die archaistische tendenz brauchen wir auch nicht einmal
selbst zu erschliefsen: diese zeit redet, wie unsere romantik, beständig

---

studien dem Kallimachos zuschreibt. nur von einem grammatiker aus der ersten
hälfte des 3. jahrhunderts ist ein euripideisches ζήτημα vorhanden, Lysanias schol.
Andr. 10, und da ist der name keineswegs sicher.

24) Der neueste herausgeber hat es versucht, und ich habe ihm zuerst zugestimmt,
aber die verlängerung eines anlautenden vocals durch tenuis cum liquida (z. b. 1056.
1250), die elision von αι (850, 1220), τοκῆος 1394 (so auch 451 Κυχρῆος) κατ Τρ. (374)
ἐπάλξιες (292) καρηβαρεῦντας (384) σαώσει (679) ῥάμφεσσι (598) u. dgl. viel zeigt,
dafs es auch unerlaubt ist den ionischen vocalismus in stämmen, wie Τιτῆνες ἠώς,
und namentlich den dativen wie πολλῆσιν zu ändern. zuzugeben ist nur, dafs erstens
die überlieferung in diesen dingen unzweifelhaft unzuverlässig ist, und dafs Lykophron keine consequenz hat: einen dorischen genetiv ἄιτα 461, παραιολίξει 1094
βλῶξας 1327 und die schon von Aristophanes von Byzanz gerügten vulgarismen
ἐσχάζοσαν, auch πέφρικαν, müssen wir ja doch auch ertragen.

von ihren tendenzen, und das kunsturteil steht auch bei ihr höher als die leistungsfähigkeit. Dioskorides legt in einem cyclus von epigrammen auf Thespis Aischylos Sophokles und Sositheos davon zeugnis ab; Euripides hat mit recht keinen platz in dieser reihe, und von Sophokles wird bezeichnender weise die herbste frucht am meisten geschätzt: diese zeit sah, wie unsere romantik, in Antigone und Elektra das höchste [25]).

Entsprechend ist die stellung dieser kreise zur komödie. die der gegenwart gilt ihr nichts, dagegen holt sie die von Aristoteles und seiner schule zurückgesetzte alte komödie vor, die zudem den sprachlichen glossographischen studien eine überreiche ausbeute bot. für die alte komödie ist das dritte jahrhundert das fruchtbarste gewesen, während es für die tragödie fast ausfällt. schon Lykophron [26]), dann Euphronios, dann Eratosthenes haben ihr grammatische arbeit zugewandt: und hier steht der allerdings vereinzelte versuch der reproduction am ende, aber auch er findet an Dioskorides den herold seines lobes. Machon von Alexandria, sonst verfasser sehr salopp und modern gehaltener anekdoten in versen, hat 'den bitteren thymian' vom Hymettos an den Nil zu verpflanzen versucht. derselbe Machon war neben Kallimachos und Dionysios Iambos der lehrer des größten antiken grammatikers, der, als die blume der alexandrinischen poesie im verdorren war, den richtigen schritt tat, die alexandrinische und die peripatetische philologie zu vereinen, die philologie in dem uns geläufigen sinne zu schaffen, und die texte der classiker festzustellen. seine aesthetische überzeugung gieng nicht mit seinem lehrer; er hat Menander in versen verherrlicht, und die classiker, die wir so nennen und deren besitz wir ihm, wenn einem menschen, danken, alle mit der rechten philologenliebe gehegt und gepflegt. auch für die textgeschichte der tragiker ist die ausgabe des Aristophanes epochemachend.

Von dieser ausgabe sich ein möglichst klares bild zu machen, ist eine hauptbedingung für einsichtige beurteilung unseres erhaltenen textes. es ist wahr, daß die directen zeugnisse nichts als ein par einzelheiten geben, allein die allgemeinen erwägungen helfen sehr viel weiter. und sie sind verwendbar, denn wenn wir auch davon absehen wollten, daß Aristophanes unseren text fundirt hat, so müßte das doch irgend jemand getan haben, und dieses unbekannten mannes tun müßten wir uns ver-

Aristophanes von Byzanz.

---

25) Dioskorides Anth. Pal. 7, 37. ähnlich urteilte der philosoph Polemon (Antig. Kar. s. 65).

26) Noch ein anderer tragiker der pleias hat über die komödie geschrieben, Dionysiades, Suid. s. v.

gegenwärtigen und würden es einigermafsen erschliefsen aus den voraussetzungen und den folgen seines wirkens. so tun wir notgedrungen sehr
häufig: hier sind wir aber in der glücklichen lage mit einer benannten
gröfse zu operiren.

Die Homerkritik der Alexandriner kennen wir am besten; natürlich
holt man sich aus ihr belehrung, aber es wird verhängnisvoll, wenn man
die unterschiede vergifst, welche zwischen ihr und der herausgebertätigkeit vorhanden sein mufsten, die den lyrikern tragikern komikern galt.
das hauptinteresse an den Homerausgaben des Aristophanes oder Aristarch
liegt für die späteren, welche uns über sie unterrichten, und für uns in
dem, was sie neues und eigenes enthielten, dem woran der name der
gelehrten haftete, besonderen lesarten, athetesen, grammatischen einzel-
beobachtungen, z. b. in betreff der prosodie wortabteilung orthographie.
die ausgabe erscheint als ein von dem gelehrten geschriebenes oder cor-
rigirtes exemplar mit kritischen und diakritischen zeichen, welche die
meinung des herausgebers andeuten, übrigens aber eine mündliche oder
schriftliche erläuterung fordern. es ist ein gelehrtes werk, wendet sich
an gelehrte kreise, wenn es überhaupt mehr als hypomnematisches leben
beansprucht. es ist aber keinesweges ausgemacht, dafs die ausgabe wirklich ausgegeben ward, ja es ist nicht einmal wahrscheinlich, da selbst
Aristarchs ausgaben so bald verschollen waren; ἔκδοσις bedeutet bei den
grammatikern durchaus nur ein exemplar. wie sich die Homertexte, die im
buchhandel waren und blieben, dazu stellten, ist eine ganz andere frage.
notorisch ist der einflufs Aristarchs sehr grofs gewesen, da wir nicht
nur viele seiner lesarten in unsern handschriften lesen, sondern auch
verse, die er ausgeworfen hat, verschwunden sind, verse die er erst eingesetzt hat, sich vorfinden. man mag auch von vorn herein als wahrscheinlich betrachten, dafs der kritiker selbst eine 'kleine textausgabe'
hat ausgehen lassen mögen. aber damit rechnen seine schüler nicht,
und ein buchhändlerisches bedürfnis, neue Homertexte zu schaffen, lag
auch nicht vor. gegen die correctheit seiner classikertexte ist das grofse
publicum ganz gleichgiltig; nur billig sollen sie sein.

Ganz anders steht es mit den anderen dichtern, z. b. Pindar, mit
welchem am besten exemplificirt wird, da hier die verhältnisse am durch-
sichtigsten sind und auch die tätigkeit des Aristophanes ganz ausdrücklich bezeugt ist. von Pindars werken hatte es noch gar keine ausgabe
gegeben. die gedichte hatten von vorn herein vereinzelt existirt; viele
oder wenige werden ja wol zusammengeschrieben sein, aber davon verlautet nichts: man kennt vor der aristophanischen ausgabe nur die ver-

einzelung, und deren erfolg mußte auf die dauer für sehr viele gedichte
der untergang werden. da trat nun die tätigkeit der alexandrinischen biblio-
thekare ein, die ihnen von den zeiten des Demetrios her vorgezeichnet
war. zwei menschenalter waren damit zugebracht, daß die hellenische
litteratur gesammelt und geordnet war: die consequenz lag vor, daß es
nun zu gesammtausgaben der classiker kommen mußte, durch welche
die schätze der bibliothek erst recht nutzbar wurden. auch darin wirkt
das akademische beispiel nach, auf deren mitglied der spottvers λόγοισιν
Ἑρμόδωρος ἐμπορεύεται gemacht ist. es war in erster linie ein buchhändlerisches unternehmen. es mußte aus den handschriften der bibliothek eine sammlung der werke Pindars veranstaltet werden, die in feste
ordnung gebracht, deren text für die vervielfältigung festgestellt werden
mußte, damit dann abschriften genommen und vertrieben würden. man
mag sich das immerhin nur als eine leistung vorstellen wie Lachmanns
Lessing, so ist doch einleuchtend, daß die Alexandriner sich durch diese
ausgaben, welche allmählich von allen classikern erschienen, unendlich
viel höhere verdienste erworben haben als durch alle ihre conjecturen
und commentare.

Als Aristophanes die erhaltenen gedichte Pindars zusammen hatte, Ausgabe des
ordnete er sie nach einem einfachen schema, das jeder begreifen sollte. Pindar.
er vereinigte die gedichte in bücher, 8 εἰς θεούς, 8 εἰς ἀνθρώπους,
von denen ein jedes noch einen besonderen gattungsnamen erhalten
konnte ὕμνοι παιᾶνες, ἐγκώμια θρῆνοι u. s. w. dabei blieb ein rest
von gedichten, der sich in diesen gattungen nicht wol unterbringen ließ.
die cultlieder der art waren zahlreich genug um ein ganzes buch zu
füllen, das als neuntes nach dem vorhergehenden 'Jungfrauenlieder III'
oder 'Von den Jungfrauenliedern gesonderte' hieß. die lieder an menschen lieferten aber, nachdem anderes anderswo untergesteckt war[27]),
nur noch 3 heimatlose stücke, die dem letzten, zudem sehr dünnen
buche als κεχωρισμένα τῶν Νεμεονίκων angefügt wurden, wo sie

---

27) So z. b. Pyth. 3, ein undatirter und an keinen sieg geknüpfter brief an Hieron,
steht hinter den beiden siegesliedern für denselben. überhaupt können die gattungsnamen ὕμνοι διθύραμβοι, ἐγκώμια ἐπίνικοι nur mit einiger gewalt auf die menge
gelegenheitsgedichte angewandt sein. die ordnung innerhalb der bücher ist nicht consequent. in Ol. (1—6) Pyth. (1—3) Nem. 1, nachtrag N. 9 stehen die Sikelioten voran
doch muß einer (Pyth. 6) einem könige anderer herkunft (P. 4. 5) den vortritt lassen,
und O. 12, Isthm. 2 stehen abseits. in Nem. sind die Aegineten vereinigt (3—8),
in Isthm. nicht u. dgl. m. übrigens haben die alten zu allen zeiten gefallen daran
gefunden, in gedichtsammlungen ein princip nur mit willkürlichen änderungen durchzuführen.

noch stehen[28]). mit den gedichten an die götter begannen sicher auch
die werke des Alkaios[29]) und Anakreon, aber die stoffliche ordnung
schien sich nicht durchgehends zu empfehlen; passender erschien die
vereinigung der gleichen versmafse, nach denen auch die werke Sapphos
geordnet waren. wie viel bücher gemacht wurden, darüber wird bis zu
einem gewissen grade die rücksicht auf die übersichtlichkeit und die bequemlichkeit des lesens bestimmt haben, auch bald ein gewisses herkommen. einiges wird man also für den umfang des nachlasses daraus
entnehmen, dafs Pindars werke 17 bücher umfafsten, die des Hipponax
und Mimnermos je 2. aber das buch Olympien ist anderthalb mal so
grofs als das buch Nemeen einschliefslich des nachtrags, und jede stoffliche ordnung bedingt eine starke verschiedenheit des buchumfanges; auch
haben ja die ganz willkürlich gesetzten einschnitte im Homer und Herodot
noch viel stärkere differenzen erzeugt. um so weniger wird man die
bücher der Sappho eben so lang ansetzen wie die Pindars, ja wenn, wie
es scheint, bei Stesichoros buch und gedicht zusammenfiel, so hat man
den beleg für sehr viel kürzere bücher: denn dafs ein chorisches gedicht
auch nur so lang wie eine tragödie gewesen wäre, wird so leicht niemand
glauben, und dies mafs überschreiten die pindarischen bücher bei weitem.
Homer und Pindar lassen sich schlecht vergleichen, weil die zeilenlänge,
d. h. die columnenbreite mindestens sehr verschieden gewesen sein kann.
denn die prosa liefs sich freilich bequem auf die gröfse des ἔπος ein-
richten, weil sie sich beliebig abteilen läfst: für die lyrische poesie mufste
mit dieser älteren praxis gebrochen werden, wenn die ausgabe auf die
versmafse rücksicht nehmen wollte. die bekannte zählung nach στίχοι,

---

28) Aber in der trefflichen florentiner handschrift D steht τέλος hinter dem
letzten wirklich nemeischen gedichte 8, am schlusse des buches πινδάρου ἐπίνικοι
νεμεονίκοις. die debatten der grammatiker, welche besonders belehrend sind, stehn
zu N. 11, weil dies gedicht nicht einmal ein siegeslied ist, wie 9 und 10. übrigens
haben die grammatiker den Gesichtspunkt des Aristophanes nicht gewürdigt; Bergk
noch viel weniger. das richtige hat im wesentlichen Hiller Herm. 21 gesehen.

29) Die anordnung Bergks ist ganz willkürlich. als ob ein dichter, der lieder
an götter und liebeslieder verfafst, deshalb ein buch ὕμνοι und gar eins ἐρωτικά
genannt haben müfste. als ob σκόλια dadurch bezeugt würden, dafs ein attischer
vater seinem sohne zuruft ᾆσον σκόλιον Ἀλκαίου κἈνακρέοντος; dies derselbe
fehler, der die pindarischen skolien erzeugt hat. endlich als ob Strabon ein buch
der ausgabe bezeichnete, wenn er sagt, dafs sich auf die mytilenäischen parteikämpfe
τὰ στασιωτικὰ καλούμενα τοῦ Ἀλκαίου ποιήματα bezögen (617). στασιωτικά ist
gar kein grammatischer gattungsname; Strabon kennt es auch aus aesthetischen
kritiken des dichters. es wird eine hauptaufgabe der dringend nötigen neuausgabe
der lyriker sein, statt der Bergkischen ordnung die des Aristophanes herzustellen.

d. h. ἔπη, kann demnach auf diese classikerausgaben gar nicht angewandt sein. sie hatte aber auch keinen zweck, denn der umfang ward ja festgestellt um schreiberlohn und buchpreis zu bestimmen. für gewöhnliche schrift reichte dazu die feststellung der buchstabenzahl (wie auch für die steinschrift), später die der sylbenzahl aus[30]): in den dichterausgaben waren bestimmte zeilen inne zu halten, lesezeichen zu setzen u. dgl. m., so daſs die bloſse zählung der elemente ihre bedeutung verlor.

Es war also eine iefgreifende neuerung, daſs die dichtertexte nach metrischen regeln abgeteilt wurden. es war das für die leser eine notwendigkeit geworden, aber ein sachverständiger gelehrter war allerdings dazu nötig. in wie weit die leser in älterer zeit die lyrischen als prosa geschriebenen verse richtig gelesen haben, stehe dahin; da sie rhythmus und versglieder auch in der prosa hörten, und zwar dieselben wie in der poesie, so werden sie jedenfalls einen rhythmischen genuſs gefunden haben. aber um 200 war die sprache des lebens schon stark verändert, die kenntnis der metrik sehr zusammengeschrumpft, da fast ausschlieſslich nur noch die stichisch gebrauchten maſse in der praxis fortbestanden. der leser bedurfte also einer hülfe. da stand nun der herausgeber vor einer entscheidung. Aristophanes hat die abteilung nach den gliedern gewählt, nach dem, was man für die elemente der rhythmischen kunstwerke hielt, befangen in der rhetorischen lehre, die an der prosa namentlich durch die peripatetiker ausgebildet war. die metrik war durch diese nicht zu einer eignen wissenschaft ausgebildet, und so ist sie immer zwischen musik und rhetorik ohne halt herumgeworfen. bald nach Aristophanes zeit ist die grundlage der uns überlieferten metrik festgestellt worden, doch kennt man die maſsgebenden personen nicht. daſs Aristophanes das κωλίζειν an den lyrikertexten durchgeführt hat, ist bezeugt[31]). er hat damit die praxis

---

30) Die subscriptionen der zeilensummen erfüllen also ihren zweck sehr wol auch in büchern welche die normalzeile selbst aufgegeben haben. da auſserdem die hunderte am rande bezeichnet wurden, so blieben selbst die citate nach zeilen brauchbar. daſs unsere handschriften von Pindar und den scenikern keine stichometrischen angaben führen, ist somit begreiflich: die hinter dem Sophokles im Laurentianus sind nicht antik, wie die form zeigt, und sind sinnlos.

31) Dionysios *de comp. verb.* 22. 26 (p. 156. 221 R.). natürlich ward nicht bis auf die kleinsten einheiten zurückgegangen, die man jetzt πόδες oder gar ἡμίποδες nannte; auch mehrere kleine kola, deren vereinigung fest stand, lieſs man zusammen. für die lyriker helfen uns auſser dem unschätzbaren blatte Alkman die nachbildungen der Römer und deren praxis, die häufig durch die ganz äuſserliche abteilung der texte bedingt ist, wie sie z. b. die sapphische und aeolische strophe als vier perioden behandeln, während es drei sind, weil sie so abgesetzt waren, und auf solche verkehrtheiten kamen wie Horaz I 8, II 18.

aller folgenden generationen bestimmt, bis auf die uns erhaltenen handschriften, ja bis auf Boeckh: wir dürfen ihm freilich nicht mehr folgen,
da wir die metrik der classischen zeit richtiger aufzufassen im stande sind.
dafs übrigens die gliederung der lieder immer durch das absetzen neuer
zeilen bezeichnet worden sein müfste, ist keineswegs nötig; ein kurzer
zwischenraum in der zeile oder eine interpunction, wie es z. b. in der
florentiner Euripideshandschrift vorkommt, tut dieselben dienste. nicht
die art der bezeichnung, sondern dafs überhaupt die gliederung bezeichnet
wird, ist das wesentliche. es war aber damit nicht genug. in sehr verständiger fürsorge haben die grammatiker dem leser durch ein bestimmtes
system der bezeichnung auch zu erkennen gegeben, wo strophe und
antistrophe oder in nicht strophischen liedern die perioden zu ende waren,
auch den schlufs der lieder, einzeln den umschlag der rhythmen, endlich
die personenverteilung. nur wenig davon ist in unsere handschriften
übergegangen, aber wir kennen das system durch Hephaestion περὶ
ποιήματος, der nur zusammenstellt, was er (oder seine quelle) in den
ausgaben der classiker fand.

Diese bisher geschilderte tätigkeit, die man immerhin mit unsern anweisungen an den setzer vergleichen mag, führte nun schon mittelbar zu
sehr bedeutenden kritischen schlüssen, vergleichbar denen, welche unsern
gelehrten zufielen, als sie die responsion der chorlieder erkannten. es war
damit in vielen fällen ein kriterion gegeben um zwischen verschiedenen
lesarten zu wählen, überschüssige glieder oder lücken zu erkennen. ein
äufserst merkwürdiger beleg für die persönliche tätigkeit des Aristophanes
in dieser richtung ist auch erhalten [32]).

In wie weit die für das publicum bestimmten exemplare interpungirt und mit den lesezeichen versehen waren, die wieder Aristophanes
für die prosodie erfand, ist nicht auszumachen. ganz dürfte beides in
diesen schwierigen texten nicht gefehlt haben; ganz durchgeführt war es
keinesfalls, und es gehört schon mehr zu dem eigentlich gelehrten betriebe, ebenso wie die kritischen zeichen, von welchen doch der obelos
wenigstens selbst im Pindar nicht zu entbehren war [33]).

---

82) Schol. Pind. Ol. 2, 48 zu dem überschüssigen kolon φιλέοντι δὲ Μοῖσαι,
ἀθετεῖ Ἀριστοφάνης, περιττεύειν γὰρ αὐτό φησι πρὸς ⟨τὰς⟩ ἀντιστρόφους. in
einer andern fassung fehlt der name des Aristophanes und steht dafür ὀβελὸς παράκειται. dafs eine solche interpolation nicht beseitigt ward, beweist sowol die
vorsicht des herausgebers wie die abhängigkeit der ganzen folgezeit.

83) Für die gelehrten bestand natürlich in der prosodie auch hier, wie im
Homer, eine feste παράδοσις. ein gutes exempel liefert Eur. Hek. 1030, wo niemand
vor Hemsterhuys auf den gedanken gekommen ist ου als οὗ statt οὐ zu nehmen.

Unmittelbar in die textkritik spielte ein geschäft hinüber, das der herausgeber gar nicht versäumen konnte, die herstellung einer orthographie. unser Pindartext zeigt zwar schwankungen, die nicht alle auf schreiberversehen späterer zeit zu schieben sind, aber sie verschwinden gegenüber der einheitlichkeit. diese aber kann nur durch eine durchgreifende recension herbeigeführt sein. denn es ist weder die schreibung des dichters noch die einer bestimmten späteren zeit; auch konnten die aus aller herren ländern in Alexandreia zusammengekommenen handschriften überhaupt nicht so ähnlich aussehen. nicht anders steht es in den anderen schriftstellern. einmal muſs doch befohlen sein, bei Sappho setzt man kein stummes iota, bei Pindar schreibt man φιλέοισι, bei Aischylos αἰσϑάνῃ πράσσω ἐς, bei Aristophanes αἰσϑάνει πράττω εἰς. also zeigt sich das eingreifen eines organisators in den folgen. er hatte keine leichte aufgabe. das sehen wir selbst am Homer, dessen sprache doch längst zu festen formen erstarrt war und durch die nie unterbrochene nachbildung immer gelehrterer dichter selbst dem publicum geläufig blieb. am Homer sehen wir auch am besten, daſs die gelehrten selbst diese aufgabe nicht leicht nahmen. es sind auch wirklich keine kleinigkeiten, fällt doch das dialektische zum gröſsten teil unter diese rubrik. wir dürfen sicher sein, daſs die absicht nicht war, den hirngespinnsten eigner theorie raum zu schaffen, sondern die echte überlieferung zu geben. aber zum mindesten muſste eine auswahl getroffen werden, und schon das führte zum systematisiren; auſserdem war nicht weniges an sich von der überlieferung ungenügend oder doch inconsequent bezeichnet, wo denn auch eine entscheidung nötig ward.

Die hauptaufgabe war endlich die feststellung des textes selbst. wenn nur eine quelle für ihn zu gebote stand, oder wenn die tradition eine ganz feste war, so konnte die recensio freilich nichts tun als diese weiter geben. indeſs das muſsten ausnahmen bleiben; in gedichten, die seit jahrhunderten in den verschiedensten gegenden gelesen worden waren, muſsten sich vielmehr ähnliche und zum teil noch ärgere zustände gebildet haben, wie wir sie dank den Alexandrinern im Homer vor augen haben, obgleich wir auch da gewiſs nicht den hundertsten teil von dem kennen, was jene durcharbeiten muſsten. sehen wir nun den Pindartext an, so bietet uns die reiche überlieferung sehr wenig wirkliche varianten; denn die schreibfehler, die wir durch die vergleichung unserer handschriften erledigen, sind spätere wertlose entstellungen. vor allem aber, die gelehrten, deren äuſserungen in den scholien zahlreich erhalten sind, rechnen, ganz anders als im Homer, gar nicht mit varianten, sondern betrachten die überlieferung als eine sicher gegebene gröſse. mit anderen worten, im Pindar hat die grundlegende ausgabe, die aristophanische, alles ältere definitiv beseitigt: sie ist ganz und gar identisch mit der 'überlieferung' geworden, und nur die erinnerung erhielt sich dunkel, daß es ältere texte gegeben hätte. die geschichtliche bedeutung der aristophanischen tätigkeit ist also eine ganz ungeheure. man denke sich, daß die wirkliche überlieferung des Lucrez ganz zu grunde gienge und an ihre stelle der Lachmannsche text träte, so daß gewissermaßen Lachmann gleich Lucrez würde. in diesem falle würden wir gar nicht weniges durch die conjectur oder auswahl des herausgebers verderbt lesen, und dennoch würde es gegenüber der verwüstung, die vor Lachmann im Lucreztexte herrschte, ein unschätzbarer segen gewesen sein, daß ein zielbewußter wille durchgegriffen hätte. müßten wir freilich Tibull und Properz mit Scaligers ausgabe identificiren, so würde die kritik nur zu dem negativen ergebnis gelangen können, daß irgend ein willküract die gedichte aus den fugen gerissen hätte. von den alexandrinischen gelehrten sind wir sicher, daß sie an methode und scharfsinn mit Lachmann nicht zu vergleichen waren, aber wir dürfen uns wol auch darauf verlassen, daß sie diesen mangel durch größere zurückhaltung und selbstbescheidung zum teil ersetzt haben: Scaligersche willkür imputirt ihnen nur, wer für die eigene die bahn frei haben will. Aristophanes zumal ist schon durch die ungeheure ausdehnung seiner herausgebertätigkeit von der conjecturalkritik zurückgehalten: ihm ist es gegangen wie Immanuel Bekker, mit dem man ihn immer wieder vergleichen muß, den er aber doch wol überragt. denn was ihm gelungen ist, ist etwas so großartiges, daß man kaum nach den tausend einzelheiten fragt, die man nicht wissen kann, da die hauptsache sonnenklar ist, die für alle zukunft maßgebende codification der nationalen poesie, zu der mit recht auch Platon gerechnet war. so etwas zu erreichen erfordert mehr als philologie. es fordert die einsicht, daß auf die lösung der aufgabe mehr ankommt als auf die tausend bedenklichkeiten, ob es so oder so besser wäre; den mut, dem besserwissen der faulen und undankbaren nachwelt zu trotzen, die das gute gedankenlos nutzt und zugleich schilt, weil es nicht das bessere ist; den sicheren nie zu lernenden blick für das wesentliche; endlich die energie des willens, die durch die riesenhaftigkeit der arbeit immer neu gestärkt wird. auch wenn Aristophanes ein gewalttätiger kritiker gewesen wäre (solch einer löst freilich erfahrungsgemäß keine großen aufgaben), so würde sein andenken gesegnet werden müssen: und wir dürfen doch glauben, daß er ein kritiker wie Bekker war.

Ausgabe der tragiker. Daß Aristophanes für die tragiker dieselbe bedeutung hat wie für die lyriker ist nicht überliefert. dennoch ist es ganz unzweifelhaft. vor ihm gibt es keine philologische beschäftigung mit ihnen; er eröffnet die reihe der grammatiker, welche sich ihrer erklärung widmen, und steht unter diesen selbst für unsere kenntnis in der vordersten reihe. die tragikerkritik setzt eben so gut wie die Pindars einen festen text voraus, über welchen hinaus die forschung kaum je geht, dann aber in völliger finsternis tappt[34]). die einteilung nach κῶλα ist auch im drama durchgeführt. also irgend jemand hat für dieses dasselbe geleistet wie Aristophanes für die lyrik: man kann an keinen andern als ihn denken. und eine deutliche spur ist auch erhalten geblieben, welche allein schon auf eine grundlegende ausgabe des Aristophanes führen würde, die ὑπο- ϑέσεις. daſs Aristophanes den dramen eine kurze vorbemerkung vorgesetzt hätte, vergaſs man bis in die späteste zeit nicht. sein name blieb diesen vorsatzstücken, die zu dem drama so notwendig gehörten, daſs der verfertiger des Okypus seiner parodie auch eine hypothesis, zum teil in aristophanischen formeln, vorausgeschickt hat. selbst als man, wahrscheinlich im 2. jahrhundert n. Chr., wo die lateinische grammatik solche spielereien treibt[35]), den inhalt der tragödien und komödien in schlechte verse faſste, haftete an diesen der alte berühmte name[36]). mit einem commentar hängen die ὑποθέσεις nicht zusammen; das zeigt auſser Terenz und Plautus die reihe der scholienlos überlieferten euripideischen dramen, vor denen sich nicht nur ὑποθέσεις, sondern selbst reste aristophanischer gelehrsamkeit, allerdings ohne den namen, erhalten haben[37]). hieraus und übrigens aus dem ganzen inhalte der gelehrten notizen ergibt sich, daſs Aristophanes die ausgabe, welcher er sie beigab, für das publicum bestimmt hatte, nicht für die philologen.

ὑποθέ-σεις.

34) Nur der tüchtige forscher Asklepiades (um 150) hat in Athen nach übersehenen handschriften gesucht, schol. Ar. Frö. 1344. wenn einer von der attischen schrift redet, so zeigt er nur, daſs er von ihr überhaupt nichts weiſs (schol. Phoen. 682). nicht besser ist meistens, was von den schauspielern ausgesagt wird. wo παλαιά, ἀναγκαιότερα ἀντίγραφα u. dgl. citirt werden, sind fast immer viel spätere zeiten gemeint, nirgend ist man veranlaſst über Aristophanes zurückzugehen.

35) Die didaskalien, welche den römischen schauspielen im 1. jahrhundert v. Chr. vorgesetzt sind, sind natürlich nach dem vorbilde der aristophanischen vorbemerkungen verfertigt, die damals in den griechischen texten standen.

36) Die letzte spur ist wol, daſs in den Statiusscholien XII 510 der inhalt des Oid. Kol. dem Aristophanes zugeschrieben wird. denn in dieser gegend der litteratur ist eine vertauschung der dichternamen nicht wahrscheinlich.

37) Auſser formelhaften, also nicht für den aristophanischen ursprung beweisenden, wendungen steht zu den Hiketiden die aesthetische kritik τὸ δρᾶμα ἐγκώμιον Ἀθηνῶν. die Bakchen zeigen auch durch die erhaltung des aristophanischen namens, daſs sie nicht in diese classe von tragödien gehören.

Die anregung und sehr vielfach auch den stoff hat er von den peripatetikern entlehnt. so wenig wie ihnen war es ihm darum zu tun,
den inhalt des folgenden stückes zu erzählen; was wir der art lesen,
sind erzeugnisse späterer zeit, die mit den mythographischen handbüchern zusammengehören. es werden vielmehr nur ganz kurz und nur
dem im allgemeinen unterrichteten verständlich die hauptereignisse der
folgenden handlung bezeichnet [38]). außerdem folgt der litterarische nachweis, ob und wo derselbe stoff von den beiden anderen tragikern oder
auch überhaupt behandelt war [38a]). damit verband sich nötigenfalls eine
erörterung über echtheit und integrität des vorliegenden dramas. sodann
ward aus den schriften des Aristoteles und seiner schule der auszug aus
den amtlichen aufzeichnungen hingesetzt, welcher jahr fest erfolg concurrenten der ersten aufführung angab. zum teil nach denselben büchern
ward eine aesthetische würdigung gegeben, teils ganz kurz, wie z. b. von
Euripides stücke erster und zweiter classe unterschieden werden, teils
in ausführlicherer begründung, auch mit hinweis auf die älteren kritiker.
endlich ersetzte die angabe des ortes der handlung, der zusammensetzung
des chores und der person, die den prolog sprach, vollkommen ein personenverzeichnis, das nicht üblich und in der tat ganz entbehrlich war.
nützliche gelehrsamkeit ward gelegentlich hier oder dort zugefügt [39]). die
reihenfolge der teile ist in unserer überlieferung nicht fest; auch kann
man nicht alles mit gleicher sicherheit auf Aristophanes zurückführen, da
die grammatiker, welche nach ihm einzelne stücke herausgaben, auch an den
vorbemerkungen änderten [40]), und auch solche zusätze ihren weg in die

---

38) Wenn ein stück *Φοίνισσαι* hiefs, so war eine solche bemerkung in der
tat angezeigt, wie er sie macht: *ἐπιστρατεία Πολυνείκους μετὰ τῶν Ἀργείων ἐπὶ
Θήβας καὶ ἀπώλεια τῶν ἀδελφῶν Πολυνείκους καὶ Ἐτεοκλέους καὶ θάνατος Ἰοκάστης*, und doch ist der ausdruck hier von einer redseligkeit, die den überarbeiter zeigt.
auch die vergleichenden bemerkungen forderten diese angaben, wie denn die Phoenissen fortfahren *ἡ μυθοποιία παρ' Αἰσχύλῳ ἐν Ἕπτ' ἐπὶ Θήβας πλὴν τῆς Ἰοκάστης*.
38a) Diese notiz, *παρ' οὐδενὶ κεῖται ἡ μυθοποιία*, steht vor dem Orestes, dessen
absonderliche erfindung diese besondere hervorhebung wol verdient.
39) So steht über den sprecher des prologs eine gelehrte notiz zum Agamemnon; öfter sind auch reste der hypothesis in die scholien verschlagen, so am
schlusse der Antigone und am anfange des Philoktet über die euripideischen con-
currenzstücke, zu Hek. 1 *τὰ περὶ Πολυξένην ἐστὶν εὑρεῖν παρὰ Σοφοκλεῖ ἐν Πολυ-
ξένῃ* (so zu lesen). das aesthetische urteil über den Orestes steht zum teil auch
am schlusse. auch die kritik des aischyleischen concurrenzstückes Ai. 134 dürfte
aus der hypothesis stammen.
40) So ist unsere hypothesis zum Rhesos geschrieben von dem welcher die
echtheit des dramas behauptete, und der nahm dabei die auf, welche der von ihm

publicirten texte fanden: schon Ovid hat unsere erhaltene hypothesis
der Medeia, welche den Rhodier Timachidas[41] citirt, in seinem Euripides-
exemplar gelesen[42]. um so deutlicher wird die macht des aristophanischen
vorbildes und die weite geltung dieser grammatischen sitte.

Von den hilfsmitteln und der methode, welche Aristophanes für die   Textkritik.
recensio der tragiker zu gebote standen, wissen wir so gut wie nichts.
texte der meisten dramen mußten in großer zahl in der bibliothek liegen,
und die könige setzten ihr geld und ihre diplomatie dafür ein, daß wertvolle handschriften, z. b. das lykurgische exemplar aus Athen, für Alexandreia gewonnen wurden[43]. wenn wir bedenken, daß Aristophanes in
seinen Homertext sehr viele verse aufgenommen hat, die Zenodotos gar
nicht geschrieben hatte und er selbst für unecht hielt, so dürfen wir uns
nicht wundern, daß so viel unechte verse in den dramen stehen, dürfen
aber zugleich keineswegs glauben, daß Aristophanes sich über dieselben
immer getäuscht hätte[44]. auch doppelte recensionen, die nicht selten sind,
hat er erweislich zuweilen trotz richtiger einsicht aufgenommen[45]. wir

---

bekämpfte grammatiker geschrieben hatte, der den Rhesos verwarf. dieser erst hat
den Aristophanes benutzt.

41) Timachidas war noch dichter, verfasser eines vielbändigen epischen δεῖπνον,
glossograph und verfasser von commentaren zur Medeia, den Fröschen und dem Κόλαξ
des Menandros (Et. M. [Sorb.] καραδοκῶ). seine zeit steht nicht fest; man möchte
ihn in das 2. jahrhundert setzen.

42) Das hat Robert (Bild und Lied 231) sehr schön aus Metam. VII 159—296
ermittelt.

43) Galen XVII 607.

44) Z. b. Vög. 1343, ein vers, den andere mit recht gar nicht schrieben. in ganz
interpolirter gestalt ist die letzte scene der Frösche überliefert, wo Aristophanes den
trug, wie es scheint, gar nicht, Aristarch zum teil durchschaut hat. man wundert sich
in der tat, daß so üble dittographien und zusätze sich haben halten können; leider
finden sie jetzt sogar verteidiger. zu streichen sind 1429, 1432, 1437—41, 1446—48,
1452. 53 (1455. 6 ist abzuteilen ΔΙΟ. πόθεν; μισεῖ κάκιστα. ΑΙΣ. τοῖς πονηροῖς
δ᾽ ἥδεται; ΔΙΟ. οὐ δῆτ᾽ ἐκείνη γ᾽, ἀλλὰ χρῆται πρὸς βίαν. ΑΙΣ.) 1462—66, 1478.

45) Frö. 155; anders wird er es mit den sinnlos wiederholten versen in Eur.
Medeia und Phoenissen auch nicht gehalten haben. gerade die existenz von dittographien beweist in der griechischen wie in der römischen dramatischen poesie, daß
unsere überlieferung auf die ausgabe von gelehrten zurückgeht, welche die verschiedenen fassungen, die sie in den handschriften einzeln vorfanden, neben einander
gerückt haben. denn nur das zusammenarbeiten der vorher gesonderten fassungen
kann sie vereinigt haben. sehr oft wird ein kritisches zeichen zuerst gesetzt gewesen sein. hätten diese herausgeber die anmerkung als eine berechtigte eigentümlichkeit wissenschaftlicher schriftstellerei gekannt, so würde der gang der textgeschichte ein ganz anderer geworden sein, würden übrigens z. b. auch Aristoteles ethik,

werden ihm auch dafür dankbar sein. denn sein bestreben war offenbar, möglichst wenig von dem überlieferten umkommen zu lassen. und doch liegt es in der natur der sache, daſs sehr vieles unterdrückt werden muſste, nicht bloſs einzelne lesarten, da ja die ausgaben keinen kritischen apparat enthielten, sondern verse und versreihen. wie hätte das gegenüber schauspielerredactionen anders sein sollen? wirklich hat Aristophanes die beiden unechten prologe des Rhesos ganz unterdrückt. so sehr wir also auch wünschen würden, mit dem apparate, der ihm zur verfügung stand, selbst zu arbeiten, so dürfen wir uns doch dazu glück wünschen, daſs der text, der für uns genau so wie im Homer auch im drama zunächst anzustreben ist, der der Alexandriner, ein so vorsichtig festgestellter ist. auf die torheit, bei ihm stehen zu bleiben, ist glücklicherweise niemand verfallen, obgleich der schade geringer wäre als im Homer.

Verteilung
in bände. Eine gesammtausgabe würde ihren zweck verfehlen, wenn sie nicht durch eine feste ordnung die erhaltung des gesammtbestandes der werke sicherte, wenn also z. b. die tragödien, weil eine jede für ein buch besser zureicht als ein gedicht von Stesichoros, vereinzelt publicirt wurden und vereinzelt blieben. tatsächlich haben denn auch die herausgeber aus diesen lediglich praktischen rücksichten etwas unseren 'bänden' entsprechendes eingeführt, eine mittelstufe zwischen der summe der werke und dem einzelnen stücke oder buche. wir sehen in der zeit des entfalteten litterarischen lebens einzelne vielschreibende schriftsteller schon selbst dafür sorgen und ihre bücher in gruppen von 5 oder 10 oder wie viel ihnen beliebt zusammenfassen. die historiker Dinon von Kolophon und Deinias von Argos nannten das eine σύνταξις [46]). die werke des Chrysippos wurden ebenfalls in συντάξεις gesammelt, doch wol schon bei seinen lebzeiten oder bald danach; denn lange konnten sich diese massen schlechtester prosa nicht halten, und der buchhandel blühte damals in Athen [47]). die ebenso ungeheure und unlesbare masse des Epi-

---

politik, psychologie ganz anders aussehen. und der Homer würde den hexaplarischen bibelhandschriften noch viel ähnlicher sein, als er es jetzt ist.

46) Δίνων ἐν ἀ τρίτης συντάξεως schol. Nik. Th. 613. Δεινίας ἐν ϑ´ πρώτης συντάξεως, ἐκδόσεως δὲ δευτέρας schol. Eur. Or. 872. später kommt das wort ab. Erotian in der vorrede braucht es abwechselnd und gleichbedeutend mit βιβλίον. Anaximenes schlieſst seine rhetorik mit der aufforderung, in der rede ἐκ τῆς προτέρας συντάξεως γυμνάζεσθαι, bezeichnet also sein werk damit. da ist es noch ganz gleich einem ἐξ ὧν πρότερον συντετάγμεν.

47) Lykon, gestorben 224, übergibt seinen nachlaſs einem Kallinos zur publication in seinem testamente (Diog. V 73). wir ersehen aus demselben, daſs dieser mit dem peripatetischen schulhaupte befreundet und in Hermione heimatberechtigt

kurischen nachlasses war auf $\varkappa\dot{v}\lambda\iota\nu\delta\varrho\sigma\iota$ verteilt[48]). den des Antisthenes gliederte man nach $\tau\acute{o}\mu\sigma\iota$, den platonischen verteilte Aristophanes in $\tau\varrho\iota\lambda\sigma\gamma\acute{\iota}\alpha\iota$[49]). das bei den Byzantinern gewöhnliche wort $\tau\epsilon\tilde{v}\chi\sigma\varsigma$ findet sich wenigstens in der augusteischen zeit für die vereinigung von fünf büchern lyrischer gedichte[50]). auch wenigstens für einen dramatiker ist die einteilung kenntlich. Apollodoros von Athen hat die gedichte des bisher vernachlässigten Epicharm auf 10 $\tau\acute{o}\mu\sigma\iota$ verteilt. da nicht feststeht, ob Apollodor die umfängliche pseudepicharmische, epische und prosaische, litteratur aufnahm, ist nicht sicher zu sagen, wit viel stücke auf einen $\tau\acute{o}\mu\sigma\varsigma$ kamen; indessen führt die beste angabe, 40 komödien, darunter 4 bestrittene[51]), auf die tetralogie, und man darf sie als wahrscheinlich betrachten[52]). Porphyrios, der die angabe über Apollodor macht um seine enneaden zu begründen (vit. Plotin. 24), wußte nichts mehr von $\tau\acute{o}\mu\sigma\iota$ der tragiker. aber wir werden nicht bezweifeln, daß

---

war. Lukian (*advers. indoct.* 1. 24.) erwähnt die $\beta\iota\beta\lambda\iota\sigma\gamma\varrho\acute{\alpha}\varphi\sigma\iota$ Atticus und Kallinos als die verfertiger der schönsten alten bücher. der athenische verlag des Atticus ist aus Ciceros correspondenz, die $\,^{\prime}A\tau\tau\iota\varkappa\iota\alpha\nu\acute{\alpha}$ sind aus den grammatikern bekannt: Kallinos werden wir auch nicht zögern zu identificiren.

48) Diogenes X 26. die einzelnen bücher können nicht gemeint sein, denn für sie wäre die zahl 300 viel zu niedrig: von Aristoteles zählt das hesychische verzeichnis mehr als das doppelte. auch waren die bände Epikurs wie die des Livius besonders schwer (Seneca ep. 46, 1 Usener *Epicurea* 87). das trifft auf die livianischen bücher nicht zu, erklärt sich vielmehr daraus, daß er nach dekaden oder doch pentaden publicirt hatte, eine einteilung die unsere überlieferung noch festhält. entsprechendes hat man für Epikur anzunehmen.

49) Hier war die rücksicht maßgebend gewesen, daß Platon zwei trilogien innerlich und formell verbundener dialoge verfaßt hatte. da sich darunter der Staat als ein buch neben dem Kritias befand, war an gleiches gewicht der bände nicht zu denken. und Aristophanes hat denn auch kein bedenken getragen, die Epinomis neben die Gesetze, jedes als eine nummer, zu setzen.

50) Krinagoras Anth. Pal. IX 239. das gedicht ist so zerstört, daß man nicht sicher erkennen kann, was eigentlich die fünf bücher lyrische gedichte waren. einen sammelband mehrerer gedichtbücher erwähnt Catull 14.

51) Anon. *de com.* 3, der ausdrücklich die $\sigma\omega\zeta\acute{o}\mu\epsilon\nu\alpha\iota$ angibt. 35 zählte vor Apollodor der Pythagoreer Lykon. das harmoniert mit Apollodor ganz gut. 52 bei Suidas ist dem gegenüber zu verwerfen.

52) Daran ist nicht zu denken, daß etwa 4 epicharmische komödien die länge einer attischen ausgemacht hätten. denn die dicke des bandes entscheidet überhaupt nicht, und wenn auch die sicilischen possen zweifellos kürzer als die komödien waren, so ist ihre gröſse doch ganz unschätzbar, konnte sich übrigens, da das vorwaltende versmaſs trochäische tetrameter waren, ja zwei ganze komödien aus anapaestischen tetrametern bestanden, in der schrift möglicherweise ganz anders stellen als die summen der in unserer weise gezählten verse es ergeben würden.

Apollodor der weise seiner lehrer folgte. dazu tritt nun ein wichtiges zeugnis. ein bücherkatalog aus Athen (CIA II 992) zählt unter anderem euripideische tragödien auf; sie sind nach den anfangsbuchstaben der namen geordnet, doch so, dafs erst alle mit Σ, dann alle mit Θ, Δ, Π, dann vier mit A, einige mit E anfangende auf einander folgen. wir sehen also die ordnung κατὰ στοιχεῖον, wie sie auch die zahlreich erhaltenen verzeichnisse von dramen zeigen, aber in der eigentümlichen weise modificirt, dafs die mit demselben buchstaben im titel beginnenden dramen eine einheit bilden, diese einheiten aber nicht mehr die buchstabenfolge des alphabetes inne halten. den grund der anomalie vermag man nicht wol zu erraten; so viel aber ist klar, dafs die buchstaben nicht die τόμοι bilden konnten, sonst hätten mehrere τόμοι nur eine tragödie umfafst. und da von A, welches die meisten enthält, zwischen Π und E vier tragödien eingezwängt sind, so liegt auch hier die tetralogie zum mindesten sehr nahe. und das mufste sie von vorn herein für den herausgeber tun, der unter den aischyleischen dramen eine anzahl wirklich inhaltlich zusammengehöriger und zugleich gegebener tetralogien vorfand, von welchen z. b. der Prometheus[53]) selbst nur den einen titel für die drei tragödien bot. man mag vermuten, dafs diese tetralogien zuerst als ein τόμος vereint blieben, wie sie wol zum teil auch überliefert waren, und dann bei Euripides und auch Sophokles[54]), wo der innerliche zusammenhang fortfiel oder zurücktrat, ein compromifs zwischen dieser einteilung und der ordnung nach dem anfangsbuchstaben getroffen ward. indessen bleibt das einzelne zunächst noch ganz unsicher; wichtig aber ist die erkentnis des einteilungsprincipes im ganzen, und sie wird sich später noch in wichtigen folgen bewähren[55]).

Erklärung.   Auch die reihe der commentatoren beginnt Aristophanes. daraus folgt, dafs er im Museion tragiker erklärt hat, ebenso wie auch epiker lyriker und komiker. denn für die älteste grammatik gilt noch ebenso wie für die

---

53) Der erhaltene Prometheus stand in der ausgabe, für welche schol. 511 geschrieben ist, noch im verbande der trilogie, denn der λυόμενος heifst τὸ ἑξῆς δρᾶμα. angeführt wird auch das dritte stück, 94. auch die erhaltene Orestie dürfte der veranstalter unserer auswahl nicht erst selbst zusammengestellt, sondern im selben bande vereint gelesen haben.

54) Auch von diesem stehen einige mit gleichem buchstaben beginnende tragödiennamen auf dem steine CIA II 992.

55) Zwei notizen scheinen darauf zu führen, dafs die tragödien auch eine laufende nummer führten, in der hypothesis der Alkestis τὸ δρᾶμα ἐποιήθη ιζ᾽ und in der Antigone λέλεκται δὲ τὸ δρᾶμα τοῦτο τριακοστὸν δεύτερον: aber sie haben sich bisher jeder deutung entzogen.

peripatetiker die wechselwirkung von mündlicher lehre und schriftstellerei[55a]): sie schreiben ὑπομνήματα, und man schreibt sich nach ihren vorträgen ὑπομνήματα. proben von der conjecturalkritik des Byzantiers sind freilich zu den tragikern nicht mehr beizubringen, weil ihre scholien sehr viel dürftiger sind als die zu dem Athener Aristophanes. indessen ist doch an einer stelle so viel erhalten, daſs etwas wichtiges sich erschlieſsen läſst. in den scholien zum Orestes ist ein ὑπόμνημα des Aristophaneers Kallistratos benutzt, und da dieser einmal als gewährsmann für eine lesart seines lehrers angeführt wird[56]), so darf man auch die andern, eben auch in diesem drama allein häufigeren, Aristophanescitate[57]) auf die rechnung seiner vermittelung setzen. darunter ist nun eine sehr merkwürdige notiz. Aristophanes rechtfertigt eine lesart durch berufung auf Stesichoros, der die von Euripides gewollte situation erkläre[58]). unzweifelhaft gehört ihm dann auch eine weitere stelle, wo ebenso Stesichoros die absicht des Euripides erläutert[59]). hier aber richtet sich die spitze der bemerkung gegen

---

55a) Für den betrieb der philologischen studien in Alexandreia sind wir auf rückschlüsse angewiesen, da directe zeugnisse fehlen. nun hat man ja das richtige aus der anwendung der kritischen zeichen, welche mündliche belehrung zur ergänzung fordern, aus den ὑπομνήματα und namentlich aus der παράδοσις, wie sie z. b. in betreff der aristarchischen vocabelerklärung fest steht, geschlossen. es ist aber doch sehr belehrend, auf dem gebiete der mathematik in einen esoterischen und exoterischen schulbetrieb hineinzusehen. die vorreden, welche Apollonios von Perge seinen einzelnen büchern über die kegelschnitte vorausschickt, gewähren diesen einblick, und die tiefe und klare würdigung, welche Zeuthen jüngst diesem werke hat zu teil werden lassen, wird dem philologen auch dann wichtig, wenn er dem mathematiker auf sein gebiet nicht zu folgen vermag. für diesen ist es kein geringes lob, daſs er, ohne kenntnis von den geschichtlichen bedingungen zu haben, die verhältnisse genau so gezeichnet hat, wie sie umfassende geschichtsbetrachtung kennen lehrt, von der leider die meisten philologen noch weit entfernt sind.

56) 1038; auſserdem von Kallistratos 314 zeugnis für eine lesart, 434 eine aporie. schlüsse auf seine eigene leistung und tendenz sind daraus nicht zu ziehen.

57) 713 eine lesart; 489 ist nur noch der name da. er galt einer erklärung.

58) 1287 (p. 214, 15 Schw.) Ἀρ. γράφει 'ἐκκεκόφωνται ξίφη'· σημαίνει γὰρ ὅτι εἰς τὸ κάλλος Ἑλένης ἀποβλέψαντες ἀναπαίσθητοι ἔμειναν καὶ εἴασαν τὰ ξίφη. das erhält erst eine pointe durch die andere fassung (z. 6) ἆρα εἰς τὸ Ἑλένης κάλλος βλέψαντες οὐκ ἐχρήσαντο τοῖς ξίφεσιν; οἷον καὶ Στησίχορος ὑπογράφει κτλ.

59) 269 Στησιχόρῳ ἑπόμενος τόξα φησὶν αὐτὸν εἰληφέναι παρὰ Ἀπόλλωνος. ἔδει οὖν τὸν ὑποκριτὴν λαβόντα τοξεύειν· οἱ δὲ νῦν ὑποκρινόμενοι τὸν ἥρωα αἰτοῦσι μὲν τὰ τόξα, μὴ δεχόμενοι δὲ σχηματίζονται τοξεύειν. Stesichoros wird auch 249 zur erläuterung der fabel citirt und 46 bei besprechung des ortes, wo Euripides die fabel spielen läſst. es liegt nahe, auch diese stellen auf Aristophanes zu beziehen. indessen hat über die quellen des Euripides auch der kyklograph

die praxis der schauspieler, wie sie zu zeiten des verfassers auf der bühne
in geltung war. und von dieser in keinen anderen scholien vorhandenen
kategorie gibt es zum Orestes eine reihe bemerkungen, welche die gesti-
culation [60]), die sangweise [61]), die neigung für entfaltung von pomp [62]), die
selbst vor einem einschube nicht zurückschreckende sorge für die eigene
bequemlichkeit [63]) an den schauspielern tadeln. das bestätigt sich weiter

Dionysios gehandelt 995, vgl. 872. diese mythographische gelehrsamkeit wird man
nicht trennen dürfen. auch das verhältnis zu Homer gehört dahin, 39, 256.

60) 643 τούτου ῥηϑέντος αἴρουσιν οἱ ὑποκριταὶ τὴν χεῖρα, ὡς τοῦ Μενελάου
ἀγωνιῶντος κτέ. εὐήϑης δέ ἐστιν [ὁ] τοιαύτης ὑποψίας ἀντιλαμβανόμενος ⟨ὁ⟩ Με-
νέλαος. das scholion ist aufser im Et. Gud. 79, 19 auch in den proleg. zu Hermogenes
IV 7 Walz ausgeschrieben.

61) 176 τοῦτο τὸ μέλος ἐπὶ ταῖς λεγομέναις νήταις ᾄδεται καί ἐστιν ὀξύτατον.
ἀπίϑανον οὖν τὴν Ἠλέκτραν ὀξείᾳ φωνῇ κεχρῆσϑαι, καὶ ταῦτα ἐπιπλήσσουσαν
τῷ χορῷ. ἀλλὰ κέχρηται μὲν τῷ ὀξεῖ ἀναγκαίως, οἰκεῖον γὰρ τῶν ϑρηνούντων,
λεπτότατα δὲ ὡς ἔνι μάλιστα. davon dafs des dichters absicht die oder die gewesen wäre, weifs der verfasser nichts: nur die praxis, wie sie auf der bühne ist,
kennt er. ganz so Dionysios, der de comp. verb. 11 den anfang desselben liedes
zum beispiele wählt. ἡ ᾠδικὴ Μοῦσα ... τὰς λέξεις ταῖς μέλεσιν ὑποτάττειν
ἀξιοῖ, ... ὡς ... δῆλον ἐκ τῶν Εὐριπίδου μελῶν ἃ πεποίηκε τὴν Ἠλέκτραν λέγουσαν.
Euripides hat Elektra die μέλη 'sagen' lassen. den gesang schuf die ᾠδικὴ Μοῦσα,
oder, wie Aristophanes sagt, sie werden so und so gesungen. — übrigens ist die
stelle noch in anderer weise für die schauspieler sehr merkwürdig. unsere handschriften und scholien geben 140. 1 dem chore, wie wegen der responsion nötig ist.
aber nicht nur Dionysios, sondern auch eine sehr gute anekdote von Kleanthes (Diog.
IV 172) gibt sie Elektra; so war also die bühnenpraxis. dann können diese gewährs-
männer aber v. 136—39 nicht gehört haben, denn das ist offenbar eine dittographie zu
140. 1; ja wir vermögen nun erst die verderbnis von 141 mit Elmsley sicher zu heilen
(μὴ ῞στω κτύ πος für μηδ᾿ ἔστω κτύπος aus 137). die schauspieler verhelfen uns hier
also zur entfernung einer in den gelehrten texten befindlichen dittographie. was
sie änderten, lief darauf hinaus, dafs der sänger erhielt was eigentlich dem chore
gehörte. das begreift man leicht. aber auch die verse 135—39 sind auf der bühne
entstanden, nur einer anderen: sie fordern entweder die beseitigung des chorliedes,
oder doch seines anfanges, oder aber sie sind gedichtet, um den sinn der chorverse
deutlich zu machen, als die musik in gewohnter weise die worte unverständlich
gemacht hatte.

62) οὐκ ὀρϑῶς νῦν ποιοῦσί τινες τῶν ὑποκριτῶν πρῴ εἰσπορευομένην τὴν
Ἑλένην καὶ τὰ λάφυρα. ῥητῶς γὰρ αὐτὴν νυκτὸς ἀπεστάλϑαι φησίν, τὰ δὲ κατὰ
τὸ δρᾶμα ἡμέρᾳ συντελεῖται. man liefs also Helene während des prologes mit
einem triumphzuge, beutestücken, sclavinnen etc. auf die bühne kommen, während
der dichter sie bereits bei nacht, vor beginn seines stückes, hatte kommen lassen

63) Der eunuch sagt 1369, er wäre der ermordung entflohen κεδρωτὰ παστάδων
ὑπὲρ τέραμνα Δωρικάς τε τριγλύφους, also durch einen sprung vom dache. vorher
gehen drei verse des chores, worin in üblicher weise das knarren der türe und
heraustreten des Phrygers notificirt wird. das vorzügliche scholion hebt den wider-

dadurch, dafs bei einer zu zwei stellen anderer dramen angemerkten differenz zwischen dem texte und der inscenirung einmal Aristophanes namhaft gemacht wird[64]). es wird also kein vorschneller schlufs sein, wenn wir annehmen, dafs Aristophanes in das schauspielhaus gegangen ist, um die tradition der bühne für die exegese des textes nutzbar zu machen[65]). es ist begreiflich, dafs der erste erklärer das tat: die folgezeit hat eine belebung der anschauung durch die bühne so wenig gekannt wie eine fortgesetzte textverderbnis durch dieselbe[65a]). auch hieran sieht man so recht, dafs Aristophanes eine neue periode eröffnet.

Diese zweite periode der textgeschichte umfafst etwa drei jahrhunderte,

Die zweite
periode der
textkritik.

---

spruch hervor und stellt die sichere vermutung auf, die drei verse wären von den schauspielern eingelegt οἵτινες ἵνα μὴ κακοπαθῶσιν ἀπὸ τῶν βασιλείων δόμων καθαλλόμενοι, παρανοίξαντες ἐκπορεύονται τὸ τοῦ Φρυγὸς ἔχοντες σχῆμα καὶ πρόσωπον. eine ähnliche interessante schauspielerinterpolation ist Aisch. Eum. 405. Aischylos in seiner einfachheit liefs Athene von der Troas nach Athen durch die luft fliegen, ohne fittiche, aber so dafs sich fittichgleich die Aegis blähte, πτερῶν ἄτερ ῥοιβδοῦσα κόλπον αἰγίδος. das genügte dem bedürfnis nach sinnenreiz nicht mehr, das man die spätere zeit zu befriedigen wufste, und schien wol auch der göttin nicht würdig. so fuhr Athene auf ihrem streitwagen durch die luft auf die bühne, und dafür ward der vers eingefügt πώλοις ἀκμαίοις τόνδ' ἐπιζεύξασ' ὄχον.

64) Hipp. 172 τοῦτο σεσημείωται τῷ Ἀριστοφάνει, ὅτι καίτοι τῷ ἐκκυκλήματι χρώμενος τὸ ἐκκομίζουσα προσέθηκε περισσῶς. Alk. 234 οὐκ εὖ· κατὰ γὰρ τὴν ὑπόθεσιν ὡς ἔσω πραττόμενα δεῖ ταῦτα θεωρεῖσθαι. die form dieser notiz ist entstellt, ähnlich wie die geringeren fassungen des Hippolytosscholions. die sache verhält sich so. man stellte die scenen so dar, dafs das ekkyklema zur anwendung kam, also die kranke Phaidra und die sterbende Alkestis im zimmer blieben. das ist der sache eigentlich allein angemessen, und deshalb glaubte Aristophanes den dichter tadeln zu müssen, der trotzdem beide male ausdrücklich angibt, dafs die kranken ins freie gebracht würden. wir werden natürlich umgekehrt urteilen, dafs Euripides ein ekkyklema nicht beabsichtigt hat und sich wol oder übel mit den verhältnissen seiner bühne beholfen hat. aber ein heutiger regisseur würde gut tun lieber dem antiken collegen zu folgen als dem dichter. es liegt nahe die anweisungen für das spiel, die vereinzelt gegeben werden (Hipp. 215 *tout d'accord avec madame Rachel*, fügt Weil hinzu) auch auf Aristophanes zurückzuführen. natürlich nicht solche, wo der grammatiker durch ein ἴσως selbst eingesteht, dafs für ihn das drama nicht mehr auf der bühne existirt, schol. Soph. OT. 41. 80. 1297. auch wenn über das umcostümiren geredet wird, ist die verkehrtheit der bemerkung beweis genug, dafs das am schreibtisch ausgedacht ist, schol. Soph. OT. 147, E. Phoen. 93.

65) Über die bühnenwirksamkeit urteilt er in den hypothesen zu Orestes und Phoenissen ganz unbefangen, ohne seine gesunde kritik der dichtung dem gegenüber zu verleugnen.

65a) Leo verweist mit recht auf den Donatcommentar zu Terenz, wo die rücksicht auf die bühne noch viel deutlicher hervortritt. natürlich geht das auf sehr viel ältere erklärer zurück; Leo vermutet, auf Probus.

vom fünften Ptolemaeer bis auf Hadrian, und läfst sich bezeichnen als die zeit des wirklich grammatischen studiums. sie ist in ihrer studienrichtung uns modernen vergleichbar. die beschäftigung mit den tragikern ist sehr rege und productiv an büchern, von denen aber sehr wenig auf die nachwelt kommt, denn ein commentar verdrängt den andern, eine specialausgabe die andere. das verdienst dieser zeit liegt auf dem gebiete der kritik lediglich in der conservirung des aristophanischen textes und der sicherung des verständnisses, so weit es die einzelnen worte und sätze des dichters angeht. tieferes eindringen in die kunstwerke ist fast nirgend vorhanden, und selbst der versuch wird nicht häufig gemacht. die conjecturalkritik hat so gut wie gar nichts gutes geleistet, würde aber viel verdorben haben, wenn ihre einfälle bestand gehabt hätten.

Aristarch.   Neben Kallistratos, den die verehrung für seinen meister in die heftigste fehde mit Aristarch verwickelte, wird man diesen vor allem als erklärer tätig zu sehen erwarten. sein schüler Dionysios Thrax sagt, er hätte die ganze tragödie auswendig gekonnt[66]), und dafs er ὑπομνήματα verfafst hat, steht fest. aber es ist nicht nur so gut wie gar nichts erhalten, man spürt auch nichts von seinem einflufs, oder doch nichts was den tragikern nützte. denn dafs wir seine homerischen doctrinen nicht selten in den scholien der tragiker vorgetragen finden, nützt für das verständnis der vorliegenden stellen nicht das mindeste. oder was läge daran, dafs wir lernen, Homer unterscheide im gegensatze zu den attikern οὐτάσαι und βαλεῖν[67]); und gar die mythographische erudition würde ganz zu grunde gegangen sein, wenn die aristarchische mode durchgedrungen wäre, blofs den unterschied der νεώτεροι vom ποιητής einzuschärfen[68]). gewifs wird Aristarchs besonnene exegese auch hier sehr

---

66) Et. M. Διονύσιος Θρᾷξ. das ὑπόμνημα Λυκούργου Αἰσχύλου citirt schol. Theokr. 10, 18.

67) Schol. Androm. 616, Hipp. 683, Ar. Ach. 345.

68) Z. b. schol. Hek. 3. 4. 1279. eine anzahl solcher stellen ist gesammelt in der sonst unbrauchbaren arbeit von Barthold *de scholiorum in Eur. fontibus* Bonn 1864 p. 12. ganz ähnliches findet sich auch in den Pindarscholien, Horn *de Ar. stud. Pindar*. Greifswald 1883, p. 76. vereinzelt findet sich auch eine solche beziehung auf Aristophanische lehren; Phoen. 886 und Tr. 44 (zu lesen σεσημείωται ὡς [καὶ cod.] μηκέτι αὐτῆς οἰκουμένης) beziehen sich auf seine homerischen arbeiten, auf seine παροιμίαι schol. Soph. Ai. 746, auf seine λέξεις Phoen. 684, häufig wird sein συγγενικόν stillschweigend berücksichtigt, z. b. Hipp. 634 Alk. 988 Pind. Ol. 9. 96: aber dies buch ist bis in byzantinische zeit in gebrauch gewesen und von den lexicographen reichlichst ausgenutzt, also konnten solche bemerkungen jederzeit aufgenommen werden und für die tragikercommentare des Aristophanes beweisen sie gar nichts.

viel gutes haben stiften können, und die einzige stelle, wo sein name
erscheint[69]), zeigt ihn auch als den verteidiger des wahren. entsprechend
steht es im Pindar; aber ebenda ermißt man leicht die schranken seines
könnens. die vollkommene anistoresie, die für seine philologie charakteristisch ist, rächt sich empfindlich. so hat er im Aristophanes, wo seine
eigentümlichen vorzüge sich noch weniger entfalten konnten, nur wenig
geleistet. und auch die tragiker haben von ihm und seinen nächsten an-
hängern wenigstens keine kenntliche förderung erhalten.

Unsere überlieferung über die leistungen der einzelnen ˉgrammatiker
des zweiten und ersten jahrhunderts ist aber überhaupt so dürftig, daß
wir von keinem einzigen benannten manne eine vorstellung gewinnen
können. es hilft wenig, daß Krates ein par mal genannt wird[70]), Timachidas zur Medea einige scharfe zurechtweisungen erhält[71]), Parmeniskos,
dieser ein Aristarcheer, in irgendwelchen büchern textkritische und exegetische fragen zu Rhesos, Troerinnern, Medeia behandelt, und ein und
der andere name, vorzüglich in aporieen, genannt wird[72]). sehr viel deutlicher als aus diesen zerstümmelten einzelheiten lernt man, was die antike
philologie leisten konnte, durch zwei ὑπομνήματα, die zwar anonym
bleiben, aber dafür in ihrer ganzen art kenntlich sind. das eine ist ein
commentar zum Rhesos, den citaten nach aus dem ersten jahrh. v. Chr.,ὑπόμνημα
zum Rhesos.
wol dem angehenden, welcher den nachweis liefern wollte, daß dieses
drama unecht wäre. das verschob sich, wie es zu gehen pflegt, zu dem
versuche, das stück als an sich schlecht zu erweisen, wodurch der richtigen tendenz nur abbruch getan ward. jetzt erscheinen die kritischen
bemerkungen verzettelt als erklärungen zu kritischen zeichen; aber es ist
nicht zu sagen, ob sie als solche niedergeschrieben sind, denn das ganze

---

69) Zu Rhes. 540. denn Alk. 1154 ist der name aus Ἀριστοτέλης verdorben,
wie Harpokration s. v. τετραρχία lehrt.

70) Zum Rhesos muß er ein ὑπόμνημα verfaßt haben. sonst in einem ζήτημα
Phoen. 208. über Parmeniskos Robert Eratosth. 229.

71) Zu Med. 1 Τιμαχίδας ἀγνοήσας, 167 T. ἐπὶ τὰ πρόχειρα πᾶσιν ἐνεχθείς,
hier wird er mit mythographischer gelehrsamkeit bekämpft, und da Didymos den
Parmeniskos in ähnlicher weise 273 zurückweist, auch den Apollodoros von Tarsos
148, 169 citirt, so werden wir ihm alle diese citate verdanken.

72) Darunter sind einige, über die man gar nichts vermuten darf oder mag.
Aischines, E. Or. 12, 1371, welch letztere stelle wenigstens den Anschein hat, als
suchte er den von Aristophanes gerügten widerspruch zu beseitigen. Praxiphanes,
S. OK. 900, der unmöglich der bekannte schüler des Aristoteles sein kann, Hellanikos,
S. Phil. 201, der allerdings höchstens ein Herodoterklärer sein könnte und von Schrader
(de not. crit. 27) für den Zenodoteer gehalten wird. aber es ist wol eher irgend ein
misverständnis oder autoschediasma, und der historiker gemeint.

ist nicht im originale erhalten, sondern nur durch einen commentar, welcher sich die widerlegung der behauptungen des älteren, doch wol höchstens 100 jahre älteren, gelehrten zur aufgabe gestellt hatte, die er mit minderem scharfsinn, aber auch nicht ohne wertvolle, wenn auch meist aus handbüchern geborgte, gelehrsamkeit zu lösen versucht. diesen commentar wieder hat der redactor unserer scholien, die noch dazu sehr stark verstümmelt in einer einzigen wenig zuverlässigen handschrift (Vat. 909) erhalten sind, ausgezogen und mit seinen ungelehrten erklärungen vermischt. trotz alledem ist dieses bild eines antiken philologenkampfes sehr wol kenntlich und in seiner art ziemlich so interessant wie das object selbst[73]).

ὑπόμνημα
zum Oidipus
Kol.

Noch wertvoller ist durch die fülle seltener gelehrsamkeit ein ὑπόμνημα zu dem Oidipus auf Kolonos, auf welches die hauptstücke der scholien dieses dramas sich zurückführen lassen, die von den übrigen scholien, nicht bloſs den sophokleischen, sondern allen tragikerscholien abstechen. es ist das allerdings schon eine compilatorische arbeit, denn sie setzt eine gröſsere zahl von ὑπομνηματισάμενοι voraus, die sie ursprünglich gewiſs genauer citirt hat, als es in dem jetzigen verstümmelten auszuge geschieht[74]). der verfasser lebte nicht vor dem anfange der kaiserzeit[75]), aber auch schwerlich später; denn die richtung seines interesses stimmt zu den damaligen auf das attische altertum gerichteten von dem atticismus angeregten studien, und die art der wesentlich material häufenden gelehrsamkeit hat an den arbeiten des Theon eine vollkommene parallele. wie dieser den Apollonios ausschlieſslich nach der mythographischen seite erläutert hat, so daſs das object unter der fülle des herbeigeholten stoffes fast verschwindet, und nur die frage nach den quellen des Apollonios die erklärung des dichters wirklich angeht, so werden hier die attischen alter-

---

73) Der nähere nachweis in meinem programm *de Rhesi scholiis* (Greifswald 1877) geliefert.

74) 888, wo der verfasser ihnen gegenüber einen kritischen zweifel äuſsert. er hat richtig erkannt, daſs Sophokles die orakelsprüche erfunden hat, welche seine handlung ermöglichen. Dazu gehören 457, 1156, 1181. ferner werden die ὑπομνηματισάμενοι 681 genannt, wo der verfasser im gegensatz zu ihnen eine andere, übrigens falsche, mythologische erklärung versucht, die eine textänderung im gefolge hat. 1375, wo er stolz ist, etwas bisher ganz vernachlässigtes zu erklären; es ist mythographisch; 900, wo es sich um eine antiquarische glosse handelt, und 390, wo ein altes wort (εὔσοια) erklärt wird. die bemerkung über die lesart der handschriften gehört nicht zu dem hypomnema, sondern hat für didymeisch zu gelten.

75) 56 wird Lysimachides citirt, der gegen Caecilius von Kalakte schrieb (Ammon. s. v. ϑεωρός).

tümer und localitäten und culte an dem drama erläutert, welches dazu
besonders reiche gelegenheit bot, und daneben wird allerdings auch
wenigstens die frage gestreift, in wie weit Sophokles frei erfunden habe.
dabei fehlt dem verfasser allerdings das beste, die eigene anschauung von
Attika, so daſs er stark in die irre geht[75]). als zusammengehörig lassen sich
nun freilich nur die inhaltlich verwandten stücke erkennen, und nicht mit
völliger sicherheit lassen sich sacherklärungen auf denselben verfasser beziehen, die nur in der erudition verwandt sind. dagegen ist ganz klar, daſs
textkritik und worterklärung, das eigentlichste grammatikergeschäft, für
diesen gelehrten ganz so wie für Theon nebensache sind. für solche dinge
erscheint in den scholien ein par mal der name des Didymos[77]), der denn
auch seiner studienrichtung nach nicht der verfasser dieser arbeit sein
kann, der zeit nach aber auch nicht ihr benutzer. vielmehr hat ein späterer, der welcher unsere Sophoklesscholien redigirt hat, neben Didymos
für dieses drama ein anderes ὑπόμνημα in die hände bekommen und
excerpirt.

    Da ist denn der name des Didymos gefallen, der für die, welche Didymos.
scholien nur von ferne kennen, so ziemlich mit dem identisch zu sein
pflegt, was sie in ihnen gut finden; das schlecht befundene wird dem ano-
nymen scholiasten aufgebürdet, der sich alles gefallen lassen muſs. Didymos ist eine zeit lang stark überschätzt worden; jetzt hat sich eine laute
und beachtenswerte stimme erhoben, welche ihn kurzweg für einen dummkopf erklärt. das lehrt in wahrheit, daſs man im banne der Aristarcho-
latrie zu keinem gerechten urteil kommen kann.

    Es ist ausgemacht, daſs wir von Didymos die schrift über Aristarchs
Homerausgabe besitzen, aber so gut wie nichts von seinem Homercom-
mentar; wenigstens ist bisher nichts mit sicherheit auf ihn zurückge-
führt, und es wird auch nur in der überarbeitung durch jüngere, wie
Herakleon und Epaphroditos, vorliegen. es ist weiter ausgemacht, daſs die
hauptmasse des gelehrten materiales in den Pindarscholien, sowol was die
excerpte aus älteren erklären wie was das historische angeht, ihm gehört.
Symmachos, der verfasser unserer Aristophanesscholien, hat ihn ausgiebig.

---

76) Wer Athen kennt, kann ein Pythion, das am wege zwischen dem Kolonos
und Theben liegt, nicht bei Marathon suchen, zumal wenn der Aigaleos erwähnt
wird, an dem das Pythion von Daphni liegt. so tut aber unser mann 1047.

77) 156, 237, 763: ihn geht ganz offenbar das textkritische an, in dem sinne,
daſs der redactor dieses wesentlich bei ihm fand. und die aesthetischen und exegetischen scholien, welche denselben charakter tragen wie die zu den andern dramen
des Sophokles, wird man ihm auch ohne zögern zuweisen. mit dem ὑπόμηνμα vermischt sich das fast nie.

benutzt, und z. b. an den Vögeln kann man seine komikererklärung gut
studiren. von seinen arbeiten für die redner steht nicht wenig bei Harpokration. einzelne minder zusammengestrichene proben seiner eignen darstellung finden sich hie und da, z. b. bei Athenaeus. das buch περὶ λυρι-
κῶν ποιητῶν wird sich vielleicht inhaltlich einigermaßen herstellen lassen,
wenn auch wol nur in überarbeitung durch Dionysios. an material ge-
bricht es also nicht um die wissenschaftliche persönlichkeit zu erfassen.
für die tragiker steht es minder günstig. indessen hat man doch längst
bemerkt (zuerst wol Lehrs), daß unsern Sophoklesscholien als letzte grundlage der commentar des Didymos gedient hat, wenn man auch feste um-
risse für seinen anteil an dem erhaltenen nicht ziehen kann, und so viel bestimmte einzelheiten, wie durch Symmachos erhalten sind, hier nicht mehr
zu constatiren sind. das allgemeine was man erfaßt ist erstens, daß Didymos wesentlich das kritische material der früheren generationen sammelt
und verwertet: das entspricht der tätigkeit die er an Homer oder vielmehr
Aristarch wendet. zweitens besorgt er das eigentlich grammatische geschäft der exegese, und hier bedauert man am meisten, daß sich so wenig
anhaltspunkte für die ausdehnung seiner arbeit finden. daß dabei die
glossographische erklärung besorgt ward, steht anderweitig fest. ob ihm
aber die mythographische gelehrsamkeit gehört, scheint sich bisher weder
bejahen noch verneinen zu lassen. denn damit daß er sie zuweilen heranzieht, wo es eine besondere schwierigkeit zu lösen gilt[78]), ist für die hauptmasse dieser scholien noch nichts bewiesen. ganz besonders aber tritt in dem
commentar zu allen Sophoklesstücken eine starke vorliebe für diesen dichter
und seine kunst zu tage in scharfem gegensatze zu Euripides. und da
nun in dessen scholien die feindliche kritik zuweilen sicher didymeisch
ist, so wird mit vollem rechte in dieser tendenz etwas für Didymos be-
zeichnendes gesehen. am deutlichsten ist es in den scholien zur Andromache, wo man auch bemerken kann, daß Didymos an das aesthetische
urteil des Aristophanes ansetzte[79]). eine gleiche tendenz läßt sich auch in

---

78) Vgl. anm. 71. auch die homerischen scholien liefern vereinzelte belege dafür.

79) Von dem urteil des Aristophanes ist nur der anfang erhalten, in welchem gelobt
wird der prolog, die elegie der Andromache (zu lesen εὖ δὲ καὶ τὰ ἐλεγεῖα für ἔστι δ. κ.),
die reden der Hermione an diese, die intervention des Peleus. da das drama τῶν δευ-
τέρων ist, mußte starker tadel folgen, zu welchem der zweite teil herausfordert; über
ihn ist nichts mehr erhalten, außerdem ist im ersten die haltung der Andromache und
des Menelaos übergangen. in den scholien polemisirt 32 gegen die φαύλως ὑπομνηματισάμενοι, die dem Euripides vorwerfen, er hätte komische motive, eifersucht und
weibergezänk, eingeführt, was herzlich albern abgewehrt wird. 229 wird die haltung
der Andromache als παρὰ τὰ πρόσωπα καὶ τοὺς καιροὺς getadelt. 329 ebenso, und

den Troerinnen[80]) erkennen, und obwol die anhaltspunkte schwach sind, darf man wol dem allgemeinen eindruck folgen und den grundstock der scholien zu diesem drama, wie auch den der noch dürftigeren zur Hekabe für Didymos in anspruch nehmen[81]). daran ist bei der Medeia nicht zu

---

dabei steht $\varDelta i\delta\nu\mu\omicron\varsigma$ $\mu\epsilon\mu\varphi\epsilon\tau\alpha\iota$ $\tau\omicron\upsilon\tau\omicron\iota\varsigma$. 362 ebenso und wieder wird Didymos genannt. 885 führt sich Orestes mit motiven ein, die Euripides allerdings erfunden hat: $\varDelta i\delta\nu\mu\omicron\varsigma$ $\delta\epsilon$ $\varphi\eta\sigma\iota$ $\psi\epsilon\nu\delta\tilde\eta$ $\tau\alpha\tilde\nu\tau\alpha$ $\epsilon\tilde\iota\nu\alpha\iota$ $\kappa\alpha\iota$ $\ddot\alpha\pi\iota\sigma\tau\alpha$. 1077 tadelt Didymos, recht kleinlich, einen ausdruck, den er für eine schlechte nachahmung Homers hält. danach wird man ihm auch 616 den tadel zutrauen, wo in dem vorwurf $\omicron\upsilon\delta\epsilon$ $\tau\rho\omega\vartheta\epsilon\iota\varsigma$ $\tilde\eta\lambda\vartheta\epsilon\varsigma$ $\epsilon\kappa$ $T\rho\omicron\iota\alpha\varsigma$ ein $\pi\alpha\rho\grave\alpha$ $\tau\grave\eta\nu$ $\iota\sigma\tau\omicron\rho\iota\alpha\nu$ gefunden wird, weil Menelaos von Pandaros geschossen ist; es folgen zwei $\lambda\upsilon\sigma\epsilon\iota\varsigma$, die eine auf dem misverstandenen aristarcheischen unterschiede von $\tau\iota\tau\rho\dot\omega\sigma\kappa\epsilon\iota\nu$ ($\omicron\upsilon\tau\dot\alpha\zeta\epsilon\iota\nu$) und $\beta\dot\alpha\lambda\lambda\epsilon\iota\nu$ beruhend. 1241 wird genau notirt, in wie weit die von Euripides gegebene sagenform bei Pherekydes bestätigung findet, der rest wird gescholten $\delta\iota\epsilon\psi\epsilon\nu\sigma\tau\alpha\iota$. man wird soweit mit sicherheit gehen dürfen, den tadler überall in Didymos zu finden, den also sein gegner $\varphi\alpha\upsilon\lambda\omega\varsigma$ $\upsilon\pi\omicron\mu\nu\eta$-$\mu\alpha\tau\iota\sigma\dot\alpha\mu\epsilon\nu\omicron\varsigma$ nennt, zumal der tadel mit der hypothesis in harmonie ist. aber man möchte weiter gehen. 733 wird als $\kappa\alpha\tau\alpha\sigma\upsilon\kappa\omicron\varphi\alpha\nu\tau\epsilon\tilde\iota\nu$ $\tau\grave\omicron\nu$ $E\upsilon\rho\iota\pi\dot\iota\delta\eta\nu$ abgewiesen, dafs einige hier (wie auch 445, wo wieder die hypothesis in ihren verlornen didaskalischen teilen benutzt ist) an tendenziöse beziehungen auf die zeitgeschichte dachten. die $\ddot\epsilon\nu\iota\omicron\iota$ scheinen doch dieselben mit den $\varphi\alpha\upsilon\lambda\omega\varsigma$ $\upsilon\pi\omicron\mu\nu\eta\mu\alpha\tau\iota\sigma\dot\alpha\mu\epsilon\nu\omicron\iota$, d. h. Didymos. und ferner wird das $\pi\alpha\rho\grave\alpha$ $\tau\grave\eta\nu$ $\iota\sigma\tau\omicron\rho\iota\alpha\nu$, wie 885 und 1077 von Didymos, auch 24, 224 aufgeworfen, und die befolgte sagenform öfter belegt, darunter 18 mit tadel der $\nu\epsilon\dot\omega\tau\epsilon\rho\omicron\iota$, und die verwandtschaft mit schol. Pind. Nem. 3, 81 ist hier deutlich, und 796 wird andererseits benutzung des Pindar angenommen (vgl. oben s. 25). das alles möchte man einem zuschreiben, und das wäre dann Didymos: aber die consequenzen dieses schlusses scheinen zur zeit noch zu grofs, als dafs das fundament sie trüge: denn dann würde er der sein, welcher das mythographische in diese scholien gebracht hat. obwol ich das glaube, habe ich im text die frage ganz offen gelassen.

80) Genannt ist Didymos nur für die richtige erklärung eines katachrestisch gebrauchten wortes (1079, auch bei Hesych erhalten). man ist gewöhnt auch noch eine zweite (1175) auf ihn zurückzuführen, weil viele lexikographen sich mit ihr berühren (Ael. Dionys bei Eust. 907, 40 Phot. Hes. $\kappa\tilde\eta\pi\omicron\varsigma$, schol. Thuk. II 62 u. a. m.): jedenfalls spricht die alte gelehrsamkeit dafür, da selbst Eratosthenes citirt wird, der den Euripidesvers in seinem buche über die komödie besprochen hatte. auch 1176 ist in wahrheit sehr gelehrt und geht auf Apollodor zurück (Athen. II 66). die tadelnde kritik ist aber genau dieselbe wie in der Andromache, und es sind noch viel mehr bemerkungen erhalten, 1, 14, 31, 36, 209, 448, 630, 906, 943, 975, 1010, 1049, 1057, 1129, und da hierin die sitte des Euripides öfter notirt wird, so darf man auch stellen wie 628, 989 dahin ziehen, wo sprachliche lieblingswendungen von ihm angemerkt werden. überhaupt sind diese scholien besonders einheitlich: was nicht paraphrase ist, scheint einem zu gehören. auch die mythographischen dinge, so weit sie nicht in den schon berührten scholien stehen, berühren sich mit Andromache und Hekabe; doch das liegt vielleicht lediglich am stoffe.

81) Genannt wird Didymos viermal für kritisch exegetisches 13, 736, 847, wo

denken, wo sich dagegen eine reihe einzelner angaben finden, die ganz besonders geeignet sind, die textkritik des Didymos kennen zu lehren: hier nennt ihn auch die subscriptio. die Phoenissen setzen auch einen commentar voraus, der die kunst des Euripides scharf angriff, und beschäftigt hat sich Didymos auch mit diesem stücke[82]), allein selbst wenn er jener tadler gewesen sein sollte, so würden wir doch nicht mehr viel von ihm haben: denn der umfängliche erhaltene commentar gehört in seinem hauptteile ersichtlich einem verteidiger. die scholien zu Orestes[83]) und Rhesos, von denen schon gehandelt ist, und die zum Hippolytos tragen vorwiegend einen abweichenden charakter.

Mag tieferer forschung auch noch viel zu ermitteln übrig sein, so ist dies doch genug, um über die art des Didymos und sein verdienst um die tragikerkritik ein urteil zu gewinnen. allerdings hat er selbst keinen

---

er zugleich den dichter verkehrt tadelt, 1029. ein tadel des dichters in der bekannten weise steht 241, 254, 280, 825, 898, 1068, 1219, und auch das lob 342 gibt sich selbst als ausnahme; 825 ist der tadel jetzt durch eine verteidigung ersetzt. aufserdem wird Didymos 887 für ein sprüchwort genannt. das könnte aus seiner sammlung genommen sein, was dann immerhin beweisen würde, dafs das scholion älter wäre als die auszüge, welche dieses werk seit hadrianischer zeit verdrängten. aber es ist natürlicher, dafs Didymos sich in dem commentar ebenso vernehmen liefs wie in dem buche. zudem ist die erklärung aus Herodot gezogen und dasselbe geschieht auch 1199, wo kein sprüchwort vorliegt. aufserdem ist für diese scholien charakteristisch eine neigung antiquarisches detail zu erläutern, die ἔργα Δαιδάλεια 838, mit reichen komikercitaten, die sehr selten in diesen scholien sind, der attische peplos 467, mit demselben materiale, die φυλλοβολία, mit benutzung von Eratosthenes περὶ κωμῳδίας, die dorische tracht 934, wo aufser einem langen Durisfragmente Anakreon citirt wird, was ebenso für ein wort 361 (vgl. 943) geschieht: auch das ist sonst selten. alles fällt in die studiensphäre des Didymos. einen durchschlagenden beweis liefert es allerdings nicht: aber im grunde sind der anhaltspunkte doch mehr, als die, auf welche Lehrs und seine nachfolger die abhängigkeit der Sophoklesscholien von Didymos aufgebaut haben. Hek. 1267 und Alk. 966 hat derselbe commentirt: aber das hilft nicht weiter, denn ein selbstcitat liegt nicht vor, und die Alkestisscholien sind so traurig zugerichtet, dafs sie keine schlüsse mehr gestatten.

82) Phoen. 1747 eine exegetische bemerkung; 751 eine aesthetische. Euripides lehnt die nennung der einzelnen kämpferpare ab, Didymos meint mit recht, dafs das geschehe, weil er die concurrenz mit Aischylos vermeiden wolle. aber dafs in den worten διατριβὴ πολλὴ λέγειν ἐχθρῶν ὑπ᾽ αὐτοῖς τείχεσιν καθημένων eine hämische kritik des alten meisters liegt, hat er übersehen: so ist ihm eine gute gelegenheit zum tadel entgangen.

83) Behandelt hat er aus diesem mindestens eine frage, das ἁρμάτειον μέλος 1384, erhalten im Et. M. aber hier ist die fülle von erklärungen auf uns wenigstens nicht durch ihn gekommen, sondern er ist einer der vielen, die ein späterer zusammenstellt.

anspruch auf einen hohen rang als erklärer oder kritiker. wie natürlich, macht er hier denselben eindruck wie zum Pindar und Aristophanes. besonderer scharfsinn ist nirgend zu loben, arge verkehrtheiten sind nicht selten. verglichen mit den proben, die er von älteren erklärern gibt, mag man ihm aber einen gewissen gesunden sinn zugestehen. was methodische textkritik ist, ist ihm wol überhaupt nicht aufgegangen; seine minutiöse reconstruction der aristarchischen textausgabe könnte das vermuten lassen, aber abgesehen von der schulsuperstition, die nicht wenig mitwirkte, muß man ohne zaudern zugestehen, daß Aristonikos ganz anders die aristarchische consequenz begriffen hat und ein besserer zeuge (nur nicht e silentio) ist als Didymos. nicht besser bewährt er sich, wo er selbst textkritisch vorgeht. bezeichnend ist in der tragödie vor allem das was er von den schauspielern erzählt. daß sie die textverderber sind, weiß er offenbar von den älteren erklärern, aber er hat von ihrer tätigkeit weder eine klare vorstellung, noch gibt er sich die mühe, die vorwürfe, die er gegen sie richtet, zu beweisen. er braucht die schauspieler vielmehr, wie man hübsch gesagt hat[84]), so wie moderne kritiker den *sciolus magistellus*, den *protervus interpolator,* als deus ex machina um kritische knoten zu durchhauen, wenn er sie nicht lösen kann.

Trotzdem hat Didymos zwar keine epochemachende, aber doch eine eminente geschichtliche bedeutung. er hat die ergebnisse der älteren kritisch exegetischen arbeit zusammengefaßt und auf die nachwelt gebracht. die zeit für wirklich schöpferische gelehrte war längst vorbei: die griechische nation producirte keine talente mehr, die weiter zu denken fähig waren; das höchste was geleistet ward, war die erhaltung des schatzes der älteren leistungen. aber dem was die zeit verlangte hat Didymos und hat überhaupt die grammatik der augusteischen zeit, neben ihm vornehmlich Theon[85] und Seleukos[86]), genug getan. und die anforderungen der

---

84) Bruhn *lucubr. Eurip.* 250, dessen verdienst es ist, die vorstellungen über schauspieler und schauspielertexte von antiken und modernen fabeln gereinigt zu haben.

85) Die persönlichkeit des mannes ist schwer zu fassen, da der name so sehr gewöhnlich ist. aber die verbreitete ansicht scheint richtig, daß der sohn des Aristophaneers Artemidoros, der zeitgenosse des Didymos, und der herausgeber der Odyssee, und der der vornehmsten alexandrinischen dichter identisch sind; von anderem minder wichtigem, z. b. der berufenen λέξις κωμική, zu schweigen.

86) Dieser hofgelehrte des Tiberius, tätig noch unter Claudius, beginnt, seit Maaß die persönlichkeit identificirt hat (Phil. Unt. III 33), in seiner großen bedeutung mehr und mehr anerkannt zu werden. aber für die tragödie kommt er gar nicht in betracht.

zeit waren in der tat neue. die alexandrinische bibliothek, die grundlage
der dortigen philologie, war vernichtet. Alexandreia hörte auf residenz zu
sein und verlor die leitende stellung in den geisteswissenschaften. auch
die grammatik mußte sich in Rom eingewöhnen. hier lagen die verhältnisse anders. ein wissenschaftliches institut wie das Museion fehlte;
die esoterische lehre des meisters, der schülern, die wieder gelehrte
werden wollten, seine weisheit vortrug, hatte keine stätte mehr; wissenschaftlicher betrieb, wie ihn Aristarch geübt hatte, war unmöglich, denn
wenn das auditorium fehlte, das sich die kritischen zeichen erläutern ließ,
so fehlte auch für die detailbehandlung der aristarchischen hypomnemata
das publicum: es sei denn daß man sich auf den engsten kreis der zunft
beschränken wollte, wie es Probus seiner zeit getan hat[86a]), vielleicht der
einzige wirkliche philologe, den die Römer hervorgebracht haben. so mögen
es auch von den Griechen die besten, wie Aristonikos, gehalten haben. die
sprachwissenschaft ist ihrer natur nach auf engere fachkreise angewiesen.
doch empfand jetzt jeder stärker das bedürfnis, die sprache theoretisch zu
erfassen, der als grammatiker sein brot verdienen wollte; denn viel mehr
als früher mußte er die sprache selbst lehren. so erhielten diese studien in
Tryphon einen bedeutenden[87]), daneben in anderen leuten wie dem Aska-
loniten Ptolemaios immerhin unverächtliche vertreter, im publicum aber
waren die, welche für die classische poesie interesse hatten und kenntnis
von ihr nehmen wollten, nicht weniger, sondern viel zahlreicher geworden,
und entsprechend bedurften sie stärkerer beihilfe. die aristophanischen
texte genügten dafür längst nicht mehr. auch um 200 v. Chr. werden
die s. g. gebildeten vieles im Sophokles nicht verstanden haben, aber
sie bildeten sich's doch ein und würden eine erklärende ausgabe weg-
geworfen haben, wie jetzt die s. g. gebildeten den anspruch erheben
Schillers gedichte zu verstehen und sich entrüsten, wenn sie ihnen
einer erklären will. in der augusteischen zeit, wo die rhetoren einge-
standen, daß sie zum Thukydides ein lexikon und einen commentar
brauchten, hatte sich das geändert, zum teil wirklich deshalb, weil die
welt aus dem zeichen des barocco in das des classicismus getreten war,

---

86a) Sueton *de gram.* 24: *hic non tam discipulos quam sectatores aliquot
habuit, numquam enim ita docuit ut magistri personam sustineret* u. s. w.

87) Tryphon wird auch in der lexikographie noch eine große Rolle spielen,
genauer geredet, er ist ein Hauptautor für die späteren onomastica. da er zugleich
mit vorliebe von Herodian ausgeschrieben und compilirt wird, bietet ein aufsuchen
seiner reste gute chancen: denn die sorgfältige arbeit von Velsen gibt nur die nament-
lichen citate.

und also nach den classikern verlangte. die bestrebungen der römischen litteratur, die am reinsten und reifsten in Horaz sich verkörpern, wirkten auf die ganze cultur des weltreichs ein, und die umkehr auf dem rhetorischen gebiete war schon älter, von der theorie Pergamons schon um 100 gefordert, seit 60 mit entschiedenem erfolge.

Auf diesem gebiete, der pflege der attischen kunstprosa, schien etwas neues nötig zu sein, denn exegese des Demosthenes oder Thukydides hatte man in Alexandreia nicht getrieben. was Didymos aber leistete, commentare und lexika, war gleichwol keine neue production, sondern nur sammlung, wesentlich auszüge aus historikern, antiquaren, peripatetikern, und für das sprachliche aus den schätzen der ältern lexikographie, wie sie Aristophanes selbst begründet hatte[88]), und aus den so überaus reichen arbeiten, die der komödie gewidmet waren: diese einwirkung zeigen die rhetorischen lexika auf jeder seite. wie viel mehr konnte man für die erklärung der classischen dichter sich mit dem vorhandenen begnügen. die schätze waren da, nur ausgemünzt mufsten sie werden. es bedurfte keines productiven geistes, höchstens geschickter auswahl, und dann eines eisernen sitzfleisches, und das besafs ja Didymos. wir wollen ihm aber auch gerne den ruhm zugestehen, dafs er die veränderungen in der form der litterarischen production vorgenommen hat, die wir nun bemerken, obwol wir richtiger nicht den einzelnen mann, sondern die zeit dafür verantwortlich machen.

Didymos hat ein grofses lexikon geschrieben, in welchem er den τραγικὴ λέξις sprachschatz der tragödie zusammenfafste, so weit dieser für die gebildeten seiner zeit der erklärung bedurfte. es liegt in der natur dieser aufgabe, dafs das lexikon wesentlich aus den erklärungen der gedichte genommen war, und andererseits, dafs es fortan für die erklärer das

---

88) Neben den ἀττικαὶ λέξεις (welche sich als eine art vorstufe der atticistischen lexica betrachten lassen, obwol sie in ganz anderem sinne angelegt waren, nämlich nur als eines der dialektischen wörterbücher, nicht als fundgrube schöner floskeln für den praktischen gebrauch) war die specialarbeit περὶ τῶν δοκούντων μὴ εἰρῆσθαι τοῖς ἀρχαίοις sowol in der zeit des Caecilius wie in der des Phrynichus ein sehr erwünschtes buch; deshalb sind auch von ihr excerpte erhalten. natürlich hatte sie nicht antiatticistische tendenz, sondern war eingegeben von der kritik, mit welcher schon Eratosthenes (schol. Frö. 1263, vgl. Phot. εὐθὺ Λυκείου) den ψευδάττικα zu leibe gieng. die trefflichen männer wufsten, dafs die litterarische falschmünzerei im schwunge gieng: die falschen dialoge Platons, die falschen reden des Demosthenes, Lysias u. s. w., selbst falsche komödien wurden verfertigt und verkauft: das dritte jahrhundert hat die fälschungen erzeugt, die jetzt wieder zu originalen zu machen mode ist.

nächstliegende hilfsbuch ward: das gelehrte material der scholien, soweit
es lexikalisch ist, deckt sich mit dem der lexika. es liegt eben in der
natur der sache, daſs ein lexikon umgeformt und ausgezogen und erweitert wird, so lange der betrieb der studien lebendig bleibt. es mag
in einem solchen noch so viel individuelle arbeit stecken (was hier schwerlich der fall war): sie verflüchtigt sich bald, und die nachwelt nutzt nur
den gebotenen stoff. es ist also nicht zu verwundern, daſs des Didymos
τραγικὴ λέξις selbst sehr bald durch spätere arbeiten aus den händen
der leser verdrängt ward, mochten sie auch meist nichts tun als sie epitomiren. mit recht nimmt man an, daſs die lexikalische gelehrsamkeit,
die auf uns gekommen ist, soweit sie die tragödie angeht, wesentlich
Didymos verdankt wird. das nächste jahrhundert nach ihm trieb die
lexikographie noch lebhaft und häufte den stoff bis zur völligen unübersichtlichkeit. als die unten eingehender dargestellte wandelung in der
griechischen cultur eintrat, in der zeit Hadrians, kam das epitomiren auf,
und ein wahrscheinlich an sich recht geringwertiges machwerk, das lexikon
des Diogenian, behauptete sich schlieſslich als hilfsbuch für die classische
und auch die nachclassische poesie so gut wie allein. es kam auf die
Byzantiner, ward immer weiter verdünnt, und erhielt zum entgelt gering-
haltige oder ganz wertlose zusätze in masse. bis gegen 1000 hat das lexikon
Diogenians noch bestanden. dann wendet sich das interesse der Byzantiner
von den lexikalischen werken ab, den etymologika zu. die wertvolleren handschriften, die wir von lexicis haben, sind meistens älter als das 12. jahrhundert, auch meist unica[88a]): ein Diogenian ist zufällig nicht darunter.
auch ein unicum ist die handschrift, welcher wir das lexikon des Hesychius
verdanken, und in diesem steckt, allerdings vermischt mit sehr viel wert-
losem oder doch fremdartigem, durchgehends in der späteren weise, die
auch wir befolgen, die aber dem altertum · fremd war, umgeordnet nach
der buchstabenfolge durch das ganze wort, endlich entsetzlich verkürzt,
verstümmelt, verschrieben, also im jämmerlichsten zustande, aber es
steckt wirklich der Diogenian darin. und so ist dieses buch trotz aller

---

88a) Auch wo wir scheinbar eine fülle von handschriften besitzen, wie von
den lexicis des Harpokration und des Erotian, liegt es in wahrheit so, daſs ein einziger
text bis auf das 14. jahrhundert erhalten war, der uns nur verloren ist, und den
herzustellen die nächste aufgabe der recensio ist. allerdings repräsentirt in älterer
zeit beinahe jede neue abschrift eine neue redaction, und selbst in späterer zeit geht
das fort. man denke sich, daſs von dem Harpokration von Cambridge eine abschrift
genommen wäre: dann würden wir die jetzt am rande befindlichen glossen (den jetzt
fälschlich so genannten Cl. Casilo) aufgenommen und ein ganz neues werk lesen,
das gewiſs viele für einen 'plenior Harpocratio' erklären würden.

unbill, trotzdem dafs der schreiber der handschrift lüderlich, Hesychius ein gänzlich stupider geselle, und Diogenian ein blofser compilator gewesen ist, unschätzbar. auch die τραγικὴ λέξις des Didymos kann man sich in ihrer ungeheuren glossenfülle nur nach den tragischen glossen des Hesych vorstellen; die einzelnen aber mufs man sich statt in hesychischer magerkeit so stattlich denken, wie etwa Athenaeus eine glosse abhandelt, oder wie eine probe des Didymos es tut, die sich zufällig bei Macrobius (V 18) erhalten hat. nicht blofs den drei tragikern, und zwar allen ihren dramen, galt das lexikon, es umfafste auch die andern namhafteren des fünften jahrhunderts; jüngere allerdings nicht mehr. es erläuterte ihren vocabelschatz so, dafs keinesweges blofs die glossematischen worte vorkamen, sondern auch leichtverständliche compositionen und ableitungen, die nur eben der gewöhnlichen sprache fremd waren. es gab für sehr viele einzelne verse die erklärung, so dafs also der individuell gefärbten bedeutung eines sonst geläufigen wortes gedacht ward. es zog gelehrsamkeit aller art heran: natürlich aber all dies ohne consequenz, wie denn eine erschöpfung des materiales über die kräfte nicht nur eines menschen gegangen wäre. es ist nicht zu bezweifeln, dafs auch hier, wie wir es für die komödie beweisen können, im wesentlichen auszüge aus den vorhandenen commentaren die bausteine waren, mit denen Didymos ein in seiner art grofsartiges und abschliefsendes werk errichtet hatte. wir aber besitzen nur den schatten, der uns lehrt was wir verloren haben. die wörter, die noch den namen der tragödie oder wenigstens des dichters tragen, reihen wir in die fragmentsammlung ein, ohne dafs sie selbst uns sehr viel hülfen, denn sätze sind nicht mehr viel erhalten. noch viel mehr können wir als adespota tragica führen; aber dieser gewinn ist dürftig. auf die erhaltenen dramen kann in einem werke, das mehrere hundert berücksichtigte, ohne dafs man eine bevorzugung einzelner wahrnähme, nicht sehr viel kommen; die torheiten derer, die die Hesychglossen mit gewalt in unsere texte interpoliren, überführt schon allein die wahrscheinlichkeitsrechnung. fast überall bestätigt sich nur die überlieferung unserer handschriften, ein par mal wird sie berichtigt. was aber der wiederholte epitomirungsprocefs von der erklärung übrig gelassen hat, ist selten noch geeignet uns etwas zu übermitteln, das wir nicht selbst finden könnten. so sind die tragischen glossen des Hesych an praktischem werte nicht entfernt mit den dialektischen zu vergleichen; aber von dem werte der τραγικὴ λέξις dürfen wir deshalb nicht gering denken: die gröfse kann man auch am schatten messen.

Hand in hand mit der lexikographie gieng die abfassung von com- Scholien.

mentaren oder vielmehr von commentirten ausgaben, und dies war das
neue und wichtige. in der tat, wenn die schule und die mündliche
unterweisung für die gelehrte schriftstellerei nicht mehr mafsgebend sein
konnte, das publicum aber mit den textausgaben nicht mehr auskam, so
war diese lösung von selbst geboten. dafs Didymos nicht blofs ὑπομνήματα über die tragödien (und sonstigen dichtungen) schrieb, sondern
auch texte gab, lehren die scholien ganz deutlich, die sich auf seine lesarten und ausgaben berufen[89]). das fortleben und die umgestaltung seiner
commentare und texte führt ebenfalls darauf, dafs beides mit einander
überliefert ward. sein buch über die aristarchische ausgabe ist ohne
Homertext kaum zu denken; dies war denn freilich eine streng gelehrte
arbeit. aber die ausgaben sind für das weitere publicum mit berechnet
gewesen: es sind mit einem worte texte mit scholien gewesen. die ausstattung der dichtertexte, wie wir sie in unsern handschriften finden, ist
auf diese zeit zurückzuführen: in der mitte der metrisch abgeteilte text,
mit zeichen, metrischen und kritischen, wol nur obelos und kreuz, χῑ
oder σημεῖον genannt, und den erklärungen dazu am rande, der aufserdem noch bemerkungen zu einzelnen stellen aufnahm.

Dafs diese ausstattung der bücher wirklich in guter zeit üblich gewesen
ist, hat man lange nicht glauben wollen; allem reden ist aber ein ende gemacht, seit wir ein stück eines solchen buches besitzen, den Alkmanpapyrus,
den die palaeographen möglichst hoch hinaufrücken. da er in seinen scholien den grammatiker Pamphilos citirt, so kann er, wenn man sich nicht
durch die annahme einer homonymie retten will, nicht älter als aus der
zeit der flavischen kaiser sein. aber das beweist auch genug. und eine
reihe anderer erwägungen tritt hinzu. der poet Valerius Flaccus hat,
als er die Argonautica des Apollonios bearbeitete, die mythographische
gelehrsamkeit benutzt, die noch heute in unserer handschrift steht, derselben, welche Aischylos und Sophokles mit ihren scholien enthält. sie
nennt als quelle unter andern selbst den Theon. also vor Valerius Flaccus
war jene erlesene gelehrsamkeit für den Apollonios zusammengetragen:
in der tat, man kann den schlufs nicht abweisen, dafs Theons scholien
an dem rande der Apollonioshandschriften schon zur zeit der Flavier
standen[90]). Germanicus, wahrscheinlich auch Ovid, haben die scholien
des Arat, die wir besitzen, auch schon neben dem gedichte benutzt[91]).

---

89) O. K. 237 Ant. 45 Ai. 1225 Hek. 13 Med. 379, u. a.

90) E. Schwartz *de Dionysio Scytobrachione* 34.

91) Robert Eratosth. catast. 29. so schlagend wie die dort von mir angegebene
benutzung derselben scholien durch Avien ist es nicht. allein die ganze benennung

belehrender noch als die römischen dichter sind die grammatiker. von Horaz ist sehr früh eine ausgabe gemacht worden, in welcher die gedichte überschriften erhielten, in denen sicherlich die namen der adressaten aus vorzüglichster kenntnis und bezeichnungen der dichtgattung (propempticon, paraeneticon u. dgl.) aus vorzüglichster griechischer theorie standen, wahrscheinlich aber auch bemerkungen über die quellen, wo solches angezeigt schien[92]. dies mag man noch für ein analogon der aristophanischen hypothesen erklären. aber wenn wir zu einer mythographischen bemerkung, die in wahrheit auf Apolloniosscholien zurückgeht, lesen *traditur haec historia de Aristaeo in corpore Argonautarum a Varrone Atacino* (Prob. zu Verg. georg. I, 14), so ist eine ausgabe des Varro mit scholien deutlich bezeichnet, von der in jenen scholien noch mehrere spuren sind[93]. später als im ersten jahrhundert ist Varro gewiſs nicht commentirt. aber auch die praxis der vornehmsten römischen grammatiker deutet darauf, daſs sie scholien schrieben. wenn der Berytier Probus die kritischen zeichen der Aristarcheer übernahm, und daneben erklärungen von ihm reichlich angeführt werden, so hat er die bemerkungen zu den zeichen aufgeschrieben; ein schulbetrieb wie der zu Aristarchs zeit bestand eben nicht mehr, am wenigsten für den einsamen Berytier. auch zeigen unsere Vergilscholien, zumal die Veroneser im vergleich zu dem commentare des Servius, dem bei Macrobius ausgezognen und den s. g. zusätzen zum Servius, genau dasselbe verhältnis wie die griechischen scholien, nur daſs das material reicher ist: es ist ein strom der erudition, der bald dünner wird, bald neue zuflüsse erhält, wie es bei der fortpflanzung von scholien geht, und nichts spricht dafür, daſs in den ersten jahrhunderten der betrieb der studien andere formen hatte, als mindestens vom dritten ab. und die Vergilscholien (von denen die zu Lucan und Statius nur späte ableger sind) führen unmittelbar auf die Griechen. denn sie hängen ja ganz ersichtlich von den scholien zu Homer Arat Theokrit[94] Lykophron und anderen ab: niemand versteht

---

der sternbilder aus der sage geht auf diese doctrin zurück, die am natürlichsten in Aratscholien niedergelegt gedacht wird. Manilius im letzten buche und das gedicht des Columella geben weitere ausbeute.

92) Die kurzen bemerkungen über Alkaios Pindaros Bakchylides zu Carm. I 10, 12, 15, die quelle der Ars poet. u. s. w. hat Porphyrio natürlich vorgefunden, und da sie ganz ohne citate geblieben sind, so machen sie den eindruck eines kurzen vermerks im stile der hypothesen. auch sie möchte man nur der allerbesten zeit der römischen grammatik zutrauen.

93) Georg. II, 136, III 6.

94) Selbst die prolegomena, die wir in den Theokritscholien lesen, werden in

mit diesen reichen schätzen zu wirtschaften, der sie nicht fortwährend mit einander vergleicht und als einheitliche masse betrachtet. ganz deutlich aber ist, daß diese befruchtung der römischen studien im ersten jahrhundert schon stattgefunden hat: sie verfügt über einen reichtum, von welchem die nächste periode schon weit entfernt ist.

Nun würde es freilich verkehrt sein, wollte man bestreiten, daß randnotizen, auch gelehrten inhaltes, den älteren handschriften fremd gewesen wären. die scholien, welche Simplicius in der Parmenideshandschrift vorfand, die er benutzte, sind in sehr früher zeit, wol nicht nach dem 3. jahrhundert v. Chr., beigefügt. die scholien zu den briefen Epikurs, welche Diogenes mit dem texte aufgenommen hat, sind verfaßt, als die fülle der epikurischen werke noch gelesen ward: das ist in der kaiserzeit nicht glaublich. die parallelstellen, welche wir in den dichtern vorfinden, die zusätze, welche unzweifelhaft einzeln in Xenophons Kyropaedie Anabasis Hellenika stecken, stammen vom rande; auch die hypothesen des Aristophanes sind ja etwas ähnliches. aber es ist doch noch ein unterschied. in der kaiserzeit ist der text mit scholien eine legitime form des buches, ist er die legitime form der gelehrten erklärung.

Mythographie. In diesen scholien, und zwar zu allen classikern, und bei Griechen und Römern gleichermaßen, findet sich eine überaus reiche und gelehrte mythographische schicht. Alkman und Lucan, Homer und Statius, Aischylos und Lykophron, alle zeigen reste derselben ungeheuren sammelgelehrsamkeit. und ebendieselbs finden wir in den compendien vor, die wir freilich erst in sehr jungen fassungen unter den gleichgiltigen, um der berühmtheit ihrer längst vergessenen träger willen gewählten namen Eratosthenes Apollodoros Hyginus besitzen. und dieselbe gelehrsamkeit sehen wir mit verschweigung ihrer herkunft von den litteraten auf den markt gebracht, von Pausanias und Aelian und Athenaeus, wo man sich nicht wundert, aber auch schon von Diodor. ja, es ist die einleuchtende vermutung ausgesprochen, daß Ovid die stoffe seiner Metamorphosen zum teil aus dieser selben quelle hat[95]). daß Theon für die scholien zu den Alexandrinischen dichtern und dadurch für die römischen scholien der hauptvermittler gewesen ist, erkennt man wol. auch Pamphilos kommt

---

naivster weise zu prolegomena der vergilischen Eklogen umgeformt, erhalten in den Probusscholien, Bernerscholien und bei Diomedes III. die wissenschaft fordert dringend, daß die anlehn, welche die römische grammatik bei der griechischen gemacht hat, zurückgezahlt werden: die scholien nicht nur der Alexandriner, sondern selbst die Homerischen, werden dann ein anderes ansehen gewinnen.

95) Bethe *de Diodori lib. IV* (Göttingen 1887), p. 97.

stark in betracht[96]). man kennt auch ein par namen von sammlern,
wie Lysimachos, der für die Euripidesscholien stark benutzt ist, und den
bisher sehr dunklen Kyklographen Dionysios. aber die forschung, welche
erst vor kurzem begonnen hat, durch die bearbeitung dieses gebietes für
die mythographie ein fundament zu schaffen, kann sich bisher nicht mit
namen oder festen zeitbestimmungen hervorwagen. nur das allgemeine
ist aufser allem zweifel, dafs schon im zweiten jahrhundert v. Chr. die
sammelarbeit begonnen, im folgenden fortgesetzt ist, und dafs die zeit
der Didymos und Theon mit der überführung der gelehrsamkeit in die
commentare und handbücher beginnt, auch wol noch zusätze macht,
aber seit 100 n. Chr. fast nur noch epitomirt wird. entsprechend der
bildung der zeit, welche den grund legte, ist die classische tragödie, die
damals noch den leuten geläufig war, wenig berücksichtigt; dagegen wird
die ganz entlegene litteratur, nicht oder nachclassische tragiker, sogar
dithyrambiker, herangezogen (was dann zuerst beseitigt wird), aber Alexandriner sehr spärlich[97]), vor allem aber die masse der epen, welche
nicht mehr als echt homerisch und echt hesiodisch galten, und die eigentlichen mythographen. somit lernen wir nicht so viel für die verlornen
dramen wie wir möchten, wol aber das beste was uns zugänglich ist für
die archaische litteratur, mittelbar also für die quellen der tragiker. sehr
viel weniger wert hat die darstellung der sagengeschichte, zu welcher
als wie zu einem texte die varianten hinzugestellt wurden, wie wir sie
bei Diodor, dann in den compendien und jüngeren scholien lesen:
hier wird gegeben, was wirklich die vulgäre fassung war. dies sind
ὑποθέσεις vergleichbar den tales from Shakespeare oder Schwabs Sagen
des classischen altertums. uns kann eine erzählung der Argonauten
nach Apollonios, der Oedipussage nach Sophokles König Oedipus und
Euripides Phoenissen wenig helfen: aber wo uns die originale fehlen,
nehmen wir doch auch hiervon mit dank kenntnis, und als gradmesser
für die popularität der gedichte wird es sogar sehr bedeutend: nur wenige
dramen haben so wie die eben genannten und z. b. Antiope Bakchen
Hippolytos Iphigeneia Andromeda durchgeschlagen. z. b. sind die Ante-
und Posthomerica immer auf grund von auszügen der homerischen epen,

---

96) Oder *de Antonino Liberali* (Bonn 1886) p. 26.

97) Diese bestandteile werden diakritische bedeutung erhalten, denn es gibt
partien, welche von ihnen so gut wie ganz frei sind, während andere voll davon
sind. ein haupt- und grundwerk, Apollodoros περὶ θεῶν, hat die jungen dichter,
selbst Nikandros, nachweislich benutzt; von Lysimachos ist es unwahrscheinlich.
ähnlich wird man in den glossenerklärungen operiren können.

die Heraklessage auf grund der mythographen erzählt worden, mochte
auch für einzelne episoden ein drama, wie der Herakles des Euripides,
die Trachinierinnen des Sophokles, sich einschieben. existirt haben auch
nacherzählungen einzelner dramen, vielleicht in sammlungen, wie wir sie
von dem dichter Parthenios und Antoninus Liberalis besitzen, und sie
haben in der späteren zeit, als man die dramen nicht mehr las, ihre
bedeutung gehabt, sind uns natürlich sehr erwünscht[98]). aber in der
grammatischen litteratur stehen sie auf der niedrigsten stufe.

Die lebhaftigkeit und die ausdehnung des interesses, welches die
sagen um die augusteische zeit fanden, zeigt sich durch nichts greifbarer,
als durch ihren einfluſs auf die bildende kunst. denn lediglich dieses
interesse hat die industrie der tabulae Iliacae und was damit zusammen-
hängt erzeugt. diese, die besser tabulae Homericae heiſsen, wie sie ihr
verfertiger Theodoros genannt hat, und die farnesische apotheose des
Herakles gehören ganz und gar mit den mythographischen arbeiten zusammen. daſs die tragödie auch einen solchen plastischen niederschlag
gefunden hat, haben erst die letzten jahre gelehrt. in Tanagra sind
mehrere tönerne becher mit relief gefunden, auf denen scenen aus Ilias
und Iliupersis, der raub der Helena durch Theseus in ganz neuer form
und endlich eine reihe scenen der aulischen Iphigenia des Euripides dargestellt sind, diese mit der inschrift Εὐριπίδου Ἰφιγενείας[99]). lehrt uns
dieses auch nichts, so nährt es doch die hoffnung.

Die mythographischen arbeiten, so wertvoll sie sonst sind, haben
für die textkritik keine bedeutung. die reste der τραγικὴ λέξις würden
sie haben, wenn sie nicht so jämmerlich verstümmelt wären; doch bezeugen sie immer noch die ausdehnung der grammatischen tätigkeit über
das ganze gebiet der tragödie. dieses selbe lehrt ein anderes feld der
überlieferung und ermöglicht zugleich eine controlle unserer handschriften
in sehr ausgedehntem maſse: die anthologien. die sitte, aus den dichtern

---

98) Es scheint, daſs die rhetorenschulen sich ihrer bedient haben, wenigstens
haben wir durch späte rhetorische bücher die hypothesen von Auge Peirithoos Sthene-
boia erhalten. die späten scholien zu Aristides verfügten über die des Protesilaos.
die des Syleus stand in dem oben s. 112 erwähnten litteraturgeschichtlichen buche.
die annahme aber, daſs in späterer byzantinischer zeit eine solche sammlung noch
bestanden hätte, hat keinen boden unter den füſsen.

99) Ἐφήμ. ἀρχ. 1884, 59. 1887, 67, 197. die arbeit ist roh, die inschriften
teils unleserlich, teils auch falsch. in der Iphigeneia sind die scenen unvollständig.
von derselben art scheint ein bruchstück eines gefäſses in London, das sich auf die
Phoenissen bezieht, Classical Review II 327. alles zeigt einen zustand vergleichbar
den ilischen tafeln: das einzelne exemplar ist immer nur ein excerpt.

auszüge zu machen, von moralischem gesichtspunkte und zunächst für den jugendunterricht, stammt aus dem vierten jahrhundert: die elegiensammlung, die nach Theognis heifst, ist der älteste beleg. die tragiker und zumal den sentenzenreichen Euripides für die moralische paraenese auszunutzen ist auch schon im vierten jahrhundert begonnen und hat nie aufgehört. aber wir hören nichts von florilegien in der zeit des altertums, noch weniger von leuten, die sie verfertigen. es ist das ja auch ein sehr untergeordnetes geschäft und keine litteraturgattung, die in ehren steht; um so mehr wird sie gebraucht. wir besitzen erst die kleine sammlung des Orion und dann die grofse des Stobaeus aus der allerletzten zeit des altertums: aber es hiefse die ganze textgeschichte auf den kopf stellen, wollte man annehmen, dafs diese leute ihren poetischen stoff selbst gesammelt hätten. sie haben dafür lediglich vorhandene florilegien ausgeschrieben. und dafs solche, und zwar dieselben, welche Stobaeus vorlagen, schon im 2. jahrhundert n. Chr. vorhanden waren, lehrt ihre benutzung durch Clemens von Alexandreia und Theophilos von Antiocheia. Clemens ist ein schriftsteller, der die gepflogenheiten seiner zeit, das erheucheln einer profunden gelehrsamkeit und verstecken der sehr trivialen handbücher, aus denen sie stammt, aus dem grunde versteht: aber wer da weifs, wie viele und seltene dichterstellen bei Clemens und Stobaeus übereinstimmend stehen, wird keinen augenblick über die ursache dieser übereinstimmung in zweifel sein. Theophilos ist ein plumper plebejer: bei ihm liegen die ganzen reihen vor [100]). in· diese gesellschaft waren also unter kaiser Marcus die florilegien geraten, wo man doch weder die verse verstand noch sich um die verfasser kümmerte. wie viele jahrhunderte früher sie angelegt waren, stehe dahin: aber an nachchristliche zeit zu denken verbietet die geschichte der antiken bildung. wir haben also die citate bei Stobaeus und seinen ausschreibern [101]) oder mitausschreibern als eine spätestens in der zeit des Didymos von den dichterhandschriften abgezweigte überlieferung anzusehen, für die so eine äufserst wertvolle controlle erwächst. dies wird zwar beeinträchtigt durch die un-

---

100) Der wichtige nachweis ist durch Diels, Rh. M. 30, geliefert. Diels setzt das urflorilegium in das 1. jahrhundert v. Chr., zwar auf einen ungenügenden anhalt hin, aber in der sache hat er sicherlich recht. die analyse wird, sobald die überlieferung des florilegiums festgestellt sein wird, sehr vieles mit sicherheit ermitteln können. bisher ist für die classische litteratur nichts brauchbares geschehen.

101) Alle Byzantiner hängen von Stobaeus ab, abgerechnet solche die lediglich aus erhaltenem schöpfen und eine gesonderte überlieferung haben. diese sind aber wertlos. so z. b. ein euripidisches gnomologium in einer Venediger handschrift, Ritschls Acta VI 333.

gemeine verderbnis, welche den text des Stobaeus heimgesucht hat, dessen
überlieferung zudem bisher nur ungenügend bekannt ist. längst ist auch
bemerkt, daſs die veranstalter und benutzer des urflorilegiums, teils um volle
verse zu erhalten, teils um die sentenzen für ihre zwecke abzurunden, mit
dem texte, den sie vorfanden, willkürlich umgesprungen sind. das beeinträchtigt aber nur den wert der varianten, welche Stobaeus liefert: wo er
mit unsern handschriften stimmt, liegt ein zeugnis dafür vor, daſs die verse
zu Didymos zeit ebenso gelesen worden sind. und da nicht bestritten wird,
daſs dies in der überwiegenden masse der fälle, auch der fehler, statt-
findet, so hat man wenigstens für die überlieferung der texte von Didymos
zeit bis auf uns das allergünstigste ergebnis anzuerkennen. für Euripides
speciell kann man noch mehr wissen, denn trotz der verwahrlosung durch
die ausschreiber und anordner läſst sich nicht verkennen, daſs zu den
quellen, sei es des urflorilegiums oder der mittelsmänner oder des Stobaeus
gar (dies schwerlich), ein florilegium aus Euripides gehörte, das neben dem
aus allerhand dichtern, unter denen natürlich der beliebteste tragiker nicht
fehlte, ausgezogen worden ist. dieses nun hat die gesammtausgabe excerpirt,
die stücke sind also nach den anfangsbuchstaben ihrer titel geordnet. das
florilegium war sehr umfangreich, und die excerptoren lieſsen also sehr
vieles fort: so ist es zu erklären, daſs aus den dramen mit *A* besonders
viele bruchstücke bei Stobaeus stehen, viele auch aus denen mit *Φ*: aber
die mitte des alphabetes ist schwächer, einzelne buchstaben kaum vertreten[102]). ähnlich geordnete excerptenreihen begegnen sonst nur vereinzelt, aber eine solche reihe aus Euripides ist doch noch erhalten[103]).
natürlich möchte man sehr gern die oben ermittelte abweichung von der
alphabetischen ordnung in folge der bandeinteilung bei Stobaeus wieder-

---

102) Z. b. *Θ*, *Θησεύς* bei Stobaeus nur in einem unsicheren falle, *Θυέστης*
dreimal, wozu gleich drei bei Orion kommen, der anders excerpirt hat. *K*, *Κρε-
σφόντης* dreimal (und einmal ohne titel), *Κρῆσσαι* fünfmal, *Κρῆτες* gar nicht, *Διχ-
τύνιος* gar nicht. dagegen hatte man *Φοῖνιξ* elf (in wahrheit noch mehr), *Φρίξος*
zehn, und gar *Αἴολος* 21, *Ἀλέξανδρος* 18, *Ἀλκμήνη* 13 u. s. w. die rechnung ist
nur ganz obenhin angestellt, weil sie auch so genügt.

103) Ps. Iustin de monarch. 107ᵈ ff. (III 146 Otto). *Ὀρέστης Ἱππόλυτος Ἴων
Ἀρχέλαος Βελλεροφόντης* — *Φρίξος Φιλοκτήτης*, dann zwei verwirrte citate (*Τρφάδες*).
von diesen sind die stellen aus Orest, Ion und die beiden letzten von dem verfasser
aus älterer apologetischer litteratur genommen, die erste vielleicht vielmehr aus dem
drama selbst. aber ABΦΦ ist rasch aus anfang und schluſs eines capitels aufgerafft.
ebenda Menander *Ἡνίοχος Ἱέρεια Μισούμενος Παρακαταθήκη* vor Euripides, nachher
Ἁλιεῖς Ἀδελφοί Αὐλητρίδες: ganz evident. in der grammatischen litteratur habe
ich nur einen beleg gefunden (und ich bin seit 15 jahren auf der suche), Athen.
X 417ᶜ, komödien des Eubulos *Ἀντιόπη Εὐρώπη Ἴων Κέρκωψ Μυσοί*.

finden; aber die anhaltspunkte sind bisher zu schwache, so dafs es geraten scheint von ihnen abzusehen [104]).

Die lexikographie, wie sie bei Hesychius, die anthologie, wie sie bei Stobaeus vorliegt, beweist für die zeit dieser compilatoren weder die kenntnis noch den besitz der citirten tragödien. aber für das erste jahrhundert nach Christo sind allerdings beide beweisend. doch dafür würde schon ein hinweis auf die beiden trefflichen männer genügen, in denen die cultur dieses jahrhunderts culminirt, Plutarchos und Dion. wer bei ihnen nach den spuren einer auswahl von tragödien suchen wollte, oder ihre kenntnis auf etliche meisterwerke beschränkt glauben, würde sich lächerlich machen. die schätze des dramas, wie überhaupt der classischen litteratur, sind nicht nur vorhanden, sondern werden auch genutzt [105]). das bezweifelt auch niemand. aber den seltsamen gegensatz, den schon das zweite jahrhundert hierzu zeigt, pflegt man zu vergessen. in wahrheit beginnt mit der hadrianischen zeit die letzte und längste periode der antiken grammatik, und so auch der tragikerkritik, welche bis auf die uns erhaltenen handschriften reicht. es ist ein jahrtausend, das sich mit dem excerpiren und noch viel mehr mit dem verlieren beschäftigt; wenn

Dritte periode der textgeschichte.

---

104) Ich gebe nur proben, da sich die sache ohne einsicht in die überlieferung nicht erledigen läfst und im vorbeigehen überhaupt nicht. flor. 7 BA, AΔ, HO. 22, 1 *Eύρ. Γλαύκῳ* falsch; es ist ein komikervers, fgm. 644 zu tilgen, wol der name des Euripides mit Eubulos zu vertauschen; dann drei bruchstücke ohne tragödienname (eins aus Ixion), dann AA, AAABH, später noch A und T. 34:? A, AA. 35 : A. 39 T? Φ? AAΔΦT, Φ, Φ, Φ. 40 ΦΦ. 43 ΦΦ? Φ, IA? Φ, EAAA. das lemma von 3 (adesp. 450) ist also in *Eύρ.* Φ — zu ergänzen. 47 ΦΦAA. 49 IIA? AAΠ. das lemma von 4 ist in *Ἠλέκτρα* verdorben, fgm. 846 : es ist in *ἀλκμέων* zu ändern: für den korinthischen pafst der sinn; doch ist auch *ἀλκμήνη* möglich. 54 : AAB ΠΡΑAEEBTTTΦBE 1. 62 : EMA; AAAAA, AAABAEAEAEI, MMΦ, A. 63 : AAIAI; A, AI. 64 : AΔAAΔ, M. 67 : OO,OO,AA, Φ 73 : ?, IO,?, MEMΔAAAAAAAABΔΔIIIMOMI MMMOΦΦ; A; I, Φ. 88 :? TAAAEH? (*Ἱππόλ.* nach Monk fgm. 1052) II. 91 : ΦΔHKΠ, Φ, A, AAAEΠ. 92 : AEΘΠKHΔE. 93 : ΦIIMΔ? AΠAAAΠΦΦT. 98, 31 ff. AAAAABEIOΠ 111 : AA, ΠOAAAB. 114 : A, A, AA. 115 : ΦBEMΠ. Orion I : AOAEIΠΡΦ, Σ.

105) Seneca verachtete die grammatik und hatte als Römer minister und stoiker für die classische poesie der Griechen nicht viel übrig. seine sonstigen schriften zeigen keine spur von solchen studien. aber als er tragödien dichten wollte, griff er nach Elektra Oidipus Trachinierinnen Polyxena Thyestes von Sophokles, Medea belden Hippolytos Hekabe Troerinnen Phoenissen Phaethon Kresphontes Herakles von Euripides, Agamemnon von Aischylos. wahrscheinlich hat er noch viel mehr gelesen. von römischen tragödien natürlich nur die beiden der augusteischen zeit, nicht die barbarischen übersetzungen des 2. jahrhunderts. dafs damals keine auswahl von musterstücken in den händen des publicums war, liegt auf der hand. nicht einmal die berühmtheit hat mehr als eine erste anregung zur lecture gegeben.

es lob verdient, so kann das nur darin bestehn, daſs man ihm zu gute
rechnet, doch nicht alles verwahrlost und verloren zu haben.

Wenn sich mit schlagenden belegstellen und directen zeugnissen die
tatsache kurz feststellen lieſse, daſs etwa im anfange des 2. jahrhunderts
ein mann von den drei tragikern eine anzahl stücke ausgewählt und in
neuer fester reihenfolge mit erklärungen edirt hat, zum zwecke zunächst
der schule, daſs aber der erfolg fast unmittelbar der gewesen ist, daſs
die übrigen werke zu gunsten dieser wenigen vergessen wurden, und
zumeist auch in folge dessen verloren gegangen sind, so würde es keines
weiteren ausholens bedürfen. allein als eine augenfällige tatsache tritt
dies erst dem entgegen, der die geschichtlichen bedingungen der cultur
zu verstehen gelernt hat, der die textgeschichte der einzelnen bücher
lediglich als ein einzelleben innerhalb des ganzen einheitlichen lebens der
grammatik und diese wieder als eine seite des ganzen groſsen volkslebens
und seiner stätigen entwickelung aufzufassen im stande ist. darum ist
es notwendig, ins weite zu gehen.

Verfall der cultur im 2. jahrh. n. Chr.

In der geistigen kraft des hellenischen volkes bemerkt man seit dem
epochenjahre 222, daſs des lebens flutstrom nach und nach ebbet. aber es
gibt doch noch bedeutende, neues schaffende geister bis tief in die zeit der
revolution hinab. der arzt Asklepiades, der philosoph Ainesidemos, vor allem
die letzte wahrhaft groſse forschergestalt des Poseidonios sind zeugen dafür.
aber die materielle und sittliche verwüstung, welche durch die fluchwürdige
wirtschaft der römischen oligarchie erzeugt wird, und dann die schrecken
des gerichtes, welches über diese hereinbricht, zerreiſsen alle fäden der
natürlichen entwickelung. kaiser Augustus erscheint dann freilich als ein
heiland: wie er es selbst erwartet[106]) und verdient hat, haben ihm seine
woltaten die apotheose verschafft. die höchsten irdischen güter, frieden
und wolstand, hat er der welt gebracht. es schien, als wollte wirklich
neues leben aus den ruinen erblühen. man besann sich auch auf das
herrliche vermächtnis der ahnen, in welchem man das palladium der
gesittung nicht verkannte. die cultur des zwiesprachigen weltreiches, die
doch die hellenische war, gewann expansiv eine starke kraft und viele
treffliche männer in allen kreisen des lebens bemühten sich, dem volke
glauben und sitte und philosophie und die in der herrlichsten poesie be-
schlossenen ideale zu erhalten. aber dem seelenleben seines volkes hatte

---

106) Er selbst schreibt an seinen sohn *benignitas enim mea me ad caelestem
gloriam efferet* (Sueton Aug. 71): man entfernt sich also doch wol nicht von dem
sinne des kaisers, wenn man den bericht, den er gleichzeitig über sein leben aufzeichnet, unter diesem augenpunkte betrachtet.

der kaiser frieden und gesundheit nicht wiedergeben können, und er
selbst täuschte sich am wenigsten darüber, daſs die sittlichen kräfte einer
regeneration bedurft hätten, damit die blüte nicht eine taube bliebe. der
staatliche notbau den er errichtete, die gesellschaftsordnung die er begründete, haben freilich vorgehalten, doch nur in der weise, daſs sie wider
seinen willen auf etwas gänzlich dem Hellenen wie Italiker fremdes hin sich
entwickelten, auf den beamtenstaat eines absoluten fürsten. das war der
staat der Ptolemaeer und Seleukiden nur für die barbaren gewesen: nun
wird die welt durch diese staatsform allmählich barbarisirt. für barbaren-
herzen sind die ideale Ioniens und Athens zu hoch. keineswegs erst Dio-
cletian, sondern schon Septimius Severus vollendet die barbarisirung der
welt. und besiegelt ist ihr geschick schon durch Hadrian. das zweite jahrhundert, das sich selber und noch einem manne wie Gibbon das goldene
zeitalter war, ist die zeit des todes für die antike welt. wol prangt diese
zeit noch in gleiſsenden farben: aber was ist sie anders als ein getünchtes
grab? wie spreizen sie sich, die stimmführer dieser selbstvergötterten
civilisation, die Aristides und Lukian, Favorin und Apuleius, Herodes
und Fronto — auſsen schminke, drinnen moder. was hilft's daſs diese
zeit von allgemeiner bildung trieft, vor der kein lykisches bergtal und
keine africanische landstadt sicher ist, daſs die reichspost von Lissabon
bis Palmyra geht, kunststraſsen und wasserleitungen gebaut werden, stil-
volle kirchen und villen, statuen im geschmacke Thutmosis III oder Nebu-
kadnezar oder Peisistratos, und Euriposse und Kanoposse und Mauso-
leen? der geist ist es allein der lebt und leben schafft: der geist aber
läſst sein nicht spotten. und viel schlimmer und barbarischer als die
zeiten, in denen er noch nicht erwacht ist, sind die, wo er verflogen ist
und erheuchelt werden soll.

Vielleicht das fürchterlichste in solchen zeiten ist, daſs das gute selbst
nur eine kraft wird, die das böse schafft. der classicismus der augusteischen zeit hatte in edelstem streben die echten ideale hoch aufgerichtet
und den menschen geboten, im glauben an sie sich selbst zu erheben.
nun war er mode geworden. die journalisten hatten sich seiner bemächtigt,
die schulmeister handelten mit ihm: was die halbgebildeten anfassen, das
schneiden sie sich nach der dürftigkeit ihrer eigenen leistungsfähigkeit
zu. statt den idealen innerlich sich zu nahen, wollte man sie kurzerhand
haschen und betasten. statt andächtig sich der pracht der sterne zu freuen,
begehrte man sie zu fassen, herunter zu holen und ihr gold zu eignem
gebrauche auszumünzen. der atticismus trieb die studien der alten litteratur lediglich um selbst so schön zu schreiben und zu reden wie die

Attiker: Aristides sagte es, dafs ers besser könnte, und Lukian war zum sagen zu klug, aber er glaubte es auch. an den verächtlichen siegespreis, ein erlognes attisch zu reden, sich seinem eignen volkstum zu entfremden, in den wolken zu leben, setzte man sauren schweifs, jahrelange arbeit, beständiges training. und diesem niedern zwecke zu dienen, spannte sich auch die grammatik ins joch: mag es auch mancher nicht eingestehen, die gramatische arbeit des 2. jahrhunderts ist im grunde nichts als σοφιστικὴ προπαρασκευή.

Was diesen praktischen zwecken dienen kann, das wird eifrig fort-studirt. nicht blofs die redner in der ausdehnung, welche der per-gamenische kanon festgestellt hatte, sondern auch andere brauchbar er-scheinende schriftsteller, wie Xenophon und die anderen nicht gar zu philosophischen Sokratiker: selbst Phaidon ist bis in das 4. jahrhundert erhalten geblieben [107]). Kritias hat sich eben so lange gehalten, nachdem ihn die laune der archaisten entdeckt hatte. und da diese ihre experimente bis zum ionisch schreiben steigerten, so erhielt selbst Hekataios eine stilistische würdigung durch Hermogenes und sein geographisches werk ist noch in frühbyzantinischer zeit gelesen [108]); auch die ionischen mythographen, Akusilaos und Pherekydes, haben keinesweges blofs in excerpten gelebt [109]). vollends die komödie war die ergiebigste fundgrube des archaisten, und keinesweges blofs Menander, der bis über Iustinian hinaus bekannt blieb, sondern selbst andere alte komiker als Aristophanes haben noch leuten wie Libanius und Synesius vorgelegen. Galen schreibt seine tragikercitate aus glossaren und philosophischen tractaten ab: über die komödie hat er specialarbeiten verfafst. es war so ziemlich der ganze nachlafs der μέση und νέα, den Athenaeus selbst excerpirt hat: derselbe, der keine einzige tragödie, kein lyrisches gedicht aus eignen mitteln citirt. wozu sollte man auch diese gedichte lesen, die man nicht copiren wollte? den sagenstoff, so weit man ihn für die allgemeine bildung brauchte, lieferten die handbücher, und die vocabeln konnte man nicht brauchen.

Poesie ward freilich auch noch producirt, massenhaft sogar, während

---

107) Synesius (Dion. 17, p. 297 Krab.) nennt unter einer langen reihe von situa-tionen die er platonischen dialogen entnimmt auch οὐδὲ Σίμων ὁ σκυτεὺς πάνυ τι συγχωρεῖν ἠξίου Σωκράτει, ἀλλ' ἐπράττετο λόγον ἑκάστου λόγου, notwendigerweise mit beziehung auf einen dialog, der dann Phaidons Simon war, den Iulian noch gelesen hat. vgl. Herm. XIV 476.

108) Stephanus von Byzanz hat ihn selbst ausgezogen, Niese de Steph. Byz. auct. 13.

109) Das beweisen lange wörtliche den ionismus bewahrende stücke in den scholien zur Odyssee (z. b. λ 287, 321) Pindar (P. 4, 133) Apollonios (4, 1396, 1515).

im ersten jahrhundert wenig davon zu spüren war, und das wuchs sich um 400, als die sprache schon so gut wie tot war, zu einer wirklich eigenartigen, wenn auch barbarischen kunst aus. dafür brauchte man aber aufser Homer, dessen naivetät die geringsten ingenia kindisch copirten, die alexandrinische dichtung ausschliefslich, deren formen, deren· wortschatz, deren poetische technik unerschüttert regierten: freilich Antimachos Aratos Apollonios Nikandros mehr als die dichter ersten ranges. aber darum, dafs am kaiserhofe ein Mesomedes lahme rhythmen unmelodisch componirte, war ein studium der lyriker nicht von wichtigkeit. und die tragödie vollends war stumm geworden. es wird im zweiten jahrhundert gewifs noch vielfach etwas tragisches gespielt sein, obwol die zeugnisse der atticisten nicht schwer wiegen, denn sie erheucheln auch alte sitten. dann aber ist es vorbei, und für die gebildeten war längst statt der tragödie als darstellerin der alten sage eine modernere Muse aufgetreten, das ballet: die gute gesellschaft Roms lernte den Aiolos des Euripides durch dasselbe mittel kennen, wie die heutige den Sardanapal Byrons, durch die beine eines Pylades.

Und doch stand es ja fest, dafs die classiker classisch waren, und es gehörte zu den voraussetzungen der allgemeinen bildung, dafs das classische bekannt war. das war es auch, in der weise, wie zeiten mit sinkender cultur ihre verblassenden ideale kennen lernen. die classiker waren in die schule herabgesunken. da mufsten sie gelesen werden, das verstand sich und verlangte jeder. und wenn der junge mensch aus der schule in's leben trat, da warf er den plunder weg, der für's leben, das heifst für gelderwerb und ehrengier und sinnesgenufs, doch nichts hilft. so sagte niemand (das würde ja ehrlich gewesen sein), aber so tat jeder. die schule aber ist genötigt, sich mit einer auswahl zu behelfen, ihre aufgaben fordern einen ganz besonderen mafsstab der auslese und eine besondere art der behandlung. sie tut nur ihre schuldigkeit, wenn sie mit den strengen forderungen der wissenschaftlichkeit in conflict kommt.

Schulmäfsige behandlung oder wenigstens eine beträchtliche verflachung ihres niveaus mufste die grammatik aber überhaupt vornehmen, wenn sie weiteren kreisen irgendwelche alte poesie erschliefsen wollte. denn trotz allem attisch parliren, trotz den totenerweckungen des duales, der dative οἱ und σφίσι, des doppelten ι statt doppeltem s, so schöner vor 300 verstorbner formen wie γεγράφαται und νᾶπυ und von tausend vocabeln konnten die herren Titianus und Lucianus, die sich Τιτάνιος, oder zeitgemäfs mit einem schreibfehler $T\varepsilon\iota\tau\acute\alpha\nu\iota o\varsigma$[110]), und $\varDelta\upsilon\varkappa\tilde\iota\nu o\varsigma$ nannten, herzlich wenig griechisch. die meisten stammten auch aus der barbarei und verwunderten sich bafs, wenn sie auf einer ferienreise ins griechische gebirge (denn auch die nervenschwäche natur suchender grofsstädter grassirte) köhler und sennen besser griechisch reden hörten als die gefeiertsten professoren. die voraussetzungen, welche die ältere grammatik gemacht hatte, trafen nicht mehr zu. es half nichts, man mufste dieser gesellschaft den Pindar ganz und den Euripides auch auf weite strecken hin in ihre sprache übersetzen. die zeit der paraphrase bricht herein[110a]). übersetzt hatte Aristarch homerische vocabeln auch, sowol um den bedeutungswandel zu erklären wie um die irrtümer der glosso-graphen fern zu halten. rätselgedichte, wie die Alexandra des Lykophron, waren überhaupt nicht ohne paraphrase verständlich. aber diese wenigen ausnahmen beweisen nichts, und die pindarische paraphrase war von jener homerischen worterklärung Aristarchs himmelweit verschieden. nicht nur war jetzt das drama so alt geworden, wie Homer zu Aristarchs zeit ge-wesen war: die menschen waren nicht nur der sprache sondern dem ganzen wesen der tragödie so entfremdet, dafs sie eine übersetzung brauchten.

So erzeugte also wiederum das bedürfnis der zeit einen veränderten betrieb der auf die dichtererklärung gerichteten studien. schulmäfsig mufste er in seinem wesen werden, und in der schule wurden wenigstens die classiker gelesen, zu denen jedoch immer allgemeiner auch eine reihe von dichtern des dritten jahrhunderts gerechnet wurden. doch kamen an diese offenbar erst vorgerücktere: so stark trivialisirt ward ihre erklärung

---

110) $T\varepsilon\iota\tau\acute\alpha\nu\iota\varepsilon$ $\delta\varepsilon\tilde\iota\varepsilon$ in einem spartanischen epigramm, Kaibel 473, zu dem Kirch-hoff aus Lukian de hist. conscr. 21 verweist $\mu\varepsilon\tau\alpha\gamma\rho\acute\alpha\psi\alpha\iota$ $\varepsilon\iota\varsigma$ $\tau\grave o$ $'E\lambda\lambda\eta\nu\iota\varkappa\acute o\nu$, $\acute\omega\varsigma$ — $T\iota\tau\acute\alpha\nu\iota o\nu$ $\tau\grave o\nu$ $T\iota\tau\iota\alpha\nu\acute o\nu$, das pikante ist dafs der tadler sich selbst als $\varDelta\upsilon\varkappa\tilde\iota\nu o\varsigma$ einzuführen pflegt.

110a) Einen ganz anderen zweck hatte die rhetorische paraphrase gehabt, welche Quintilian mit recht als eine der vorzüglichsten stilübungen preist. I 9, 3 *versus primo solvere, mox mutatis verbis interpretari: tum paraphrasi audacius vertere, qua et breviare quaedam et exornare salvo modo poetae sensu permittitur. quod opus, etiam consummatis professoribus difficile, qui commode tractaverit, cuicum-que dicendo sufficiat.* wenn unsre schulen dieses progymnasma übten, würden die s. g. gebildeten vielleicht ein bischen stilgefühl besitzen, das ihnen jetzt der deutsche und vollends der lateinische aufsatz gründlich auszutreiben pflegt. natür-lich haben die antiken rhetoren auch solche musterstücke veröffentlicht, wie Dion die paraphrase des euripideischen Philoktetprologes. aber rhetoren und grammatiker berühren sich kaum, und auf unsere scholien hat die rhetorische paraphrase nur spät und wenig gewirkt.

selten. und die schule selbst führte zur auswahl und festen ordnung der lesestücke. diese einrichtung hat natürlich nicht im entferntesten bezweckt, die ausgeschlossenen werke in vergessenheit zu stürzen, was auch wenigstens für die komödie lange noch nicht eintrat, und nirgend ist das unheil so schnell gekommen wie für die tragödie und Pindar. daſs es überhaupt kommen konnte, bleibt unbegreiflich und findet deshalb keinen glauben, wenn man nicht die ganze geistige temperatur des zweiten jahrhunderts ermiſst. der unbekannte mann, der für Pindar, der eben so unbekannte, der für die tragödie den entscheidenden schritt tat, war auch kein an sich bedeutender mann, so daſs wir an seinem namen nicht viel verloren haben. er würde selbst staunen über den erfolg seiner schulausgabe. aber das ist eben das charakteristische für die zeit des verfalles, daſs die letzte leistung, wie sie auch ist, kanonisch wird, weil keine weitere kommt, und so die folgezeit beherrscht. Ptolemaios als astronom und geograph, Galen als mediciner, Apollonios und Herodian als sprachgelehrte sind zwar in vieler hinsicht achtunggebietend, aber ihre geistige bedeutung ist wahrlich nicht danach angetan, ihre herrschaft über die jahrhunderte als berechtigt erscheinen zu lassen. nicht ihrer kraft, der schwäche der andern danken sie ihre machtstellung. die wissenschaft muſs diese machtstellung zertrümmern um über sie zu der wirklich wissenschaftlichen ebenbürtigen arbeit des Hellenentums aufzusteigen. und sehr viel geringere leute haben in ihrem kreise eben so abschlieſsend gewirkt, Diogenian für die nichtatticistische lexicographie, Zenobius für die sprichwörter, Herennius Philo für die synonymik, Heliodor und Hephaestion für die metrik, Dionysios und Pausanias für die atticistischen handbücher, der erstere auch für die dichter- und musikgeschichte. in denselben rang und dieselbe zeit gehören die begründer' unserer schulauswahlen, mögen wir sie benennen können oder nicht.

Dies ist möglich für Aristophanes, dessen überlieferung überhaupt die reichste ist. da hat Symmachos [111]) die maſsgebende ausgabe gemacht,

---

111) Symmachos citirt nicht nur specialschriften des Seleukos (Th. 840, 1175), sondern auch Epaphroditos (Ritt. 1150, Wesp. 332, durch die rückbeziehung gesichert. das Herodiancitat in den Rittern ist zusatz, wie die mangelnde verbindung πλάγμα τι κτλ. zeigt). aber nicht bloſs Herodian ist ihm selbstverständlich fremd, sondern auch dessen vater Apollonios (Plut. 103, Frö. 826, Ritt. 22: alle andern Apollonioscitate gehören dem sohne des Chairis, über den Kydathen 134), und Irenaeus (Pl. 75. Wesp. 900): denn diese geben nur τονικά, und solche dinge sind dem Symmachos fremd. auch Sallustius und Telephos (2. jahrhundert) stehen in einem der antiquarischen scholien des Plutos (725) die sich von selbst absondern. Phrynichos ist durch Herodian, mit dem er Fried. 618 verbunden ist, ausgeschlossen, und selbst Palamedes

wol um 100 n. Chr., denn wenn ihn auch erst Herodian citirt, so ist
doch der erfolg seiner auswahl schon in den rhetorischen lexicis des
2. jahrhunderts zu spüren, die demgemäfs die betreffenden stücke bevorzugen [112]). Symmachos bezieht sich in seinem commentar häufig auf
früher von ihm behandelte stellen, so dafs die reihenfolge der erklärten
dramen ganz feststeht, übrigens auch in der Byzantinerzeit nicht vergessen worden ist. Es folgen auf einander Plutos Wolken Frösche Ritter
Acharner Wespen Frieden Vögel Thesmophoriazusen Ekklesiazusen Lysistrate [113]). die reihe war damit ohne zweifel nicht abgeschlossen [114]);
Symmachos hat auch Kratinos erklärt und wird da wol ebenso verfahren
sein [115]). die rücksichten der schule sind einleuchtend. der Plutos ist
weitaus am einfachsten, Wolken Frösche Ritter zu kennen forderte die
allgemeine bildung mit rücksicht auf die angegriffenen berühmtheiten
Sokrates Euripides Kleon. für die folgenden stücke ist es besser nichts
zu vermuten. Symmachos ist nun ein schriftsteller noch von der alten

---

zeigt sich als zusatz (Fried. 916; sonst noch ein par mal zu Wesp.). dieser ist deipno-
sophist bei Athenaeus, was nur zeigt, dafs er eine berühmtheit wie Galen Rufus
Plutarch Ulpian war. und als vaterland hat ihm Athenaeus nach Plat. Phaidr. 261[d]
Elea gegeben: woraus nach jenen analogien folgt, dafs er nicht daher war. interpolirt hat Suidas oder ein vorgänger dies in den kargen biographischen artikel, aus
dem abzuleiten ist, dafs er bei Dionys und Philon nicht vorkam, d. h. nach 140
blühte. auch Symmachos fehlt bei Suidas, aber ein schlufs e silentio ist mislich
und die gänzliche vermeidung von schriftstellern des 2. jahrhunderts spricht für
etwas höheres alter.

112) Man kann das leicht sehen, wenn man die indices zu Nabers Photius
mustert. auf welchen umwegen auch immer hineingelangt, die quellen dieses lexi-
cons gehören dem 2. jahrhundert an. damit man nicht irre, bemerke ich, dafs die
atticistischen glossen im Hesych nicht Diogenian sind. selbst bei Lukian sind die
erhaltenen komödien stark bevorzugt, P. Schultze *quae ratio inter Lucianum et
comicos intercedat*. Berlin 1883.

113) Die sehr zahlreichen belege führe ich nicht an. die nummern 1—4, 10, 11
wird niemand bezweifeln. für die reihenfolge Ach. Wesp. vgl. Wesp. 1195, 1206.
1407. Wesp. Fried. vgl. Wesp. 1446 Fr. 1048 (zielt auf Wesp. 718). Fried. Vög. vgl.
Vög. 822 (zielt auf Fried. 928). Thesm. 162 ἐν τῷ πρὸ τούτου δράματι τοῖς Ὄρνισι·
Lysistr. 801 auf Ekkl. 303, jetzt fast verschwunden. damit erledigt sich die ansicht, dafs die auswahl von 7 stücken im Venetus erhalten wäre; sie ist auch an
sich verkehrt, denn diese gelehrteste handschrift repräsentirt keine verkürzung der
auswahl.

114) Nach der häufigkeit der citate wären Daitales Babylonier Tagenisten etwa
gefolgt.

115) Herodian II 945 Lentz (π. μον. λέξ. 39). es wird sich für Kratinos schwerlich ermitteln lassen, welche dramen noch länger behandelt wurden. wol aber ist
der versuch für Menander nicht aussichtslos.

grammatikerart; er hat eigene ausgedehnte kenntnisse und wagt eigene meinungen. das ältere verdankt er sammlungen und scholien, des Didymos, aber auch anderer, z. b. des Artemidor ($\sigma v v a \gamma \omega \gamma \acute{\eta}$ Wesp. 1169)[116]), und die dramen waren vor ihm ersichtlich gar nicht gleichmäfsig behandelt, was natürlich auch auf seinen commentar einwirkt. Frösche und Vögel stehen deshalb an gelehrsamkeit weit über dem Plutos. das gelehrte material älterer zeit, das geschichtliche (aufser billigen Thukydidesexcerpten), textkritische, glossographische gehört ihm wol alles. für die paraphrastische erklärung läfst die grenze sich schwer ziehen; das ist aber auch das mindest wichtige.

Das metrische liefs Symmachos, wie die meisten erklärer, bei seite. allein ein anderer einflufsreicher mann, ziemlich sein zeitgenosse, Heliodoros, verfertigte eine aristophanische kolometrie, d. h. eine analyse sämmtlicher verse der komödie, woran sich zuweilen etwas kritisches schlofs. es war keine ausgabe, aber wol eine anweisung, wie eine ausgabe zu schreiben wäre: wobei fraglich ist, ob er nicht die schreibung (einschliefslich des aus- und einrückens der zeilen) vorfand und lediglich die analyse sein war. wie weit er seine arbeit ausdehnte, welche reihenfolge er inne hielt, ist nicht zu sagen.

Wol erst in frühbyzantinischer zeit hat nun jemand den commentar des Symmachos, die kolometrie des Heliodor, zugleich sie befolgend und ausschreibend, und einiges andere erklärungsmaterial zusammengearbeitet: erst dies werk, oder vielmehr auszüge davon, geben unsere handschriften, text und scholien gleichermafsen. wir hören das zwar nur durch die subscriptio zu ein par stücken, aber der commentar hängt, wenigstens so weit er die beiden wichtigen grammatiker angeht, zusammen. die subscriptio nennt nun noch als benutzt einen gewissen Phaeinos und $\check{\alpha} \lambda \lambda \alpha \ \tau \iota v \acute{\alpha}$. dieser Phaeinos ist nach den proben, die nur zum schlusse der Ritter erhalten sind, ein jämmerlicher ignorant, der sich nur in der gewöhnlichsten exegese versucht. da er ein ganz byzantinisches wort braucht[117]), so möchte man ihn nicht mehr in das altertum rechnen. doch wird im Et. M. ($\beta \lambda \iota \mu \acute{\alpha} \zeta \varepsilon \iota v$) eine zu der betreffenden stelle (Vög. 530) nicht mehr erhaltene etymologie mit den namen $\Phi \alpha \varepsilon \iota v \grave{o} \varsigma \ \varkappa \alpha \grave{\iota} \ \Sigma \acute{v} \mu \mu \alpha \chi o \varsigma$ citirt. die anderen zusätze sind zum teil an sich wertvoll, z. b. die aus-

---

116) Schol. Fried. 1242 wird in betreff des Kottabos auf $\grave{\varepsilon} \varkappa \lambda o \gamma a \iota$ verwiesen, 1244 auf Athenaeus: es waren wol die $\grave{\varepsilon} \varkappa \lambda o \gamma a \acute{\iota}$ des Sopater, in dessen erstem buche Athenaeus excerpirt war (Phot. bibl. cod. 161): diese auszüge gehören also zu den $\check{\alpha} \lambda \lambda \alpha \ \tau \iota v \acute{\alpha}$ der subscriptio.

117) $\chi \acute{\alpha} \beta o \varsigma$ für zaum, schol. Ritt. 1150.

züge aus Herodian, ergeben aber kein bild einer persönlichkeit. nachweislich sind einzeleintragungen aus büchern, die in byzantinischer zeit geläufig waren, zu allen zeiten und in allen scholien zugetreten; man kann also Phaeinos nach ihnen, z. b. den anm. 116 citirten, nicht wol datiren. aber im allgemeinen darf Phaeinos wol für den redactor unserer scholien gelten.

Wir haben das glück, daſs die handschriften, mit denen wir operiren, noch dem 10. jahrhundert angehören. der Ravennas ist selbst so alt, der Venetus zwar hundert jahre jünger, aber so sorgfältig copirt[118]), daſs er seine vorlage ersetzt, und eine dritte handschrift hat Suidas in demselben jahrhundert fleiſsig ausgezogen. für die Acharner Ekklesiazusen und Lysistrate müssen uns freilich jüngere handschriften (Paris. 2712 und eine halb in Florenz als Laurentianus 31, 15, halb in Leyden aufbewahrte) den Venetus, mit dessen recension sie sich ganz nahe berühren, ersetzen, und die Thesmophoriazusen enthält nur der Ravennas. daneben steht für die sieben stücke eine anzahl jüngerer handschriften, die zum kleinsten teile aus den genannten stammen, für die scholien auch keinesweges nur wertlose zusätze liefern, für den text aber unberücksichtigt bleiben dürfen. Ravennas gibt die scholien überaus dürftig, so daſs wir mit ihm allein etwa so stehen würden, wie mit dem Laurentianus in den beiden ältern tragikern; doch schöpft er, wie man an ihm selbst sieht, aus reicherer fülle.

Vom 10. jahrhundert gelangen wir also durch die recensio nur bis ans ende des altertums, wo sich die ströme der überlieferung vereinen. es ist ganz sonnenklar, daſs die kritik eklektisch verfahren muſs; Venetus bietet aber mehr schreibfehler, Ravennas willkürlichkeiten. wir haben nun eine groſse masse citate bei den atticisten und sonstigen späten schriftstellern, die uns die controlle ermöglichen: sie ergeben im wesentlichen die bestätigung unseres textes, und da sie auf die Symmachosausgabe oder gar ältere zurückgehen, so gelangen wir eben bis in die zeit, für welche die scholien ja auch zeugen. endlich ist kürzlich ein bruchstück einer handschrift aus den letzten zeiten des altertums entdeckt, welches einen text liefert, der ein klein wenig neues geben würde, wenn nicht die kritik die geringen fehler bereits beseitigt hätte, aber im ganzen mit dem unsern identisch ist[119]). so dürfen wir sagen, daſs allerdings in

118) Dies zeigt Zacher Philol. 1882. Zachers neue arbeit (Handschriften und classen der Ar. scholien Leipzig 88) habe ich noch nicht prüfen können. um so weniger konnte ich ihre zum teil sehr befremdenden ergebnisse berücksichtigen.

119) Weil Rev. de phil. VI 179. es umfaſst Vögel 1057—1085, 1101—27, die

der zeit zwischen Heliodor und Symmachos einerseits und dem 10. jahrhundert andererseits eine anzahl kleiner schreibfehler begangen sind, die sich zum teil durch die vergleichung der handschriften erledigen, zum anderen von der modernen kritik, wesentlich den grofsen Engländern gehoben sind. damit gelangen wir zu demselben texte, welchen Symmachos gab: alle schwereren schäden, insbesondere lücken und falsche verse müssen für älter gelten, und da nun die grammatik so früh, eindringend und unausgesetzt den Aristophanes studirt hat, so mufs man m allgemeinen die entstehung der schweren schädigung zwischen dem dichter und dem grammatiker ansetzen.

Aristophanes ist vorzüglich erhalten, aber man spürt doch unterschiede. die fünf letzten stücke sind ärger zugerichtet, und jedes schlimmer als das vorhergehende. in den Thesmophoriazusen können wir zudem sicher sein, da sie nur in R stehen, eine grofse anzahl fehler teils selbst beseitigen zu müssen, teils gar nicht zu bemerken. dann sind in den drei letzten dramen die scholien so dürftig[120]), auch die citate aus ihnen viel seltener, so dafs diese controlle oft versagt. aber auch die Vögel, die auch in V stehen, haben schwer gelitten. das ist also auf die zeit seit Symmachos zum teil wenigstens zu schieben, zumal die ersten vier stücke lediglich durch sorgfältige recensio fast rein herzustellen sind, d. h.

---

chorischen verse sind mit *ἔκθεσις* und *εἴσθεσις* geschrieben, reste von scholien vorhanden. 1078 wird *ζῶντ' ἀπαγάγῃ*, was Bergk aufgenommen hat, bestätigt, 1080 fehlt *πᾶσι*, das schon Byzantiner getilgt haben. 1069 stand wenigstens etwas hinter *δάκετα*, wo Dissen *πάνθ'* eingesetzt hat. sonst stimmen selbst fehler, und eine so verkehrte orthographie wie *ἀετόν* 1110 steht hier wie in R. auch *Πεισθέταιρος* ist da.

120) Die vernachlässigung der späteren hat aber nicht nur üble folgen. wenn sie selbst nichts neues mehr zusetzen, so erhält sich die alte gelehrsamkeit wenigstens in den geretteten bruchstücken rein. so ist der commentar der Vögel ganz besonders reich an anführungen der älteren grammatiker. und der der Thesmophoriazusen, im ganzen dünn, hat besonders viele prachtstücke: darunter 1059 über ein drama des Philopator und den commentar seines ministers und lieblings Agathokles dazu; das kann nur ein zeitlich ganz nahe stehender berichtet haben, also wol Aristophanes oder Eratosthenes. der scholiast redet sehr persönlich, 31, 162, 840, 917. weil 393 in gleicher weise in atticistischem übermut gegen Symmachos geredet wird, dessen scholion dabei steht, könnte man meinen, in all diesem einen späteren zu hören. aber das geht nicht wol, da gerade die bezeichneten scholien den älteren gelehrten gelten und dieselbe weite der gelehrsamkeit zeigen wie der ganze commentar. aufserdem ist 162 wegen der verweisung auf die Vögel und Wespen sicher von Symmachos. die scholien der Lysistrate enthalten nur noch ein par umfänglichere stücke und zwar nicht in R; die der Ekklesiazusen sind ganz dünn und zeigen so recht, dafs dies das letzte stück ist.

so wie sie die guten grammatiker lasen. darum ist Aristophanes der
schriftsteller, an dem man sich am leichtesten einen gradmesser für die
wahrscheinlichkeit der textverderbnis und für die berechtigung der kritik
in analogen fällen holen kann.

Pindar-
scholien. Nicht viel geringere belehrung gewährt die überlieferung Pindars.
im zweiten jahrhundert hat jemand die vier letzten bücher der aristophanischen ausgabe für die schule bearbeitet. offenbar schienen die epinikien wegen der vielen persönlichen beziehungen zumal zu den sicilischen fürsten interessanter als die gedichte an götter. warum aber die
Nemeen vor die Isthmien gerückt sind, ist nicht zu erkennen [121]). der
herausgeber war nicht ‚im stande etwas gelehrtes zu leisten, hat auch
schwerlich den anspruch erhoben. er hat sich begnügt das gelehrte
material von Didymos zu übernehmen, mythographische auszüge und vielleicht vereinzelt anderes hinzuzufügen, wahrscheinlich auch irgendwoher die
metrische erklärung der kola zu nehmen [122]) und endlich eine vollständige
paraphrase zu verfertigen. seine zeit ergibt sich daraus, dafs Plutarch und
Aristides, die Pindar besonders viel citiren, von der bevorzugung der epinikien nichts wissen, ebenso wenig Heliodor [123]). auch für Lukian ist noch

121) Der schlufs der Isthmien ist durch verstümmelung der handschriften erst spät
verloren. denn die handschrift D bricht mitten im achten gedichte ab. die collation
sagt nicht, ob die handschrift selbst verstümmelt ist; indefs ist das unwahrscheinlich,
da zu den erhaltenen versen keine überschrift noch scholien da sind. ein citat aus
mittlerer byzantinischer zeit (fgm. 2) bezeugt für ein weiteres gedicht der Isthmien
die existenz. aber ein völlig haltloser einfall ist es, die belege für Pindars sprache,
welche Eustathius in der vorrede zu seiner geplanten Pindarausgabe beibringt, so
weit sie in unseren handschriften fehlen, auf die Isthmien zu beziehen. erstens fehlt
jeder beleg sonst bei Eustathius, dafs er mehr als wir besessen hätte, zweitens hat
er überhaupt diese sprachliche sammlung nicht angelegt, so wenig wie er die apophthegmen Pindars gesammelt hat, und drittens steht ein wort in dieser reihe, welches
nachweislich nicht aus den Isthmien ist, sondern aus dem gedicht an Theoxenos
(123, 5 ἑλικοβλέφαρος Ἀφροδίτα = Eust. 56, 20 Taf.), das in die ἐγκώμια gehört;
ganz zu geschweigen, dafs es eine torheit ist, sich die zahl der Isthmien ins ungemessene zu vermehren. die erste ὑπόθεσις Ἰσθμίων beginnt damit zu sagen,
dafs alle spiele leichenspiele wären, Olympien Pythien Isthmien. da sie für die alte
ausgabe geschrieben ist, fehlen die namen. aber Kallierges hat sie eingeschoben,
weil er von der echten reihenfolge keine ahnung hatte. erst der neuste herausgeber
hat die interpolation beseitigt, aber seinerseits eine lücke bezeichnet. ebenso gut
hätte er die interpolation behalten können.

122) Wenn dies nicht ein zusatz ist, wie Heliodor neben Symmachos im Aristophanes steht.

123) Vgl. fgm. 177; auf ihn gehen wol auch die belege des Hephaestion zurück
fgm. 116. 117, und die besonders bezeichnenden, weil aus dem ersten hymnus stammenden 34. 35.

die erste ode die erste der hymnen[124]). später gilt die neue ausgabe überall. benutzt sind zwei schriftsteller des zweiten jahrhunderts[125]), die man nicht leicht für zusätze halten kann. die folgezeit, z. b. die scholien zu Homer (*BT'*) und den tragikern, setzt diese ordnung voraus, und im fünften jahrhundert ist die alte so ganz vergessen, dafs man alberne neue namen für die 17 bücher erfindet, deren zahl man kannte[126]). da unsere scholien aller jungen citate entbehren, so hat die tätigkeit der Byzantinerzeit sich auf die verkürzte weitergabe der alten ausgabe beschränkt. sehr früh hat sich eine doppelte recension ganz ähnlich wie im Aristophanes gespalten. die eine, von der auch das Etymologicum Magnum spuren bewahrt, besitzen wir leider nur für die ersten 12 Olympien. sie hat im texte neben vielen eignen fehlern mehreres gute bewahrt, vergleichbar dem Ravennas des Aristophanes; die scholien sind entsetzlich verdorben, aber sehr wertvoll. der einzige vertreter dieser recension ist der Ambrosianus A (C 122 inf.). die andere liegt in zwei trefflichen handschriften vor (Vat. 1312, B, und Laur. 32, 52, D), und auf ihr ruht unser text und ruhen die scholien fest und sicher. es gibt freilich noch eine menge handschriften, die keineswegs aus jenen stammen, und sie selbst werden sich erst in einem manches jahrhundert zurückliegenden originale vereinigen lassen. aber der text, den wir nach beseitigung der durch die vergleichung dieser handschriften oder sonst ohne weiteres erledigten schreibfehler gewinnen, und der also an sich sehr viel älter ist als die dem 12. und 13. jahrhundert angehörenden erhaltenen vertreter, zeigt überhaupt ganz geringe schwankungen; auch die erst in der späteren byzantinerzeit häufigeren citate bereichern weder ihn noch die scholien wesentlich[127]). die paraphrase aber

124) Ikarom. 27: wo die scholien sich wundern, da für sie die erste ode Ol. 1 ist. die erste strophe war natürlich in alter zeit so bekannt, wie der anfang von Alkmans, Sapphos, Alkaios werken. daher hat sie der späte verfasser des pseudolukianischen *Δημοσθένους ἐγκώμιον* irgendwo auflesen und ein scholiast das richtige *ἀρχαὶ τῶν Πινδάρου ὕμνων* hinzusetzen können — wenn er überhaupt das richtige gemeint hat.

125) Amyntianos Ol.3, 52. *ὁ Ἁλικαρνασσεύς*, d. h. Dionysios *μουσικὴ ἱστορία*, da es sich um die stiftung der für die musikgeschichte so wichtigen sikyonischen Pythien handelt. Hephaestion (Isthm. 3) ist nicht der metriker. auf zwei Herodiancitate ist kein verlafs. bezeichnend ist, dafs Palamedes ein *ὑπόμνημα εἰς Πίνδαρον*, das letzte von dem wir wissen, geschrieben hat, und nicht vorkommt. das war eine concurrenzarbeit — wenn er nicht selbst unser scholiast ist.

126) So der metrische *βίος Πινδάρου* und die schriftentafel des Suidas, d. h. Hesychius: Aelius Dionysius konnte diese noch nicht geben, zumal der herausgeber die alte ordnung in der vita angegeben hatte, da er sie ja nicht beseitigen wollte.

127) Sehr stark ist die benutzung im Lykophroncommentar des Tzetzes, dessen

gibt die gewähr, dafs wir den Pindar im ganzen so lesen, wie er um
180 gelesen ward. und von da steigen wir dank den älteren grammatikern wieder bis zu Aristophanes empor: die schlimmen schäden sind
älter, älter ist die umformung des dialektes und der orthographie. wir
haben aber für so schwere und den späteren fremdartige poesie die be-
ruhigung, dafs man an ihr viel weniger als an dem komiker, den die Atticisten so viel traktirten, und jeder zu verstehen meinte, mit dem ver-
stande gelesen und abgeschrieben hat. mechanisch ist Pindar copirt
worden: wir wollen das für die tragiker nicht vergessen.

Scholien zu
den Alexan-
drinern.   Aber ehe wir zu ihnen selbst gehen, mögen noch die alexandrinischen
dichter, so weit sie mit gelehrtem materiale erhalten sind, gemustert
werden. für sie hat Theon eine ebenso centrale stellung wie Didymos für
die classiker, aber so wenig wie dieser kann er als der betrachtet werden,
welcher unseren scholien die bleibende gestalt gegeben hat; das ist vielmehr im zweiten jahrhundert geschehen. Theon fand noch einflufsreiche
nachfolger, unter welchen Epaphroditos[128] und Lucill von Tarrha[129] her-
vorstechen. seine starke einwirkung auf die Römer ward oben erwähnt.
dann kommen die compilatoren. den Apollonios hatte nach Theon und
Lucill der Römer Q. Minucius Pacatus erklärt, welcher sich, wenn er
für die griechische, d. h. die gelehrte, welt schrieb, $Ειρηναῖος$ nannte[130].
gegen ihn wandte sich scharf ein gewisser Sophokles; die polemik zeigt
den zeitlich nahe stehenden, und starke benutzung des bekämpften wird
durch sie für diese kreise durchaus nicht unwahrscheinlich. das concur-

---

analyse vielleicht etwas ertrag geben wird. Eustathius handschrift war reicher als
B an prolegomena.

128) Zu den Aitia des Kallimachos war sowol der commentar des Theon wie
der des Epaphroditos bis in die letzte zeit des altertums vorhanden, d. h. so lange
wie die gedichte selbst: text und scholien lebten ja zusammen. Et. M. $ἀρδις$ (Kall.
fgm. 130) Steph. Byz. $Δωδώνη$ (24ª). Et. M. $Βουκεραίς$, $ἄστυρον$. Epaphrodit ist
stark in den schol. zu Sophokles und Aischylos benutzt. z. b. stammt nicht blofs die
eine notiz zu Eum. 2, sondern auch 21, 27 die Kallimachoscitate von ihm.

129) Lucill lebte nach dem Kyrenaeer Nikanor (Steph. Byz. $Μίεζα$) und Apollonides von Nikaia (Priscian *de fig. num.* p. 406 H.), also frühstens um die mitte
des 1. jahrhunderts n. Chr.

130) So ist der name zu erklären. das eingreifen von Römern in griechische
grammatik ist auf diese zeit, die Trajans, beschränkt; neben Pacatus steht Iulius
Vestinus, und vor allem Sueton, $Τράγκυλλος$ für die Griechen; auch Favorin gehört
gewissermafsen dahin. die anderen träger griechischer namen wie Diogenian, Munatius waren geborne Griechen. Irenaeus, der schüler Heliodors, ist schon von Soran
benutzt, auf welchen die glossen $πυδαρίζειν$ und $ψύη$ bei Orion zurückgehen (Haupt
op. II 436).

renzwerk des Sophokles hat das feld behauptet: er wird aber zu Theon und Lucill sich verhalten haben wie Zenobius zu Didymos und Lucill. unsere scholien, welche diese drei in der subscriptio nennen, verbinden damit also einen wesentlich anderen sinn, als die des Aristarcheischen viermännerbuches: sie geben zunächst wesentlich Sophokles. diese ausgabe ist im vierten jahrhundert gemacht[131]), und kann durch die excerpte in den Etymologiken, für ihre vorlage Sophokles durch Stephanus (in den er durch Orus gelangt ist) erweitert werden. obwol wir nur eine handschrift haben[132]), denselben Laurentianus, der die beiden älteren tragiker enthält, so ist doch der text ein zuverlässiger, die scholien von seltener fülle.

Auch zum Theokrit, und zwar den für echt geltenden gedichten (d. h. den in Ahrens ausgabe stehenden mit ausschlufs der *Ἀηναί*[132ª]), hatte Theon einen commentar geschrieben, welcher sich lange gehalten hat[133]).

---

131) Citirt werden nicht nur Dionysios *Βασσαρικά* und Palamedes *λέξεις*, sondern der epigrammendichter Erycins (II 127) und ein anderes epigramm (Anth. Pal. IX 688), frühstens aus dem 3. jahrhundert (III 1241), aufserdem häufig Herodian. auch möchte dem scholiasten die menge worterklärungen gehören, die aus einem guten Homerlexikon, vielleicht direct Apollonios Archibios sohn, sonst einem ganz ähnlichen, stammen. das verhältnis von Sophokles Orus Stephanus ist im wesentlichen richtig von Lentz erkannt (Herodian I CCXXIII), der sonst seinen autor auch hier überschätzt. die person des Sophokles richtig erfafst zu haben, der springende punkt des ganzen, ist das verdienst von Warnkrofs (*de paroemiograph.* Greifswald 1882 these). da Lucills commentar noch Et. M. *ἀρείων* (zu II 77) angeführt wird, und nach freundlicher mitteilung von Reitzenstein die bessere überlieferung des Et. M. noch mehr citate gibt, so wird man freilich annehmen müssen, dafs Lucill nicht blofs durch Sophokles erhalten ist. und so dürfen eine nicht ganz kleine zahl von parallelen scholien zu demselben verse auf die beiden autoren bezogen werden, deren sonderung die nächste hauptaufgabe ist. sehr vielfach ist das verhältnis der doppelfassungen freilich nur das unten s. 199 bezeichnete.

132) Tzetzes zu Lykophron benutzt auch diese scholien häufig; so weit ich gesehen habe, ohne uns etwas zu helfen. die these Keils, dafs Laur. A einzige quelle sei, ist aus allgemeinen gründen nicht wahrscheinlich, aber er ist so gut wie einzige quelle, denn für scholien und text hilft alles bisher bekannte nicht weiter; die immer noch verbreitete benutzung der pariser scholien entspringt nur der unkenntnis ihrer benutzer. Merkels schätzung des Guelferbytanus ist eine unfafsbare verirrung.

132ª) *Διόσκουροι* und *Ἡρακλίσκος* sind jetzt allerdings nur in dem trofs der unechten überliefert und haben von scholien keine spur bewahrt. aber wie ihre echtheit, von allen inneren gründen abgesehen, durch antike citate gesichert ist, so zeigt ihr text eine andere herkunft darin, dafs er sich durch seine reinheit von der umgebung vorteilhaft abhebt.

133) Orion (Et. M.) *γρῖπος*; durch dies citat gewinnt man bei Orion noch mehreres. Ahrens ausgabe der scholien ist eine wertvolle vorarbeit, genügt aber auch nach dieser seite nicht.

allein unsere scholien sind viel später geschrieben und haben nur Theon
als urquelle für ihr bestes gut; man findet ihn mit hülfe der Römer.
sie selbst polemisiren mit einer, allerdings oft verdienten, grobheit, wie
sie den zeitgenossen und concurrenten trifft, gegen einen gewissen Munatius[131]). es war das ein mann aus der umgebung des Herodes Atticus,
gebürtig aus Tralles, der sich nicht $\gamma\varrho\alpha\mu\mu\alpha\tau\iota\varkappa\acute{o}\varsigma$ sondern $\varkappa\varrho\iota\tau\iota\varkappa\acute{o}\varsigma$
nannte, wie damals in Asien zuweilen wieder als feiner galt. da wir
nun einen jüngeren zeitgenossen von ihm, Amarantus, als Theokritscho-
liasten kennen und dieser nachweislich in unsern scholien steckt, so ist
der schluß gestattet, daß er der feind des Munatius, der gesuchte redactor
ist[135]). die frühbyzantinische zeit mit ihren verselnden scholastikern, wie
Eratosthenes, repräsentirt selbstverständlich nur eine etappe der überlieferung des alten, wie es der scholiast im Apollonios und Phaeinos im
Aristophanes tat; auch ist sie wenig zu spüren. die überlieferung der
gedichte ist den modernen dadurch verwirrt, daß die von Nonnus bereits
benutzte sammlung von bukolika, 'alle in derselben hürde', also ohne gewähr
für die echtheit, welche keine scholien hatte, in den späten handschriften
mit Theokrit vermischt ist, an den sie sich zuerst angesetzt hatte. diese von
den guten grammatikern verworfenen und eigentlich gar nicht als theokri-
tisch überlieferten gedichte sind schwer entstellt, ganz natürlich, weil ihnen
der schutz der grammatik fehlte. die gedichte Theokrits dagegen waren
ebenso gut erhalten wie die der andern Alexandriner, und es schadet nicht
einmal sehr viel, daß wir nur für die mehrzahl eine treffliche, wenn auch
nicht sehr alte handschrift (Ambros. 222, K) haben, vor der die übrigen
verschwinden. denn auch in dem reste der gedichte birgt sich das echte
unter gemeinen schreibfehlern, die man heben kann. man muß nur ein
urteil über das treiben der redactoren in den jahrhunderten 14 15 16
mitbringen, damit man diese völlig abweist. sie haben sich allerdings
nicht gescheut selbst ganze verse zu fälschen. übrigens versagen für die
erweiterung der scholien die grammatiker nicht völlig, und zur controlle
des textes der theokritischen gedichte sind auch die citate nicht spärlich:
sie bestätigen unseren text.

Wenn hier die verwahrlosung scholienloser texte neben der sicherung
des textes durch die grammatische behandlung zu lernen und zu beherzigen
ist, so bietet Nikandros den beleg für die beiden erscheinungen am selben

---

134) Philostratus vit. Soph. p. 231. 244.

135) Et. M. $\dot{\alpha}\sigma\pi\dot{\alpha}\lambda\alpha\vartheta o\varsigma$ = schol. 4, 57. $\delta\iota\varepsilon\varkappa\varrho\alpha\nu\acute{\omega}\sigma\alpha\tau\varepsilon$ = schol. 7, 154. hier ist
im schol. die erklärung, gegen die Amarantos polemisirt, mit erhalten. Amarantos
war dem Galen persönlich bekannt, aber vor ihm verstorben. XIV 208 K.

texte, ja auch für die fährnisse, welche die grammatik selbst brachte, als sie sich noch etwas zutraute. wir lesen die Theriaka in besserem zustande als Athenaeus, der sie ohne scholien benutzte [136]). unsere handschriften aber zeigen starke abweichungen, controlliren sich aber selbst, einmal weil neben dem durchweg jungen und unzuverlässig geschriebenen volke eine vorzügliche handschrift steht, die von einem hervorragenden kenner, H. Keil, für ganz ähnlich den Laur. 32, 9 des Apollonios erklärt ist (Paris. suppl. 247, *Π*), dann aber weil die jüngeren die scholien erhalten haben, von denen *Π* nur schwache spuren hat [137]). und diese wieder lehren durch reichliche proben, welche fülle schlechter einfälle von den kritikern auf den markt gebracht war, glücklicherweise ohne viel zu schaden. die grammatik hatte sich bald nach Nikanders tod der exegese angenommen, und zuerst Demetrios Chloros, dann Antigonos [138]) hatten dem Theon vorgearbeitet, so daſs er nicht so bedeutend wie sonst erscheint. auf diese ältesten erklärer muſs die ganz singuläre belesenheit in seltenen dichtern der Alexandrinerzeit zurückgehen, wol auch die stattliche reihe von bruchstücken technischer schriftsteller [139]). dann hat auch Plutarch sich am Nikander seltsamerweise versucht, und höchstens 100 jahre nach ihm muſs unser corpus gemacht sein. denn die zusätze sind gering und beschränken sich auf schriftsteller dieser zeit [140]). die atticisten, Herodian, die auswahlen der

---

136) Schneider Nicandrea 159. man |darf also den zustand, in dem die reste der Georgika bei Athenaeus vorliegen, zum teil auf rechnung seines exemplares schieben. die interpolationen sind übrigens zum teil sachlicher art, gemacht von so zu sagen ärzten, also ähnlich wie die astronomischen im Arat zu beurteilen. auch die zusätze am schlusse der Alexipharmaka, welche *Π* nicht kennt (offenbar auf grund von kritischen scholien, denn die verse sind nicht byzantinisch), sind dieser art, und der verfasser hat noch dazu selbst gesagt, daſs er einen nachtrag liefert.

137) Die scholien der Alexipharmaka warten noch auf einen bearbeiter, der sie wenigstens auf einen älteren zustand zurückführe als der jetzige ist, in welchem Tzetzes erscheint und die orange *νεράντζιον* 533. O. Schneider hat die scholien und die antike erklärung in unverantwortlicher weise vernachlässigt.

138) Er gehört noch ins erste jahrhundert v. Chr. (Erotian. praef. p. 32 Kl.), und polemisiert gegen Chloros, Ther. 748. 585, wodurch man weiteres gewinnen kann.

139) Archelaos *Ἰδιοφυῆ*, Numenios, Petrichos, Herondas und Parmenon die iambographen, Menekrates (Ther. 172, doch wol der dichter der Erga aus Ephesos) sind seltenheiten. viele von ihnen und daneben die glossographen, wie Epainetos und Hermonax, kehren allerdings bei Pamphilos wieder: aber die dichter sind keineswegs nur für glossen benutzt. die techniker sind in verbindung mit der medicinischen litteratur und besonders mit Plinius Nat. hist. zu setzen: dann dürfte sich vieles ergeben.

140) Oppian für zwei glossen, Th. 98, 586, von denen die erste verdorben ist. Dionysios der perieget zur stütze einer conjectur Th. 175, für eine sage Th. 607,

sceniker sind noch nicht in geltung. auch werden unsere scholien mit der bezeichnung οἱ ὑπομνηματίσαντες Θέων Πλούταρχος Δημήτριος bei Stephanus citirt [141]). sie sind in ihrer art der Apolloniosscholien nicht unwürdig, für textkritik sogar noch viel belehrender.

- Aratos und Lykophron [142]) bieten ein anderes bild. unseren text und unsere scholien verdanken wir dem sammelfleifse des bischofs Niketes von Serrha, der den cod. Marcian. 476 geschrieben hat. dafs dieser der archetypus für den text sei, ist für Lykophron gar nicht zu behaupten, und auch für Arat ist es nicht glaublich: aber die bedeutung der handschrift ist eine so überwiegende, dafs das ergebnis praktisch dasselbe ist. auch für die scholien kommt im Lykophron neben der handschrift des Niketes die des Tzetzes in betracht, für die paraphrase noch anderes. die handschrift des Tzetzes beweist aber, dafs Niketes so ziemlich alles gab, was er finden konnte, d. h. seine vorlage copirte, und dafs eine nahe verwandte zu Tzetzes kam. im Arat ist das verhältnis etwas complicirter, und hier wird das interesse vielmehr durch die bruchstücke älterer arbeiten gefesselt, die zahlreich vorliegen. die scholien excerpiren selbst commen-

---

Diogenian für eine glosse (bei Hesych weicht die erklärung ab), im gegensatze zu Θέων ἐν ὑπομνήματι Th. 237. dies sind schwerlich spätere zusätze. eher kann das von den seltenen aber reichen mythographischen scholien gelten, von denen zwar Th. 11 zu einem ζήτημα gehört, aber Th. 15 gehört mit der Araterklärung, wie sie bei Ps. Eratosthenes steht, zusammen, Alex. 11, 13, 15 mit den Apolloniosscholien.

141) Steph. Κορόπη, schwer entstellt, von Lentz Herod. II 188 ganz verkehrt behandelt und ohne grund Herodian zugewiesen; die herkunft ist ganz ungewifs. trotz aller verderbnis ist klar, sowol dafs schol. Th. 614 benutzt ist, in einem zustande, von dem jetzt die handschriften nur noch einen schatten enthalten, als auch dafs der scholiast eine eigene meinung im gegensatze zu den ὑπομνηματίσαντες Θέων Πλούταρχος Δημήτριος versucht. der schlufs des Stephanusartikels mufs etwa so lauten, nach abweisung der erklärung Ὀροπατος für Ὠρώπιος und Κοροπατος, dies weil man Κορόπη nicht kannte, βέλτιον δ᾽ ὑπονοεῖν ὅτι ἡμάρτηται καὶ γραπτέον (γράφεται codd.) Ὀροπατος ‖ κατ᾽ Ἔλλειψιν τοῦ ι ⟨ἀντὶ τοῦ⟩ Ὀροπιατος (Κοροπατος codd.) ‖ Ὀροπία (Ὀρόπη codd.) γὰρ πόλις Εὐβοίας, ὅπου Ἀπόλλωνος διασημότατον ἱερόν. die zwischen doppelstrichen stehenden worte sind in den codd. zwei zeilen nach oben verschlagen, wo sie sinnlos sind. schol. Ther. 614 γράφεται καὶ Ὀροπατος (Ὀρόπειος codd,) Ὀροπία (Ὀρόπεια codd.) γὰρ πόλις Εὐβοίας (Βοιωτίας codd. verbessert von Meineke), ὅπου διασημότατον ἱερὸν Ἀπόλλωνος. der ort Orobia schreibt sich allerdings nicht mit p, soviel wir wissen; bei Steph. fehlt aber der artikel.

142) Vgl. über diese Scheer Rh. M. 34 und Maafs Phil. Unt. 6. beiden kann ich mich nicht in allem anschliefsen. übrigens haben beide ihre ausgaben ja noch nicht veröffentlicht.

tare des ausgehenden altertums, von Theon dem vater Hypatias und Sporus dem verfasser der von Simplicius zur Physik benutzten *Κηρία*, auch den Byzantiner Leontius (aus dem 7. jahrhundert). aber das alles ist nichts eigentlich grammatisch kritisches, und das mythographische ist vollends viel älter. auch hat sich eine vita Arats gerettet, welche in die beste zeit der nachtheonischen grammatik gehört: Apollonides ist der jüngste name darin [143]). man darf wol vermuten, daß dazu ein ähnlicher commentar gehörte wie die zu Apollonios und Nikander [144]). für Lykophron ist zwischen

143) Allerdings ist es unwahrscheinlich, daß dies Apollonides von Nikaia, der zeitgenosse des Tiberius ist. er heißt in der Aratvita *Κηφεύς*, und Bentleys änderung *Νικαεύς* ist gewaltsam. *Κηφεύς* ist ein eben so guter diakritischer name wie *Ἰξίων Θρᾷξ Πινδαρίων*: deutet dann aber auf zwei grammatiker mit namen *Ἀπολλωνίδης*. außerdem erklärt dieser Apollonides die briefe des Arat und Euripides für gefälscht von Sabidius Pollio: weder ist wahrscheinlich, daß ein Römer in so früher zeit griechische werke gefälscht hat, noch sehen die dummen Euripidesbriefe nach der zeit des Augustus aus.

144) Ähnlich wie den Aratscholien ist es denen zu Hesiodos gegangen, was sehr zu bedauern ist, da die kritik in diesem dichter mit wertvollem materiale operirt und andauernd und energisch [gearbeitet zu haben scheint. leider fehlt noch jede irgendwie brauchbare ausgabe des erhaltenen, und ist dies so dürftig, daß nicht einmal Tzetzes fortgeworfen werden kann. die epochen der Hesiodkritik sind zuerst dieselben wie die der Homerkritik. sie beginnt mit dem 3 jahrhundert; Zenodotos Apollonios Praxiphanes befassen sich mit ihr. dann folgen die maßgebenden ausgaben des Aristophanes (der auch in der abgrenzung des echten nachlasses sehr energisch vorgeht, obwol eine allgemeine beschränkung des alten namens auf ein par werke hier nicht möglich war, wie 200 jahre früher für Homer) und Aristarchos. dessen kritische zeichen erläutert auch hier Aristonikos. Didymos tritt minder hervor als Seleukos, und dann Epaphroditos, dessen commentar zur Aspis noch im Et. Gud. benutzt ist. er hat es wol bewirkt, daß dieses gedicht mit unter die *πραττόμενα* (schol. Nikand. Th. 11) aufgenommen ward. dann ist eine ausgabe der drei gemacht, deren commentar man sich ähnlich den scholien *BT* zu Homer denken mag, in welchen ja auch auszüge aus Aristonikos wie hier enthalten sind. existirt hat die auswahl schon im 3. und 4. jahrhundert, wie das titelblatt eines solchen buches lehrt (Sitz. Ber. Berl. 1887, 808), welches natürlich die reihenfolge *Θεογονία Ἔργα Ἀσπίς* zeigt, die unbegreiflicherweise von den modernen öfters verlassen wird. ob schon in dieser ausgabe der commentar Plutarchs zu den Erga benutzt war, oder später hinzutrat, ist fraglich, doch wol nach analogie der Nikanderscholien wahrscheinlicher. später ist dann der des Proklus zur Theogonie hinzugetreten, wie die neuplatonischen auszüge zu den Platonscholien, z. b. des Gorgias, und sind die paraphrasen gemacht. wir haben nur jämmerliche reste. entsprechend ist der text traurig verwüstet, und nicht nur alte citate, wie selbst im Homer, sondern die zum glück umfänglicheren reste antiker handschriften helfen hier wirklich etwas. aber man schaudert, wenn z. b. hinter *Ἔργα* 174 vier verse spurlos in unseren handschriften verschwunden sind (Naville, Rev. de Phil. 1888, 113).

Theon und Niketes gar kein bearbeiter zu nennen, und die geschichte
seiner erklärung erscheint uns als eine fortgesetzte verdünnung von der
großen gelehrsamkeit, welche die älteren excerpte ahnen lassen [145]), bis
auf die jetzige bettelhafte dürftigkeit. aber aus dieser allein ist es auch
erklärlich, daß wir von keinen späteren grammatikern hören, und allein
die paraphrasen beweisen schon das eingreifen von mehreren: unmöglich
darf Theon mit den erhaltenen behelligt werden [145a]).

Was ist nun das resultat dieser ungünstigeren erhaltung für den text?
kein ungünstiges. niemand kann bestreiten, daß beide dichter im ganzen
sehr gut erhalten sind, und auch hier treten die citate viel öfter bestätigend als berichtigend ein. und so ist es ja überhaupt: der blick muß
nur nicht auf ein einzelnes object sich verbohren, sondern muß die
fülle der erscheinungen übersehen. man muß nur die texte vieler schriftsteller wirklich geprüft haben, dann wird man fest und sicher in der kritik
und läßt sich von dem unwissenschaftlichen meinen und besserwissen
nicht beirren. dichter und scholien haben dieselbe überlieferung seit
dem altertum, und die jahrhunderte der Byzantinerzeit, 6—12, haben
viel verloren, aber wenig verdorben. dichter, welche aus der gelehrten
tradition des altertumes den schutz der grammatik überkommen hatten,
und welche zum teil weiter mit einer gewissen gelehrsamkeit behandelt
wurden, sind in dieser zeit nicht wesentlich entstellt. da ist keine
erscheinung, wie sie die überlieferung der epigramme in den anthologien
bietet und mehrere pseudotheokritische gedichte: die lasen und variirten
die versifexe, die es immer gab. da ist keine so schauerliche verderbnis,
wie sie gelegentlich abgeschriebene stücke, z. b. das carmen de herbis
betroffen hat, oder innerhalb technischer schriften erhaltene, wie die
von Galen gerettete medicinischen poeme, oder selbst ganz technische wie
die Manethoniana. der zustand der älteren, classischen litteraturwerke,
den wir vorfinden, hängt wesentlich davon ab, wie sie in die Byzantinerzeit herüber gerettet sind. ein glänzender beleg ist die erhaltene hymnen-
sammlung, welche die Kallimacheischen mit einem ganz jämmerlichen

---

145) Außer den Römern, die aus Theon schöpfen, steht manches bei Stephanus,
im Et. M. und in den scholien zu Dionysios periegetes, die eine ausgabe und analyse
verdienen, zumal jetzt der schluß (von 900 etwa) verdünnt und durch zusätze (Plutarch de fluviis z. b., wovor sich zu hüten) verdorben ist. Lykophronscholien stecken
z. b. 259, 270, 306, 358, 483. auch Apollonios- und Kallimachosscholien sind viel
benutzt. die scholien scheinen aus dem 4. oder 5. jahrhundert zu sein.

145a) Wirklich erscheint in der älteren überlieferung des Et. M. Ἀμαντίς ein
Σεξτίων ἐν ὑπομνήματι Λυκόφρονος. gefällige mitteilung von Reitzenstein.

reste von scholien [145b]), aber so gut wie ganz rein enthält, und daneben die homerischen zum teil, wie den Aphroditehymnus, fast rein, zum teil, wie den Apollonhymnus, bis zum chaos entstellt: niemand kann das anders auffassen, als daſs der unterschied der erhaltung vorhanden war, als die sammlung angelegt ward, von welcher wir uns aus renaissanceabschriften eine handschrift des 12. jahrhunderts etwa reconstruiren. wenn also der Apollonios in derselben handschrift vorzüglich erhalten ist, welche den Aischylos so arg verstümmelt enthält, so ist sicher, daſs der schreiber an dieser entstellung unschuldig ist.

Das schelten auf die byzantinischen textverderber ist also in der hauptsache unberechtigt. sobald wir nur handschriften des 10. 11. auch noch 12. jahrhunderts besitzen, wie den Laurentianus der beiden älteren tragiker und des Apollonios, den Ravennas und Venetus des Aristophanes, den Venetus des Aratos und Lykophron und eine ganze anzahl maſsgebender handschriften der classischen prosaiker, so müssen auch die widerwilligsten zugestehen, daſs die schreiber dieser handschriften ihre aufgabe gewissenhaft erfüllt haben und gegeben was sie hatten. und wenn wir die tätigkeit des 9. und 10. jahrhunderts hinzunehmen, die wir sonst kennen, den sammelfleiſs des Photius und selbst des Suidas, die encyclopaedie des Constantinus Porphyrogennetus, die fürsorge des Arethas für die herstellung kostbarster und sauberster abschriften, so gibt das ebenfalls ein günstiges bild. ganz anders sieht es freilich aus, wenn wir die Byzantiner der jahrhunderte 13—16 beobachten. wer von ihnen die erhaltung der texte durch bescheidene weitergabe des überkommenen erwartet, wer überlieferung bei ihnen sucht, der findet sich freilich schwer getäuscht. in unzähligen fällen hat die philologie den gröſsten fortschritt dadurch gemacht, daſs sie texte, welche in diesen letzten zeiten festgestellt waren und zunächst das feld behaupteten, zu gunsten älterer handschriften gänzlich beseitigte, und immer mehr verschwinden die kecken änderungen jener Byzantiner letzter zeit selbst aus dem kritischen apparate. es ist begreiflich, daſs man auf die frechen interpolatoren gescholten hat, die ihre sache doch so geschickt gemacht hatten, daſs sie die sprachkundigsten und geistreichsten modernen kritiker nasführten. indessen

(Randnotiz: Byzantinische correctoren.)

145b) Die übereinstimmung dieser scholien mit Et. M. und Hesych kann ein urteilsfähiger natürlich nur so auffassen, daſs Et. M. aus den ehemals vollständigeren scholien schöpft, Diogenian dieselben worterklärungen noch älterer glossographie oder exegese entnimmt. benutzt sind diese scholien auch von dem Dionysiosscholiasten. was freilich in dem archetypos der hymnen erhalten war, ist an sich für uns fast ganz wertlos.

muſs das urteil auch hier ein gerechteres werden, indem es die richtige
geschichtliche betrachtung findet. diese Byzantiner sind eigentlich gar
nicht als schreiber, sondern als emendatoren aufzufassen, sie sind nicht
die collegen der braven stupiden mönche, die treufleiſsig nachmalten, was
sie nicht nur nicht verstanden, sondern auch nicht zu verstehen meinten,
sondern sie sind unsere collegen. an ihren zeit- und sinnesgenossen in
Italien müssen sie gemessen werden. es war doch eine art fortschritt,
ein regen modern philologischen sinnes, wenn die Planudes Moschopulos
Triklinios lesbare texte herstellten, so gut sie konnten; sie stehn nur in
einer übergangszeit, die Musurus Kallierges Arsenius Marullus Portus sind
ihre unmittelbaren nachfolger: die Griechen hatten auch teil an dem
rinascimento; der zusammenbruch ihres reiches durch die Türken hat
die entsprechende entwickelung nur gestört. nun wird man ja auch geneigt sein, den benannten persönlichkeiten diese schätzung zuzugestehn;
aber ein schreiber, wie der des Florentiner Lysias, des Modeneser Xenophon, des Münchener Polyaean, steht doch deswegen nicht anders da, weil
er anonym ist. und die correctoren mancher handschriften, auch von
den tragikern, verdienen eine gleiche schätzung. ihr scharfsinn ist gar
nicht gering, sie haben so manchen vers für immer geheilt, und noch
viel öfter das auge von jahrhunderten geblendet. namentlich Demetrios
Triklinios ist in wahrheit eher als der erste moderne tragikerkritiker zu
führen denn als ein unzuverlässiger vertreter der überlieferung. es war
schon nichts geringes, daſs er sich die sämmtlichen gedichte Pindars, die
sämmtlichen tragödien des Aischylos und Sophokles, deren er habhaft
werden konnte, vornahm und durchemendirte. er besaſs aber auch gar
nicht geringe metrische kenntnisse, die er nicht den lehrbüchern sondern
der beobachtung entnahm und so gut er konnte an den texten durch-
führte, und vor allem, er hat erfolg gehabt. auſser den drei genannten
dichtern hat auch seine recension der ersten drei euripideischen tragödien[146]) sehr stark bis in die jüngste zeit gewirkt, und eine gar nicht
geringe anzahl von emendationen sind ihm wirklich gelungen. vor sehr
vielen modernen, die viel genannt worden sind, sich noch sehr viel anmaſs-
licher geberdet haben und nicht die entschuldigungen für ihre misgriffe

---

146) Es ist die von King vorgeholte und nach ihm benannte recension. hinzu
kommen die scholien zur Hekabe. Triklinios hatte keine guten handschriften; sein
Aischylos war ein bruder des Venetus 616, sein Pindar ein nachkomme des Flor. D.
Hillers 'beiträge zur textgeschichte der Bukoliker' haben auch seine Bukolikerhand-
schrift kennen gelehrt. auch hier hat er sich bemüht, so viel wie möglich zu sammeln.
gutes und böses hat er selbst wenig getan.

haben wie er, vor Hartung z. b., also einem hervorragend gescheidten und kenntnisreichen manne, dürfte er dreist den vorrang beanspruchen. aber allerdings, es wäre schrecklich und nicht viel anderes als ein verzicht auf die endliche erreichung eines zuverlässigen textes, wenn wir die dichter auf Triklinios als grundlage aufbauen müfsten, und es wäre nicht minder schrecklich, wenn man fürchten müfste, dafs der Sophoklestext, wie ihn der Laurentianus bietet, durch die hände von leuten wie Triklinios gegangen wäre. dann müfste, wer nicht spielen will, die tragikerkritik lieber ganz aufgeben. zum glück wird eine solche annahme durch die vergleichende betrachtung der textgeschichte ähnlich überlieferter werke widerlegt: um die richtige schätzung unserer überlieferung, so weit allgemeine erwägungen es vermögen, zu gewinnen, ist diese abschweifung gemacht. mit besserer einsicht dürfen wir nun zu dem punkte zurückkehren, wo wir die tragiker verlassen haben, zum zweiten jahrhundert.

Ein mann ist es gewesen, der damals für den unterricht eine aus- *Auswahl der tragödien.* wahl von tragödien der drei tragiker veranstaltet hat, welche sich nicht nur allgemein eingebürgert hat, sondern den verlust erst der übrigen tragiker, dann der nicht gewählten dramen, endlich der letztgestellten unter diesen bewirkt hat. dafs ein und derselbe die auswahl für alle drei tragiker besorgt hat, zeigt sich darin, dafs Sieben, Oidipus und Phoenissen, Orestie, Elektra und Orestes offenbar bestimmt waren neben einander gelesen zu werden. die rücksicht für die schule hat bewirkt, dafs die aischyleische reihe mit dem Prometheus anhebt, einer tragödie, die so viel leichter ist als ihre schwestern, wie der Plutos im verhältnis zu den andern komödien. auch die Perser eignen sich zur einführung, und Aias und Hekabe setzen die Homerlecture stofflich fort; sie sind auch besonders leicht verständlich. die reihenfolge ist urkundlich nur für die euripideischen dramen bekannt [147]), Hekabe Orestes Phoenissen Hippolytos Medeia Alkestis Andromache Rhesos Troerinnen Bakchen. für Aischylos ist die folge so gut wie sicher Prometheus Sieben Perser Orestie Hiketiden [148]):

147) In den randnotizen des Laur. 32, 2 (C), über welche unten. wir würden dieselbe reihenfolge erschliefsen, nur Andromache und Alkestis umstellen: das liegt aber nur daran, dafs Alkestis zufällig im Marcianus nicht mehr erhalten ist.

148) Dafs die Hiketiden hinter die Orestie gehören folgt erstens daraus, dafs sie nur im Laur. erhalten sind, zweitens scheint Tzetzes sie allein von den 7 stücken nicht besessen zu haben, drittens sind ihre scholien am dürftigsten, viertens war der archetypus auf einzelnen blättern (825—900) ganz besonders zerstört. Eustathius scheint sie gehabt zu haben, wenn er v. 885 zu α 347 anführt. es ist aber unsicher, da es eine andere lesart und erklärung gibt als der Mediceus und seine scholien. ein anderes citat aus den Hiketiden ist mir bei Eust. nicht begegnet.

es ist also glaublich, daſs die andern dramen der Danais folgten, so daſs die
aufnahme des ersten stückes nicht mehr befremden kann. für Sophokles
kann man sicher nur die drei ersten tragödien nennen, Aias Elektra Oidipus
Tyrannos; die weitere folge Antigone Oidipus auf Kolonos Trachinierinnen
Philoktet kann aber für wahrscheinlich gelten [149]). die erhaltenen handschriften haben aber für die ordnung keine gewähr. es gelingt auch
durchaus nicht, irgend eins der folgenden dramen aufzufinden, obwol
Euripides und Aristophanes beweisen, daſs die reihe einst weitergieng;
auch bei jenen ist die beschränkung auf sieben dramen, entweder noch in
den handschriften nachweisbar, oder zeigt sich doch stark in dem zustande
von text und scholien. die beschränkung auf je drei gehört erst der letzten
Byzantinerzeit an, welche für die überlieferung nicht mehr in betracht
kommt.

Daſs die schulausgabe scholien hatte, liegt in ihrer natur. aber die
erhaltenen sind nicht wie die aristophanischen für einen einheitlichen
commentar beweisend, denn rückweisungen wie dort gibt es eigentlich
gar nicht [150]). auch ist der zustand der·erhaltung zu verschieden, und man
kann nur die euripideischen etwa für den herausgeber in anspruch nehmen,
weil sie einerseits reich genug sind, um überhaupt solche schlüsse zu gestatten, andererseits alle späteren schriftsteller so ganz vereinzelt in ihnen
citirt werden, daſs sie ohne zweifel über das dritte jahrhundert zurückreichen [151]). doch gilt das ja nur für den gelehrten kern, nicht für die

---

149) Dies die ordnung im Paris. 2712: die reihenfolge der thebanischen fabeln
scheint ursprünglich und wird durch die hypothesen des Sallustius bestätigt. auch
sind die scholien zum Philoktetes in der tat die spärlichsten.

150) Es ist eigentlich nur Phoen. 1707 zu nennen, περὶ τοῦ ἐν τῷ ἱππείῳ
(l. ἱππίῳ) Κολωνῷ τεθάφθαι τὸν Οἰδίπουν ἐν ἄλλοις ἐξειργασάμεθα ἀκριβῶς; was
man kaum auf etwas anderes als scholien zu dem sophokleischen drama beziehen
kann. in den aus der rhetorenschule stammenden scholien zu den rednern, Thukydides, Aristides ist eine solche verweisung auf die im cursus vorhergehende lecture
gewöhnlich. die form des ausdrucks ἐν Ἰφιγενείᾳ τῇ ἐν Ταύροις εἴρηται (Androm.
1262), ἐν Ἡρακλεῖ καὶ Ἰξίονι δέδεικται (Or. 73) darf nicht irren: tatsächlich findet sich
das angeführte IT. 436, Her. 1160, 1233.

151) Solche citate finden sich gerade zu den späteren stücken der sieben,
Med. 613 Helladios chrestomathie, Med. 1027 Phrynichos, Andr. 229 Lykophron (in
dieser sphaere der gelehrsamkeit ein zeichen später herkunft der bemerkung), Andr. 687
Ps. Apollodor, Alk. 1128 Plutarch μελέται Ὁμηρικαί, Hipp. 409 Herodian, aber in
einer specialschrift; auſserdem nur eine accentregel des Theodosios Or. 1525. für spät
muſs auch das citat aus Apollonios Rhodios Or. 225 gelten, da dieser in alter glossographie nicht benutzt wird: in dem mythographischen scholion Med. 334 ist das
etwas anderes. die Sophoklesscholien haben auch nur ein Herodiancitat, auch das
mit buchtitel, OK. 195. mit einem excerpt aus Ps. Apollodor und den bekannten versen

paraphrasen, und aus den obigen genaueren ausführungen über die scholien zu einzelnen dramen ist ersichtlich, daſs die gleichartig erhaltenen scholien ganz verschieden aussehen, je nach dem materiale, das dem compilator zur verfügung stand, dem wir sie verdanken. ob das aber einer für alle dramen war, oder so und so viele, läſst sich nicht ausmachen: compilatoren haben keine individualität.

Metrische scholien sind nur zum Aischylos ein par erhalten, wertvoll, obwol sicherlich nicht älter als heliodorisch[152]). kolometrie ist vorhanden, aber man setzte ja die verse seit Aristophanes allgemein ab. offenbar hat der grammatiker, der die auswahl machte, die metrik ganz wie Symmachos unberücksichtigt gelassen.

Den namen dieses mannes kennen wir nicht. es kann aber scheinen, als gäbe es bewerber um die ehre. die scholien selbst nennen noch $ὑπομνήματα$ von Irenaeus[153]) Pius[154]) und einem Alexander[155]) den man nicht genauer bestimmen kann. später entstehen überhaupt keine $ὑπο-μνήματα$ zu den tragikern mehr. nun besitzen wir aber zu Sophokles Oid. Kol. und Antigone hypothesen von einem gewissen Sallustius, und die gleichartigkeit des tons weist ihm die des Aias und die $διὰ τί$

$πρῶτα μὲν ἐν Νεμέῃ$, in Byzanz geläufigen dingen, hat wol der schreiber des Laur. erst einen mangel einer hypothesis der Trachinierinnen ersetzt. von den zwei stellen aus Apollonios (El. 445, 745) ist wenigstens die erste späterer zusatz, ebenso wie die töricht citirte aus der Demonicea Tr. 118. aber wie wenig citate bleiben in diesen scholien übrig, wenn man das alte hypomnema zum OK. und die mythographischen excerpte abzieht? das gilt noch dreimal so stark von den Aischylosscholien, wo zufälligerweise Herodian auch nur einmal vorkommt (Eum. 189). die für späte zeit beweisenden namen Strabon Dionysios periegetes Apollonios Rhodios sind alle von einem spätling für geographisches zum Prometheus beigeschrieben. das excerpt aus der $μουσικὴ ἱστορία$ vor dem Prometheus ist ersichtlich von demselben beigefügt; wenigstens die epitome des Rufus hat sich lange erhalten. die benutzung der Symmachosausgabe des Aristophanes liegt nirgend erweislich vor: die der Epinikien des Pindar überall.

152) Ein im übrigen verschollener grammatiker Eugenios (um 500) hat nach Suidas eine Kolometrie $ἀπὸ δραμάτων ιε′$ zu den drei tragikern verfaſst. ob er von jedem 5 nahm oder wie er sonst verteilte, läſst sich nicht sagen: je 15 konnte er nicht mehr kennen und einfluſs hat er nicht gewonnen.

153) Med. 218.

154) Aias 408. die zeit des Pius, eines ziemlich törichten lytikers, scheint sich nicht sicher bestimmen zu lassen. vgl. Schrader Porphyr. 434.

155) Et. M. $ἁρμάτειον$ aus dem vollständigeren scholion zu Or. 1384. citirt wird neben Palamedes auch $Δίδυμος καὶ Ἀλέξανδρος$. auf den von Kotyaion hat Lehrs qu. ep. 13 geraten. es ist aber ganz unsicher; eben so gut kann es ein obscurer älterer sein, den Didymos citirte.

τύραννος ἐπιγράφεται überschriebene zum Oid. Tyr. zu[156]). wer so
schreibt τὰ πραχϑέντα περὶ τὸν Οἰδίποδα ἴσμεν ἅπαντα τὰ ἐν τῷ
ἑτέρῳ Οἰδίποδι hat auch das stück vorher erklärt. der mann ist
redselig und umschreibt die ältere mythographische und didaskalische
gelehrsamkeit, die er auch fast ganz verdrängt hat. es fragt sich, wer
er war. der Laurentianus gibt scheinbar eine sichere antwort, er nennt
ihn Πυϑαγόρειος[157]), meint also den verfasser der schrift περὶ ϑεῶν
καὶ κόσμου, der ein anhänger des Iamblichos ist und wol sicher dem
ausgehenden 4. jahrhundert angehört. ob er freilich der Sallustius ist,
der dem Iulian als gouverneur von Constantius gesetzt war, aber sein
freund ward und nach dem thronwechsel hohe ehrenstellen erstieg,
ist mehr als fraglich[158]). diesem würde man anstehn eine grammatische arbeit zuzuschreiben: ein philosoph, zumal ein wesentlich fremde
lehre popularisirender, wie der verfasser jenes traktates, kann immerhin
auch so etwas gemacht haben, wie die hypothesen vermuten lassen. es
hat aber allerdings auch einen sophisten Sallustius gegeben, der grammatisches geschrieben hat[159]), und ein par mal wird ein Sallustius für
grammatisches angeführt, das man nicht leicht einem sophisten zutraut,
von den hypothesen zu Sophokles aber nicht wird trennen wollen[160]).
so bleiben unklarheiten. indefs ist dem zeugnis des Laurentianus der

156) Über die berechtigung des titels wird zu Ant. OT. Ai. gehandelt, über die
mythographie zu Ant. Ai. die geschwätzigkeit ist die gleiche: der stoff natürlich
älteren ὑποϑέσεις entlehnt.

157) Σαλλουστίου ὑπόϑεσις Πυϑαγόρου steht vor dem OK.; aber abgekürzt,
und ist so zu verstehen. wer weifs, dafs es einen Pythagoreer Sallust gegeben hat,
wird es nicht wegconjiciren.

158) So Zeller V 734, der andere gleichsetzungen mit recht abweist. aber Iulian
weifs selbst in der überschwänglichen achten rede, die er als junger mann dem ab-
berufenen genossen widmet (p. 252ᵇ) ihn nur zu rühmen als ῥητορείαν ἄκρον καὶ
φιλοσοφίας οὐκ ἄπειρον. und als er ihm die vierte rede, wie er selbst sagt (150ᵈ),
ein excerpt aus Iamblichos περὶ ϑεῶν, zuschickt, nimmt er an, dafs Sallustius jenes
werk nicht kennt (157ᵇ) und, sollte man meinen, nicht lesen wird: wozu widmet
er ihm sonst die epitome? Sallustius war wol überhaupt kein Grieche; verwaltet
hat er Gallien: der praef. praetorio unter Iulian ist ein anderer.

159) Suid. Σ. σοφιστής, ἔγραψεν εἰς Δημοσϑένην καὶ Ἡρόδοτον ὑπόμνημα
καὶ ἄλλα. auf ihn möchte man nur das gleich zu nennende Aristophanesscholion
beziehen.

160) Schol. Ar. Plut. 725 in jenem antiquarischen scholion, das auch Telephos
enthält, oben anm. 111. Et. M. ἁρπίς mit einem Kallimachosvers aus der Hekale. vergessen wollen wir nicht, dafs Kallimachos in den Sophoklesscholien durchgehends
und oft angeführt wird. Steph. Byz. Ἄζιλις über die schreibung dieses namens ist
zweifelhaft.

glaube nicht wol zu versagen: denn das buch περὶ θεῶν war keinesweges sehr bekannt und ergibt eine bezeichnung Πυθαγόρειος auch nicht
unmittelbar, so daſs eine falsche vermutung über die person des genannten
autors wenig wahrscheinlich ist. dann ist aber die tätigkeit des Sallust
nur die eines überarbeiters, der die auswahl der dramen schon vorfand
und den besten teil der scholien auch.

Auch für die Euripidesscholien findet sich ein bewerber. zum Orestes Dionysios.
findet sich in den wesentlichen handschriften übereinstimmend die subscription πρὸς διάφορα ἀντίγραφα, παραγέγραπται ἐκ τοῦ Διονυσίου
ὑπομνήματος ὁλοσχερῶς καὶ τῶν μικτῶν, und die einzige derselben,
welche auch die Medeia enthält, notirt zu dieser πρὸς διάφορα ἀντίγραφα, Διονυσίου ὁλοσχερὲς καὶ τινα τῶν Διδύμου[161]). die belehrung
ist sehr wertvoll. zunächst erklärt sie, wie es zugeht, daſs zu so vielen
stellen dieselbe handschrift dasselbe scholion in verschiedenen brechungen
enthält. der verfasser der subscription hat eine anzahl handschriften derselben scholien neben einander benutzt, die von einander abwichen, wie
etwa B und D im Pindar. übrigens zeigen unsere handschriften selbst,
wie solche dittographeme in derselben handschrift entstehen, indem ein
resumé des längeren scholions an oder über das wort gesetzt wird, zu
dem es gehört. fast alle scholien, auch die sophokleischen und so verkümmerte wie die zu den Thesmophoriazusen, zeigen dieselbe erscheinung.
randscholien und textscholien des Ven. A im Homer decken sich auch nicht
selten inhaltlich. aber unsere Euripideshandschriften weichen so wenig von
einander ab, daſs es nicht geraten ist, den verfasser der subscription sehr
hoch über sie hinauf zu rücken. so nahe verwandte wie B, T und Laur.
32, 3 im Homer gehen viel weiter aus einander. also ist der verfasser der
subscriptio ein mann vom schlage und ziemlich auch der zeit des Niketes
von Serrha: aber wol kann er verschiedene handschriften benutzt haben,
welche die subscription trugen παράκειται ἐκ τῶν Διονυσίου ὁλοσχερὲς
καὶ τινα τῶν Διδύμου. und fraglich bleibt es, ob die subscriptio auch
für andere stücke gelten soll. was die mischung angeht, so ist Dionysios
beidemal genannt und vollständig aufgenommen: der zusatz heiſst zum
Orestes μικτά, zur Medeia Didymos, und wirklich findet sich dieser zur
Medeia öfter genannt, und anderes haben wir ihm oben zuschreiben können,
(anm. 71), zum Orestes kommt jetzt sein name nicht mehr vor, tat es zwar
früher (oben anm. 83), aber der charakter der scholien weicht dort ab.

---

161) Späte handschriften haben die subscription des Orestes auch und so eine
abschrift des Laurentianus 32, 2 (Kirchhoff Eur. I p. 417. 472): aber keineswegs
dieser selbst.

sollen wir nun also vielleicht sagen, daſs wir z. b. zur Hekabe nur Didymos
oder die μικτά, zum Hippolytos etwa nur Dionysios besitzen? mit andern
worten, sollen wir glauben, daſs es etwa im 10. jahrhundert handschriften
gab mit einem commentar eines Dionysios, andere mit scholien verschiedener verfasser, andere mit denen des Didymos? das ist verführerisch,
und es ist allerdings peinlich, daſs man nicht ganz scharf ja oder nein
sagen kann. warum hieſs der mann auch gerade Dionysios, so daſs man
nicht wissen kann, ob er christ oder heide, ein würdiger forscher oder
ein indifferenter abschreiber war. indessen irgend wie muſs man zu ihm
stellung nehmen. und man darf wol folgender erwägung trauen. Dionysios war ὁλοσχερῶς benutzt, also galt seine arbeit auch wol dem ganzen
stücke. das tut aber nur die von vers zu vers fortschreitende trivialerklärung, die nahe an die paraphrase heranstreift. die subscriptio unterscheidet zwei bestandteile: zwei bestandteile zeigen die scholien, einzelne
gelehrte notizen und trivialerklärung. also mag das combinirt werden,
und das triviale dem Dionysios zufallen. darum kann er immer noch
der urheber der auswahl sein; kann aber auch viel später sein wesen
getrieben haben, denn gerade diese trivialitäten wechseln am meisten ihre
form. aber bestanden hat eine solche triviale und zwar mit unseren
scholien sich vielfach deckende paraphrase zu den 10 Euripidesstücken
schon im 5. jahrhundert, als das Cyrillglossar entstand, aus welchem diese
an sich wertlosen, nur für die existenz des gleichlautenden textes zeugnis
ablegenden notizen in den Hesych gekommen sind, wo sie jetzt je nach
dem belieben des herausgebers teils in teils unter dem texte stehen[162]).

Benutzung
der
auswahl. Peinlich genug ist es, daſs sich das fortleben und selbst die ursprüngliche gestalt der ausgabe, welche die auswahl begründete, so wenig klar
beschreiben läſst. noch peinlicher, daſs über die zeit, wo sie hervortrat,
mit starker reserve geredet werden muſs, und am peinlichsten empfindet
es der, der jahre lang in der hoffnung herumgesucht hat, durchschlagende
zeugnisse zu finden. indessen das wesentliche bleibt ungeschmälert, wenn
auch der zeit ein weiter spielraum bleiben muſs. im zweiten jahrhundert

---

162) Vgl. Reitzenstein Rh. M. 1888. es kann jetzt niemand über diese dinge
mit entschiedenheit reden, ehe nicht die neuen funde veröffentlicht und gründlich
geprüft sind. doch glaube ich, bis ich überführt werde, nicht daran, daſs scholien
zu anderen als den 10 stücken benutzt sind. in den alten lexicis, z. B. Diogenian,
kamen natürlich glossen aus allen vor. da die Homerglossen aus den s. g. Didymos-
scholien genommen sind, welche selbständig damals schon bestanden und einer
ganzen paraphrase des textes entstammen, so kann man sich sehr wol einen analogen
Euripidestext denken.

gibt es noch leute, wie Aristides und Lukian, denen, auch wenn sie kein herz mehr dafür haben, eine weitere eigene kenntnis von tragödien zugetraut werden kann; unter Severus hat Philostrat der ältere [163]) für seine bilder wenigstens von Sophokles und Euripides eine reihe dramen benutzt, aber von keinem späteren ist es nachweisbar, daſs er eines gelesen hätte, das nicht unter den oben aufgezählten enthalten wäre. nun würde eine einzelne gegeninstanz ja noch wenig besagen, denn natürlich blieben die handschriften in den bibliotheken liegen, bis äuſsere unbill oder die bloſse vernachlässigung sie zerstörte, und wenn Simplicius tragödien gebraucht hätte, so würde er mancherlei so gewiſs gefunden haben, wie er zu unserer überraschung alte philosophen fand. auf diesem wege haben sich ja wirklich auch noch dramen und dramenbruchstücke des Euripides auf uns gerettet. an dem allgemeinen verschollensein der alten philosophen ändert jedoch Simplicius nichts, und so würde ein weiſser rabe die allgemeine gleichgiltigkeit der letzten jahrhunderte, die man zur antike rechnet, gegen die tragödie nicht in frage stellen. aber mir ist keiner begegnet. ja ich vermisse vielmehr die fülle der belege, die ich wünschte, um die bekanntschaft wenigstens der auswahl zu beweisen. und erschwert wird der nachweis noch dadurch daſs unter den ersten euripideischen stücken sich Orestes und Phoenissen befinden, die seit ihrer ersten aufführung unausgesetzt besonderen beifall gefunden haben, also auch ohne den einfluſs ihrer stellung in der auswahl immer besonders häufig citirt worden sind. so dürfen einzelne beobachtungen nicht dazu verlocken, die anlage der auswahl sehr früh anzusetzen [164]). für unmöglich kann man

163) Der jüngere dagegen behilft sich mit Pindar Nem. 1 (ε*ἰκ*. 5), Apollonios Rhodios (7. 8. 11), Philoktet und Trachinierinnen des Sophokles (6. 16. 17. vgl. auch das citat 1), citirt Oid. Kol. (3). für das übrige bedarf man nirgends einer dramatischen vorlage: man darf ja nicht vergessen, daſs die mythographische litteratur sehr stark für den bedarf der sophisten zugerichtet und erweislich viel benutzt ist. die μυϑικαί διηγήσεις der sophisten verlangen dringend eine ausgabe und bearbeitung. Neoptolemos unter den schäfern verborgen, damit Phoinix ihn nicht nach Troia abhole, zufällig mit diesem zusammentreffend und an der ähnlichkeit mit seinem vater erkannt (Philostr. I [b]), ist ein hübsches motiv, deutlich nach Achilleus in Skyros erfunden. die abholung des Neoptolemos durch Phoinix war inhalt der sophokleischen Skyrier (Robert, Bild und Lied 34), aber dieses raffinirte motiv wird man auf Sophokles kaum zurückführen, da ja die sage von Achilleus auf Skyros selbst erst durch Polygnot und des Euripides Skyrier aufgekommen war. und für die directe benutzung der sophokleischen tragödie durch den sophisten spricht vollends gar nichts.

164) Wenn z. b. der sophist Cassius Maximus von Tyros von Aristophanes nur Frösche und Wolken, von Euripides Phoenissen, von Aischylos zwar den Philoktet, aber aus einem älteren philosophen, den auch Plutarch benutzt (vgl. fgm. 250), citirt,

gleichwol auch das nicht erklären, dafs sie etwa zu Plutarchs zeiten
gemacht, aber erst ein jahrhundert später allgemein durchgedrungen wäre.

Sei dem wie ihm wolle, und bleibe auch das fortleben der sammlung in seinen einzelnen phasen unklar: so viel ist dem spiele der probabilitäten entrückt: in den abschliefsenden zeiten der antiken grammatik
ist eine auswahl gemacht, und diese auswahl besitzen wir. es ist also
kein zufall, der uns eine handschrift oder die andere erhalten hat, in
der gerade die oder die dramen standen; noch ist etwa zu irgend einer
zeit zufällig eine handschrift erhalten gewesen, die dann copirt wurde
und die dramen auf uns brachte; sondern eine feste tradition und ein
nie ganz unterbrochener gelehrter betrieb hat uns diese dramen erhalten:
es ist zwar ein besonderes glück, dafs wir die sieben aischyleischen noch
alle haben, denn diese waren zum teil aufser gebrauch gekommen, es

---

so beweist das nichts. auch von Pindar und Stesichoros citirt er nur was im Platon
steht, Sappho hat er allerdings gelesen. — darauf, dafs in den resten des rhetors
Alexander Numenius nur Soph. El. Eur. Hek. Or. Med. vorkommen, möchte ich nichts
geben. — Tatian, sophist von fach, hat von Orestes eine unklare erinnerung, wie
sie aus eigner lecture bleibt (10); wenn er aber die im Alkmeon auftretende Erinys
nennt (worte von ihr sind fgm. 1011 lateinisch erhalten), so entlehnt er das mit
der folgenden gelehrsamkeit seinen kynischen quellen. — die atticisten scheinen
zwar die commentirten dramen zu bevorzugen, aber es ist längst nicht so sicher
wie für Aristophanes: die citate sind überall zu selten. — dafs der kaiser Iulian
von Aristophanes Plutos Ritter Acharner, von Euripides Orestes Phoenissen Bakchen
selbst gelesen hat, weiter nichts von tragödie und alter komödie aus eigner lecture
zu stammen braucht oder nachweislich stammt, ist freilich deutlich: aber ein sicherer
beleg des 4. jahrhunderts hilft wenig. Er kennt Anakreon Sappho Simonides, das
zeigen seine Werke, und dafs er Bakchylides las, bezeugt Ammian 25, 4, 3: auch
Pindar kennt er, aber nur die epinikien (denn *ep.* 19 geht auf Isthm. 2). von den
andern wird es natürlich analoge auswahlen gegeben haben, d. h. einzelne bücher
der alten ausgaben. so etwas hat gleichzeitig Himerius besessen; und einzelnes hat
sich noch viel länger erhalten. wie die citate von commentaren bei Orion und die
erhaltenen fetzen von büchern der Sappho und einem der keischen dichter beweisen
(fgm. adesp. 85: von Pindar ist es nicht, denn dessen pythische epinikien haben
wir). für Choricius bestätigt J. Malchin (*de Chor. Gaz. vet. scr. studiis* Kiel 84) die
erwartung. er hat Hek. Or. Phoen. Hipp. Med. Andr. Tro. die in der rede ὑπὲρ
παντομίμων erhaltenen verse (Malchin s. 46 und 50) sind stark verdächtig, übrigens
stammt das eine sicher aus einem florilegium. — für Gregor von Nazianz trägt Stoppel
(*qu. de Gr. Naz. poet. scaen. imit.* Rostock 81) viel zusammen, was teils ganz nichtig
ist, teils auf die benutzung der lexica weist, die bei Gregor sehr deutlich ist. sicher
kennt er nur Eur. Hek. Or. Phoen. Med. Andr. Alk., wenn auch nur so viel. wenn
der iambische brief an Seleukos vielmehr von Amphilochius ist, fällt z. b. Alk. fort.
— solche untersuchungen müssen auch für die prosa noch in grofser zahl angestellt
werden.

ist ein glück, daſs wir die über die siebenzahl hinaus erhaltenen von Euripides besitzen: aber wenigstens die drei ersten von Aischylos, die je sieben der beiden anderen hätten für uns gar nicht verloren gehen können, denn sie sind aus den händen des gelehrten publicums nie geschwunden. und die überlieferung hat immer in den händen der gelehrten gelegen, mochte die gelehrsamkeit absolut genommen groſs oder klein sein. der text, der zu grunde liegt, war auf grund der grammatischen arbeiten festgestellt und von scholien begleitet; beide sind zusammen fortgepflanzt und trotz aller verkümmerung war die erklärung ein mächtiger schutz des textes: so finden wir sie vereinigt vor. es könnte sein, daſs wir über diese lange periode vom 2. bis 11. jahrhundert gar nichts wüſsten: immerhin würden wir über die beschaffenheit des textes ein praejudiz fällen, wie über den des Lykophron, und die schlimmsten verderbnisse jenseits der zeit, wo unser text constituirt ward, verlegen. so ärmlich steht es nun zwar nicht, aber es steht für die beiden älteren tragiker immerhin ärmlich genug.

Zwar den Sophokles besitzen wir wenigstens in einer durch eine reihe handschriften, darunter neben dem Laurentianus 32, 9 den sehr achtbaren Paris. 2712, gesicherten recension, und wie im Aristophanes treten auch hier die umfangreichen excerpte des Suidas ergänzend und bestätigend namentlich für die scholien hinzu: also wir nehmen wenigstens das 10. jahrhundert zum ausgangspunkt. aber der text ist von einer verblüffenden einheitlichkeit. diese ist es gewesen, welche den wahn erzeugt hat, daſs der Laurentianus die quelle aller anderen handschriften wäre, eine unglaubliche verkehrtheit, da ja niemand bestreiten konnte, daſs die scholien nicht aus ihm stammten. steht doch das γένος Σοφοκλέους und die hypothesis zum Aias gar nicht in ihm, und die hypothesis der Elektra z. b. in gänzlich verwaschener form[165]), und einzelne er-

Der Sophokles-text.

---

165) Jeder, der etwas von diesen dingen versteht, wird durch die vergleichung der beiden fassungen, wie sie Michaelis vor seiner Elektra gegeben hat, überzeugt werden. übrigens reicht auch als schiboleth der vers OT. 800 aus, der in L von später hand nachgetragen ist, in den anderen zum teil älteren handschriften steht: aus denen er also, nachdem er in allen gleichermaſsen interpolirt war, wieder in das original eingetragen worden sein müſste. noch unbegreiflicher ist es freilich, daſs jemand den vers für unecht erklärt, ohne an die abhängigkeit der übrigen von L zu glauben. aber eine schmach ist es, daſs, wie wir es jetzt sehen müssen, die scholien des Laur. als selbständiges buch auf den markt geworfen werden, gleich als ob die andern handschriften nur eine wertlose masse wären. der herausgeber, der seine ignoranz allerorten zeigt, hat dabei gar die ὑποθέσεις vergessen. einigen nutzen gewährt dagegen für die Sophoklesscholien die dissertation von P. Jahr (de cod. schol. Soph. Berlin 85).

gänzungen und verbesserungen sind aller orten aus andern handschriften zu holen. doch dieser irrtum darf wol als überwunden angesehen werden, und er hat nicht so sehr viel geschadet, da der text wirklich ein so sehr einheitlicher, und der Laurentianus die unvergleichlich beste handschrift ist. nur ist diese einheitlichkeit nicht minder unheimlich, wenn eine recension an die stelle einer handschrift tritt, und wie viel würde man darum geben, wenn die recensio so mühsam wäre, wie in den ersten dramen des Euripides oder auch nur im Aristophanes.

Der Aischylos-text.   Aischylos ist es noch schlimmer gegangen, denn Hiketiden und Choephoren sind wirklich einzig im Mediceus (denn die philologen haben sich wirklich das vergnügen gemacht, dieselbe handschrift in den beiden tragikern verschieden zu bezeichnen) erhalten. Agamemnon ist in M, die Eumeniden sind in den anderen handschriften stark verstümmelt, so daſs für diese beiden schwer festzustellen und nicht sehr belangreich ist, ob sie nur durch M ursprünglich erhalten sind[166]. aber die drei ersten dramen ebenso zu beurteilen ist nur durch voreingenommenheit erklärlich, es sind sogar die abweichungen stärker als im Sophokles, und die nächste aufgabe der kritik besteht darin, diese secundäre überlieferung zu fassen, sei es daſs man einen zuverlässigen vertreter findet, sei es daſs man ihn durch die zusammenstimmende lesart einer gruppe reconstruirt[167]. damit wird aber immer noch nicht viel gewonnen, denn es bleibt ein sehr fester in schwersten fehlern einstimmiger text und neben ihm ein ganz jämmerlicher rest von fast nur paraphrastischen und zwar jungen scholien. wir sind im Euripides und Aristophanes so gut gestellt, daſs wir handschriften des 14., 15. jahrhunderts kaum brauchen, obwol

---

166) Erneute prüfung der Eumeniden hat mich zu der ansicht von G. Hermann und Ahrens zurückgebracht; doch gilt die selbständigkeit nur für den archetypus von Laur. 31, 8 und Ven. 616, von dem 'auch Triclinius abhängt, und wol auch Ven. 468, der nur den anfang des Agamemnon enthält. zuzugeben ist, daſs unbedingt durchschlagende stellen fehlen.

167) Daſs das ermöglicht werde, erfordert umsichtige handschriftliche studien. die behauptung zu erweisen reichen die von Weil in der vorrede seiner ausgabe vorgeführten stellen aus, die sich leicht vermehren lassen. für die scholien scheint mir die dissertation von Sorof (*de rat. inter cod. rec. et Laur.* Berl. 1882) das gegenteil von dem was sie will hinreichend zu lehren, aber der positive ertrag ist kaum die mühe wert. vgl. auch A. Reuter *de A. Prom. Sept. Pers. cod. rec.* Rostock 1883. ein schiboleth sei hier die didaskalie der Perser, wo nur die jüngeren handschriften den Glaukos als Ποτνιεύς bezeichnen. das hat man erst nicht leiden mögen, weil der wahn der trilogie diesen Glaukos ausschloſs, aber da conjicirte man wenigstens. jetzt sollen die Byzantiner die neigung gehabt haben die homonymie zu beseitigen, und den Ποτνιεύς aus den scholien der Frösche aufgestöbert haben.

sie nicht abschriften aus erhaltenen sind. im Aischylos müssen wir
nehmen was wir haben, und auch in den beiden letzten aristophanischen
komödien wird uns eine handschrift wertvoll (Γ + Leid.), die wir im Euripides fortwerfen. hilfsmittel aus byzantinischen citaten liegen nur spärlich vor, und selten ergeben sie wirkliche varianten [168]).

Einsicht in den wert der überlieferung auch der andern tragiker
kann man nur am Euripides gewinnen, mit welchem deshalb diese studien
zu beginnen haben. wenigstens von sechs dramen (den ersten der reihe,
nur Andromache statt Alkestis) sind eine ganze anzahl handschriften erhalten, die nicht nur selbst einander unabhängig gegenüber stehen, sondern auch durch kein stemma zu vereinigen sind. aus dieser zahl hat
Kirchhoff, dessen urteil mafsgebend geworden ist, eine anzahl heraus-
gegriffen, welche in der tat ausreichend ist, um den text festzustellen,
ohne dafs man doch alles was in den anderen steht, als junge erfindung
bezeichnen dürfte: aber man darf hier ohne schaden fortlassen, was in
Sophokles und Aischylos die lesart des einzigen Laurentianus controllirt
und also unentbehrlich ist [169]). keine einzelne Euripideshandschrift kommt
ihm an alter und zuverlässigkeit gleich; aber die gröfsere zahl ersetzt
das reichlich, und der kritische apparat ist noch wesentlicher verein-
fachung fähig: man mufs nur immer wissen, ob eine lesart einzig in
einer handschrift steht, oder ob wir nur eine als die zuverlässigste ver-
treterin namhaft machen. im ersten range stehn Marcian. 471, die älteste,
und doch erst 12. jahrhunderts, und Paris. 2712, gleich wertvoll wie
für Sophokles und Aristophanes; wie sie dort neben Laur. und Ven.
fast verschwindet, so tut sie es hier neben Marc., ihr gewicht fällt am
schwersten in die wagschale, wo sie zustimmt, nicht wo sie abweicht.

---

168) So ein byzantinischer metrischer traktat, der sonst nur Hephaestion und
scholien nebst modernem gibt, für den schlufskommos der Sieben Mangelsdorff *Anec-
dota Chisiana* (Karlsruhe 1876) 25.

169) Übrigens sind die handschriften längst nicht alle genau bekannt. z. b. Ven.
Marc. 470 (Kirchhoff praef. VII), aus dem ich zu Hipp. 153 ποιμαίνει notirt habe; aber
das würde wertvoll nur sein, wenn Marc. 471 nicht erhalten wäre. die selbständigkeit
zeigt sich oft an einer kleinigkeit, so hat Marc. 468 den rest der aristophanischen
hypothesis zu den Phoenissen gerettet, Vat. 1345 einen teil der vita (die nur in
solchen handschriften steht) und eine bemerkung des Didymos (schol. Hek. 13), Laur.
31, 15 (Γ im Aristophanes) ist für den Euripidestext selbst in der Alkestis ganz zu
entbehren, rettet aber zu Hipp. 138 allein ein Menanderfragment. Harleian. 5743 hat
an einer stelle (Alk. 1037) eine richtige lesart erhalten, aber das kann zufall, kann
willkür sein. Alk. 1079 schien eine lesart des Havniensis durch Galen (*de plac.
Hipp. et Plat.* p. 388 Müll.) bestätigt: und doch ist es an beiden orten nur ein
itacismus: der Hamiltonianus des Galen stimmt zu den anderen Euripideshandschriften.

fehlt aber der würdigere genosse, wie in den Acharnern des Aristophanes, der Medeia und dem schlusse des Hippolytos, so muſs ihn der jüngere ersetzen und übernimmt die führung. man ist zwar gewöhnt den Vatic. 909 nach Kirchhoffs vorgang höher zu schätzen, allein er dankt das vielmehr seinem reichtum als seiner güte. er enthält auſser den sechs Alkestis Rhesos und Troerinnen, und für alle drei die scholien am besten (auch für Medeia), für die beiden letzten allein, ist also in ihnen unschätzbar. aber es ist eine unsäglich flüchtig geschriebene handschrift auf baumwollpapier, die schon in der äuſseren erscheinung plebejisch neben jenen würdigen pergamenen aussieht. und daſs neben der flüchtigkeit auch die willkür der beginnenden renaissance nicht fehlt, zeigen die scholien, namentlich zur Hekabe. es ist eben nicht ein gewöhnlicher schreiber, sondern ein gelehrter ihr urheber. doch würde die handschrift immer noch sehr stark ins gewicht fallen, sowol wegen ihrer lesungen erster hand wie wegen der zahlreichen correcturen, wenn wir die andere überlieferung, die des Laurentianus, nicht besäſsen, von der sogleich, denn von ihr ist ein strom später hineingeleitet, und auch das wertvollste ältere material ist das, was im Vat. abweichend von Marc. und Par. mit dem Laurentianus stimmt. diese mittlerrolle ist es, welche in den fünf ersten stücken den Vat. dem kritiker wertvoll macht; eignes und zugleich gutes, das als überliefert gelten könnte, hat er kaum etwas. in der Medeia teilt er die führung mit Par.; in der Alkestis, die leider im Marcianus ausgerissen ist, der sie ehedem enthielt[170], muſs ein anderer Parisinus zur hilfe eintreten, 2713, der keineswegs verächtlich ist und seinen alten namen Par. B neben Par. A wieder erhalten muſs, den er in den scholien noch führt[171], für welche er schlechthin unentbehrlich ist. die willkür der renaissance ist kaum stärker in ihm als im Vat. für Rhesos und Troerinnen versagt freilich auch er: da muſs Vat. allein diese ganze sippe vertreten. man ermiſst leicht, daſs uns also

170) Auf dem vorsatzblatte ist ihr name noch genannt: aber als die handschrift nach Italien kam, fehlte sie schon, und der name ward deshalb ausradirt.

171) Kirchhoffs zeichen für die handschriften waren eine so wenig glückliche neuerung wie die von ihm selbst wieder beseitigte eigene verszählung. seine classeneinteilung ist weggefallen, und die von ihm durch kleine buchstaben bezeichneten handschriften auch alle bis auf Paris. B, den man jedoch eigentlich auch nur in der Alkestis nötig hat. ausgefallen ist auch der Havniensis, den er C nannte. also empfiehlt sich in der tat mit Dindorf M(arcian), V(atic), und mit den älteren (Paris.) A, (Paris.) B, (Flor.) C und, wo er nötig ist, P(alat. 287) zu sagen: M und B gilt noch in den scholien, wo aber ein übles A für Vat. eingedrungen ist. einen verlorenen archetypus herzustellen ist man nirgend veranlaſst.

sehr viel nutzbares entgeht, was die conjectur doch nur zum teil ersetzen kann.

Aber dieser text, obwol für die meisten dramen reicher als der sophokleische, und gerade weil er minder einheitlich ist, mehr chancen für die gewinnung des echten bietend, würde doch noch recht mangelhaft sein und namentlich dem Euripidestexte nicht die exemplificatorische bedeutung geben, die ihm tatsächlich zukommt. das leistet erst der hinzutritt einer zwar jung scheinenden, in wahrheit schon im altertum abgezweigten anderen überlieferung, welche wahrhaft überraschende belehrung gewährt. der Laurentianus 32, 2 (C) [172]), geschrieben in den ersten decennien des 14. jahrhunderts, enthält aufser Sophokles, den drei ersten dramen des Aischylos und den Erga des Hesiodos (diesen mit scholien), 18 dramen des Euripides, geschrieben in anderer abfolge, aber durch vorgesetzte ziffern als ursprünglich folgende ordnung bezeichnend, Hekabe Orestes Phoenissen Hippolytos Medeia Alkestis Andromache Rhesos Bakchen Helene Elektra Herakles Herakleiden Kyklops Ion Hiketiden Iphigeneia in Taurien und in Aulis. die ziffer ϑ' der Bakchen ist aber auf einer grofsen rasur geschrieben, und hier sitzt ein fehler: offenbar stiefs der schreiber an, als er ι' setzen sollte, weil die zahl nicht stimmte, er änderte also hier und zog nachher immer eine stelle ab. in wahrheit müssen zwischen Rhesos und Bakchen die Troerinnen eintreten. da haben wir zwei reihen von dramen; die eine, geordnet nach dem alphabet mit einer ausnahme, enthält die bisher nicht erwähnten stücke, die andere gibt die alte reihenfolge der commentirten. zwischen beiden reihen stehen die Bakchen; zufällig könnten sie nach vorn wie nach hinten gerechnet werden, doch gehören sie unzweifelhaft an den schlufs der commentirten, sind also in jener reihe zufällig nur sonst nicht mehr erhalten, wie sie denn hier auch nur verstümmelt stehen [173]). vollständig, so weit sie überhaupt sind, enthält sie

Reste der gesammtausgabe.

---

172) G. Vitelli hat in den *Pubblicazioni del R. istituto di studi superiori* 1877 eine photographie der seiten dieser handschrift veröffentlicht, welche die Iphig. Aul. enthalten: reicht sie auch nicht für die constatirung der ersten hand aus, so ist sie doch äufserst belehrend.

173) Die Bakchen hat Clemens von Alexandrien selbst gelesen, das zeigt eine rhetorisch prächtige partie am schlusse des protreptikos (92 P); auch Nonnos hat aus ihnen das Pentheusabenteuer genommen (45. 46). scholien zu ihnen scheinen von Cyrill benutzt zu sein. die hypothesis mit dem namen des Aristophanes ist erhalten. Apsines besafs sie offenbar mit den Troerinnen in einem bande, wie die ordnung sie stellt, denn er schreibt jene I 394 Sp., die Bakchen p. 399, wie man glauben möchte, aus eigener lecture aus: allerdings citirt er auch Iph. Aul., p. 403. neben Troerinnen und Rhesos benutzt sie in Byzantinerzeit der verfertiger des Χριστὸς πάσχων. sie haben in C und P gesonderte überlieferung, und gehen in P auf ein

eine andere handschrift, aus dem ende des 14. jahrhunderts, die neben
C etwa so wie Par. B neben A zur verwendung kommt. sie ist jetzt
zerrissen und war das schon bald nach 1400. der gröfsere teil ist jetzt
Palatinus 287, der kleinere, die drei ersten euripideischen stücke und
Helene Elektra Herakles, aufserdem die drei ersten aischyleischen ent-
haltend, ist aus der Badia von Florenz in die Laurentiana gebracht und
heifst 172. in dieser handschrift sind die neun scholienlosen dramen
aus derselben handschrift genommen wie C, doch viel nachlässiger geschrieben, so dafs sie nur ganz selten etwas neues liefert und unmöglich
alle ihre fehler in dem kritischen apparat verewigt bleiben dürfen [174]); ihr
wert beruht vielmehr darin, dafs sie die hände in C, der von correctoren

---

exemplar mit gleich vielen zeilen zurück wie die Troerinnen (Robert Herm. XIII 136).
auch schol. Dionys perieg. 391 ist direct aus den Bakchen mit commentar genommen.
die citate sind auch bei späten grammatikern zahlreich, indessen weifs man bei ihnen
ja kaum je, ob sie nicht abschreiben.

174) Die zusammengehörigkeit der beiden stücke ist erkannt von Robert Herm.
XIII 133. ich hatte mich verleiten lassen, das florentiner stück für eine abschrift von
C zu halten, was ich freilich für die drei ersten dramen schon selbst hatte aufgeben
müssen. abgerissen ist das stück früh: es hat dem Musurus nicht mehr gehört und
zeigt deshalb keine oder wenigstens keine guten correcturen. natürlich wird man
jetzt nicht zwei bezeichnungen für zwei hälften einer handschrift einführen. meine
Analecta Euripidea zeigen, wie geringfügig die besseren lesarten von P sind, und
einzelne fallen noch weg (z. b. hat R. Prinz bei Stahl *ind. lect.* v. Münster, sommer
1887, angegeben, dafs Kykl. 494 μακάριος ὅστις εὐιάζει in C von erster hand gestanden hat). um so weniger empfiehlt sich der weg, den ich in der ausgabe der
Hiketiden beschritten hatte und auf dem mir R. Prinz in Alkestis und Medea (wo
er noch dazu falsch ist) gefolgt ist. es ist ein billiges, aber nichts eintragendes
vergnügen, wie es sich ein anfänger mit genugtuung macht, einen archetypus zu
reconstruiren, von dem eine gute abschrift da ist, deren lesarten, wo die zweite
schlechte bevorzugt wird, doch immer angegeben werden müssen, weil der leser
urteilen will, ob man der schlechten folgen darf. von dieser freilich sind alle
schreibfehler wegzuwerfen, und sie ist nur zu nennen, wo eine möglichkeit vorliegt,
aus ihr etwas zu entnehmen. nun ist aber C zweimal durchcorrigirt, einmal von
einem der schreiber (die sich in ihr abgelöst haben), einmal oder mehrmals von
einem gelehrten in Italien. offenbar mufs man die änderungen der ersten art immer,
die der zweiten nie anführen, es sei denn dafs es eine richtige conjectur ist. und
ebenso mufs man mit den änderungen in P verfahren. es ist das gar nicht so leicht;
aber die mühe lohnt sich, weil dann der apparat lichtvoll wird. vgl. bd. II vorbemerkungen und textabdruck. die sehr guten collationen, über welche Prinz in
seinen ausgaben verfügt hat, haben einen grofsen teil ihrer brauchbarkeit eingebüfst,
weil sie die späteren hände nicht scheiden, und der herausgeber einen archetypus
herstellen will; ganz abgesehen von der anlage des apparates, die von kaum er-
reichter unübersichtlichkeit ist.

maſslos verwüstet ist, unterscheiden [175]) und das ursprüngliche erkennen lehren. die andern stücke hat P nicht aus der gemeinsamen vorlage abgeschrieben, sondern sich einen text zurecht gemacht, teils aus dieser vorlage, teils aus einer nicht bedeutenden handschrift von der sippe VB etwa. das mischungsverhältnis ist verschieden; in den drei ersten stücken und Andromache folgt er mehr dem vulgären, in Rhesos und Alkestis stimmt er mehr zu C: es leuchtet ein, daſs P für diese dramen ganz wertlos ist; es sei denn, er hilft einmal eine überschmierte lesart von C erkennen [176]). nun hat er aber auch Troerinnen, die in C fehlen, und zwar stark abweichend von V., also nicht aus jener überlieferung, und die Bakchen vollständig,

---

175) Der corrector war kein gescheidter mann, und metrisch namentlich hat er nur gesündigt. dennoch hat er im Herakles an 8 stellen kleinigkeiten wirklich berichtigt.

176) E. Bruhn (lucubr. Eurip. 255) hat versucht die contamination von P, nach dem Prinz sie für die drei ersten stücke schon zugegeben hatte, auf die Andromache zu beschränken, weil er einen jungen Turiner codex aufgefunden hat, der ganz zu P stimmt: aber der codex ist zu jung, als daſs P aus ihm geschöpft haben könnte, und in seiner vorlage können gern mehr stücke gestanden haben. ganz übrigens kann Bruhn das eindringen von fremden lesarten auch sonst nicht leugnen, meint aber C starker interpolation überführen zu können. indessen spricht da die reihe der neun stücke zu vernehmlich, die wirklich C und P aus derselben vorlage haben. auſserdem kann ein übereinstimmen mit Par. B in der Alkestis wahrlich nichts für interpolation beweisen, wie die obige übersicht der überlieferung lehrt. das sind fälle wie sie z. b. im Hippolytos häufig sind, wo C zu M stehen würde. minutien wie accente und dgl. kommen überhaupt nicht in betracht, und correcturen in C für den schreiber auch nicht. somit fällt die zu dem äuſserst verwickelte verhältnisse für P vorraussetzende ansicht. den berühmten vers der Medeia 1078 καὶ μανθάνω μὲν οἷα δρᾶν μέλλω κακά acceptire ich als schiboleth. hie C und alle zeugnisse seit Chrysippos zeit, da P und alle anderen handschriften. da meint Bruhn lieber, C habe aus dem gedächtnis geändert (war im 13. jahrhundert der vers noch fliegendes wort?), nicht P, wie doch sonst auch nach seinem urteil, aus der vulgärüberlieferung. schlimmer ist freilich, daſs Euripides τολμήσω für δρᾶν μέλλω zugetraut wird. "ich erkenne wol die verbrechen, zu denen ich mich entschlieſsen werde", statt "die ich begehen werde, aber die leidenschaft ist stärker als meine überlegung". die leidenschaft ist etwas, das sie als eine andere person empfindet, deren werkzeug sie nur ist. daher sagt sie nicht δράσω, was an sich gienge, sondern setzt die periphrase, die uns so recht zeigt, daſs sie über kurz oder lang beim δρᾶν ankommen wird (man muſs doch μέλλω in seiner ganzen bedeutungsfülle wie ein Grieche empfinden): τολμήσω, was den eignen entschluſs einschlieſst, kann sie nicht sagen, ohne die selbstverteidigung aufzugeben. ἐτόλμησα φονεῦσαι sagt der ἑκὼν φονεύς, ἐμέλλησα φονεῦσαι der ἄκων. daſs der Χριστὸς πάσχων die lesarten von CP rein wiedergäbe, hätte Bruhn nicht auf Kirchhoffs autorität weiter sagen sollen: das war durch die arbeiten von A. Doering berichtigt.

auch nicht mit C stimmend: folglich stand ihm eine andere zur sippe C gehörige handschrift dieser dramen zur verfügung [177]).

Sämmtliche 19 dramen dürfen also hier als gemeinsam überliefert angesehen werden; aber sie zerfallen in zwei reihen. die eine wird durch die ehedem commentirte sylloge gebildet, auf deren archetypus sie mithin zurückgeht, so dafs von zwei ganz gesonderten familien zu reden widersinnig ist; auch zeigt C einen text, der keinesweges überwiegend MVA gegenüber etwas besonderes hat, vielmehr stehen neben solchen, allerdings nicht seltenen, fällen, eben so zahlreiche, wo das verhältnis MC : VA, VC : MA, auch AC : MV (dies am seltensten) ist, und auch M hat ja viel eigentümliches [178]). folglich ist die zu grunde liegende recension zwar dieselbe, was auch die scholien oft bestätigen; aber sehr früh hat sich die tradition C von den anderen abgezweigt, so dafs er allerdings als ein verwandter von anderer linie als die übrigen erscheint. wann aber die abzweigung erfolgt ist, darüber belehrt die reihe dramen von Helene bis Iphigeneia. nach den anfangsbuchstaben ist sie geordnet, die mit H beginnenden dramen stehen alle darin, vorhergeht noch eines mit E, es folgen vier mit I; eins mit K ist, wie die ordnung selbst zeigt, hinein verschlagen. es liegt auf der hand, dafs wir den rest einer gesammtausgabe besitzen, und dafs Θ fehlt, erklärt sich aus der oben erläuterten einteilung in bände: wirklich stehen die dramen mit Θ auf dem oben s. 150 citirten steine zwischen Σ und $\varDelta$. verführerisch ist es, die vier dramen von I, die drei von H sammt dem Kyklops für je einen band zu halten. also die ausgabe, auf welche diese neun stücke zurückgehn, ist ohne den grammatischen schutz geblieben, dafür ist es aber auch eine über die christliche aera zurückreichende. diese stücke sind uns allerdings durch einen zufall erhalten, oder vielmehr deshalb, weil die euripideischen dramen noch häufiger im publicum verbreitet waren, gelesen, kann man nicht mehr sagen, aber doch in den bücherschränken bewahrt und zuweilen auch noch abgeschrieben. dafs dem so war, beweisen uns ja auch die unmittelbar erhaltenen bruchstücke antiker bücher, der Melanippe und des Phaethon. da ist denn

---

177) Da die Bakchen in C und P abweichen, ist der ausweg verschlossen, C seine vorlage unvollständig abschreiben zu lassen. dafs es auch sonst noch handschriften der Troerinnen dieser classe gab, zeigt Harl. 5743, der wenigstens ein stück der Troerinnen aus dieser recension enthält, übrigens neben V und P entbehrlich ist.

178) Deutlich kann das nur eine ausgabe mit übersichtlichem apparat machen: ich werde, so bald ich irgend kann, den Hippolytos vorlegen, der dazu am geeignetsten ist.

einmal solch ein band in die hände eines mannes gefallen, der ihn zu schätzen wufste und den inhalt zu der noch zehn dramen umfassenden auswahl hinzuschrieb. der band war hinten verstümmelt, der schlufs des letzten stückes, Iphigeneia in Aulis, fehlte. da hat sich aber ein ergänzer gefunden, der eine ganze scene hinzudichtete[179]). und der appetit kam beim essen. er versuchte sich an einer neuen tragödie, Danae, von welcher P die hypothesis, das personenverzeichnis und den prolog sammt einem chorlied erhalten hat. der versuch ist schauerlich ausgefallen. aber der verfasser hat doch die absicht gehabt, trimeter nach antiken regeln und gar lyrische verse zu bauen. dafs das machwerk sehr viel älter ist als die handschrift, in der es steht, folgt aus der starken verderbnis. da es also keine renaissancefälschung ist, so dürfte man nicht umhin können, bis an den ausgang des altertums damit hinauf zu gehen.

Dazu stimmt endlich die beobachtung, dafs die abzweigung des textes im Rhesos älter ist als die paraphrase, da diese fehler voraussetzt, die C vermieden hat[180]). es sind das ausnahmen, denen eine viel gröfsere zahl von verderbnissen gegenübersteht, welche paraphrase und alle recensionen teilen; einzeln hat sie auch das richtige gegen alle, oder gegen den text ihrer handschrift mit C. aber die warnung empfangen wir doch, dafs wir uns hüten sollen, die blofs paraphrastischen scholien für gleich alt mit den gelehrten zu halten; denn je verderbter der text ist, um so mehr

---

179) Der anfang der nachdichtung wird mit recht 1510 angesetzt. ob der verfasser an den anderen interpolationen des stückes schuldig ist, mag dahin stehen; zutrauen könnte man ihm die einführung des boten 629—37. wer den schlufs verteidigen will, hat die verpflichtung sich auch der Danae anzunehmen. deren verfasser hat nicht nur die dramen dieser reihe benutzt, was natürlich ist (61 nach Her. 138), sondern einen vers von Sophokles aufgenommen, den wir nur aus Stobaeus kennen (19 = Soph. 847, 4): das spricht nicht für einen Byzantiner. Nauck hat auch den schlufs der Bakchen 1371—92 verworfen, und es hat etwas verführerisches, weil sie auch den schlufs einer handschrift bildeten. allein ich mufs meine zustimmung zurückziehen. denn die clausel πολλαὶ μορφαί, 1388—92, ist freilich nicht von Euripides, aber auch sonst falsch zugesetzt. die scenenführung aber ist ähnlich im schlusse der Elektra, dessen athetese Nauck wol selbst nicht mehr aufrecht hält, und die letzten worte Agaues tragen echt euripideisches colorit ἔλθοιμι δ' ὅπου μήτε Κιθαιρὼν μιαρός ⟨μ' ἐσίδοι⟩ μήτε Κιθαιρῶν' ὄσσοισιν ἐγώ, μηδ' (μηθ' P) ὅθι θύρσον μνῆμ' ἀνάκειται· βάκχαις δ' ἄλλαισι μέλοιεν. dafs ein thyrsos eine landschaft, einen bergaltar heiligt, sieht man sehr oft auf pompejanischen landschaften und alexandrinischen reliefs. vor allem aber ist die nachdichtung unwahrscheinlich, da sie doch wol den unvollständigen satz 1371 ausgefüllt haben würde, und die corruptel ist sehr grofs, wie es dem letzten blatte der verstümmelten handschrift zukommt.

180) Nachgewiesen in meinem programm *de Rhesi scholiis*.

14*

sind die scholien lediglich paraphrastisch, und um so mehr schliefsen sie
sich ihm an. so steht es in Euripides Rhesos Troerinnen Alkestis, also
wo die handschriften am unzuverlässigsten sind, die scholien am dünnsten.
so steht es im Aischylos. es kann keine ärgere verkehrtheit geben, als
diese paraphrasen für uralt, für didymeisch, für träger einer verschollenen
überlieferung zu halten, sie, die gerade zu den tollsten corruptelen eine
erklärung haben. und weil die verfasser stumpfe gesellen sind, so lesen
sie einen halben sinn in die worte hinein, weil doch einer darin sein
mufs, und es ist petitio principii, dafs sie einen text gehabt hätten, der
zu ihrer erklärung genau stimmte. an den reichlichen scholien, zum
Hippolytos und den Phoenissen etwa, daneben am Pindar (wo freilich
die moderne torheit auch unfug macht), hat man zu lernen, wie die
ältere grammatik paraphrasirt: dann wird man das variantensuchen in
den verkümmerten resten unterlassen. eine neue lesart ist immer eine
seltene ausnahme, und dann ist es noch lange nicht eine bessere.

Eine überlieferung, wie sie für die dramen vorhanden ist, die in C
und den andern handschriften stehen, zumal in den fünfen, welche auch
M enthält, ist wahrlich etwas besonderes. ursprünglich einheitlich, allerdings nur durch gemeinsame fehler späteren ursprungs als solche sich
ausweisend, hat sie sich doch schon im ausgange des altertums nachweislich gespalten, und dann der eine ast noch weiter verzweigt. es fehlt für
die dunkelen jahrhunderte auch nicht an zeugnissen, aber sie spielen
kaum eine rolle, weder der $X\varrho\iota\sigma\tau\grave{o}\varsigma$ $\pi\acute{a}\sigma\chi\omega\nu$ [181]), wol ein recht spätes
product, noch byzantinische florilegien [182]), noch die zahlreichen citate der

---

181) Über die zeit des centos Hilberg Wien. stud. VIII. die wenigen citate
aus dem Agamemnon lehren nichts. die aus Troerinnen und Rhesos sind nicht ganz
wertlos und können eine gute lesart gerettet haben, wie gleich eine probe lehren
wird (vgl. anm. 186). aber der versifex ändert so gewaltsam, dafs zu wenig verlafs
auf ihn ist und praktisch nichts herauskommt. nur für die Bakchen mufs man
allerdings die zeugnisse in den kritischen apparat aufnehmen, und für die beiden
grofsen lücken in P steht hier wenigstens einiger ersatz.

182) Ein florilegium oben anm. 104. massenhafte nachahmungen z. b. in dem
roman des Eustathius. der bischof Eustathius, der für Sophokles, den er sehr
gut kannte, nicht ganz wertlos ist, von Aischylos auch wol alles gehabt hat,
aber kaum etwas lehrt, hat von Euripides nur die fünf ersten stücke ausgezogen.
Tzetzes zum Lykophron hat die Troerinnen noch gehabt; das ist etwas merkwürdiges,
und mindestens für ein wichtiges scholion (Andr. 14) gibt er sehr wertvolle be-
richtigungen: da kann sich also mehr finden: aber der mann selbst ist äufserst unzuverlässig, hat schlechtes übernommen und durch seine eigenen scholien unfug
gestiftet. dafs in den Chiliaden die Bakchen benutzt wären, weil VI 580 der name
steht, ist nicht sicher: dafs Harder (de Ioh. Tzetzae histor. font. 52) auf grund von

Byzantiner[163]): die handschriften selbst reichen aus. was wir sonst entweder gar nicht erkennen oder doch nur vermuten, hier können wir es mit den händen greifen. wir sehen die randnotizen in den handschriften, die varianten zu geben scheinen, sehr oft nur schreibfehler berichtigen, einzelne varianten von gleichzeitigen handschriften häufen, auch wol conjiciren: aber aus dem altertum überlieferte gelehrte varianten, wie die im Ven. A, sind sie nirgend. sie stehen ganz so da, wie die correcturen der handschriften, die auch diesen drei kategorien angehören. das sind also fast alles mittelalterliche entstellungen. und so sind es auch die abweichungen der handschriften von einander. zum überwiegenden teile sind es versehen, die durch die tätigkeit des wörter und satzglieder auffassenden und wiedergebenden schreibers entstanden sind, zum teil natürlich schon im späteren altertum, meistens aber später[184]): denn in den chorliedern, die schwerer verstanden wurden und mehr mechanisch nachgemalt, finden sich viel weniger abweichungen. verderbnisse die durch das nachmalen von elementen entstehen, sind in dieser dramenreihe kaum vorhanden; es sei denn dafs sie über die zeit, wo die auswahl gemacht ward, zurückreichen. alles dieses zu erledigen ist die aufgabe der recensio, der richtigen auswahl der lesarten. sie ist kein leichtes geschäft, vielmehr wird sich in ihr die meisterschaft des herausgebers am meisten zu beweisen haben: deshalb ist die uneinigkeit auch der berufenen kritiker in den dramen am gröfsten, wo C nur wenige und stark abweichende handschriften zur seite hat. aber es läfst sich im princip die forderung stellen, dafs wir durch die recensio bis in das altertum hinaufgelangen, mit ganz geringen ausnahmen in den ersten sieben stücken; im Rhesos und den Troerinnen schon sehr viel seltener; die Bakchen stehen von allen am traurigsten da.

Dafs wir aber mit dem princip nicht zu viel verlangen, dafür haben

Chil. I 330 die lecture der Helene annimmt, ist ein irrtum: nur die erwähnung der Sirenen bezeugt die stelle für Euripides und kann also auf Andr. 936 bezogen werden.

183) Besonders deutlich wird dies in M: man braucht nur die Phoenissen durchzusehen. sonst bietet B die besten belege. der art sind auch die randnotizen in L (M) der beiden älteren tragiker: keine spur von kritischem apparate ist darin.

184) Über die entstehung und demgemäfs die schätzung dieser varianten hat E. Bruhn *lucubr. Eur.* cap. I gehandelt, und wirklich methodisch fördernde bemerkungen gemacht, denen gegenüber ich meine früheren ansichten einfach aufgegeben habe. übrigens war die psychologische veranlassung der schreibfehler treffend schon erkannt und formulirt worden, zumal von G. Hermann (Belger Haupt als akademischer lehrer 127), ohne psychophysik: aber das schmälert das verdienst Bruhns nicht im geringsten.

wir nunmehr den beweis: vom Hippolytos [185]) liegen mehrere hundert
verse, vom Rhesos [186]) ein kleines, aber sehr belehrendes, bruchstück in
antiken handschriften vor. der text des Hippolytos wird selbst an keiner
stelle wider die überlieferung berichtigt, aber an einer der der scholien gegen
alle handschriften bestätigt. im Rhesos werden zwei kleinigkeiten evident
verbessert. der text ist hier ein ausgezeichneter, und er widerlegt, wenn
das noch nötig ist, die Kirchhoffsche längst unhaltbare ansicht von den
zwei classen auf das bündigste: er hat von beiden im wesentlichen das
richtige. dasselbe tut der Hippolytostext, nur dafs da, weil so viel handschriften vorhanden waren, die classentrennung schon vorher in wahrheit nicht vorhanden war und nur um des princips willen behauptet ward.
aber die handschrift an sich ist nicht besser als unsere guten auch: wir
stehn so gut, als wenn wir statt zeugen des 13. und 14. solche des 3. und
4. jahrhunderts verhörten. ihre einstimmigkeit aber führt uns noch weiter
hinauf: so hoch, dafs dann die grammatik den text in ihre schützende
hand nimmt und ihn bis zu Aristophanes von Byzanz hinaufgeleitet.

Es ist das etwas grofses. gewifs ist es nicht anders in den meisten
oben besprochenen dichtern, zumal im Aristophanes, aber hier ist es greifbarer, und hier sind schlimmere zweifel abzuwehren. das licht läfst aber

---

185) Veröffentlicht von Kirchhoff Mon. Ber. Berl. Ak. 1881, 982. die handschrift enthält mit lücken 242—515. die einzige berichtigung steht 302 $\emph{ἴσον δ'}$
$\emph{ἄπεσμεν τῷ πρίν}$, wo alle handschriften $\emph{τῶν}$ haben, aber die paraphrase $\emph{ὁμοίως}$
$\emph{ἄπεσμεν τοῖς πρίν ῥήμασιν}$. den wert für die recensio kann nur die vollständige
adnotatio critica zeigen.

186) Veröffentlicht von Wilcken Sitz. Ber. Berl. Ak. 1887, 814. da der herausgeber seinen fund gar nicht zu würdigen verstanden hat, soll hier das nötige bemerkt
werden. erhalten sind 48—96, doch fehlen mehrfach zeilenschlüsse und anfänge, so
dafs die lesung des schlusses von 54 und 84 nicht zu bestimmen ist. die vier chorverse
haben dieselbe kolometrie wie VC, fangen also mit $\emph{ναυ — σοί — ἤλυθον — μέμψιν}$
an. neu und richtig ist 60 $\emph{οὗ τὰν}$ für $\emph{οὐκ ἄν}$ VC, 63 $\emph{ἦ}$ für $\emph{ἦν}$; neu und falsch 54
$\emph{αἱρεῖσθαι}$ für $\emph{αἱρέσθαι}$, 72 $\emph{ἔστι}$ für $\emph{ἔπι}$, 84 $\emph{μύθοις}$ und ein par zum teil gleich
berichtigte orthographika, ernsthaft nur der grobe fehler $\emph{πάτ[τε]ς νυκτός}$ 95 für
$\emph{πᾶσαν νύκτα}$. die lesart von V gegen C wird befolgt 66 $\emph{μεῖναι}$, C $\emph{εἶναι}$, 75 $\emph{γαπονεῖν}$,
C $\emph{γηπονεῖν}$, 90 $\emph{σέθεν}$, C $\emph{τὸ σόν}$: immer mit recht, die von C gegen V 66 $\emph{ἔπεισαν}$,
V $\emph{ἔφησαν}$, 72 $\emph{νεώς}$, V $\emph{νεῶν}$, mit recht; 90 $\emph{πύκαζε}$, V $\emph{πυκάζον}$, mit unrecht. 65 steht
richtig $\emph{με}$, V hat $\emph{μοι}$, C beides. 74 steht $\emph{λελημένοι}$, VC haben $\emph{λελησμένοι}$; das
richtige $\emph{λελημμένοι}$ hat der corrector der wertlosen handschrift Flor. Marc. 226
über $\emph{λελειμμένοι}$ geschrieben: in wahrheit ist es überall gemeint. 78 steht richtig
$\emph{πῦρ' αἴθειν}$, wie C über dem texte hat, und $\emph{πῦρ αἴθειν}$ V, $\emph{πυραίθειν}$ C im texte,
ist ja dasselbe. endlich 52 $\emph{ἥκεις}$ mit $\emph{Χρ. πάσχ.}$ (öfter) für $\emph{ἦλθες}$ VC. über die
übrigen handschriften berichte ich aus eigener vergleichung, in den lesarten der
neuen habe ich natürlich die lesezeichen zugefügt.

auch den schatten dunkler fallen, obwol es schon ein grofser fortschritt ist, die gröfse des verlustes schätzen zu können. im Rhesos, Troerinnen und gar Bakchen müssen eine ganze anzahl fehler stecken, da mufs conjicirt werden, und gut genug, wenn man es noch kann, wenn der fehler noch als solcher bemerkbar ist: denn viele varianten sind der art, dafs das richtige gar nicht geahnt werden kann, und wer es erträumen sollte, nicht gehört werden darf, weil das falsche an sich nicht unmöglich ist. noch stärkere schatten fallen auf Sophokles und gar Aischylos: sie können nach diesem mafsstabe gemessen, gar nicht besser überliefert sein, als Euripides, wenn wir nur M und ein par handschriften wie B hätten. doch fehlt es nicht an einem troste, der bessere hoffnung gibt. beide tragiker sind viel schwerer verständlich, auch lange nicht so oft abgeschrieben, so dafs man nicht den euripideischen dialog, dem die varianten vorwiegend angehören, sondern die chöre vergleichen mufs. in ihnen ist die alte corruptel vielleicht stärker, wenigstens hie und da, aber der text um so fester. Aischylos vollends ist in den vier letzten stücken wesentlich dadurch verdorben, dafs ein äufserlich schlimm zugerichteter codex, den man sich ähnlich dem antiken des Rhesos vorstellen mag, nur mit etwas mehr lesezeichen, allein einem copisten vorlag: somit wird das verhältnis vielmehr den nur in CP erhaltenen Euripidesdramen ähnlich [187]). und wie den Euripidestext, so sichern doch auch den der beiden andern die antiken citate selbst in seinen fehlern.

Das ist der langen rede kurzer sinn: wir lesen in den commentirten stücken den text des Aristophanes. auf den strebt unsere recensio im weitesten sinne des wortes zu. wenn wir ihn aber haben, was dann? dann gehn wir weiter, lediglich mit den hilfsmitteln der emendatio bewehrt. still zu stehn wäre entweder verzweifelnde resignation oder abergläubische knechtschaft gegenüber der tradition: die recensio führt eben zwar in den dichtern des dritten jahrhunderts bis auf den dichter, aber in denen des fünften nur auf den herausgeber. so schlagen wir uns denn mit den schauspielern herum, die allerdings die verantwortung für die meisten der schlechten verse zu tragen haben, die Aristophanes zugelassen hat. dann suchen wir, meist vergeblich, solche fehler zu heben wie ἄτης ἄτερ (Soph. Ant. 4), γάμους παρεμπολοῦντος ἀλλοίους πόσει

---

187) Jede kritik die etwas leisten will, mufs zwar die allgemeinen voraussetzungen, welche der weite umblick kennen lehrt, inne haben, und in so weit mögen diese capitel auch für die anderen tragiker vorbereiten, aber dann mufs sie individualisiren; der einzelne schriftsteller, das einzelne buch, hat bis zum gewissen grade seine eigene geschichte. das kann und soll hier nicht erschöpft werden.

(E. Med. 910), wie Trach. 781. 82 [188]), Hipp. 953, Med. 748. aber vor allen
dingen freuen wir uns daran, dafs die fehler so wenig sind. und das
weifs man dann auch, dafs die menschen sich lächerlich machen, die in
diesen dramen mit ihren palaeographischen witzchen kommen, den ähn-
lichkeiten der minuskelschrift, den compendien, wo möglich gar dem *vetus
codex* in dem ein par buchstaben unlesbar waren, die der *protervus
magistellus* dumm ausfüllt: der *vetus codex* müfste ja dem Aristophanes
vorgelegen haben, und dieser der *protervus magistellus* gewesen sein. wir
lachen auch über die häscher der glosseme, die einem ihnen nicht erhaben genug klingenden worte ansehen, dafs es ein schulmeister oder
leser aus der zeit des Kallimachos, oder Apollodor übergeschrieben hat
(aus dem Hesych, scheint's, denn so reden sie), dessen handexemplar
darauf der archetypus aller folgenden handschriften ward. die textgeschichte lehrt freilich die vielen gefahren kennen, die unsern text bedroht
haben, sie lehrt uns die unvermeidliche verderbnis schätzen und gibt uns
hilfsmittel sie zu heben: aber die hauptsache, die sie lehrt, ist, dafs sie
die grenzen der möglichen verderbnis und unserer meinungsfreiheit bezeichnet.

Sie umfriedigt ein weites gebiet, auf dem es nicht verstattet ist, das
conjecturale röfslein zu tummeln; was darauf steht, das mufs stehen bleiben
und verlangt verständnis zwar, auch vielleicht tadel: aber es gehört dem
dichter an, und jeder einbruch ist ein raub. auf diesem gebiete hat sich
der philologe heimisch zu machen, und dann mag er zusehen, dafs er
die grenzen immer weiter für den dichter ausdehne, teils wider moderne
ansprüche verteidigend, teils wider die täuschende überlieferung, die in
wahrheit keine ist, erobernd.

Recensio
und emen-
datio in den
tragödien
der
gesammt-
ausgabe.

Und es ist dafür gesorgt, dafs auch der conjectur ein weiter spielraum bleibe. denn dieselbe textgeschichte, welche in Hekabe und Hippolytos fast jede conjectur verbietet, fordert sie in den dramen, welche auf
die gesammtausgabe zurückgehn, auf schritt und tritt, und gibt schliefslich doch nur eine geringe gewähr für die erreichung des echten. da
ist sprachgefühl, geschmack, nachschaffende phantasie nötig, jene impon-
derabilien, die den wirklichen philologen machen, die nicht gelehrt und
nicht bewiesen, auch nur zum teil gelernt werden können.

Mit der recensio ist man gleich zu ende. drei vier kleinigkeiten hilft
P beseitigen, dann darf C mit seiner vorlage identificirt werden; das ist
ein minuskelcodex, wenn's hoch kommt des 11. jahrhunderts. und auf

---

188) Der überlieferte gallimathias ist ebenso von dem Athener Apollodor gelesen,
Athen. II 66ª.

dem wege von dem zu jener antiken handschrift, der die erhaltung dieser dramenreihe verdankt wird, fehlt jede hilfe. das war aber selbst ein buch ohne gelehrte einrichtung, ohne wortabteilung[189]), mit ganz zerstörten sonstigen lesezeichen[190]), aber deutlich abgeteilten versgliedern. und von dem wieder aufwärts geht die überlieferung entsprechend der, welche überhaupt die lesebücher dieser zeiten durchgemacht haben, empor zu irgend einer ausgabe, die ein buchhändler gemacht hat. es könnte ja auch die aristophanische ausgabe gewesen sein: aber das ist nicht der fall: die Herakleiden hat das bessere Altertum in einer ganz abweichenden recension gelesen, welche ohne zweifel die echte war, während wir die überarbeitung eines regisseurs lesen[191]).

Dabei ist denn freilich ein zustand unvermeidlich gewesen, der im Herakles jeden siebenten vers etwa eine änderung fordert. wann aber die verderbnis eingetreten ist, hat kaum einen zweck zu überlegen, da es sich doch nicht ausmachen läfst. nur das scheint sicher, dafs der eigentliche archetypus, das antike buch, an sehr vielen stellen zerstört war, denn oft sind die lücken noch jetzt vorhanden[192]), öfter aber sind sie verkehrt ausgefüllt, fast ausnahmslos am versende[193]), wo aber auch die folgenden schreiber durch vertauschung gesündigt haben[194]). massenhaft sind aufserdem einzelne buchstaben und wörter verlesen. man hat einen anhalt daran, dafs die nicht sehr zahlreichen antiken citate siebenmal unseren text berichtigen[195]), sehr selten schlechter sind. dafs eine anzahl verse von uns als euripideisch betrachtet werden, wo schärfere kritik einen schaden erkennen und beseitigen wird, ist demnach mit vollster wahrscheinlichkeit anzunehmen, und ebenso sicher ist, dafs manches sich überhaupt niemals herstellen oder gar auch nur erkennen läfst, es sei denn, dafs neues material hervorträte. aber zur verzweifelung ist keine veranlassung. das was von ihr verlangt wird, kann die philologie leisten, denn eines ist diesen dramen nicht zugestofsen: die willkürliche raffinirte interpolation — oder doch erst im 15. und 19. jahrhundert. auch das liegt in der geschichte des textes. wenn er verwahrlost ist, so ist doch auch kein Triclinius oder Hartung darüber gekommen.

---

189) Vgl. Her. 583, 810, 1115, 1191.

190) Das zeigt die mafslos entstellte personenbezeichnung in fast allen diesen stücken.

191) Das habe ich Herm. 17 gezeigt; ich könnte die indicien noch vermehren.

192) 95, 149, 328, 398, 422, 474, 619, 696, 1151, 1159, 1178, 1192, 1340.

193) 184, 226, 413, 482, 484, 530, 664, 845, 925, 1003, 1102, 1241, 1304.

194) 164, 282, 548.

195) 62, 101, 269, 674, 1271, 1293, 1345.

Da die dramen viele jahrhunderte lang das gleiche geschick gehabt haben, so teilen sie auch die entstellung. doch auch da sind gradunterschiede. Helene Herakleiden Kyklops Elektra sind besser erhalten als die folgenden, deren corruptel nach dem Ende zu immer noch steigt, bis in der aulischen Iphigeneia auch dafür ein exempel ist, wie ein stück aussieht, das nicht einmal sondern mehrfach von interpolatoren verwüstet und demzufolge unheilbar ist. unverkennbar ist ferner, daſs der zustand, in welchem die einzelnen tragödien in jene ausgabe kamen, ein ganz verschiedener war; offenbar hat kein sorgsamer gelehrter darüber gewacht. neben dem schauspielerexemplar der Herakleiden steht der Kyklop, der kaum übeler zugerichtet ist als die dramen der auswahl, namentlich auch von jeder schauspielerinterpolation frei[196]): natürlich, denn das alte satyrspiel war nach dem 5. jahrhundert nicht mehr mode. die Elektra war aus einem buche genommen, das mehrfach parallelstellen am rande trug[197]); die Hiketiden enthalten eine partie durch erweiternde interpolation entstellt, welche noch um 250 v. Chr. in Athen unverdorben geläufig war[198). und so ergibt sich auch hier bei individueller behandlung des merkwürdigen und fördernden genug.

Die philologie des altertums ist fast unmittelbar zu derselben zeit, wo sie wissenschaft ward, herabgesunken zur textkritik und zur schrifterklärung, und diese letztere ist sehr rasch auf die abschüssige bahn gelangt, nur das nächste wortverständnis der einzelnen stelle zu suchen. die philosophische poetik, die geschichtliche erfassung des werkes und des dichters, ja auch nur die erklärung des einzelnen werkes als eines ganzen hat sie teils niemals, teils nach Aristophanes wenigstens nicht mehr angestrebt. es gibt keinen versuch eine geschichte der tragödie oder eine technik des dramas oder eine theorie des tragischen zu schreiben.

---

196) Es ist überhaupt nur ein vers, 202, unecht, und der ist erst byzantinischen ursprungs. alle anderen athetesen sind verkehrt. das einzige antike drama, welches gar keinen falschen vers zu enthalten scheint, ist der Rhesos, und von dem wissen wir, daſs er ehedem eine falsche scene hatte.

197) El. 373—79, von welchen der letzte aus der Auge citirt wird, 386—90, 941—44 (von Bruhn erkannt) 1097—99. auſserdem sind mehrere dittographien darin.

198) Euripides hatte von Tydeus gesagt (902) οὐκ ἐν λόγοις ἦν λαμπρὸς ἀλλ᾿ ἐν ἀσπίδι δεινὸς σοφιστὴς τῶν τ᾿ ἀγυμνάστων φονεύς (Antig. Karyst. s. 73): daran ist nach abwerfung des letzten halbverses in unseren handschriften eine widersinnige tirade von 6 versen getreten, von denen übrigens die letzten zwei eine dittographie sind, die in einer anderen redaction gleich auf 901 folgte: diese ebenfalls, aber anders, interpolirte fassung stand in der ausgabe, welche das florilegium benutzt hat: Stob. ecl. II 185 Wachsm.

deshalb hat dieses capitel von der zeit nach Aristophanes nichts zu berichten gehabt, als was für die textkritik von bedeutung ist. wir werden
sogleich sehen, wie schwer es den modernen geworden ist, der höheren
pflicht sich auch nur bewufst zu werden. da wollen wir lernen, dafs
die textkritik zwar die erste aber auch die unterste stelle unter den
künsten einnimmt, die der philologe an den tragikern zu beweisen hat·
aber auch wenn man das begriffen hat und danach zu leben sucht, so
wird man gestehen dürfen, dafs die verschiedenheit der bedingungen,
unter denen sie zu üben ist, die fülle des materiales, die schwierigkeit
und auch die möglichkeit eines schönen erfolges der Euripideskritik einen
reiz verleiht, wie er nicht so leicht sonst zu finden ist, und dafs zwar
ein anfänger positives nur sehr schwer hervorbringen wird, aber kaum
an einem andern classiker so viel für die methode der recensio wie der
emendatio lernen kann.

4.

WEGE UND ZIELE DER MODERNEN TRAGIKERKRITIK.

Bekannt-
werden der
tragiker in
Italien. Handschriften der tragiker sind schon früh in den occident gelangt. Laurent. 32, 2 war 1348 in Avignon und im 15. jahrhundert in der privatbibliothek der Medici[1]). Laurent. 32, 9 kam durch Aurispa 1423 nach Venedig; also die beste Quelle für Aischylos und Sophokles, die reichste und zur hälfte auch reinste für Euripides war gefunden. aber die gedichte waren zu schwer, teilweis auch zu entstellt, als daſs selbst von den des griechischen kundigen humanisten viele sie hätten lesen können, und eine übersetzung, wie sie historiker philosophen ärzte erschloſs, half für die dichter nichts. so sind denn abschriften in Italien nur wenig gemacht[2]), und die drucker haben sich erst dann auf diese wie die meisten anderen griechischen dichter geworfen, als sie tüchtige griechische gelehrte zu herausgebern gewinnen konnten. Griechen, aber eben nur Griechen, haben auch in den handschriften selbst die spuren ihrer lecture zahlreich hinterlassen. ihrer ganzen art nach waren sie den italienischen humanisten ähnlich, und das meiste was sie gemacht haben beseitigen wir als interpolation, aber ein mann befand sich unter ihnen, dessen lange verkannte bedeutung immer mehr ans licht tritt, ja den man wol als das bedeutendste emendatorische talent bezeichnen muſs, welches das griechische volk bisher hervorgebracht hat, der Kreter Marcus

---

1) Es führte die nummer 58 *tragedia Euripidis et Sophoclis et Eschili in papyro*, Piccolomini intorno alle condizioni e vicende della libreria Medicea privata p. 83.

2) Von dem Laurentianus C sind mehrere vorhanden und eher als er selbst für den text benutzt. da sie aber aus C genommen sind, nachdem die gelehrten ihn verwüstet hatten, haben sie nur geschadet. da der kritische apparat diese correcturen alle fortwirft, so erscheinen die apographa nur ein par mal für kleine verbesserungen aus conjectur. eine vergleichung der gröſseren Kirchhoff'schen ausgabe kann lehren, ein wie falsches bild aus ihnen und einer vergleichung, die wie sie nicht auf die erste hand zurückgieng, von C gewonnen ward.

Musurus, der nicht nur Euripides und Theokrit, sondern auch Hesych
Athenaeus die Aristophanesscholien mit grofser kühnheit aber auch mit
grofsem geschick zu bearbeiten verstanden hat[3]). er besafs selbst das
jetzt als Palatin. 287 im Vatican befindliche bruchstück der oben s. 208
behandelten handschrift, hat die euripideischen dramen darin durchcorrigirt und nicht ausschliefslich aber wesentlich danach bei Aldus 1503
herausgegeben. diese grundlage des textes ist bis in die zweite hälfte
des 18. jahrhunderts unerschüttert geblieben. ein viel mehr genannter
aber weit geringerer gelehrter, Johannes Laskaris, hatte zugang zum
Laur. 32, 9, als er in Rom 1518 die Sophoklesscholien herausgab, die somit
von anfang an auf der besten grundlage ruhten. der text des Sophokles
war schon 1502 in Venedig gedruckt, zwar nicht aus dem Laurentianus,
aber doch aus einer leidlichen handschrift. dagegen standen Arsenios,
dem herausgeber der Euripidesscholien (Rom 1534) nur sehr schlechte
byzantinische handschriften zu gebote, und da hat erst das 19. jahrhundert
besserung gebracht. den text des Aischylos, der vorher aus minder-
wertigen handschriften genommen war, stellten Robortelli (1552) und
P. Vettori (1557) auf grund des Laur. 32, 9 fest, nicht ohne eine anzahl
bleibender eigener verbesserungen. Victorius, dem nicht nur die schätze
der Florentiner bibliotheken offen standen[4]), sondern der mit einer bedeutenden sprachkenntnis die einsicht in das geschäft der kritischen
recensio verband, war leider auf lange zeit der letzte Hellenist Italiens.
von nun an schlummerten die besten tragikerhandschriften in Italiens
bücherschränken, bis fremde gelehrte sie im 19. jahrhundert hervorzogen.
die gegenreformation hatte ihre schuldigkeit getan.

    Diesseits der Alpen konnte man sich zunächst nur receptiv ver- *Die franzö-*
halten, denn erst mit den gedruckten büchern überschritt der Helle- *sische phi-*
nismus die grenzen Italiens. aber die empfänglichkeit war eine erstaun- *lologie.*
liche. sehr bald begann man die griechischen bücher nachzudrucken,
und immer neue auflagen wurden nötig. dabei verbesserten die gelehrten,
welche in den druckereien die correctur überwachten, hie und da eine
kleinigkeit; eine eingreifendere tätigkeit beabsichtigten sie nicht, und die
grundlage des textes zu ändern fehlten ihnen die mittel, oder sie sahen

---

    3) Über ihn vornehmlich zu vergleichen F. Didot *Alde Manuce* und was im
anhang zu M. Schmidts gröfserem Hesych beigebracht ist. Musurus verdient eine
monographie.

    4) Er hat auch die bisher übersehene Elektra des Euripides 1545 aus dem
Laurentianus veröffentlicht, den er besser gelesen hatte als die abschreiber, nach
denen man ihn seit Musgrave zu berichtigen pflegte.

verständigermaſsen ein, daſs die handschriften, die etwa in ihre hände kamen, einen schlechteren text enthielten als die vulgata. selbst H. Stephanus hat für die dichter keine hervorragende bedeutung. nur in einem falle ward ein für 200 jahre erfolgreicher aber sehr unheilvoller versuch gewagt, die grundlage umzustürzen. Adrianus Turnebus (1553) baute einen Sophoklestext auf die gründlich verwüstete recension des Triclinius und schuf so die vulgata, deren zerstörung das hauptverdienst Ph. Bruncks ist. die ansätze zu einer erklärung, welche man machte, waren und blieben dürftig. nur der Holländer Wilhelm Canter, auch sonst ein scharfsinniger verbesserer, half in den chören wesentlich weiter, indem er in zahlreichen liedern die responsion erkannte und danach abteilte. indessen stand man den lyrischen partien fortdauernd hilflos gegenüber; die versuche der byzantinischen gelehrten letzter zeit waren fast das einzige, woran man sich halten konnte. nach ihrem vorgange pflegte man die strophen in sehr kleine verschen zu zerstücken, die man dann ängstlich einzeln numerirte oder doch zählte, und das höchste war, daſs man den einzelnen einen aus den metrischen traktaten geborgten namen gab. das ist erst durch Gottfried Hermann ganz beseitigt; nur unsere verszählung, an welcher zu rütteln immer wieder, glücklicher weise vergeblich, versucht wird, trägt davon die dauernden spuren. auch die sitte brach sich bahn, die griechischen dramen (wie auch die lateinischen) in 5 acte zu teilen, weil Horaz das zu fordern schien, und auch das hat bis zum ende des 18. jahrhunderts gegolten. übersetzungen wurden vielfach versucht, zum teil von namhaften männern wie Florens Christianus; ja sogar Joseph Scaliger lieferte den 'Aiax lorarius'. den groſsen sprachkünstler verleugnete er auch hier nicht; daſs es nicht ohne stillosigkeit abgieng, zeigt schon der titel. und mochte den zeitgenossen der dialog einigermaſsen den eindruck wiedergeben, den sie von einem sophokleischen drama erwarteten, der dann freilich von dem was das echt attische und sophokleische ist, ernste maſsvolle farbensatte schönheit, weit entfernt ist, so fallen die chöre gänzlich ab[5]); sie hat man damals überhaupt weder ver-

---

5) Man sehe als probe die wiedergabe der schönen strophe Ai. 624 *sed cum vetustatis obsita tempore canis et annis audibit anus parens hunc rabere mente captum, lusciniae ilicet lamentabile carmen volitantis non. illa occinet: ast lucti-ficum integrabit lessum. pectora palmis atris tonsa sonabunt, incanamque manus comam lacerabunt.* Scaligers griechische verse stehen, auch wenn man von den zahlreichen verstöſsen gegen sprache und versmaſs absieht, höchstens auf der höhe byzantinischer poeten wie Palladas oder Paulus des silentiars. es sind wesentlich reminiscenzen, die eine gigantische gelehrsamkeit in einem selten trügenden gedächtnis bereit hält, und auch wo ein bestimmter stil widergegeben werden soll, fehlt es

standen noch geliebt. aufführungen der dramen sind auch, vornehmlich in schulkreisen, vorgekommen; es ist das aber, wie die gegenwart zeigt, ein experiment, welches weder für liebe noch für verständnis der antiken tragödie zeugnis ablegt.

Die grofsen philologen Frankreichs, Scaliger an der Spitze, haben, wie es nicht anders sein konnte, bei gelegentlicher berührung mancherlei auch in den tragikern erläutert und verbessert, Casaubonus auch in seiner abhandlung *de satyrica Graecorum poesi* für ein capitel der litteraturgeschichte die unverrückbaren grundlinien mit weitem und scharfem blicke gezogen. es ist nicht fraglich, dafs diese generation, wenn sie auf die tragödie anhaltendere studien verwendet hätte, mit leichter mühe etwa das erledigt haben würde, was 200 Jahre später der generation gelang, die vor Porson und Hermann vorhergieng. allein es ist doch kein zufall, dafs sie eben für diese wie überhaupt für die classische griechische poesie (und eigentlich auch die classische prosa) ein geringeres interesse zeigte. die grofsen philologen waren eben Franzosen, sie hatten teil an jener grofsartigen culturentwickelung, welche wir die französische renaissance nennen, mit einem namen der übel gewählt ist. denn es erstand nichts was jemals so oder ähnlich gewesen war, sondern das seiner selbst bewufst gewordene französische volkstum, culminirend in einem stolzen prächtigen aber auch für die bildung empfänglichen adel, aus dem sich immer höher der königliche hof erhob, nahm die gesammten culturelemente der italienischen hochrenaissance, darunter auch das wiedererweckte altertum, in sich auf, nur um im folgenden jahrhundert in staat und kirche, dichtung und denken seine echtbürtige und eigene grofsartige cultur zu entfalten. es ist natürlich, dafs in den zeiten der vorbereitung der anschlufs an fremde vorbilder stärker ist als in denen der vollendung. es ist auch unleugbar, dafs das griechische auf die französische renaissance stärker eingewirkt hat als auf die italienische, von deren classikern zwar Macchiavelli im grunde griechische gedanken nachdenkt und der modernen cultur zuführt, aber wer würde bei Ariosto an etwas griechisches erinnert? bei Ronsard und vollends bei Montaigne ist das anders[6]). allein das altertum, an

---

nicht an groben misgriffen. solche verse kann nicht machen, wer sein ohr an die wirklichen klänge der griechischen dichter gewöhnt hat. man vergleiche Hermanns botenbericht aus Wallensteins tod mit Scaligers Catullübersetzungen um den abstand zu fühlen.

6) So wenig auch Montaigne nach seinen eigenen erzählungen selbst vom griechischen verstanden hat, so stark ist doch die verwandtschaft nicht nur seiner denkart sondern auch seiner schriftstellerei mit den aufsätzen der griechischen popularphilosophie. auch wenn er Seneca wiedergibt, läfst er das pretiöse renom-

welches man ansetzte, war doch nur das römische, das für alle Romanen gewissermafsen die cultur der vorfahren war, und wenn griechisches hineinspielte, so war es das griechisch des zwiesprachigen weltreichs der Caesaren. die specifisch griechische cultur, die des Homer und Pindar, des Euripides Platon und Demosthenes, kam nicht stärker in betracht, als sie es für das kaiserliche Rom getan hatte. die alten muster liefs man als solche gelten; aber wenn es zur anwendung kam, so transponirte man unwillkürlich die griechische poesie in die römische eloquentia. Julius Caesar Scaliger war nur consequenter und vor allem ehrlicher als die menge; seine poetik gibt nicht nur von der geringschätzung sondern von dem widerwillen ein treffendes bild, den die echte hellenische kunst dem Romanen des 16. jahrhunderts einflöfsen mufste. so lästerlich mochte man nicht reden, aber man handelte ganz in seinem sinne, und es wäre ein unglück gewesen, wenn man es anders getan hätte: denn nur so konnte sich die eigenart der französischen poesie entwickeln. mag man im 17. jahrhundert dann noch so viel von den Griechen reden, mag man sich am hofe Ludwigs XIV. gerade dessen berühmen, die griechische tragödie erneut zu haben, mag Racine sich stoffe und wendungen im Euripides und gar im Aristophanes suchen, mag die aesthetische theorie in der tat so viel an Aristoteles und Horaz herumklauben, dafs sie weder diese noch die eigene poesie mehr versteht: der moderne und speciell der Deutsche mufs sich nachgerade nicht mehr beirren lassen. es war recht und gut, dafs seiner zeit dargetan ward, wie unvergleichbar Racine und Euripides sind, und dafs Aristoteles mit der theorie und praxis des französischen theaters nichts zu tun hat[7]). es ist gut und recht, dafs man in Boileau den poesielosen pedanten trotz allem wolklang der verse und noch mehr der perioden nicht verkennt: aber nachgerade sollte man

---

mistische, den haut goût verschwinden, und was dann von Seneca bleibt, ist eben griechische popularphilosophie. heut zu tage ist es mode Montaigne zu loben, und das ist recht, wenn nur über dem loben das lesen nicht vergessen wird, aber Plutarchs ethische schriften zu verachten: wie kann das recht sein, da doch Montaigne ihnen so viel verdankt? es wäre wol in der ordnung, dafs über keinen von beiden urteilte, wer nicht beide kennt, wol bemerkt aber den griechischen Plutarch, nicht den des Amyot.

7) Wir laufen sonst wirklich gefahr nach der anderen seite ebenso lächerlich zu werden wie diejenigen Franzosen, die ein seltsamer weise auch von verständigen gelobtes buch repräsentirt. Patin études sur les tragiques Grecs² IV 327 läfst sich also vernehmen: *ce n' était pas réellement la tragédie Grecque que décrivait Aristote, c' était une autre tragédie, qui devait se montrer bien longtemps après lui sur la scène française.*

die knabenstimmung fahren lassen und in den grofsen dramatikern der Franzosen grofse dichter anerkennen. sollen wir denn nicht so viel abstractionskraft besitzen, um an französischen heldinnen die namen Iphigénie und Oreste und in ihren schicksalen die alten sagenmotive hinzunehmen, ohne von ihnen zu fordern, dafs sie Hellenen wären?[8]) Goethe war darüber schon beim beginn dieses jahrhunderts hinweg, noch ehe August Schlegel den Franzosen auf der höhe ihrer weltbeherrschenden macht die comparaison entre la Phèdre de Racine et celle d'Euripide entgegenhielt. nun wäre es wol an der zeit, dafs die geschichtliche würdigung beiden dichtern gleich zu teil würde· aber freilich, es ist vielleicht gerecht, dafs nun die französische tragödie durch ungerechte schätzung dafür büfst, der würdigung und dem verständnis der attischen mehrere generationen lang eintrag getan zu haben. denn an ihr liegt es, dafs Frankreich für die griechischen tragiker bis auf den heutigen Tag äufserst wenig geleistet hat, und dafs die suprematie der französischen litteratur gebrochen werden mufste, damit die attische verstanden würde. was von Franzosen im 17. und 18. jahrhundert über die griechischen tragiker geschrieben ist, kann man, was diese betrifft, ungelesen lassen. die Franzosen beginnen ja überhaupt erst seit einem menschenalter etwa durch die teilnahme an der deutschen culturentwickelung für den echten Hellenismus empfänglich zu werden.

Ehe man dazu sich verstieg, erst es den Athenern gleich tun zu wollen, und dann sich in dem naiven hochgefühle zu wiegen, ihnen weit über zu sein (wie das bei Voltaire in scherz und ernst hervortritt), mufste freilich der geschichtliche sinn erst ausgetrieben, mufsten die griechischen studien von der beherrschenden höhe, die sie zu Scaligers zeit einnahmen, auf den kümmerlichen stand gesunken sein, den sie, wenn man von der patristik absieht, in dem classischen Frankreich einnahmen. das besorgte der bund des absolutismus mit der gegenreformation. man wollte nur die Huguenotten beseitigen und beseitigte den Hellenismus mit, denn seine träger waren die vorkämpfer der reformation. Scaliger und sein kreis ist freilich nicht abgetan mit der bezeichnung als träger der romanischen cultur. sie hatten mit der reformation die freiheit des christen-

---

8) In wahrheit bedarf man einer nicht viel geringeren abstraction, wenn man Ovids Metamorphosen mit genufs lesen will: an die götter und heroen darf man nicht denken. durch die unverantwortliche verwendung des frivolen komischen epos neben und vor Homer in der knabenschule ist freilich zumeist das gefühl für ernst und heiligkeit der sage ertötet und die phantasie vergiftet, so dafs das echte epos nicht mehr wirken kann.

menschen erworben, und sie entnahmen der antike die freiheit des
menschen; so erhoben sie sich zu einer so grofsartigen und allumfassen-
den idee von der wissenschaft, wie sie nur Aristoteles gelehrt hat, und
zu einer idee von der gröfse der philologie, wie sie den Hellenen nie
ganz zum bewufstsein gekommen ist. Scaligers auge hat die geschichtswissenschaft schon voll begriffen, weder vor der morgendämmerung des
orients noch vor den nebeln der kirchengeschichte zurückschreckend.
es ist nur wahr und gerecht, wie Niebuhr ihn gepriesen hat, und es ist
bezeichnend, dafs Niebuhr, aber erst Niebuhr an ihn ansetzt. grofsartige
unternehmungen, wie die sammlung der inschriften, nicht als curiositäten,
sondern als urkunden, die sammlung der grammatiker, nicht um von
ihnen latein schreiben zu lernen, sondern um aus ihnen das zertrümmerte
material alter gelehrsamkeit zu gewinnen, die wiederherstellung verlorner
litteraturwerke aus den bruchstücken, wie des Ennius und Lucilius, sind
von jener generation in angriff genommen. es lag in der natur des
materiales sowol als der zeitrichtung, dafs solche unternehmungen dem
römischen altertum zunächst galten; aber wenn die entwickelung dauer
gehabt hätte, so würde auch für das griechische die zeit gekommen sein.
zur zeit war noch das auge für die 'Griechenschönheit' blind — das fehlte
allen, und die ganze stolze philologie verkümmerte durch den sieg des
katholicismus in Frankreich. Scaliger flüchtete sie freilich nach Holland;
aber für den Hellenismus schlug in dem niederländischen volke keine
verwandte ader, weder in Holland, das ruhmvoll freiheit glauben und
sinnesart behauptete, noch in brabant, das sich dem Romanismus ergab.
die 'lieblichste von allen scenen' ist weder für van Dyk noch für Rembrandt
zu malen. das protestantische südwestdeutschland würde am ehesten berufen gewesen sein, der wissenschaft eine stätte zu bieten. Heidelberg
war für sie ein ganz anders vorbereiteter boden als Leyden. allein die
Deutschen und zumal ihre höchsten stände waren noch zu arge barbaren,
und allen hoffnungen machte der greuel der religionskriege ein ende. die
griechischen handschriften der Pfälzer bibliothek giengen zu ehren der
christenheit in den Vatican, zu schlafen neben ihren schwestern. Casaubonus flüchtete nach England; aber es war nicht ein same, den er aus-
gestreut hatte, als durch Richard Bentley um 1700 die englische philologie
mit einem male zu beherrschender höhe emporwuchs. England hatte es
vermocht, die bildungselemente des Romanismus ganz aufzunehmen, ohne
seine eigenart zu verlieren. es hatte während des 17. jahrhunderts, wenig
verflochten in die geschicke des continents, die gewaltigsten stürme sowol
im staatlichen wie im religiösen leben überstanden; mit der definitiven

feststellung des nationalen staatswesen durch die revolution von 1688 ἔσχε τὴν ἑαυτοῦ φύσιν. nach einem menschenalter gestehn ihm freier denkende Franzosen eine der ihren ebenbürtige oder doch eine eigenartige cultur zu. England hat durch sie wie überhaupt die moderne weltgesittung so auch den Hellenismus vor dem barocken Romanismus gerettet, mit dem er schlechthin unvereinbar ist.

Die entwickelung der englischen philologie von Bentleys brief an Die Engländer. Mill bis zu dem unseligen jahre 1825, wo Peter Dobree in das grab sank, das sich kaum über Peter Elmsley geschlossen hatte, ist eine streng einheitliche, und die attische poesie steht dauernd im mittelpunkte des interesses. wir modernen lassen uns leicht verleiten, auch wenn wir nicht die kindereien des tages mitmachen, diese großen Engländer geringer zu schätzen, weil wir mit den ergebnissen ihrer forschung wie mit einem ohne dank hingenommenen gemeingut wirtschaften. in der tat, vielerlei was sie mühsam gefunden haben, hat man jetzt nicht mehr nötig bei ihnen zu lernen; wer überhaupt ein bischen attisch lernt, lernt es gleich mit den elementen von formenlehre und syntax. in den scenischen gedichten ist keine seite, die nicht die spuren ihrer arbeit trägt, auch wenn keine ihrer conjecturen darauf steht. am besten lernt man es wol am Aristophanes, zumal in den stücken, welche im altertum fast rein erhalten nur von dem schmutze zu befreien waren, den die byzantinischen jahrhunderte angesetzt hatten: da ist für uns moderne zu verbessern kaum noch etwas übrig, und es ist eigentlich auch nur ein zufall, ob Bentley oder Porson oder Dobree die stelle verbessert hat. sie würden das wahre alle gleichermaßen in gleicher weise gefunden haben; wer es getan hat, hängt nur von dem zufall des ersten gewahrwerdens der verderbnis ab. es ist eben eine ganz bestimmte methode, die sie alle anwenden; die unterschiede des könnens sind graduell, die schranken desselben fallen aber fast immer mit den schranken des wollens zusammen. die recensio in ihrer wichtigkeit hat zwar Bentley erkannt und zu üben gewagt, aber doch nicht durchgehends, und für das griechische tritt es auch bei ihm, der keine ausgabe gemacht hat, zurück. dabei bleibt es. mit den schätzen der Pariser bibliothek, die zum teil erschlossen werden, wird nicht viel operirt; erst Elmsley bringt von einer italienischen reise wertvolles material für Sophokles und Euripides heim, das er gleichwol selbst bei längerem leben schwerlich voll ausgenützt haben würde. man legt zunächst überhaupt wenig wert auf das fertigstellen der texte. Porson hat seine arbeit für den Glasgower druck des Aischylos sogar anonym gehalten. mehr als ein par stücke geben die wenigsten und gerade die vornehmsten kritiker nicht heraus;

manche kommen über einzelbemerkungen kaum hinaus, wie Tyrwhitt.
nur Musgrave, der aber in naher beziehung zu Holland steht und überhaupt nicht zur zunft gehört, macht gesammtausgaben, mit allerdings
geringem handschriftlichem materiale und geringem ansatze zur erklärung,
ein hastiges ungleiches in vielem dürftiges werk, aber doch auch abgesehen von der reichen ernte von gelungenem (bis heute nicht genug
anerkanntem) höchst achtungswert durch das was er in seiner zeit allein
anstrebte. für die koryphaeen ist ein gereinigter text zwar das ziel, aber der
einzelne verzichtet darauf es zu erreichen. was man dafür als notwendig
erkannt hat, ist das eine und grofse, die gesetze der sprache und des vers-
baus aus den überlieferten texten selbst durch empirische beobachtung zu
gewinnen und danach die überlieferung zu reinigen. mit der dichterkritik
geht die der classischen prosa hand in hand; doch hat in ihr erst Dobree
umfassendes geleistet. immerhin war also attische formenlehre und attische
syntax und attische metrik das was man angestrebt und wofür man den
grund gelegt hat. die scharfe zeitliche umgrenzung des beobachtungs-
gebietes war von vorn herein ein vorzug, nur um so gröfser, als die
deutschen gegner ihn nicht zu würdigen verstanden. es gehört nicht viel
logik dazu einzusehen, dafs es ein cirkelweg ist die überlieferung nach
den gesetzen die man ihr entnimmt zu verbessern, und es ist eben so
nahe liegend für die 'gesetze', welche man aufstellte und gemäfs dem
englischen nationalcharakter gern als unverbrüchliche nicht ohne pedan-
tismus aufrecht zu haltende canones ausgab, eine innere begründung zu
fordern und die rechte der individuellen dichterfreiheit wider das starre
gesetz zu verteidigen. tatsache ist, dafs zwar G. Hermann eine sehr viel
tiefere auffassung von der grammatik als wissenschaft zum siege geführt
hat, dafs aber seine eigene verteidigung der anomalie nicht besser stand
gehalten hat, als es die anomalie immer zu tun pflegt. jetzt, wo die geschichtliche grammatik und die urkundlichen zeugnisse des gebrauches in
den inschriften als schiedsrichter zwischen Hermanns und Elmsleys regeln
stehen, ist im wesentlichen der sieg zu gunsten der Engländer entschieden. ohne zweifel mufs es nicht nur für den arbeiter selbst ver-
dummend wirken, wenn das kritische geschäft zum zählen des statistikers
wird, und dann mechanisch nach dem majoritätsprincip entschieden wird;
aber so geht es doch nur, wenn unreife oder geistlose hände treiben was
sie lassen sollten. wie hoch ist nicht der berg von makulatur, der durch
solche dissertationen 'über den sprachgebrauch so und so bei dem und
dem' in Deutschland gehäuft ist. nicht minder zweifellos ist, dafs die verteidigung der anomalien durch grammatische düfteleien, wie sie in vielen

dicken ausgaben namentlich griechischer prosaiker unter dem einflusse von Hermanns lehre geübt worden ist, auch nicht viel mehr als makulatur hervorgebracht hat. es bestätigt sich auch hier, daſs die methode nicht selig macht, sondern daſs es begabung und arbeit, das selbsterworbene wissen und die geistige potenz ist, was darüber entscheidet, ob das lebensfähig ist, was ein mann in der wissenschaft leistet. was er für die wissenschaft ist und bleibt, das liegt freilich zuletzt im charakter: denn auch hier zahlen nur gemeine naturen mit dem was sie tun. um so erhebender ist der anblick, wie der zuerst so heftige kampf zwischen den groſsen Engländern und Hermann sammt seinen schülern sich endlich auflöst in die anerkennung gegenseitiger ebenbürtigkeit und ergänzung. aber zum schwersten schaden für die tragikerkritik riſs ein früher tod die bedeutendsten englischen meister fort, und die schule zeigte sofort den verfall, indem sie mit famulusgeschäftigkeit jedes gedankenspänchen Porsons conservirte und consecrirte. England tritt von dem schauplatz gänzlich zurück, und erst in der allerneuesten zeit, wo die landschaftlichen unterschiede sich in eine internationale philologie fast ganz aufgelöst haben, regt sich neues leben, bezeichnender weise in denselben diametral entgegengesetzten richtungen wie auf dem continent, sowohl radical alles umstürzend, wie reactionär die errungenschaften der meister preisgebend.

Daſs das gebiet welches die englische philologie allein bearbeitete ein sehr enges war, wenn auch zum groſsen teile durch selbstbeschränkung, wird niemand mehr verkennen. die chorlieder fallen so gut wie ganz fort, denn ihre sprache geht in die atthis nicht auf. für die grammatik der Porsonschen schule waren sie also incommensurabel; man hielt sich in ihr ja auch von Pindar und, hierin hinter Bentley zurückweichend, von Homer fern. die metrik der lieder entzog sich dem empirischen constatiren des gebrauches, das im dialoge ausreichend war. freilich ist selbst im Homer mit denselben mitteln sehr viel zu erreichen; es ist dieselbe methode, mit welcher Im. Bekker und nach ihm viele bedeutende gelehrte den bann des schlendrians gebrochen haben. für die metrik der chöre findet man ansätze zu solcher observation bei Elmsley und Gaisford (zum Hephaestion); Seidlers buch *de versibus dochmiacis* beherrscht deshalb die texte heute noch, weil er weit mehr mit den Engländern beobachtet als mit Hermann systematisirt hat. auf diesem gebiete muſs die rechte nachfolge für Porsons vorrede zur Hekabe erst kommen. man wird aber nicht bezweifeln, daſs nach dieser seite die Porsonsche schule entwickelungsfähig war. aber nach einer anderen wichtigeren war sie es nicht. daſs mehr als zu sätzen geordnete attische wörter in den behandelten texten

stünden, scheint den grofsen grammatikern gar nicht zum bewufstsein zu
kommen. auch nur den gedankenzusammenhang zu erläutern versäumen
sie in ihren ausgaben so gut wie durchweg, und es ist bezeichnend, dafs
athetese und umstellung von versen sich in ihrer kritischen rüstkammer
nicht vorfinden. dafs es vollends gedichte sind, die sie behandeln, und
dafs die dichter menschen sind, für deren offenbarung sie die dolmetscher
sein sollten, davon trifft man das bewufstsein noch seltener. das historische gefühl ist äufserst fein, wenn es sich um ein wort oder eine construction handelt; weiter reicht es nicht. wer die rede liest, die Porson
bei der übernahme seiner professur in Cambridge gehalten hat, wird mit
grauen den scharfen kritiker jede hirnlose fabel weitergeben sehen, und
wird sich angesichts des trivialsten geredes über die poesie des Euripides
und den wert der Hekabe freuen, dafs der grofse sprachmeister über das
sprachliche sonst nie hinausgegangen ist. wertvoll ist an der rede nur
das geständnis, dafs ihm Euripides der liebste tragiker war, weil in seiner
sprache (d. h. im dialog; von den chören ist auch hier keine rede) *nativa
venustas et inaffectata simplicitas* enthalten sei. Porson war ein leidenschaft-
licher verehrer Shakespeares: wer den grofsen philologen lieb hat, wird
sich gern damit trösten, dafs er also doch für poesie als solche empfäng-
lich war: die attischen dichter hat er nur als meister der $\lambda\acute{\epsilon}\xi\iota\varsigma$ angesehen
und geschätzt.

Brunck.   Darin waren männer anderer nationen Porson überlegen, so wenig
sie den vergleich mit seinem scharfsinn und wissen aushalten mögen. der
liebenswürdige Elsässer Philipp Brunck hatte schon das voraus, dafs er
nicht von der zunft war, sondern als französischer kriegscommissar in
Giefsen von der liebe zur griechischen poesie für den dienst derselben
gewonnen wurde. was verschlägt es, dafs er niemals die sprachliche
sicherheit gewann, und deshalb sich gern an zweifelhafte aber für den
gebrauch bequem formulirte canones als autoritäten anschlofs? was verschlägt es auch, dafs sein name als vater von conjecturen nicht sehr
häufig unter unseren texten steht? ins weite hat er durch seine zahlreichen ausgaben, unter denen die tragiker allerdings nicht in erster reihe
stehn, mehr gewirkt als die esoterische lehre der Engländer. er lieferte
dem erstarkenden gefallen an der alten poesie die mittel, schon weil seine
sauberen geschmackvoll ausgestatteten bücher von einem eleganten sohne
des 18. jahrhunderts auch für elegante hände bestimmt waren. und ihm
war es immer gegenwärtig, dafs er poesie behandelte. er liefs sich aber
auch angelegen sein, das handschriftliche material zu beschaffen, und was
Paris davon bot, hat er erschlossen. so kam der codex 2712 für Sophokles,

die mehrzahl der aristophanischen stücke und einige euripideische zu seinem rechte. das war überall ein grofser fortschritt: im Sophokles war es die befreiung von dem triclinischen firnifs.

Das schulhaupt der zünftigen in gelehrtenstolz und gelehrtenbe- schränktheit sich wiegenden holländischen philologie, die seit Tiberius Hemsterhuys nicht ohne Bentleys einwirkung den Hellenismus wieder aufgenommen hatte, Ludwig Caspar Valckenaer war ein ganz anderer mann. von poesie war ihm wenig mehr als ein schimmer des französischen classicismus aufgegangen, aber er übertraf an wucht der gelehrsamkeit alle zeitgenossen, und wenn er auch in den commentaren den gelehrten kleinkram auslegte und deshalb dem spotte Porsons verfiel, so war das übel placirte doch meist wirklich wissenswertes und stets selbsterworbenes gut. die beiden berühmten ausgaben von Euripides Phoenissen und Hippolytos haben das verständnis dieser dramen nicht eben stark gefördert, und die conjecturale begabung und auch das stilgefühl Valckenaers war für die poesie nicht stark. aber indem er die scholien der Phoenissen mit heranzog, wies er auf ein wichtiges lange vernachlässigtes gebiet hin, und für die tragiker selbst hat er dadurch ein dauerndes, vergeblich von G. Hermann bestrittenes, verdienst, dafs er auf die interpolationen des euripideischen textes aufmerksam ward. der misbrauch, den das 19. jahrhundert mit diesem kritischen heilmittel getrieben hat und den es als besonderen schandfleck in der zukunft tragen wird, hebt das verdienst Valckenaers nicht auf, die tatsache, dafs der text der attischen dichter von stücken unberufener hand durchsetzt ist, zur anerkennung gebracht zu haben. doch die vornehmste bedeutung, weit über das greifend, was er selbst ahnte, hat sein bestreben gewonnen, aus den resten der verlornen dramen und den berichten über ihren inhalt wenigstens ein bild von dem verlornen wieder zu gewinnen. hier gieng es der gelehrsamkeit, welche die ganze weite der späteren litteratur durchmafs, endlich auf, dafs in dieser mehr zu finden wäre als ein sentenzchen oder die gegenseitige emendation von original und copie: sie fand den prüfstein der kritik, der das katzengold der tragikersprüche überführte, mit denen Juden und Christen für ihre dogmen propaganda gemacht hatten; sie überzeugte sich, dafs die splitter der zertrümmerten kunstwerke im schutte der nachwelt so zahlreich waren, dafs sie gesammelt und gesäubert für einzelnes wenigstens die restauration ermöglichten. es hat allerdings lange gedauert, bis Valckenaer auf diesem gebiete nachfolge erhielt, und sie kam nicht von streng philologischer seite. in Holland fand seine arbeit für die dichter überhaupt wenig nachfolge. als der grofse gelehrte, der ein jahrhundert nach ihm schulhaupt ward und als ein neuer Phrynichus die bürste eines unerbittlichen atticismus ergriff und so die texte der echten und der nach-ahmenden attischen prosaiker von den flecken der überlieferung und den spinneweben der beschönigenden commentare befreite, da hatten die attischen komiker einen starken nutzen davon; für die tragiker konnte der natur der sache nach nicht eben viel erreicht werden. ihre sprache läfst sich, auch abgesehen von den chorliedern, die überhaupt unberührt blieben, nicht über einen kamm scheren, und wo das am ehesten zu gehen schien und am meisten versucht ward, im euripideischen dialog, war der erfolg ein sehr mäfsiger, weil Euripides nicht in prosa geschrieben hat, am wenigsten in trivialer. neben oder vielmehr unter dem meister haben andere Holländer die conjecturenmache en gros um so schwungvoller betrieben als sie die palaeographische routine und das bequeme glauben an dogmen zur beflügelung hatten, und weder die last sachlichen wissens noch die bedenklichkeiten geschichtlicher oder philosophischer betrachtung ihre schritte hemmten.

Reiske.

Auf Deutschland sah Porson mit verachtung herab; er parodirte die alten verse des Demodokos sehr artig also *The Germans in Greek are sadly to seek, all, save only Hermann, and Hermann is a German.* man konnte es ihm kaum verdenken; nur einen können wir vor Hermann aufweisen, der an sprachkenntnis im ganzen keinem nachstand, an erfind-samkeit Porson und seine schüler alle (aufser Dobree vielleicht) übertraf, und auch in den tragikern, bei denen der rastlose wanderer auf seinem zuge durch die ungemessene weite mehrerer litteraturen doch nur kurz verweilt hatte, überraschend viel bleibendes geschaffen hat, obwohl ihm nie aufgegangen ist, was ein trimeter ist, und er der sprache manche unmöglichkeiten, vieles unerträgliche zugemutet hat: ein mann, dem die Chariten so wenig wie die Moiren je gelächelt haben, und der doch des geschickes durch eigene sittliche kraft herr ward, und für die edelsten kunstwerke durch seines geistes kraft mehr geleistet hat als die meisten verwöhnten lieblinge der Charis. Johann Jacob Reiske, den die perrücken von Leyden und Leipzig, die geheimderäte von Halle und die hofräte von Göttingen nicht aufkommen liefsen, der aber Lessing zum freunde hatte, steht allein als vertreter des Hellenismus in Deutschland, in das er so wenig hinein gehörte wie Winckelmann. man hat ihm erst nach dem tode sein recht gegeben. *quis hodie non contemnit Dorvillium, Reiskium non admiratur*, hat Cobet gesagt.

Die
goethische
zeit.

Reiske hatte selbst so gut wie keine nachfolge; es war ein menschen-alter später, dafs Porson seinen widerwillen gegen die deutschen Helle-

nisten aussprechen konnte. und doch wurzelt die philologie, die heute
und in zukunft allein eine existenzberechtigung hat, in dem was Deutsche
männer zu Reiskes zeit und in der folgenden generation geschaffen oder
begründet haben. Lessing verstand zwar, die wahrheit zu gestehen, recht
unvollkommen griechisch (die Lessingphilologen überschätzen es), hatte
auch speziell von den tragikern nachweislich nicht viel gelesen, und für
ihre besondere gröfse fehlte ihm aufser dem geschichtlichen verständnis,
das niemand erwarten wird, sogar die innere empfindung[9]); aber selbst von
seinem poetischen standpunkte aus, wo die poesie weit mehr als ein werk
des witzes erschien denn als werk der phantasie, erfafste er mit wunderbar
sicherem trefferblick eine reihe der grundwahrheiten, und vor allem rifs
er die hindernisse hinweg, die die barocke poetik vor die tragiker und
den Aristoteles gestellt hatte. er lehrte die musterbilder der poesie und
die regeln der poetik bei den Griechen selbst suchen. Winckelmann
ergänzte sein werk; er eröffnete endlich die schwesterkunst der attischen
dichtung dem verständnis, und bis auf den heutigen tag gilt es, dafs den
Aischylos keiner recht begreift, der nicht für die sculpturwerke der
attischen frühzeit ein herz hat, und dafs über diese nur stilistisches ge-
fasel redet, wem die verse nicht im eigenen wollaut zu herzen gegangen
sind. und Winckelmann gab mehr: er wies zuerst auf die sage als den
gemeinsamen born hin, aus dem dichter und künstler getrunken haben;
durch sein verdienst erscheinen die kunstwerke nicht mehr als etwas für
sich bestehendes und gemachtes, sondern als die gewachsenen blüten am
stamme der allgemeinen cultur des volkes. an Winckelmann und Lessing
setzte Herder an. er schärfte den blick sowol für das nationale wie
auch, und dies mit vorliebe, für das, was allen völkern unter ähnlichen
culturbedingungen gemeinsam ist; die poesie erschien nun als eine trotz
aller spaltung in mundarten dem menschengeschlecht gemeinsam ver-
liehene sprache. seine herzbewegende predigt machte die seelen der

---

9) Wer das hart geurteilt findet, der sehe im philologischen nachlafs an, was
Lessing gelesen und was er dabei notirt hat; von den vergleichungen mit Seneca
als einer jugendarbeit zu schweigen. Lessing hat freilich ein leben des Sophokles
geschrieben und zwar so wie es kein deutscher philologe damals konnte. aber er
gesteht so ziemlich selbst ein, dafs er dazu kam, weil der artikel Sophokles bei Bayle
fehlte, und er hat in Bayles art zwar sehr viel über Sophokles zusammengetragen;
der dichter als dichter ist indes in keiner weise zu seiner rechnung gekommen. es
war ein ganz unwesentlicher umstand, dafs das object der kritischen polymathie
zufällig ein attischer tragiker war. dafs der verfasser des Laokoon genau so zu der
bildenden kunst stand wie der verfasser der Dramaturgie zu Aischylos, kann wol
als zugestanden gelten.

modernen, in der dünnen luft des vernünftigen jahrhunderts blasirt gewordenen, menschen wieder naiv und kräftig um die frühlingsstürme, den
wüstenbrand, den urwaldhauch vertragen zu können, in denen die jugendliche menschheit die offenbarungen der naturrelligion empfangen haben,
aus denen alle und jede poesie erwachsen ist. nun drängten sich scharen
begeisterter jünglinge wieder zu dem borne der hellenischen poesie. und
einer war unter ihnen, der als jüngling bei dem meister gelernt hatte
die irdische brust im morgenrot zu baden, und es als mann vermochte
die poesie aus dem geiste und der wahrheit des Hellenentumes wieder-
zugebären. jetzt erst wurden die philologen inne, welche schätze sie zu
hüten, welches evangelium sie zu verkünden berufen sind. und für alle
zeiten steht es fest, daſs die philologie ihre pflicht gegen die hellenischen
dichter nur dann erfüllen kann, wenn sie dieselbe in goethischem sinne
auffaſst.

Es geschah aber die befreiung des poetischen empfindens und ver-
stehens wesentlich durch die wiedererweckung der homerischen poesie, und
im drama durch die Shakespeares. die attischen dichter übten daneben
eine verhältnismäſsig geringe macht direct aus, die wahrheit zu sagen,
weil sie zu schwer zu verstehen waren. die genialische art, mit der man
sich allenfalls des Homer bemächtigen konnte, versagte gegenüber einem
attischen chorliede, und die übersetzungen halfen wenig weiter. Goethe
hatte doch in Wetzlar ernsthafter griechisch getrieben als die meisten
seines kreises, und hatte an Theokrit und Pindar mehr als genippt (die
Goethephilologen unterschätzen das), aber um Götter Helden und Wieland
zu schreiben hat er die Alkestis beim pater Brumoy und nicht beim Euripides nachgelesen [10]). der Iphigenie sieht man es in ihrer italienischen
gestalt dann freilich an, daſs die wucht der trimeter der sophokleischen
Elektra unmittelbar auf sie gewirkt hat. seine Helena hat den Troerinnen
des Euripides nicht nur das eingangsmotiv und manches in den chorliedern entlehnt, sondern die kunstform der antiken tragödie war ihm
damals so sehr in der tiefsten bedeutsamkeit und in den äuſserlichsten
stilkennzeichen lebendig geworden, wie es nur durch die originale möglich

---

10) Es macht sich doch etwas possierlich, daſs Goethe von 'der königin der
toten, der geleiterin zum Orkus' redet, und diese gar 'das unerbittliche schicksal'
nennt, weil dem Deutschen das männliche geschlecht des Todes die wiedergabe von
la mort, cette orgueilleuse reine des ombres erschwert: an ἄνακτα τὸν μελάμπεπλον
νεκρῶν Θάνατον denkt er nicht. Brumoy hat sich selbst darüber ausgesprochen,
daſs er *la mort* gewagt hätte, wo die lateinischen übersetzer *orcus* gesetzt hatten
(II 84 der ausgabe von 1730).

ist. dachte er doch sogar daran, nicht nur den Prometheus, sondern selbst das sprödeste aller antiken dramen, die Hiketiden des Aischylos, durch nachdichtung des anschliefsenden stückes zu ergänzen. aber er vermochte all das wesentlich durch die intuitive kraft der congenialität. dies vorrecht war keinem zweiten gegeben; selbst Schiller ist es nicht gelungen mit irgend einer andern hellenischen poesie aufser Homer ein innerliches verhältnis zu gewinnen. es ist eben nicht anders: man konnte in Deutschland kein griechisch.

Griechisch zu können und lehren zu können, die schande von dem deutschen namen zu entfernen, die er noch in Porsons augen mit recht trug, das war die nächste und wichtigste aufgabe der philologie; an ein mehr als an der oberfläche tastendes oder zu allgemeinheiten in unsicherem fluge sich erhebendes verständnis der tragiker war vorher gar nicht zu denken. dies nächste und notwendigste geleistet zu haben ist Gottfried Hermanns verdienst. er konnte griechisch wie kein deutscher vor ihm, jeder spätere aber durch ihn, er durch eigene kraft aus dem lebendigen verkehre mit den schriftwerken. er lehrte viele generationen hinter einander griechisch, indem er sie wieder in den lebendigen verkehr mit den schriftstellern einführte, er übertrug auf sie das charisma seines geistes. das können war's, was ihn zum grofsen manne machte. gleich unempfänglich für den kribskrabs der imagination wie für den krimskrams der erudition gieng er geraden weges auf das zu, was er wiederholt als das ziel seiner philologie hinstellte, das verständnis des geschriebenen. rücksichtslos schüttelte er alles ab, was ihm diese einfache aufgabe zu stören schien. mit dem frischen wagemute des reiters, der dem Deutschen das ideal des mannes ist, hielt er sich an die husarenparole 'vorwärts'; ἁπλοῦς ὁ μῦθος τῆς ἀληθείας ἔφυ. darin lag das geheimnis seiner macht; darum kam er wider seine absicht von kampf zu kampf, und blieb zwar nicht immer sieger, aber immer unbesiegt. er strebte nicht nach herrschaft, bescheiden wie er war, wenn auch nicht wie die lumpe bescheiden, aber er herrschte tatsächlich mehr als ein menschenalter, liefs die philologie welche er vertrat bei seinem tode hauptlos zurück, und bestimmte speciell in den tragikern ihre geschicke weit über seinen tod hinaus.

Hermanns leben verlief fast ganz an dem ufer der Pleifse, und verleugnen kann er nicht, dafs er das wasser getrunken hat, von dem Schillers Flüsse unehrerbietiges erzählen. er steht dem sächsischen rationalismus so nahe, dafs er für alle offenbarungen Herders und dann der romantik, selbst als diese sich zur geschichtswissenschaft ausbildete, unempfänglich

ist. daſs er nicht in ihm versunken ist, dankt er der kantischen philosophie. aber dem geschichtlichen betriebe der wissenschaft ward er auch
durch diese nur noch mehr entfremdet. daſs ihm die grammatik nicht
genügte, welche er vorfand, war natürlich, da er die sprache wirklich
beherrschte. nun versuchte er ein neues system zu bauen. wir wohnen
noch in den trümmern desselben, aber wir wissen längst, daſs die sprache
als ein geschichtlich gewordenes der logischen distinctionen spottet, wissen,
daſs Madvigs verdammungsurteil über die bücher *de particula ἄν* ein ge-
rechtes ist, und daſs die wirklich wissenschaftliche behandlung der grammatik vielmehr mit Ph. Buttmann beginnt. der jammervolle zustand der
metrik, bei dem sich noch Valckenaer beruhigte, konnte Hermann ebenso
wenig genügen; sein eignes ohr lehrte ihn die rhythmen Pindars und
der tragischen lieder. so danken wir ihm, daſs diese als 'kunstwerke
wirklich erst wieder lebendig wurden. aber aus abstracten theoremen
über rhythmus und maſs kann niemals die verskunst einer concreten
sprache erläutert werden[11]). so weit wir nicht unsere seele an ebenso
abstracte und ungeschichtliche modernere theoreme verkauft haben, leben
wir auch in der metrik unter den trümmern des Hermannschen systems:
genügen konnte es schon den zeitgenossen nicht. aber wol muſs wieder
und wieder hervorgehoben werden, daſs Hermann einmal in seinem leben,
in der untersuchung über den Orpheus, zu der geschichtlichen verfolgung
einer erscheinung in ihrem werden und ihrem wandel aufgestiegen ist,
und daſs er mit dieser jugendarbeit in wahrheit sein höchstes geleistet
hat. es ist von Hermanns büchern das einzige das kaum gealtert ist.
ganz anders ist der eindruck, den man von den ältesten und zugleich
bedeutendsten abhandlungen empfängt, die in den opuscula stehen. wer
etwa sich in den strudel der meinungen gewagt hat, der zur zeit über
den dialekt der griechischen dichtungen auch einzelne verständige männer
fortreiſst, der wird mit sehr hohem interesse die abhandlungen lesen,

---

11) Wes man sich zu versehen hat, dafür eine probe *Elem. doctr. metr.* 516
quis credat non ausos esse Graecos hosce praeclaros numeros admittere

‿‿‿⏤‿‿‿⏤‿⏋‿ ⏤

‿‿‿⏋‿‿⏋‿‿⏋‿‿⏋‿ ⏤

quos Klopstockius usurpavit in his versibus
          da zu dem angriff bei dem waldstrom das kriegslied
          zu der vertilgenden schlacht und dem siege den befehl rief.
*credant hoc qui ab opinionibus quas semel conceperunt avelli se non patiuntur.
ego ita sentio de illius gentis ingenio, nihil ut eos in quo venustatis aliqua aut
sublimitatis laus esset intactum reliquisse putem.* der kritische grundsatz, der vorwurf vorgefaſster meinung gegen die gegner solcher schlüsse, die bewunderung der
papiernen versschemata: was ist das ärgste?

welche in wahrheit diese probleme aufgeworfen haben, *de Graecae linguae dialectis* und *de dialecto Pindari*; er wird es vielleicht pikant finden, dafs die erstere Heynes funfzigjähriges doctorjubiläum feiert und beginnt *Graecae linguae cognitio his temporibus paucorum quidem sed eximiorum hominum studiis eos progressus fecit ut doctrinae loco haberi posse incipiat,* und uns doch als eine schrift aus einer epoche der wissenschaft erscheint, auf deren standpunkt wir uns nur durch die stärkste historische abstraction zurückversetzen. der zu selbständigem denken gereifte mag in diesen schriften noch heute lebenskräftige keime entdecken; im ganzen sind sie wirklich veraltet. von Hermanns mythologie redet man aus pietät nicht. aber keineswegs veraltet, wenn auch leider am wenigsten gelesen sind Hermanns ausgaben der tragiker, zumal die ältesten, durch welche er rasch den primat auf diesem gebiete errang, so dafs es scheinen könnte, er wäre zu dieser stellung nur deshalb gekommen, weil in der tat kein concurrent da war[12]). entstanden sind die ausgaben euripideischer tragödien und auch die des Sophokles, welche neuauflagen der Erfurdtischen sind, aus dem praktischen bedürfnis, für Hermanns vorlesungen texte zu schaffen. es sind also ausgaben wie die Aristarchs: das substrat für das lebendige wort, welches der verfasser sicher war hinzufügen zu können. das gibt für die beschränkung der aufgabe eine zureichende erklärung; aber der leser hat nun wirklich nur einen teil von dem was Hermann gab, und da der kritische apparat für uns wertlos ist, auch nie wertvoll war, einen recht kleinen. es ist in der tat nicht sehr belangreich, ob er seine epikrise einer Elmsleyschen ausgabe in einer recension niederlegte, wie bei der Medeia, oder in einer ausgabe, wie bei den Bakchen[13]).

---

12) Als der junge Boeckh 1808 sein buch *de tragicorum Graecorum principibus* ausgab, widmete er es Hermann, obwol er keine persönlichen beziehungen zu ihm hatte, und einen gewissen gegensatz zu ihm um so mehr empfinden mufste, als er litterargeschichtliche fragen behandelte. Hermann aber galt schon als der oberste richter in sachen der tragiker, und hatte doch noch nicht viel über sie geschrieben und darunter manches sehr voreilige. Boeckhs buch ist anmutig geschrieben und stellt selbständig interessante probleme. in so fern ist es seiner ganz würdig. aber positiv hat es wenig gefördert und zeigt namentlich verglichen mit den gleichzeitigen platonischen arbeiten, dafs die poesie kein feld für den grofsen forscher war.

13) Hermann spricht das in der vorrede seiner Bakchen offen aus. sie enthält im übrigen nichts als eine lange untersuchung über die weglassung des augments im trimeter. also kann sich Goethe nicht, wie Jahn meint, auf sie beziehen, wenn er am 19. oct. 1823 an Hermann schreibt (Goethes briefe an Leipziger freunde[2] 338) "auch haben wir (er und Riemer) schon diese würdige den poetischen sinn vollkommen durchdringende vorrede zusammen angefangen". vorrede wird programm bedeuten und anf das von 1823 *de Aeschyli Nioba* gehen.

als er dann sich an eine ausgabe des Euripides in grofsem stile machte,
erschien freilich die erklärung reicher, und die einleitungen giengen aus-
führlich auf die poetische würdigung des kunstwerks ein, allein er gestand
halb und halb zu, dafs er doch nur erklärte, entweder warum er nicht
änderte, oder warum er änderte, mit anderen worten, der zweck der
ausgabe blieb die textkritik. wenn die gedichte nicht verdorben wären
oder wenigstens dafür gehalten würden, so würde Hermann sie nicht
herausgeben. und wie er es mit der κρίσις im antiken sinne hielt,
haben die einleitungen besonders deutlich offenbart. was der tragiker tut,
ist, dafs er sich einen stoff sucht, geeignet furcht und mitleid zu erregen,
und den nach den gesetzen oder dem herkommen seiner kunst behandelt[14]).
das wird verschieden sein, wenn es Euripides und wenn es Goethe ist,
aber sie sind doch ohne weiteres concurrenten. es sind zuweilen sehr
lebens- und beherzigenswerte auslassungen, nicht blofs um des mannes
willen, der Goethe zu erbauen verstand; aber wer wollte leugnen, dafs
schon die damalige geschichtswissenschaft mehr fragen mufste und mehr
beantworten konnte?

Die hermannische philologie ist noch durchaus die antike, oder vielmehr wieder die antike, denn er schliefst sich weder bewufst noch durch
tradition an die definition des Dionysios Thrax an. aber er hätte sein
eigenes ziel nicht besser bezeichnen können. und wenn diese philologie
schon zu den zeiten des Dionysios Thrax oder besser des Aristarch eine
beschränkte war, und in ihrem abfalle von der aristotelischen wissenschaft
sich der beginnende verfall offenbart, wie viel minder mufs dieselbe jetzt
genügen, wo sich die philologie vielmehr aus aristarchischer beschränkung
zu aristotelischer universalität gehoben hat. aber wie trotz alledem
Aristarch in seiner bedeutung unverkleinert dasteht, so wird es mit
Hermann bleiben. sie sind keine *maestri di color che sanno*, aber sie sind
meister: man kann sehr leicht sagen was sie nicht sind, aber man genügt
sich nicht, will man so oder so versuchen zu sagen, was sie sind, und
könnte man's, dem leser würde es nicht viel helfen. das will selbst erlebt

---

14) Eur. tragoediae ed. G. H. I p. XII der vorrede zur Hekabe. dort auch die
ganze vorrede zur taurischen Iphigeneia nachzulesen. wie triviales dabei heraus-
kommen konnte, sehe man in der vorrede zur Helene, *haud optima haec tragoedia
est . . . . quod nec gravis metus in ea nec magna miseratio est*, und in den correcturen für die führung der dramatischen handlung in der vorrede der Phoenissen.
hier wird das gedicht im ganzen an das kreuz der plumpen regel geschlagen, wie das
versmafs durch die forderung der auf sylbe und sylbenlänge congruenten responsion
in den chören.

sein. wenn man sich den kopf wirr gemacht hat, indem man alles gelehrte und verkehrte zeug über eine controverse stelle gelesen hat, und
dann den echten sprachkenner ohne viel federlesens den nagel auf den
kopf treffen sieht; wenn man sich durch irgend einen geistreichen blender
hat fangen lassen, und dann mit einem worte, etwa lediglich durch eine
übersetzung der textworte oder der conjectur, die hohlheit als solche
blofsgestellt wird; wenn man etwa im Pindar von der schaumschlägerei
und geheimniskrämerei der exegeten übelkeit empfindet, und sich durch
einen gesunden nüchternen trunk wiederherstellt: dann spürt man den
hauch des hermannischen geistes. und so soll denn jeder an ihm lernen
wie an Aristarch, lernen trotzdem er weifs, dafs er nicht auf ihrem standpunkt beharren darf, und dafs wer das tut, ganz gewifs keinen hauch
von ihrem geiste verspürt, geschweige denn empfangen hat.

Wenn man sich vorstellt, dafs jemand in einer kommenden zeit Welcker.
ohne jede kenntnis von den tatsächlichen beziehungen blofs nach dem
eindruck, der von der gesammtleistung der grofsen männer bleiben wird,
eine vermutung wagen sollte, ob Hermann oder Welcker eine nahe beziehung zu Goethe gehabt hätte, dann würde der wol ohne zaudern Welcker
nennen. denn wenn wir Goethe an der hellenischen sage fortdichten
sehen, mit der freiheit aber auch mit dem innerlichen verständnis und
der congenialität der attischen tragiker, so ist es Welcker gewesen, der
das verhältnis bewufster freiheit und unbewufster gebundenheit, in welchem
der künstler zu dem volkstümlichen lebendigen stoffe steht (der also mehr
als stoff ist), erkennen gelehrt hat. wir sehen denn auch, dafs wol Welcker,
aber nicht dafs Hermann für Goethes Pandora das rechte verständnis hat.
Goethes Winckelmann stellte den ἥρως κτίστης der geschichtlichen alter-
tumswissenschaft in seiner überwältigenden gröfse einem geschlechte vor,
das seiner zumeist vergafs. Welcker ist es, der mehr als irgend ein
anderer die gesammtleistung Winckelmanns fortgesetzt und weitergebildet
hat. Goethes Winckelmann ist die erste biographie in hohem stile, welche
das wirken des individuums sowohl als individuelles wie auch als eines
gliedes in der allgemeinen culturentwickelung zur anschauung bringt.
Welcker hat es geleistet, manche persönlichkeit, die als individuum schatten-
haft bleibt, wiederherzustellen, indem er ihren platz in der gesammtentwickelung aufzeigte und danach ihre bedeutung schätzen lehrte. die
weltanschauung, welche Goethe um die wende des jahrhunderts in sich
vollkommen ausgebildet hatte, hat schwerlich jemand so rein aufgefafst
wie Wilhelm von Humboldt, und dieser wieder hat durch sie Welckers
wissenschaftlichem streben die weihe gegeben. man sollte meinen, dafs

schon allein durch die persönlichen beziehungen das in der natur ihres
wesens begründete verhältnis zwischen Goethe und Welcker hätte herbeigeführt werden müssen. und doch ist dem nicht so. nur als einen ver-
mittler dunkeler speculationen Zoegas hat Goethe Welckern aufgefaſst;
er ist ihm als ein genosse Creuzers erschienen, und gegen dieses licht,
das heute längst erloschen unbegreiflicher weise damals seinen qualm
für stralen ausgeben durfte, würde Goethe unwillig die augen geschlossen
haben, auch wenn er nicht mit Hermann in erfrischende persönliche
berührung getreten wäre.

Das verhältnis Welckers zu Goethe ist aber nicht ein zufälliges, sondern
es hat typische bedeutung. Welcker ist bis in die vierziger jahre hinein
eine stimme in der wüste geblieben; selbst die ihm näher zu stehen
schienen, Boeckh Dissen O. Müller, zeigen in wahrheit durchaus nicht
eine gerechte würdigung. J. G. Droysen ist vielleicht der einzige bedeutende mann, der die rechte jünglingsbegeisterung für die aischyleischen
offenbarungen gehabt hat. und es ist erst sehr allmählich anders geworden;
denn äuſserliche huldigungen haben geringen wert. als Nauck seine sammlung der tragikerbruchstücke machte, konnte er die Welckerschen tragödien und ebenso die arbeiten seiner nachfolger, z. B. O. Jahns, so gut wie
unbeachtet lassen: für die exacte wissenschaft durften träume nicht in
betracht kommen. wenn dies buch also, das unerreichte muster von
gelehrsamkeit und sorgfalt, verfaſst von einem manne, der über die schul-
gegensätze und die schulbeschränktheit erhaben ist, über das wirken
Welckers zur tagesordnung übergeht, so liegt es am tage, daſs die philologen im engeren sinne Welcker bei seinen lebzeiten überhaupt nicht
gewürdigt haben. eine macht ward er vielmehr erst durch die steigende
bedeutung der archaeologie, obwol er in der erklärung des einzelnen und
auch in der errichtung groſsartiger gebäude von vermutungen schwerlich
mehr finderglück hier wie dort gehabt hat. namentlich die neidlose
bewunderung, mit welcher Otto Jahn seinen spuren folgte, hat vielen
jüngeren die augen geöffnet, und es kam bald dahin, daſs die phantasie-
bauten des epischen cyclus und der griechischen tragödien von sorg-
loseren erklärern unbesehen an stelle der verlorenen gedichte verwandt
wurden. aber es war etwas besseres als diese trägheit und auch als das
mahnwort eines verständnisvollen lehrers, was die archaeologie empfäng-
licher machte: der gute geist Winckelmanns lebte in ihr, der ihr den
blick für die wechselbeziehung von poesie und bildender kunst mitgegeben
und sie von vorn herein zu einer geschichtlichen wissenschaft gebildet
hatte, was die betrachtung der poesie erst werden sollte, oder vielmehr

noch immer erst werden soll: denn es fehlt noch immer viel, daſs die litteraturgeschichte von Welckers geiste durchleuchtet sei, mag es auch niemand mehr zu bestreiten wagen, daſs er einer der heroen der deutschen philologie ist.

Aber Welcker war ein schlechter grammatiker, und begab sich doch gern auf das gefährliche gebiet. seine sprachkenntnis hat der sicherheit stets entbehrt, und das kann auch die groſsartige belesenheit nicht ändern, in welcher er Hermann unendlich überlegen war und wol nur Lobeck nachstand. und Welcker war und blieb auch in der historischen methode unsicher und gab auch nach dieser seite blöſsen, welche selbst das blöde auge leicht entdeckte, das dem adlerblick nicht zu folgen vermochte, der nun einmal nur aus wolkiger höhe herab richtig sah. so konnte er nirgend mit Hermann zusammengeraten, ohne daſs dieser triumphierte, weil er sich nur an die greifbaren gegenstände hielt. die Prometheus-trilogie hat er dem gegner freilich noch in letzter stunde zugegeben: bezeichnend für die sinnesart der edlen gegner, von denen mit recht gesagt ist, daſs sie nur durch äuſsere zufälligkeiten in so erbitterte fehde geführt sind, bezeichnend auch deshalb, weil heute als ausgemacht gelten darf, daſs der erhaltene Prometheus doch ein erstes stück gewesen ist, aber allerdings der fackelträger (denn das ist πυρφόρος), wenn auch als letztes, zu derselben trilogie gehört hat. Welcker hatte zuerst zu wenig, zuletzt zu viel glauben gefunden. was aber mehr wert hat als die äuſsere tatsache, das verhältnis der aischyleischen dichtung zur religion und zu der überlieferung welche sie voraussetzt, darin harrt Welcker noch des rechten nachfolgers; Hermann konnte seinen gedanken überhaupt nicht folgen.

Die bedauerliche schärfe erhielt der gegensatz zwischen Hermann und Welcker durch den gleichzeitigen streit Hermanns mit Boeckh und O. Müller, welcher zwar unvermeidlich und für das wol der wissenschaft notwendig war, aber von allen seiten mit unberechtigter φιλονιχία, von Hermann und Müller nicht ohne φιλονειχεία, von den trabanten mit stumpfen und gar mit vergifteten waffen geführt ward. notwendig war die auseinandersetzung zwischen Hermanns aristarchischer grammatik und der philologie, welche Boeckh im sinne von Aristoteles und Scaliger als der rechte mann betrieb, den rahmen zu füllen, den F. A. Wolf auf-gespannt, aber selbst leer gelassen hatte. und notwendigerweise muſste die wissenschaft über die τέχνη siegen. die inschriften sind hier das wichtigste streitobject. daſs Hermann in vielen einzelnheiten begründete ausstellungen machte, wissen wir und soll unvergessen sein; den wesent-lichen fehler, die vernachlässigung der recensio, hat er nicht gerügt. jetzt ist das alles erledigt und längst gras darüber gewachsen. notwendig war es aber auch, daſs auf Hermanns eigenstem gebiete, der dichtererklärung, mehr erstrebt und geleistet würde, als er es tat. es war bezeichnend, daſs selbst von seinen namhaften schülern nur Seidler in seinen trefflichen Euripidesausgaben genau in die spuren Hermanns trat. Lobeck machte den commentar zum Aias zu einem stapelplatz für die reichste und erlesenste grammatische gelehrsamkeit, doch wieder etwas in die holländische weise einlenkend, so daſs der gegenstand der erklärung ihm und dem leser gänzlich aus den augen kommt, das gedicht als solches überhaupt vergessen ist. ein anderer schüler, der sich freilich früh emancipirte, Reisig, empfand das bedürfnis einer wirklich in den gegenstand eindringenden erklärung, kündigte nicht ohne ruhmredigkeit eine neue art commentar zum Oedipus auf Kolonos an, und gab eine *enarratio*, die sich zuweilen in lateinische und deutsche nachdichtung verlor. aber diese verse waren schlecht, und die leistung im ganzen gering; wie denn auch die metrischen und sprachlichen finessen, welche Reisig in den attischen dichtern aufzuzeigen versucht hat, ziemlich unfruchtbar geblieben sind. in helle flammen schlug der kampf um die rechte tragikererklärung erst auf, als O. Müller die Eumeniden griechisch und deutsch erscheinen lieſs (Göttingen 1833) und in der vorrede unverblümt zu verstehen gab, daſs dies etwas höheres sein sollte, und daſs ihm Hermann das verständnis von gedankenzusammenhang und plan irgend eines werkes der alten poesie nicht zu besitzen schiene. das hieſs den handschuh hinwerfen, und daſs Hermann keinen liegen lieſs, wuſste Müller sehr gut. Hermanns verurteilung des Dissenschen Pindar hatte ihn besonders gereizt, weil Dissen sein wolwollender kränklicher furchtsamer lobesbedürftiger und verwöhnter college war, aber den drang zu einer solchen auseinandersetzung trug er längst im herzen. er wollte den krieg, er erhielt ihn, aber er ist nicht sieger geblieben. ein halbes jahrhundert ist seitdem vergangen; es ist an der zeit, nicht zu gericht zu sitzen, aber wol das verdict zu formuliren, welches ἄκων ὁ παγκρατὴς χρόνος gefällt hat. O. Müller verfocht eine gute sache, denn die wissenschaft kann sich nicht genügen lassen an dem was Hermanns dichtererklärung leistete. er hat auch in den Eumeniden viel schönes vorgetragen, was Hermann offenbar nicht zu verstehen wuſste; was hier über blutrache blutsühne blutrecht vorgetragen ist, ist ein grundpfeiler geworden für das gebäude hellenischen rechtes und hellenischer religion, an dem nur wenige fortgebaut haben, niemand glücklicher. aber dazu brauchte er die Eumeniden nicht herauszugeben, und das hätte er lassen sollen, einfach weil er es nicht konnte. sein text, seine übersetzung, seine kritischen bemerkungen lieferten Hermann den deutlichen beweis, daſs die gegnerische schule das nicht besaſs, was er mit recht als die vorbedingung jedes verständnisses ansah, die herrschaft über die sprache und das versmaſs. und der stimmstein der Athena lieferte den beweis, daſs denn doch wichtige fälle eintraten, wo das verständnis des gedankenzusammenhanges und planes bei dem war, der angeblich über notengelehrsamkeit nicht hinauskam. das schlimmste aber war, daſs O. Müller das buch nicht bloſs deshalb geschrieben hatte, weil es die Muse ihm eingab, sondern mit einer persönlichen polemischen tendenz; es konnte nicht ausbleiben, daſs so die böse Eris auch über den gegner macht erhielt: wer die reihe der streitschriften mustert, wird mit bedauern erkennen, wie viel ungerechtes und unverantwortliches von beiden teilen vorgebracht ist.

Der fluch dieses streites lastet bis auf den heutigen tag auf der tragikererklärung; nicht wegen jener persönlichen bitterkeiten, denn die haften kaum noch an den personen, sondern weil der ausgang die notwendige entwickelung der wissenschaft störte. der versuch, die tragikererklärung über einen wissenschaftlich nicht mehr berechtigten standpunkt zu erheben, war gescheitert. sie blieb also zunächst in dem alten geleise. das bedürfnis der erklärung machte sich zwar für die schule und die anfänger immer wieder fühlbar, aber die versuche die gemacht wurden galten doch nur als etwas untergeordnetes, und zumeist waren sie es auch. so insbesondere die erklärende ausgabe des Sophokles, welche Schneidewin in den funfziger jahren versuchte, ein überaus viel gelesenes buch, das in den händen von A. Nauck freilich einen hervorragenden kritischen wert erhielt, ohne daſs doch die grundlage verrückt wäre, und Schneidewin verdient zwar hohes lob für das was er gewollt hat, aber auch nur für den willen. für die erklärung des Aischylos ward nur untergeordnetes geleistet; von Euripides gab H. Weil zwar zu 7 tragödien einen geschmackvollen commentar, aber er beschränkte sich selbst durch die rücksichten der schule, so anmutig sein buch auch ist. und ungestraft dürfen sich leute auf den plan wagen, deren erklärung zeigt, daſs sie auch nicht 30 verse hinter einander zu verstehen im stande sind: so die meisten ausgaben, die jetzt auf den markt kommen [15]).

---

15) Für den Herakles speziell ist nach der Hermannschen ausgabe, die eine gehaltvolle recension von Elmsley erfuhr, ein versuch einer freilich ausschlieſslich grammatischen erklärung von Pflugk gemacht (1841), in welcher jedoch auch das sprachliche viel zu wünschen übrig läſst. die neubearbeitung dieser ausgabe ist flüchtige fabrikarbeit, billig und schlecht, hier und da ein zusatz textkritischer art,

Hermann selbst hat wider seinen willen stark zu dem einreifsen
völliger zuchtlosigkeit beigetragen; wie so viele grofse kritiker, Bentley
an der spitze, ward er im alter immer gewaltsamer. auch ihm erschienen
immer mehr metrische gesetze, die er in wahrheit selbst gab, für die
dichter verbindlich; immer stärkere anomalieen mutete er der sprache zu.
es ist nur menschlich, dafs die form, welche sich der einzelne nach jahre-
langem sinnen subjectiv als befriedigend festgestellt hat, ihm allmählich als
objectiv wahr erscheint. die wissenschaft hat zeit, aber der mensch nicht,
und wem die probleme ein langes leben am herzen liegen, der mag nicht
von den ungelösten scheiden. im gefühle seiner eigenen bedeutung wirft er
dann das persönliche meinen in die wagschale, und die liebenswürdige pietät
für das lebenswerk eines grofsen mannes läfst die rein sachliche schätzung
zurücktreten. als nach Hermanns tode sein Aischylos ans licht trat, hatte
er freilich für jeden rechten philologen einen unschätzbaren wert; hat
ihn doch Welcker nicht ohne tränen in die hand genommen; aber das
ist ein pretium affectionis. in wahrheit besteht Hermanns gröfse trotz
diesem, nicht durch dieses buch. es ist nicht wahr, dafs er etwa eine
kühne restitution οἷον ἂν γένοιτο gegeben hätte, denn sehr vieles was
da steht, hat weder Aischylos noch überhaupt ein Athener sagen können.
kommt es doch in folge der ungenügenden diplomatischen kritik sogar vor,
dafs Triclinius statt der überlieferung als ausgangspunkt genommen wird.
die metrische gestaltung wird fast nie begründet, oder es stehen doch
machtsprüche statt der gründe; häufig ist die responsion sylbe für sylbe
willkürlich erzwungen; nichts als spielerische willkür ist die verteilung
der chorpartieen unter die personen, und der procentsatz der gelungenen
conjecturen ist keinesweges ein günstiger. kaum minder verderblich ist
die grofse zahl ganz unglaublicher härten, welche die erklärung dem
dichter und leser zumutet. so steht es. und der erfolg ist nicht ausgeblieben, dafs die masse sich auf die unglücklichen texte stürzte und
sie zerrifs und zerfleischte, weil man allerdings nicht Hermann zu sein
braucht um so mit einem gedichte umzugehen.

Irrwege und
irrwische.   Von dem menschenalter, welches auf G. Hermanns tod folgte, ist
es schwer anders als mit dem zorne zu reden, der M. Haupt sein köst-
liches Elektraprogramm (op. II 286) eingab. in der sintflut von conjecturen drohten in der tat die tragikertexte völlig zu ertrinken. wenn
man sich das treiben ansieht, seine vielgeschäftigkeit, seine selbstgefällig-

---

darunter vereinzeltes richtige, was offen am wege lag. zu einer wirklichen erklärung
dieses wie einer ganzen reihe von dramen ist bisher auch noch nicht einmal der
grund gelegt.

keit und seine erfolglosigkeit, so kann man ein grauen nicht verwinden, und man begreift, daſs diese manier die philologie in allgemeinen miscredit gebracht hat. wenn diese conjecturerei ihr ziel wäre, so müſste man keinen tag säumen, zu einem ehrlichen handwerke überzugehen. die tragikertexte sind maſslos verdorben, das war die praemisse, die man als axiom hinnahm; beweisen konnte man sie freilich damit, daſs man die tragiker tatsächlich nicht zu verstehen vermochte. vor diesem greuel der verderbnis schwand der wert der recensio: das war ja die tücke der überlieferung, daſs sie so einheitlich war, das hieſs, in dem notorisch falschen übereinstimmte. also giengs frisch mit kühnem sprunge zur emendatio: zu der aber war jeder knabe berufen, und bald war es guter ton, mindestens in den thesen der doctordissertation eine oder die andere tragikerstelle zu heilen. und war es mit dem heilen auch meist nichts, so blieb doch das bewuſstsein, eine verderbnis entdeckt zu haben. denn wo nur erst einer anstoſs genommen hatte, da kam der zweite, sah daſs des vordermannes einfall windig war, muſste also einen eignen an seine stelle setzen, und dann kam der dritte, und so fort ohne grazie in infinitum. und da errichteten die zeitschriften für die kurzdärmige vielgeschäftigkeit ihre bedürfnisanstalten, und da kamen die recensionen, die den wert der ausgaben nach der zahl der conjecturen bemaſsen, und das verkehrte wenigstens anregend, das meinen ins blaue geistreich fanden, und die jahresberichte, welche die conjecturen auszogen, so daſs man die bücher nicht mehr zu lesen brauchte. denn die conjectur war selbstzweck geworden. und wie fein war es bestellt, daſs nun jeder sich selbst wahren konnte, oder doch durch die cumpane gewahrt wuſste, was an der conjectur das köstlichste ist, die priorität. denn es bildete sich zwar in Holland der comment, du brauchst überhaupt nichts zu kennen noch zu wissen, was deiner conjectur oder ihrer veröffentlichung hinderlich ist, in Deutschland aber der, du brauchst zwar den schriftsteller, in dem du conjicirst, nicht gelesen zu haben, geschweige denn andere, kannst dir auch die belegstellen, die grammatischen und metrischen regeln und beobachtungen, überhaupt jedes wissen, dessen du bedarfst (viel wird es ja nicht sein), ohne wort und ohne dank hernehmen, wo du es findest: aber darum hast du dich zu kümmern, ob nicht compare so und so dir in der conjectur zuvorgekommen ist, sonst befährst du den vorwurf des diebstahls. in seiner ganzen strenge wandten das freilich nur einzelne auserlesene an, die in bibliotheken die staubigsten scharteken durchsuchten, von stolz geschwellt, wenn sie einem Porson eine priorität rauben konnten. im ganzen galt der comment wesentlich für die lebenden. denn die befriedigung der eignen eitelkeit, die betätigung des eignen scharfsinns, wenns hoch kommt, der triumph der methode, das ist doch der zweck des kritischen bestrebens. der dichter ist längst ein stiller mann und hat seinen ruhm: aber das moderne menschlein will den seinen erst haben, und wahrhaftig, gönnen kann man ihm das licht, das räumlich und zeitlich eine conjectur ausstrahlt. freilich sollte sie dazu eigentlich richtig sein. aber ob sie das ist, wer weiſs es? die wahrheit überhaupt — was ist wahrheit? wenn die echte doch nicht erreichbar ist, nimmt man die provisorische. ja wol, zu der entsetzlichsten unsittlichkeit führt dieses getriebe in seiner letzten consequenz. unzweifelhaft waren davon die meisten weit entfernt, die sich am Sophokles vergiengen, harmlose knaben, μειρακύλλια ἃ φροῦδα θᾶττον ἦν μόνον χορὸν λάβῃ, ἅπαξ πρόσ-ουρήσαντα τῇ τραγῳδίᾳ. und im grunde war es auch noch harmlos, wenn ab und an ein grauer knabe die regenwürmer, die er in einem langen leben gefunden, in tönnlein sammelte und als schätze auf den markt brachte. den meisten kam im ernste des lebens die ernüchterung; freilich übertrugen sie dann den ekel an dem eitelen spiele zumeist auf die wissenschaft, der so ihre arbeit verloren gieng. aber es fehlt nicht an beispielen dafür, daſs solche, die wol die fähigkeit gehabt hätten, nützliches zu wirken, erst den charakter und dann das talent eingebüſst haben. und ein solcher kann unendlichen unsegen stiften.

Daſs die gegenwart fruchtbarer wäre, ist kaum zu behaupten; aber wol darf man das hitzige fieber der änderungswut als überwunden ansehen. die mode hat gewechselt; die überfülle selbst hat ekel erzeugt. als die ausgabe von Sophokles Elektra, welche Haupt zu seinem zornausbruche veranlassung gegeben hatte, in dritter auflage erschien, war es praktisch undurchführbar, alle conjecturen unter dem texte unterzubringen; sie wurden in einen anhang gesperrt, und man vermiſst nur die motivirung des herausgebers *ab ipso libelli possessore, si offendant, ut rescindantur,* wie Schmeller sagte, als er die anstöſsigen stellen der Carmina Burana auf dem letzten Blatte abgesondert druckte. so harmlos sind die Sophoklesconjecturen nicht, aber sie sind nun im Orcus, und in den steigt nicht so leicht einer hinab. wer einen text fertig stellt, der wird noch eine weile sich umtun, ob er für die abweichungen von der überlieferung, die er nötig findet, einen fremden namen nennen soll, und er wird das gern tun, auch wenn er die verderbnis aus eigener kraft erkannt und gehoben hat [16]); er wird aber auch nicht vergessen-

---

16) Ich habe, als ich meine ausgabe des Agamemnon für den druck fertig stellte, an 30—40 stellen eine eigene conjectur an einen andern namen abgetreten;

daſs er die verantwortung für den ganzen text trägt, mag er von der
überlieferung abweichen oder nicht, und daſs es nur eine mode ist, daſs
wir in einer textausgabe die urheber der einzelnen gedanken nennen,
wenn sie eine abweichung vom überlieferten einschlieſsen, während wir
die verteidiger und retter der überlieferung verschweigen und z. b. eine darstellung staatsrechtlicher oder geschichtlicher oder grammatischer art rein
sachlich halten. über kurz oder lang wird sich auch manches ändern;
mancher name wird bald ein leerer schall sein, und vielleicht ist der tag
nicht so fern, wo wir alle, groſse und geringe kritiker, unter einem
collectivnamen zusammengefaſst werden, wie die Itali in der kritik latei-
nischer dichter. denn wir sind dazu da, das gedächtnis der groſsen dichter
lebendig zu erhalten, nicht das unserer collegen noch das eigene.

Das conjecturenmachen ist also aus der mode gekommen, und so
viel feines und wahres die führenden männer auch gesagt haben, die
diesen umschwung inaugurirt haben, so darf man doch mehr als ihrer
lehre dem zuge der zeit diesen erfolg zuschreiben, um so mehr als sich
sofort die entgegengesetzte gefahr gezeigt hat, das kalte fieber der reactionären verteidigung des überlieferten, weil es nun einmal überliefert ist
oder scheint. diese gefahr ist jetzt die dringendere und wird es noch
mehr werden; schon kann ein aufmerksamer beobachter merken wie
die führer, d. h. in wahrheit die sclaven der "öffentlichen meinung"
sich anschicken, farbe und gesinnung zu wechseln, und die moderne
rhythmik verwendet ihre kautschukparagraphen schon zur rettung metrischer ungeheuer. auf dem spiele steht nicht weniger als der ganze
gewinn der Porson-Hermannschen periode, sowol auf metrischem wie
auf sprachlichem gebiete: wenn καίτοιγε dem fünften jahrhundert zugetraut wird, wenn dem Euripides unterstellt wird optativ und con-
junctiv in demselben finalsatz gebraucht zu haben, und dem Sophokles
vollends δρόμων διαύλων πεντάεϑλ' ἃ νομίζεται als iambischen trimeter ausgegeben zu haben, so muſs man darauf gefaſst sein, für die
berechtigung der analogie und der conjectur fechten zu müssen. das
liegt vollends im wesen jeder reaction, daſs sie als solche nur in der
negative heilsam wirken kann: neues leben schafft sie nicht, neue gedanken liefert sie nicht, und deren bedarf die tragikerkritik. schon vor

---

darunter manche, die mir gehört haben würden, wenn ich es mit der veröffentlichung
eiliger gehabt hätte. das gehörte sich so. an 2 oder 3 stellen habe ich einen vorgänger nicht gekannt, und das ist mir zum verbrechen gerechnet. das gehörte sich
auch so.

25 jahren vermochte Haupt wol den bannstrahl wider die verkehrtheiten zu schleudern, aber neue ziele wufste er nicht zu zeigen. und worin zeigte sich die unfruchtbarkeit einer periode deutlicher, als wenn die, welche die fahne vorantragen sollten, nur abkehr und umkehr predigen. dann sind die andern persönlich entschuldigt, welche einem rufe auch auf abwege folgen, der sie zu neuen herrlichen zielen zu weisen verspricht. und solche rufe wurden und werden freilich zahlreich erhoben, mag auch der glaube den sie finden minder vertrauensselig geworden sein.

Jene zeit des schrankenlosen subjectivismus und der zertrümmerung, ja zerfaserung der überlieferten kunstwerke zeigt gleichzeitig einen fast mystischen zug zum abstracten construiren und eine überraschende leicht-gläubigkeit gegen die hirngespinnste der mitlebenden. nichts altes respec-tirte diese im vollgefühle moderner überlegenheit stolzirende kühnheit: und doch war sie geschäftig, gesetze zu entdecken und der überlieferung aufzuzwingen. eine tausendjährige tradition wog ihr federleicht vor dem gesetze von ehegestern. es galt das weit über die kreise der tragikerkritik, ja der kritik überhaupt hinaus. man erinnere sich, dafs ein tektonisches system fast in allen für griechische baukunst empfänglichen kreisen die herrschaft errang, welches jedes geschichtliche begreifen vor der construction a priori zurücktreten liefs und die kühnheit so wenig wie unsere interpolationssucher entbehrte, die tatsachen der überlieferung, z. b. die entasis des Parthenonstylobates, lediglich durch den modernen willen zu beseitigen. wir haben die auguraldisciplin wieder aufleben sehen und den himmel in quartiere teilen, auch den griechischen, und die tempel nach den geburtstagen der götter orientiren sehen — die ohne oder auch wider die überlieferung gefunden wurden. auf dem gebiete der grammatik steht der kampf zwischen geschichtlicher betrach-tung, dumpfem traditionsglauben und neuen täglich wechselnden aus-nahmslosen gesetzen noch in voller hitze. eine neue metrik oder, was vornehmer klingt, rhythmik ist ersonnen, aufgebaut auf angeblich ewige d. h. moderne musicalische principien, angehängt an einen geduldigen namen von altberühmtem klange, ausgestattet mit einer volltönenden fremd-artigen terminologie und dem anspruche auf ein tieferes kunstverständnis; die concrete aufgabe der textgestaltung war so hohen strebungen zu untergeordnet, und die neue weisheit allerdings vage genug, sich mit den auf ganz andern principien aufgebauten texten Hermannischer zeit leidlich zu vertragen. wieder ein anderer berühmter name, aus altersgrauer ver-gangenheit, ist aufgegriffen, zum träger eines systems gemacht, welches in überraschender weise den schlüssel zu der composition elegischer

lyrischer tragischer gedichte geben soll. es ist in wahrheit ein ärmliches
schema (a b c b a mit geringen variationen), und dichter, die sich diesem
joche gefügt hätten, würden kaum den namen verdienen; aber es liefert
ein so treffliches surrogat des individuellen verständnisses, daſs immer
neue bekenner der poetischen chrie aufstehen. die symmetrie, welche
in den erzeugnissen namentlich der archaischen kunst vor aller augen
lag, ist nicht nur mit feinem sinne verfolgt, sondern hat anstoſs gegeben
zu einer reihe von entdeckungen auf verschiedenen gebieten, welche sie
auf eine concrete formel bringen wollen; dazu schickt sich am bequemsten
die rohe sinnfällige arithmetische, und so entsteht die lehre von der
herrschaft der zahl. da geht es an ein dividiren von epen und dramen,
an ein auflösen der einzelnen scene oder auch der einzelnen elegie in
ein rechenexempel, es entpuppen die 5 und die 7, die 13 und die 28
sich als die verborgenen tyrannen, deren ketten Hesiod und Aischylos,
Xenophanes und Theokritos getragen haben, und die prosaiker erweisen
wenigstens in den buchzahlen der tetraktys oder pentas ihre hochachtung.
auch aesthetische maſsstäbe sind ausgeklügelt und a priori ist festgestellt,
was von einem dichter zu fordern wäre. da fand der eine gesetze für
die prologe, der andere für die stichomythie, der dritte für die schlüsse
der dramen, und alle schnitten unbarmherzig das widerstrebende fort.
einer sprach es ganz unbefangen aus, daſs einem groſsen dichter nur
das beste zugetraut werden dürfe, wenn man also etwas besseres fände
als das überlieferte, dieses bessere für echt zu gelten hätte — so lange,
natürlich, bis ein noch besseres sich findet. und da zankten sich denn
die verbesserungen um den unschuldigen vers, wie die alten vetteln in
den Ekklesiazusen um den jüngling. vor allem aber führte die logik
ihre mörderische schere. alles entbehrliche ist überflüssig, alles überflüssige störend, alles störende unecht. und so viel man im einzelnen
abwich: die harmonie war ungestört, daſs eine greuliche bande von
interpolatoren gewütet hätte, und die aussonderung der unechten verse,
mochten nun schauspieler oder grammatiker oder leser für sie verantwortlich gemacht werden, war nicht nur des conjectors bequemstes mittelchen,
sondern ward ordentlich in ein system gebracht.

Es würde nun eine groſse unbilligkeit sein, wollte man bestreiten,
daſs auf diese weitumfassenden theoreme eine bedeutende kraft von scharfsinn und arbeitsenergie verwandt ist, und die summe von begeisterung
in liebe und glauben, die an sie vergeudet ist, nötigt auch dem widerstrebenden nicht bloſs achtung sondern wirkliche teilnahme ab. gewiſs,
auch das verkehrteste streben nach einem tieferen verständnisse des kunst-

werks ist mehr wert als das ideenlose herumklauben an tausend einzelheiten und die kleinmeisterei kaltsinniger logik an den erzeugnissen der phantasie.

Aber es sind und bleiben doch verirrungen, und weil sie es sind, können sie nicht dauern. der principielle widerspruch, der nicht ausgeblieben ist, konnte ihnen wenig anhaben, denn alle diese erhabenen dinge existiren ja durch petitio principii. aber deshalb leiden sie schiffbruch, sobald sie praktisch angewandt werden. die gedanken die im kopfe leicht bei einander wohnen, stofsen hart an, sobald sie einen körper gewinnen wollen. der gläubige wird freilich nicht irre, wenn die tatsachen mit den postulaten seiner lehre sich nicht vertragen, seiner erfindsamkeit wird eine ausrede nimmer fehlen[17]); aber der glaube verbreitet sich doch nicht weiter und erlischt allmählich. die vereinigung von schrankenlosem zweifel an dem überlieferten und schrankenlosem glauben an die moderne theorie, wurzelnd in einer abkehr von dem concreten und einem sehnen nach dem absoluten, ist eben ein charakteristischer zug für die geistige stimmung der generation die hinter uns liegt. die nächstlebende ist anders disponirt, sie ist für diese krankheiten nicht empfänglich, darum aber auch am wenigsten im stande, gerecht und abschliefsend über jene zu urteilen. wes geistige entwickelungsperiode 1866 einschliefst, der kann sich ja auch nicht vorstellen, dafs die männer, zu denen er dankbar aufschaut, Gutzkow überhaupt haben lesen können, Freiligrath ohne lachen, Börne ohne ekel auf die dauer lesen, Buckle für einen grofsen geschichtsphilosophen, Kaulbach für einen grofsen maler haben halten können. wir täuschen uns hoffentlich nicht darüber, dafs wir der kommenden generation ähnliche rätsel aufgeben werden. aber überwunden ist jene fülle von theoremen so gut wie die conjecturale änderungswut. mag noch das eine oder andere nachgeboren werden, mögen gewisse kreise sich darin gefallen, die gedichte des Pindaros Aristophanes Kallimachos zu schematisiren statt zu verstehen: es sind anachronismen.

A. Nauck.   Ziehen wir nun das facit, so fällt das freilich traurig aus. der positive ertrag der tragikerstudien ist ein geringer nicht blofs im verhältnis zu der aufgewandten arbeit. ganz fehlt es nicht daran. was vereinzelt dem oder jenem gelungen ist, fällt freilich nicht ins gewicht: aber allerdings

---

17) Ein beispiel: die zahlenspielerei glaubte Heimsöth ad absurdum zu führen, indem er zeigte, dafs man am Wallenstein ebenso gut spielen könnte. der glaube bringt es fertig, dies als beweis zu verwenden, indem die zahl auch Schiller beherrscht habe, wenn auch ohne dafs er sich dessen bewufst gewesen wäre.

hat diese decennien hindurch der kritiker wie die meisten griechischen
texte so ganz besonders die der tragiker behandelt, welchem heute
kein billig denkender den ersten platz als kenner des griechischen versagen sollte: August Nauck. im gegensatze zu Hermann durchaus ana-
logetiker hat er die lehren der Engländer in Deutschland erst recht
zur anerkennung gebracht und selbst in ihrem sinne weitergearbeitet.
seine sammlung der tragischen bruchstücke ist das unerreichte muster
einer fragmentsammlung: der keim, den Valckenaer gelegt, ist zu einem
stattlichen baume ausgewachsen. durch seine emendatorische tätigkeit endlich hat Nauck unter den Euripideskritikern einen platz in der
ersten reihe, unter denen des Sophokles überhaupt den ersten errungen,
wenn man nur das gelungene zählt. dafs er daneben seiner zeit den
tribut gezahlt hat, eine unübersehbare masse nicht blofs des überflüssigen,
sondern des wildwillkürlichen, leider auch recht oft des trivialen und
selbst des inepten hervorzubringen oder doch zu billigen, das darf die
schätzung des wertvollen nicht herabstimmen, wenn es auch nur gerecht
war, dafs der kampf wider die ausschreitungen der kritik sich ihn zum
ziele nahm, und wenn es auch mindestens verzeihlich ist, dafs mancher
der besten gerade gegen Nauck selbst ungerecht geworden ist, zumal
sein vorbild nach der schlimmen seite auch deshalb besonders verwirrend wirken mufste, weil auf ihn die ganze richtung der philologie,
die von Welcker und O. Müller ausgeht, wenig gewirkt hat.

Naucks den zeitgenossen überlegene stellung kann man schon daran Recensio.
ermessen, dafs er fast allein sich von den modeirrtümern so gut wie frei
gehalten hat, welche in betreff der textquellen der tragiker um sich griffen.
Hermann gegenüber war es ein fortschritt, dafs man überhaupt die
recensio ernst nahm, allein eigentlich ohne beweis, lediglich durch machtsprüche bedeutender oder doch tonangebender männer, brach sich nun
der glaube bahn, dafs Aischylos und Sophokles einzig im Laurentianus 32, 9
überliefert wären. im Aristophanes hielt sich selbst Meineke nicht von
einseitiger bevorzugung des Ravennas frei. für Euripides war seit Elmsley
nichts geschehen. da war es denn eine rechte leistung in Lachmanns
sinne und seiner auch in jeder beziehung würdig, als Adolf Kirchhoff
zuerst 1852 in den specialausgaben der Medea und der Troades aus dem
chaos ungeordneter varianten die wirklichen träger der überlieferung
herausfand; seine grofse ausgabe führte dann mit reicherem aber leider
doch noch sehr unvollständigem materiale dieselben grundsätze durch
und verwarf mit entschiedenster consequenz die seit der Aldina vor-
herrschende s. g. zweite classe. das war wirkliche methode, die schon

durch ihre unerbittliche energie imponirte; ganz abgesehen davon, daſs
auch der emendatorische gewinn wol gröſser ist, als Kirchhoff ihn in
seiner kleinen ausgabe (1868) selbst geschätzt hat. unzweifelhaft war es
aber sehr wenig in Kirchhoffs sinne, wenn man sich nicht nur bei seinem
urteil über den wert der handschriften beruhigte (nur daſs eben Nauck
sich einen freieren blick bewahrte), sondern auch fast 20 jahre vergiengen,
bis dazu hand angelegt ward, die von ihm selbst bezeichneten lücken der
handschriftenvergleichung auszufüllen, wobei dann freilich seine sonderung
der classen und die schätzung ihres wertes stark berichtigt werden muſste.
nun ist es zwar begreiflich, daſs die zeit, welche vor des eigenen geistes
kraft der überlieferung überhaupt so wenig wert beimaſs, mit solchen
untergeordneten dingen wie sie zur recensio gehören sich nicht viel be-
mengen mochte. aber das erklärt nicht ganz die hingabe an jede doctrin,
welche die überlieferungsgeschichte vereinfachte. auch das wird nur im
zusammenhange mit dem ganzen streben der zeit verständlich.

Wir sehen in der beurteilung der recensio griechischer texte erst
jahrhunderte lang die herausgeber lediglich dem zufalle gehorchen, der
ihnen diese oder jene quellen der überlieferung zuführt. es folgt durch
I. Bekker und seine mitstrebenden die fundamentirung auf grund der
möglichst erschöpften summe aller erhaltenen handschriften; die auswahl
bestimmte der kritische takt des bearbeiters. notwendig muſste man dafür
nach strengen beweisbaren normen suchen. dabei zeigte sich das über-
gewicht einzelner besonders ausgezeichneter handschriften, und zuweilen
gelang der nachweis, daſs die scheinbare fülle trug war, in wahrheit nur
eine handschrift existirte. Sauppes *epistula critica*, in welcher das für
Lysias erwiesen ward, muſste den wetteifer reizen, ob nicht ein ähnlicher
fund hie oder da gelingen könnte. später stellte Cobet in seinen frischesten
und beutereichsten feldzügen die ganze nichtsnutzigkeit des schreibfehler
und sprachfehler häufenden byzantinischen schreibertums der letzten jahrhunderte an den pranger, so daſs die gefährliche, weil so gar bequeme,
neigung nur um so stärker wurde, z. b. im Platon lediglich Regius und
Clarkianus, im Isokrates lediglich Γ, im Demosthenes Σ zu berücksichtigen.
fast überall kam es dazu, daſs man nur eine quelle der überlieferung
gelten lieſs, wenn auch mehrfach erbitterter streit um die auswahl geführt ward. es würde sehr erfreulich sein, wenn das geschäft der recensio
wirklich so einfach wäre. aber von tag zu tag zeigt sich mehr, daſs es
in den meisten fällen unerlaubt ist, sich in solcher sicherheit zu wiegen.
die resignation ist geboten, daſs wir auf eine eklektische kritik angewiesen
sind, wie in den scenikern, so im Herodot und Thukydides, Demosthenes

und Aischines, Xenophon und Aristoteles (physik, leider selbst rhetorik),
eigentlich auch im Homer, und dafs es nicht höhere sicherheit sondern
nur gröfsere armut ist, wenn ein text einheitlicher aussieht, weil uns
zufällig nur eine handschrift selbst oder in abschriften erhalten ist.

Um so höhere wichtigkeit gewinnt die textgeschichte, welche den
grad der zuverlässigkeit unserer überlieferung, so gut es geht, geschichtlich erkennen lehrt. auch dafür ist zwar gearbeitet, aber überwiegend
mit der tendenz, anhaltspunkte für änderungen zu gewinnen. die scholien
las man nicht um der 999 fälle willen, wo sie den überlieferten text
bestätigen, sondern um des tausendsten, wo sie eine abweichung geben.
oder aber man las, unbefriedigt mit diesem ergebnis, die varianten in
sie hinein, wozu sich die schlechtesten paraphrasen dann allerdings am
besten eigneten. die lexica las man nicht, um die richtigen oder falschen
erklärungen der alten für die überlieferten wörter zu finden, sondern um
die vermeintlichen glossen aus den texten zu vertreiben. die citate
sammelte man halb unwillig, weil sie zustimmend oder abweichend für
die güte unserer handschriften zu zeugen pflegen. und selbst die notwendigste vorarbeit, eine brauchbare ausgabe der scholien wie des Hesych
und der Etymologika zu machen, ist unserer generation geblieben.

Was ist demnach die aufgabe, welche uns von der wissenschaft ge- Die wahren
stellt ist? ihre entwickelung gibt uns eine einfache formulirung. wir aufgaben.
haben da anzusetzen, wo der streit zwischen Hermann und O. Müller
den natürlichen fortgang gehemmt hat, beider werk fortzusetzen, doch
so, dafs wir nicht nur die fehler vermeiden, welche damals verhängnisvoll
wurden, sondern das beherzigen, was die philologie im ganzen in dem
halben jahrhundert zugelernt hat. das erste und vornehmste ist also,
dafs wir wieder so viel griechisch lernen, wie Hermann und Elmsley
konnten. aber wenn wir uns das können anzueignen versuchen, dürfen
wir uns nicht damit begnügen, es als kunst zu üben, sondern müssen
uns dessen was wir wissen und können selbst bewufst werden und es
für andere zur darstellung bringen. wir müssen selber verstehen und
anderen erklären. das erste erfordert, dafs wir vorab das besser wissen
wollen ablegen, unser urteil der überlieferung willig ergeben, und,
wenn wir anstofsen, zunächst nicht ihr sondern uns mistrauen. wir
sollen das verständnis herausheben, nicht hineintragen. das gilt von dem
einzelnen worte, das gilt in tausendfältiger variation von dem individuellen
dichterischen gedanken und seinem ausdrucke im einzelnen verse, im
einzelnen chorlied, im ganzen drama. ganz allmählich werden wir uns
dann zu der freiheit erheben, über dem objecte zu stehen und die kritik

im modernen wie die χρίσις im antiken sinne gerecht zu üben. und
auch wer die freude als eine köstliche schätzt, eine stelle verbessert zu
haben, wird sich wol nicht scheuen zu sagen, dafs er ein freudiges gefühl
empfindet, wenn er eine conjectur ausstreicht, weil er die stelle verstanden
hat. nur bleibe man nicht bei dem genusse des eigenen gewinnes stehen,
sondern übe die nächstenpflicht, andern den gleichen irrgang zu ersparen.
die nakten texte sind auch in den zeiten des conjecturalen diluviums ziemlich heil abgedruckt worden: aber damit ist höchstens für den herausgeber das verständnis garantirt. welche prophylaktische wirkung würde
Haupt ausgeübt haben, wenn er den Catull erklärt hätte, so wie er ihn
verstand?

Die wesentliche wandlung, welche die philologie erfahren hat, ist
dafs sie eine geschichtliche wissenschaft geworden ist. davon hat die
tragikerkritik noch herzlich wenig befruchtung erhalten, und das ist ein
hauptgrund ihrer krankheit, denn deshalb kann der widergeschichtliche
subjectivismus und die aprioristische construction sich behaupten. das
gilt gleich von der sprache. zwar das formelle ist auch hier durch die
geschichtliche grammatik, die rechte erbin der Elmsleyschen analogie, im
wesentlichen erledigt. aber die form ist nur der körper: das seelische
element, die synonymik, die wortwahl überhaupt gemäfs den nuancen
von bedeutung und ton, sowohl des innerlichen klanges wie des äufseren,
der für das griechische ohr so bedeutsam ist — wie wenig ist dafür getan?
die syntax vollends liegt noch in den banden der alten abstracten theorie,
welche die einzelne stelle als einen beleg einer regel ansieht, die regel aus
der logik begründet, statt von der empfindung und dem sprachgefühl des
redenden auszugehen. schon das durchgehends giltige zu finden ist schwer.
denn wenn das drama die letzte blüte am baume einer uralten poesie ist,
wenn Aeoler Ionier Dorer dafür vorgearbeitet haben, so ist diese sprache
und des weiteren dieser poetische stil das ergebnis eines langen geschichtlichen processes und kann recht nur aus ihm verstanden werden, wie
andererseits ein einzelnes wort oftmals ein überraschendes licht über jahrhunderte rückwärts wirft. schwieriger aber ist es noch abzuschätzen, was
die sprachgewalt und auch die willkür des einzelnen dichters geschaffen
und gewagt hat: und doch heifst das sprachliche und stilistische können
des dichters abschätzen doch nichts anderes, als eben das facit aus der
abrechnung zwischen seinem gute und dem ererbten und angeborenen
besitze ziehen. wie armselig stehen da in ihrem nichts die jämmerlichen
versuche unhistorischer unwissenheit da, welche die geschichtlich gewordene litteratursprache in eine anzahl roher mundarten auflösen, und

wie fadenscheidig wird das bettelgewand, das die flickschneider der conjecturalen mache den gedichten anziehen, hier eine glosse, dort ein
germanismus, mit all ihrem flitterkram nur für den fasching gut.

Ein gleiches gilt von der verskunst. was haben wir denn da anders
als lehrgebäude? auch hier heifst es in wahrheit zunächst die erscheinungen sammeln und von dem concreten ausgehen, das es zu verstehen
gilt. auch hier das ohr an die allgemein griechische weise gewöhnen,
damit man die besondere des dichters würdigen lerne. auch die metrik
des dramas ist die vollendung einer uralten technik, auch in ihr ist
ererbtes gut, das aus dem besitze der verschiedenen stämme nach Athen
gelangt ist, und dem geschichtlichen entwickelungsgang allein ist das verständnis seines ergebnisses zu entnehmen. auch hier bedingen einsicht
in das allgemeingiltige und in das individuelle einander gegenseitig.

Und nun weiter zum stoffe und gehalte des gedichtes. der stoff ist
die sage: wiederum dieselbe wechselwirkung wie in sprache und verskunst, nur dafs hier das individuelle, dort das allgemeine leichter erfafst
und deshalb meist überwiegend betont wird. hier heifst es Welckers
spuren suchen; sie sind fast unkenntlich geworden: aber sie führen in
ein reich voll unergründlicher herrlichkeit.

Und das einzelne chorlied oder die einzelne scene ist ein glied des
dramas, ein teil des ganzen: das soll verstanden werden, die weise der
composition will am vorliegenden objecte erfafst sein, und dann ab-
geschätzt im vergleiche zu den anderen werken desselben dichters und
seiner zeit- und volksgenossen. hier offenbart sich in der mannigfaltigkeit
die stilfreudige selbstzucht der hellenischen poesie, eröffnen sich fragen,
deren beantwortung rückwärts zu der technik epischer erzählung, vorwärts zur stilisirten prosarede weisen.

Und das einzelne drama ist nur ein act eines reichen dichterlebens,
der einzelne dichter nur eine person in dem grofsen drama der geschichte
seines volkes. da will jedes an seine stelle gerückt werden, um das rechte
licht zu empfangen und auszustralen. Götz 1772, Natürliche Tochter
1803: wir wissen, was wir mit den jahreszahlen sagen, welche fülle von
kenntnissen sowol aus der geschichte des dichters wie aus der seiner zeit
notwendig sind, um ein wirkliches verständnis der beiden gleich grofsartigen dramen zu gewinnen. nun, soll das anders sein, wenn wir
Medeia 431, Orestes 408 sagen? und, wenn es gleich ist, müssen wir
nicht versuchen, so unvollkommen es auch bleiben wird, das notwendige
zu leisten?

Weil die philologie so lange jahre hindurch dem drama gegenüber

ihre pflicht ungenügend erfüllt hat, ist dieses in seiner bedeutung für die
gesammtentwickelung des volkes allgemein verkannt. es ist nur recht, daſs
die verschiedenen zeiten sich in dem unermeſslichen gebiete der altertums-
wissenschaft verschiedene felder zu bebauen wählen. und so würde es
kein schade gewesen sein, daſs die anregungen, welche Lachmann Ritschl
Mommsen gaben, dem vorher vernachlässigten Römertum gebührende bearbeitung zuführten, daſs die monumentale philologie die talente mehr
anzuziehen begann als die schriftstellerkritik — wenn nicht das studium der
attischen tragödie so gut wie das Homers und der beiden fürsten der philosophie für alle seiten hellenischer studien unentbehrlich wäre. aber man
bedenke: das ganze griechische leben wird in den generationen umgestaltet,
mit welchen Sophokles und Euripides leben, während das Athen, das den
Meder schlug, nur durch Aischylos für uns vertreten ist. das Athen,
welches die alte physik und ἱστορία Ioniens aufnahm und durch die
sophistik sowol die beredsamkeit wie die philosophie vorbereitete, spricht
nur im drama selbst zu uns. jede ernste mythographische forschung
lehrt, daſs der ausgangspunkt im drama liegt, mag man aufwärts zu Homer
oder abwärts zu Nonnus gehen. jede sprachliche forschung bedarf dieses
mittelgliedes zwischen der archaischen rede und der gemeinen Atthis.
wie jede archaeologische forschung auf die architektur, skulptur und
malerei des 5. jahrhunderts als auf das centrum zurückführt, so steht es
fast mit jeder forschung auf jedem gebiete des geistigen lebens. die ganze
griechische poesie culminirt im drama, dessen vorstufen epos und lyrik
sind, das selbst den sokratischen dialog und das menandrische lustspiel
gezeugt hat. die ganze griechische geschichte culminirt im fünften jahrhundert. die tragödie ist die poesie des attischen Reiches: das sagt
genugsam, daſs kein geschichtliches erfassen des Hellenentums an dem
drama vorbeigehen darf, und daſs der zustand die schwersten folgen haben
muſste, in dem wir leben, wo Euripides keinen andersartigen wert für
den historiker zu haben scheint als etwa Anakreon oder Aratos.

   So hohe forderungen erhebt die philologie als geschichtliche wissenschaft. und sie ist doch selbst auch noch etwas anderes. sonst würde es
genügen ein buch über das drama zu schreiben, nicht einen commentar zu
einem einzelnen stücke, zumal dies viel mühsamer ist. es kommt vielmehr
darauf an, daſs der alte dichter zu worte komme, nicht ein moderner pro-
fessor. wie wir unser geschäft nur dann recht besorgen, wenn wir in jedes
alte buch, das wir unter den händen haben, nicht unsern geist hineintragen
sondern das herauslesen, was darin steht, so liegt überhaupt die specifisch
philologische aufgabe in dem erfassen einer fremden individualität. es

gilt sich in eine fremde seele zu versenken, sei es die eines einzelnen, sei es die eines volkes. in der aufopferung unserer eigenen individualität liegt unsere stärke. wir philologen als solche haben nichts vom dichter noch vom propheten, was beides bis zu einem gewissen grade der historiker sein muſs. dagegen müssen wir etwas vom schauspieler in uns tragen, nicht vom virtuosen, der seiner rolle eigene lichter aufsetzt, sondern vom echten künstler, der dem toten worte durch das eigene herzblut leben gibt. auch bei uns geht das am besten durch das lebendige wort: wenn G. Hermann ein chorlied vorlas, dann rauschten die alten rhythmen in voller stärke — denen die ihn gehört haben, klingen sie noch in den ohren. aber das wort verhallt, und so muſs man sein unvollkommenes surrogat, die schrift, zu hilfe nehmen. und doch hat auch der dickste commentar nur darin berechtigung, daſs er das verständnis des dramas erschlieſst, daſs er dem nacharbeitenden leser zum vollen genusse der dichtung verhilft, einem genusse, der freilich nur um den preis ernster arbeit feil ist. wir haben erst in zweiter linie die schätze geschichtlicher belehrung zu heben, die für uns in dem werke liegen, in erster linie kommt es darauf an, das frei und wirksam zu machen, was der dichter hineingelegt hat. es ist freilich gar vieles vielen verschiedenen disciplinen angehörige zusammen zu suchen und zu erläutern, damit der leser die kenntnisse voraussetzungen stimmungen erhalte, die der Athener in das Dionysostheater mitbrachte, als er das drama zu schauen gieng: das ideal bleibt es doch, dem die philologische erklärung zustrebt, dem modernen leser den genuſs des antiken hörers zu ermöglichen. also müssen zwar commentare geschrieben werden, wozu die vorige generation sich zu vornehm dünkte, aber nicht, wie es Valckenaer und Lobeck getan haben, um den qualm der eigenen erudition loszulassen, sondern um das licht der alten verse mit alter wärme und in altem glanze in empfängliche seelen fallen zu lassen: *non fumum e fulgore, sed e fumo dare lucem.*